国家社会科学基金重大项目"全球生产网络、知识产权保护与中国外贸竞争力提升研究"(批准号:15ZDB156)

浙江省哲学社会科学重点研究基地——浙江大学中国开放型经济研究中心出版资助

国家社科基金丛书
GUOJIA SHEKE JIJIN CONGSHU

# 全球生产网络下的
# 知识产权保护与贸易竞争力提升

Intellectual Property Protection and Trade Competitiveness
Enhancement in the Global Production Network

黄先海　余骁　等著

人民出版社

# 目　录

## 基　础　篇

## 理　论　篇

# 实　证　篇

基础篇

# 导　　论

20世纪90年代末,伴随经济全球化和科技产业革命的迅速推进,体现国际范围内资源有效整合的国际生产分工模式发生了深刻的变革,逐渐从产业间/内贸易迈入了以全球生产网络(Global Production Network,GPN)①为主导的新阶段。对发展中国家而言,全球生产网络的不断纵深延展给予它们参与国际生产分工以获取全球化红利的同时,也使它们面临着因被发达国家利润掌控而导致的"低端锁定"困境以及"中等收入陷阱"问题。在产业亟待转型升级之际,如何向全球生产网络更高位势攀升已成为中国乃至其他发展中国家共同需要面对的难题。自然地,我们关注的问题就是,在全球生产网络分工体系下,决定我国以及绝大部分发展中国家贸易竞争力的核心将是什么,以及如何在"双循环"新发展格局下实现贸易竞争力的优势再造。

① 大量学者还以全球价值链(Global Value Chain,GVC)、产品内分工(Intra‑product Specialization)、外包(Outsourcing)以及垂直专业化(Vertical Specialization)等不同术语称谓这一新型国际分工形式。

# 第一节　全球生产网络下中国贸易竞争力
## 提升面临严峻的外部挑战

### 一、全球生产网络参与模式面临冲击——高端回流和低端分流

改革开放40多年来,"以开放促改革、促发展"是我国经济增长奇迹的重要实现路径之一(裴长洪,2015)。我国凭借劳动力、土地、资源等这类虽丰裕但附加值低的传统要素与资源禀赋所形成的比较优势嵌入全球生产网络,这一"粗放型"贸易发展模式对我国经济增长作出了巨大贡献,使我国获得了贸易大国的地位,但也因此导致我国成为仅能获取低廉利润的"世界工厂"。以全球价值链分工中增长最快的电子品产业为例,美国苹果公司推出的第5代数码随身听其市场零售价为299美元,其中组装生产厂商仅约能获取3.86美元价值,占制造成本的比重为2.7%。笔记本电脑产品同样存在类似现象,如联想ThinkPad T43和惠普nc6230两种笔记本电脑的市场零售价分别为1479美元和1399美元,其中组装生产厂商仅能获得约21.86美元和23.76美元价值,占制造成本的比重分别为2.5%和2.8%(Dedrick等,2010)。对深度耕耘全球生产网络数载的我国而言,初期这种"俘获式嵌入"发展模式使我国只能通过承接低端转移产业进行"等距离"发展,导致自身承接落后而在市场、技术两方面落入双重追赶的两难境地[①]。同时,自主创新能力不足以及产品结构同质化严重导致企业在出口市场中的竞争力难以获得较大提升(侯欣裕等,2020),使我国始终难以摆脱大而不强、分工话语权较弱、全球价值链地位较低等不利局面(张杰等,2013;刘斌等,2016)。

---

[①]　在现有全球生产网络中,诚然后进国家可通过技术模仿实现一定的技术进步与经济增长,但该模式并不可持续,因为后进国难以在前向联系上脱离国际市场尤其是发达国家市场,同时在后向联系上也难以摆脱对发达国家先进技术资金的依赖,导致后发国家始终与发达国家保持一定技术距离而难以实现赶超。

导　论

与此同时,后危机时期国外发达国家基于对产业空心化问题的忧虑纷纷出台制造业回流政策,力图在市场、资源、人才、技术、规则和标准等方面的竞争中夺得一席之地,甚至主导权。伴随我国劳动力成本比较优势的不断消失,越来越多的劳动密集型产业开始逐步转移至东南亚及非洲国家。而新一轮区域贸易谈判全面展开,地区贸易保护主义不断抬头,国际贸易与投资的保护主义愈加强化,各种贸易投资壁垒层出不穷。针对发展中国家尤其是中国的反补贴、反倾销以及投资审查不断增加,如美国发起的"337"调查①中涉及中国企业数量从 2015 年的 22 起猛增到 2016 年的 83 起,占到 2016 年美国总调查数量的 40.6%。由此可知,我国已面临发达国家"高端回流"和其他发展中国家"低端分流"双重竞争的严峻局面(黄先海和余骁,2017)。

## 二、全球生产网络构建动机发生更迭——安全导向与技术封锁

美国对我国高技术出口限制措施不断升级,进一步加剧了当前我国参与全球分工所面临的严峻形势,价值链"脱钩"以及国外高技术断供风险与日俱增。一方面,在经济全球化不断深入的大背景下,地区保护主义的不断抬头暴露出当前全球供应链的脆弱性,可以预见全球产业链的建构理念将发生根本性变革,由过去追求交易成本最低原则转变为追求社会成本最低原则,即在考虑经济效率的同时,把追求产业安全可控性作为生产环节、片段和工序区域配置的重要标准,未来全球产业链可能呈现内向化发展趋势,我国在全球价值链中的"脱钩"风险剧增。另一方面,中美贸易摩擦尚未缓和,美国针对我国高新技术产业的打压措施不断升级,2021 年 5 月 17 日美国商务部又再一次升级了针对我国高新技术企业华为的出口管制新规定,将全面限制华为购买采用美国软件和技术生产的半导体,包括那些处于美国以外,但被列为美国商务

---

① 指美国国际贸易委员会(United States International Trade Commission,USITC)根据美国《1930 年关税法》第 337 节及相关修正案针对一切不公平竞争行为或向美国出口产品中的任何不公平贸易行为的调查。

005

管制清单中的生产设备,都需要获得美国政府的许可证,此举意在掐断中国企业高新技术国际需求的脖子,高新技术断供的风险不断加大。

## 第二节　全球生产网络下中国贸易竞争力提升面临强大的内部制约

改革开放以来,凭借低廉的劳动力成本和土地资源禀赋等优势,以及"引进来"战略的支撑,大量从事加工贸易的外资进入中国沿海地区,形成了"两头在外"的贸易特点。与此同时,以低端生产参与全球分工使我国消耗了大量资源、能源和土地,对环境造成了巨大影响,但只从中获得了微薄的加工费,绝大部分利润被外资企业获取。而且由于现行属地贸易制度对各国真实贸易利得的扭曲,我国在获取微薄贸易利得、付出重大环境污染代价的同时还要承受来自西方发达国家对我国贸易投资双顺差的不实指责。

更为严重的影响主要表现在制度建设领域。作为制度的重要表现,知识产权这一无形力量虽不断推动中国经济转型升级,但我国的创新发展仍有很大进步空间。以光伏产业为例,专利作为重要的无形资产正在推动全球光伏产业价值链发生深刻变革,近年来我国在该领域的专利申请量大幅增长,对应国际市场份额也不断提高,但我国企业在其他国家递交的光伏专利申请比例仍然很低(不到2%);而在智能手机领域,华为等企业提交的《专利合作条约》(Patent Cooperation Treaty,PCT)国际专利申请大多集中在智能手机硬件上,对图形用户界面等方面涉猎较少(孙迪,2017)。造成这一现象的其中一大原因可能是,我国改革开放前期的扩张型贸易战略使我国企业普遍缺乏知识产权保护意识,以快速扩张和薄利多销的方式虽获得了利润的增长,却也忽略了创新这个核心竞争力的建设和保护。市场上的新产品若未进行知识产权保护,则较易被快速和大量地抄袭,导致过度低端竞争而降低了企业自主创新的积极性。同时,企业缺乏知识产权保护意识,也会导致自身缺乏对产品进行二次创新的意识,学习转化效率的低下使企业无法实现从原始贴牌生产(Origin Entrusted Manufacture,OEM)到原始设计生产(Original Design Manufacturer, ODM)再到原始品牌生产(Original Brand Manufacturer,OBM)的技术升级,导致代工厂商只能永远被锁定在加工厂的位置,获取微薄的加工费用,在全球价值链中居于末端。

## 一、现行知识产权保护制度的不适宜——移植为主和执行不力

从新一轮国际贸易规则谈判来看,知识产权保护已经成为决定国际生产分工地位和国际贸易利益分配的关键因素。当今知识产权保护制度与国际贸易呈现出越来越紧密的关系,而且保护水平也越来越高级化。与此同时,随着我国知识产权战略的不断深化完善以及对知识产权保护宣传力度的加大,我国企业的知识产权保护意识已经有了一定程度的提高。然而由于知识产权制度在我国建立时间尚短,且基本以借鉴和移植国外为主,因此我国企业的知识产权保护意识总体上仍较为薄弱。这一方面表现为不尊重他国知识产权,侵权案件时有发生;另一方面表现为没有意识运用法律保护自身的创新成果,知识产权流失现象严重。尽管我国已经成为知识产权大国,但远未达到知识产权强国,知识产权保护质量出现较大滞后。同时不应忽视的一点是,微观层面知识产权保护制度的执行效率与监管环境也存在较大问题,这些均严重制约了我国对外贸易竞争新优势的形成。

## 二、强外部知识产权保护的重大挑战——模仿限制和低端锁定

改革开放以来,"引进来"与"走出去"战略使我国经济发展水平得到迅猛提升,目前我国已经成为世界上第二大经济体。而在贸易领域,我国现已成为全球第一大出口国和第二大进口国。在这一过程中,作为"世界工厂"的中国,通过加工组装提升了自身的工艺制造水平,并积累了一定的技术与资金。但是这种以"大进大出、两头在外"为特征的贸易模式,注定了其对应的国际

分工地位较低,这是因为当前全球价值链分工体系主要由发达国家跨国公司所主导,发展中国家一直处于"被支配"或"接包方"地位,因此很容易被这些跨国公司利用核心能力来约束中国企业通过模仿行为进行知识创造进而获得自身能力的提升,最终陷入长期的"低端锁定"困境。这其中,知识产权保护制度就是跨国公司用以限制发展中国家获得价值链地位提升的核心手段,表现为跨国公司经常通过高技术转让费、侵权或反倾销诉讼等手段限制发展中国家企业进行模仿创新实现自身升级,使中国出口贸易陷入循环模仿和低端锁定的陷阱。

## 三、弱内部知识产权保护的严苛现实——过度竞争和无效转化

加入世界贸易组织(World Trade Organization, WTO)以来,我国实行的扩张型贸易政策使我国对外贸易规模不断提升,国际地位不断提高,但是这一粗放式贸易发展模式,虽使企业得以快速扩张,同时通过薄利多销获得利润增长,但却也忽略了自主创新这一核心竞争力的建设与保护。这已成为当前我国对外贸易竞争力不强的主因。在现实中,企业花费大量投入所研发出来的新技术、新产品一旦量产销售,就极易被快速模仿和大量抄袭,导致过度低端竞争的同时,也降低了企业自主创新的激励。同时,由于我国申请专利保护的周期过长、保护的法律条款存在缺失等问题,也使企业缺乏自主创新的动力。此外,不应忽视的是,我国对外资溢出的学习效应较低(刘洪钟和齐震,2012),从而使自身很难在现有国际分工体系下,实现从原始贴牌生产到原始设计生产再到原始品牌生产的转型升级。

当然我们也应看到,近年来伴随知识产权战略的不断推进,我国知识产权制度正不断深化完善,知识产权申请数量也一直激增。从绝对数量来看,我国专利申请数已连续7年位居世界第一,但不应忽视的是,我国的专利质量仍有较大滞后,主要体现在专利结构不甚合理,且专利存续时间较短等问题上。根据国家知识产权局数据,2022年我国实用新型专利和外观设计专利占国内有

效专利总量的比重分别为 64.02% 和 16.08%,具有较高科技含量和创造水平的发明专利占比仅为 19.90%。作为对比,国外在华有效发明专利占国外有效专利总量的比重高达 82.90%,而外观设计专利与实用新型专利所占比重仅分别为 11.89% 和 5.21%。而从专利存续期来看,国内有效发明专利中存续时间达 10 年以上的专利比重仅约为国外存续 10 年以上专利比重的 1/5 (徐元,2015)。龙小宁和王俊(2015)以及毛其淋和许家云(2015)认为,各级政府实施以相关税收(和补贴)优惠为主要手段的奖励性专利激励政策使企业具有"寻补贴"型投资激励,导致我国专利数量激增而专利质量存在较大滞后。此外,知识产权保护的执法层面亦存在不足,具体表现为执法效率偏低、责任划分不明、利益存在冲突等。随着我国经济发展逐步过渡到新常态,土地成本不断上升、人口红利逐渐消失,传统比较优势正不断削弱,而创新能力的不足以及知识产权保护制度的缺位等都将对我国在新形势下攀升全球价值链造成巨大阻碍。

# 第三节　全球生产网络下贸易竞争力的新决定机制与支撑体系

## 一、全球生产网络下贸易竞争力的新决定机制

国际分工体系的发展可以大致分为三个阶段(陈良华和周政,2011):第一阶段为第二次世界大战前的产业间国际分工阶段,这一阶段的分工特征主要表现为具有先进技术的工业国和以自然资源为基础的农业国之间的分工协作过程,不同类型国家间的要素禀赋差异所形成的产业间比较优势构成了国际分工的基础;第二阶段为第二次世界大战后兴起的产业内国际分工阶段,基于新贸易理论的解释,不完全竞争、规模收益、产品和需求差异化以及劳动力的非同质性共同构成了国际分工的基础。其后,国际分工和专业化发展的速

度与日俱进,其规模和影响也越来越大。总体而言,以这两个阶段为代表的传统生产网络均以国家为单位,分工基础是特定产业与产品生产的比较优势。随着科技全球化的不断深化,尤其是信息与运输技术的发展与产品生产的可分性与标准化不断提高,发达国家跨国公司不断将各生产环节在不同国家和地区间进行最优配置,各类资源被大规模重组,从而带动产品生产在全球范围内不断向上下游延伸,这极大地提升了贸易与投资的关联,并最终导致国际分工体系由产业间/内分工为主向全球价值链分工这一新型国际分工体系的转变,分工边界也逐渐从产业、产品层面向环节、工序层面递进。发展中经济体通过劳动力生产要素与资源禀赋差异形成的比较优势参与到发达国家主导的全球价值链分工中,取得了对外贸易的快速增长以及经济水平的持续发展,但其实质仍停留在廉价劳动力的充分供给和自然资源的大量开发上。一旦赖以发展的既有竞争优势逐渐消失,如资源约束越发严峻、劳动力成本显著提升、外部竞争环境恶化等,经济体将可能因面临"俘获式嵌入陷阱"以及"中等收入陷阱"风险而导致经济发展难以为继。由前述分析可知,贸易保护主义的不断抬头显著改变了全球价值链的构建理念,即由过去追求效率优先原则转变为追求效率安全兼顾原则,因此贸易竞争力的决定因素和支撑体系正发生重大转变。

世界知识产权组织(World Intellectual Property Organization, WIPO)发布的 2017 年世界知识产权报告显示,在将各阶段增加值拆解为劳动力、有形资产以及无形资产收入后,2000 年至 2014 年全球价值链中无形资产(主要指品牌、外观设计和科学技术等)所创造的价值实际增长达 75%,平均占比为30.4%,2014 年总金额达 5.9 万亿美元,几乎是有形资产的两倍,其中食品、纺织品与机动车这三类产品的无形资产收入占比更是高达近 50%。可见,无形资产在全球生产网络体系中正逐渐成为价值创造的重要来源。发达国家之所以能够通过主导全球价值链攫取高额分工收益,其实质在于拥有相对丰裕的各类知识产权、人才、数据、技术能力等获得型要素禀赋。本书认为,如果将一经济体所固有的资源、劳动力要素禀赋归类为天然要素禀赋的话,那么可以定义知识产权、人才、数据、技术能力等非与生俱来、需要后天通过一定途径获得的高级要素禀赋为获得型要素禀赋。传统的产业间和产业内分工生产模式往往通过数量竞争来反映一国出口的静态比较优势,而在全球价值链分工体系中,各国的竞争正不断从"量"转移聚焦到"质"上,其竞争力更多反映了一国获得型要素禀赋的多寡所引致的增加值创造能力的差异,这已成为影响各国全球价值链分工地位和国际贸易利益分配的关键因素。可见,拥有丰富获得型要素禀赋的国家(地区)显然处于全球价值链的上游高位,而获得型要素禀赋相对匮乏的国家(地区)则只能屈居下游低位①。

## 二、全球生产网络下贸易竞争力的新支撑体系

基于上述分析可知,传统国际分工模式以特定产业与产品生产的比较优势与规模经济为分工基础,其决定机制是传统资源禀赋优势以及专业化生产模式的逐步形成,对应支撑体系则为贸易自由化政策与战略性贸易保护政策(Krugman,1980),而全球生产网络分工体系下的对外贸易竞争力则主要由获得型要素禀赋所决定,其支撑体系必然显著不同于传统分工形式。党的二十大报告提出,要"稳步扩大规则、规制、管理、标准等制度型开放"。在经济发展和对外开放的过程中,通过科学对标国际通行规则实现制度创新,进而有效激发高端获得型要素禀赋的价值创造能力,提升价值链分工地位,将是新形势下的可行路径之一。

当前中国虽然具有较大的贸易规模和较高的全球生产网络参与度,但对应国际分工地位一直较低,其核心原因在于高端获得型要素禀赋相对匮乏,这也导致长期以来我国只能以模仿创新的发展模式为主。在相对宽松且不具有

---

① 在没有重大突破性技术变革出现前提下,当前这一全球价值链分工结构正呈现越来越固化的趋势。造成这一现象的根本性原因在于,根据经济学理论,天然要素禀赋的使用会出现边际生产率递减效应,但知识要素的使用则可能会出现边际生产率递增效应,知识要素的积累更容易促进新知识、新技术呈几何状产生,这就导致"强者恒强"的现象发生。

差异性的"平齐型"知识产权保护体系[①]下这一发展模式虽能取得一定成绩，但也极易受制于发达国家的技术封锁[②]，这是因为跨国公司链主企业通常会在东道国使用"进攻型"知识产权保护战略，即通过高技术转让费、侵权或反倾销诉讼等措施限制发展中国家企业进行价值链升级，使东道国出口贸易容易陷入循环模仿和低端锁定的陷阱。

伴随知识经济的快速发展，知识产权已成为当今国际贸易竞争的实质，而对应知识产权保护不仅成为各国维护自身全球价值链分工利得的关键因素，也逐渐发展成各国相互制约的核心筹码（姜振煜等，2022）。党的二十大报告强调，要不断"加强知识产权法治保障，形成支持全面创新的基础制度"。可见，要想在当前激烈的国际竞争中占据主导地位，就必须超越传统资源禀赋所带来的比较优势，以自主创新发展为核心，突出强调知识产权保护制度支撑新型竞争优势形成的重要作用，以此高效整合利用全球知识资本、科技资源等，切实加快提升我国产业在全球价值链中的地位。

综合上一节内容，全球生产网络下一国贸易竞争力的新决定机制与支撑体系的演进逻辑可由图 0-1 直观展示。

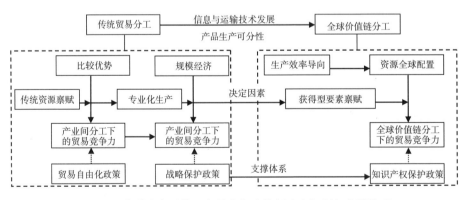

**图 0-1　全球生产网络下贸易竞争力的新决定机制与支撑体系**

---

① 即传统"一刀切"式无差别的知识产权保护制度。

② 如美国对华为的技术制裁。

# 第四节　本书的研究脉络

本书围绕全球生产网络新格局下知识产权保护建设影响我国对外贸易竞争力提升的核心命题,分别从背景介绍、理论探讨、实证分析和政策设计四大视角对此进行了系统的分析阐述,其中导论至第二章为基础篇,本篇主要阐述本书的研究背景与研究意义,并系统梳理相关研究,同时通过描述性统计对现实情况进行系统分析;第三章至第五章为理论篇,本篇首先从理论层面深入探讨了全球生产网络下效率导向与安全导向的冲突与可能的均衡解,其次对获得型要素理论做了系统论述,最后建立了一个数理模型对知识产权保护影响贸易竞争力的渠道展开分析;第六章至第十章是实证篇,本篇首先提出了知识产权保护与全球生产网络下贸易竞争力的测度框架,再次从全球生产网络嵌入下的技术引进、全球生产网络主导下的自主创新以及全球生产网络竞争下的投资流动三大升级路径进行了系统的理论分析与建模实证,最后对知识产权保护影响贸易竞争力的效应进行了动态仿真模拟;第十一章至第十三章是政策篇,本篇重点探讨了促进贸易竞争力提升的"双循环"分工网络重构与产业链布局、增进贸易竞争提升的三大"蛙跳型"技术创新道路选择以及推进贸易竞争力提升的"阶梯型"知识产权保护体系设计与策略组合。

以下为各章的主要研究内容。

第一章为全球生产网络下知识产权保护与贸易竞争力提升研究回顾。本章系统梳理与本书密切相关的知识产权保护、全球生产网络以及贸易竞争力方面的已有研究文献,是本书研究开展的理论前提与坚实基础。本章将主要从全球生产网络理论演进、知识产权保护相关研究进展、不同维度贸易竞争力测度以及三者间关系的逻辑展开对已有研究的回溯。在此基础上,通过总结性评述发现,在测度方面,当前关于全球生产网络下的贸易竞争力应如何准确衡量仍未达成一致意见;在理论方面,基于契约理论的跨国公司全球生产配置分析框架侧重于对有形资产(实物产品)的分析,而忽略了无形资产的重要作用及其影响机制;在政策层面,如何从异质性视角出发设计出高质量而又符合本国经济发展水平特征的知识产权保护制度以及良好的执行机制是现有文献所不能回答的。

第二章为全球生产网络下知识产权保护与中国贸易竞争力现状。本章首先从立法与执法二维层面系统描绘了我国知识产权保护制度的发展情况与建设成效,并运用跨国数据分析了我国整体知识产权保护水平的演进趋势以及与发达国家的水平差异。接着,本章详细分析了我国贸易竞争力的演进规律。基于传统属地原则统计得到的贸易竞争力主要根据一国的进出口规模来反映,但在当今全球生产分工盛行、中间品贸易占比超 2/3 的大背景下,以产品内分工为核心的国际分工体系使该测算方法得到的结果已无法准确真实反映产品多次跨境生产而产生的价值增值归属,因而也无法准确衡量一国的贸易竞争力,新近提出的增加值贸易核算框架为在全球生产分工下准确衡量贸易竞争力提供了基础。本章接下来首先仍基于传统贸易统计数据,测算了我国总体层面的贸易竞争力变动趋势,然后基于增加值贸易统计数据,从总体、行业以及企业三重视角对全球生产网络分工下我国的贸易竞争力进行了深入分析。根据上述结果可以发现,总体上我国的贸易竞争力呈现"大而不强"的典型特征,导致这一现象的原因之一可能是制度建设,如知识产权保护这类"软实力"建设的缺位。

第三章为效率导向的全球化与安全导向的全球化:冲突及其化解。本章从跨国公司配置生产分工的效率原则与安全原则出发,分析了全球生产网络的历史演进逻辑以及未来发展趋势。首先,本章分析了效率导向下全球生产网络的形成与发展,跨国公司基于对成本最小化的追逐,在全球范围内分散配置其不同生产环节,逐渐形成了全球化的生产分工网络。随着越来越多的国家深度参与到这一国际分工体系中,全球价值链的广度不断延伸,各国的分工地位亦在不断调整和重构。其次,本章认为,在逆全球化风潮兴起的新形势下,企业面临突出的供应链安全问题,因此亟须在供应链网络的安全稳定和经济效率之间寻求新平衡。基于严谨的理论推演后指出,兼顾效率与安全原则的均衡解可能是区域化的生产网络,主要大国针对自身的产业链空白进行造链、补链,并与地理邻近的经济体协同构建区域化生产网络,这不仅是发展中国家对抗并突破"低端锁定"困境的重要力量,更是在国际分工中同时兼顾效率与安全原则的最优解。最后,本章强调了区域化生产网络的竞争力由获得型要素禀赋与知识产权保护制度共同决定。由于在区域化分工体系下创新等要素具有极强的非普惠性,自主创新与发展获得型要素成为构筑区域化生产网络竞争力的重中之重,而知识产权保护正是激发企业自主创新以及积累获得型要素的关键驱动力。

第四章为禀赋型贸易竞争力与获得型贸易竞争力:阶段性与层次性。在中国对外贸易快速发展的进程中,不同阶段所呈现出的贸易竞争力具有显著的层次差异。传统禀赋型贸易竞争力理论认为,自然资源、劳动力和资本是生产率进步的主要驱动因素,各国先天资源禀赋的差异导致贸易的产生,并决定了各国贸易竞争力的强弱。但是在长期,自然资源会从资源动力向资源诅咒转变,劳动力则由比较优势向竞争劣势倾斜,资本在不断积累的进程中同样面临边际收益递减的铁律。基于资源禀赋的先天优势正逐渐衰弱,甚至转变为动态劣势,因此禀赋型贸易竞争力呈现"先天优势与动态劣势"的鲜明特征。基于后天学习、积累的获得型要素禀赋,如技术(知识)、人才和能力等,以及包括知识产权保护和政府介入模式在内的经济制度,则逐渐成为支撑贸易竞争力提升的新动能,是获得型贸易竞争力的关键要素。获得型贸易竞争力强调后天获得,而不是依赖先天资源禀赋;强调在动态的学习和积累中获得竞争优势,而不是基于静态的资源禀赋获得国际分工优势,因此呈现"后天获得与动态优势"的特征。获得型贸易竞争力的内涵主要由技术(知识)、制度、政策与人才四大部分组成。其中技术(知识)包括细分的技术引进、自主创新、标准设立以及数据,而制度则包括总的一般经济制度以及细分的知识产权保护制度。

第五章为全球生产网络下知识产权保护提升贸易竞争力的理论分析框架构建。本章将以南北贸易模型为基础构建一个引入知识产权保护且创新内生化的全球生产网络理论分析框架,具体从需求、供给和创新三个层面出发,将供应链分解为最终品生产和中间品生产两大环节,并同时考虑最终品市场、中间品市场和要素市场三大均衡,系统分析知识产权保护影响贸易竞争力的作用机理。随着南方国家知识产权保护程度的上升,南方国家最终品生产的竞争程度加剧,北方国家最终品生产的竞争程度下降,导致南方国家相对北方国家的中间品相对生产率水平上升,更多的高级劳动密集型生产环节将转移至南方国家,南方国家在全球生产网络中的分工地位将获得提升,贸易竞争力随之提升;当南方国家知识产权保护程度上升时,南方国家在中间品生产环节中获取的利润份额升高,中间品基准生产率水平提升,两者共同促进了南方国家的创新,更多的高级生产环节将转移至南方国家,南方国家在全球生产网络中的分工地位将获得提升,贸易竞争力随之提升;当南方国家知识产权保护程度上升时,南方国家的外资流动将增加,使南方国家资本供给增加,利率水平下降,而北方国家资本供给下降,利率水平上升,南方国家与北方国家的相对利率水平下降,更多的高级劳动密集型生产环节将转移至南方国家,南方国家在全球生产网络中的分工地位将获得提升,贸易竞争力随之提升。

第六章为知识产权保护与全球生产网络下的贸易竞争力指标测度。本章重点介绍了不同维度知识产权保护和贸易竞争力的测度及其改进方法,以及核心变量测度所用到的数据来源与详细处理方法。具体来说,对于知识产权保护水平,本章分别从总体层面、行业层面以及地区层面提出了我国三个维度的知识产权保护强度测度框架;对于贸易竞争力的测度,本章首先回顾了基于贸易总额的传统贸易竞争力测算方法,在此基础上进一步从宏观和微观双重视角介绍了全球生产网络下的贸易竞争力测算方法,其中宏观维度主要使用行业的出口国内增加值率(Domestic Value Added Ratio,DVAR)、全球价值链地位和全球价值链参与度指数来代理贸易竞争力,微观维度则提出改进的企业出口国内增加值率测算方法,并结合企业生产链位置指数来综合反映贸易竞争力。以上测度方法共同形成了从宏微观层面全面反映一国在全球生产网络下贸易竞争力的测度框架。最后,本章详细介绍了本书后续实证所用到的数据来源与整理过程。

第七章为知识产权保护强贸路径 Ⅰ:全球生产网络嵌入下的技术引进。本章从企业嵌入全球生产网络视角出发,通过构建基于异质性企业理论的"蛛型"全球生产分工体系,探讨了知识产权保护对贸易竞争力的促进效应及其机制。具体地,在全球生产网络中,南方国家提升知识产权保护将提高进入全球价值链分工的临界技术水平,产生"分工挤出效应"使部分低技术供应商无法参与到全球价值链分工中来。纳入技术距离的拓展分析发现,若本国行业整体技术水平距离前沿较远,那么提升知识产权保护将对本国的全球价值链分工收益产生负向影响。而随整体技术水平的提升,这一影响将逐渐缩小并转变为正向激励作用。在全球价值链分工视角下,当南方国家的知识产权保护处于最优区间时,通过与适宜技术进步模式的"耦合"将有效促进行业价值链地位的升级。在理论分析基础上,本章进一步运用我国制造业行业面板数据对理论命题进行了实证检验。结果显示,样本期内知识产权保护水平的加强将显著提升各行业的全球价值链分工地位,且这一结果在处理内生性问题后仍然稳健。进一步地,本章通过纳入各行业的技术距离(所处技术阶梯)后发现,当行业远离技术前沿时,掣肘于自身较低的创新能力以及技术资本积累等因素,此时提升知识产权保护水平将无法产生价值链升级效应;而当技术水平不断提升后,此时提升知识产权保护水平将能够显著提升全球价值链分工地位。本章还使用基于内生选择的面板门槛模型对上述问题做了进一步的拓展分析。

第八章为知识产权保护强贸路径 Ⅱ:全球生产网络主导下的自主创新。本章着重探讨企业通过自主创新提升企业贸易竞争力的作用机理,以及知识产权保护制度在其中的助推作用。本章首先基于理论模型构建与分析,对知识产权保护激励企业自主创新进而促进价值链地位升级的传导机制进行刻画。研究发现,知识产权保护加强会显著提升企业创新的预期收益,进而激发企业创新研发行为,而自主创新将通过成本加成机制和相对价格机制两种渠道正向作用于企业全球价值链地位。在实证检验部分,本章对行业知识产权保护水平的测度做了进一步深化,通过纳入行业生产网络因素分析了自主创新与企业全球价值链地位的内在关系。基准回归结果发现,企业创新数量与效率将会促进全球价值链地位提升。通过机制分析发现,行业生产网络下知识产权保护强度提升对企业的创新数量与创新质量具有显著促进效应,其中上游投入品效应会促使企业进行质量较低的协同性渐近式的策略式研发,表现为申请数量提升与专利质量的下降,而水平研发创新激励效应则会促进企业转向重大的原始性创新,表现为申请数量提升而申请质量和研发费用投入效率下降。在对结果进行一系列稳健性检验后,本章还从市场竞争、外部融资与技术差距维度进行了拓展性分析。

　　第九章为知识产权保护强贸路径Ⅲ:全球生产网络竞争下的投资流动。本章首先指出,对外直接投资(Outward Foreign Direct Investment,OFDI)是新时期发展中国家建立由自身主导的全球价值链、实现贸易竞争力跨越式提升的重要途径之一。然后本章基于异质性企业视角,建立知识产权保护影响企业对外直接投资决策的理论模型,发现激励自主创新与缓解融资约束是可能的影响渠道。在理论分析基础上,本章分别基于省际宏观层面数据与企业微观层面数据实证分析了在全球价值链演进下,知识产权保护对我国对外直接投资的影响效应,在此基础上对知识产权保护影响企业对外直接投资的机制进行检验。本章还深入探讨了顺/逆梯度对外直接投资倒逼知识产权保护制度完善的作用机制。实证结果表明:知识产权保护水平提升显著促进了企业对外直接投资,且机制检验表明知识产权保护主要通过缓解企业融资约束和促进自主创新对企业对外直接投资产生促进作用,而知识产权制度距离对企业对外直接投资具有显著负向影响。在贸易保护主义盛行和国内经济不断发展的驱动与倒逼下,对外直接投资是发展中国家谋求突破全球价值链"低端锁定"风险,改变处于"被俘获"地位困境的有效途径。通过对外直接投资主动布局全球价值链并在区域合作中通过制定知识产权规则来参与全球治理,将是我国在新格局下再造贸易竞争力新优势的关键路径之一。

第十章为全球生产网络下知识产权保护影响贸易竞争力的动态仿真模拟。本章以我国知识产权保护制度的立法原则与现实悖论为基础,以波斯纳(Posner,1981)法经济学的研究范式为框架,结合全球生产网络背景下的技术扩散特征和我国目前知识产权发展现状,以张维迎(2004)的两方投资博弈模型为基础模拟中国与世界其他地区平等的技术合作竞争关系,构建了技术优势视角下的贸易竞争力测度方法,以实现贸易竞争力最大化为目的,探索我国最优知识产权保护强度的现实性和可能性。通过构建理论模型、动态仿真模拟以及涉及技术进步成本、执法成本、中国和世界知识产权强度的随机性外生冲击模拟等研究手段,科学回答了以下问题:知识产权保护强度对一国贸易竞争力的正向影响渠道;不同技术水平下自主创新与技术引进的替代关系;知识产权保护强度对外商直接投资(Foreign Direct Investment,FDI)技术转移和技术溢出的促进作用;中国知识产权保护强度对世界技术进步的溢出效应;全球知识产权保护强度提升对中国知识产权保护制度改革的倒逼作用;过度的知识产权保护强度侵占社会资源的不效率问题。

第十一章为促进贸易竞争力提升的"双循环"分工网络重构与产业链布局。自2020年年初新冠疫情暴发以来,全球产业链出现了严重的"断链"风险。本章指出,国际分工主义作为支撑全球产业链的最基本逻辑,面临着各国的深刻反思,安全与风险变量作为一种底线思维将被深度嵌入其中。由此驱动产业链形态出现新的重大分化,全球产业链分工模式逐步由效率导向转向安全与效率兼顾导向,全球生产网络也随之出现了"区域化""链群化"与"备份化"的重构趋势。面对全球产业链、供应链预期发生重大变局的新态势,为保障国内产业链稳定、培育国际竞争新优势,中国提出了"加快形成以国内大循环为主体、国内国际双循环相互促进的新发展格局"的重大战略。在"双循环"新发展格局下,中国可在全球分工网络、国际区域性分工网络、国内大循环分工网络与国内区域性分工网络四大层次分工网络下布局产业链,形成以内带外、以外促内、内外良性循环的战略抉择,构建产业链"链主",打造产业链"大脑",布局技术链"策源地",建设国际贸易与投资"避风港",建设双循环的核心战略枢纽,在支撑新发展格局中走在更前列。

第十二章为增进贸易竞争力提升的"蛙跳型"技术创新道路选择。本章首先指出,在科技创新速度不断加快的背景下,以掌握核心科技和资源的先发国家为中心、后发国家为边缘的结构状态正逐渐被打破。在现代经济发展史上,先后有四次先发国家被后发国家赶超的成功典范。因此,近年来不少研究开始逐渐聚焦于转型经济背景下后发国家企业"跳板行为"的内部机制和路径选择。本章首先从颠覆式创新、开放式创新、逆向创新以及知识产权保护制度四个方面研究了后发国家"蛙跳型"技术创新赶超模式,接着基于逆向三段式技术学习理论、机会窗口理论、价值网络理论阐释了后发国家技术追赶的演进机理,通过理论分析推演并结合中国发展实际,创新性地提出后发大国增进贸易竞争力的技术创新路径分别是准技术前沿条件下竞争导向型"蛙跳"路径、大国市场条件下需求牵引型"蛙跳"路径以及技术同发条件下换道超车型"蛙跳"路径。这对后发国家通过选择适宜技术创新道路增进贸易竞争力具有重要的理论和现实借鉴意义。

第十三章为推进贸易竞争力提升的"阶梯型"知识产权保护体系设计与策略组合。本章基于我国在全球生产网络重构新格局中面临的贸易竞争新挑战,设计并完善了增进我国贸易竞争力提升的"阶梯型"知识产权保护体系以及与之相匹配的政策支撑。在全球生产网络的新形势下,知识产权竞争逐渐成为各国抢占贸易竞争制高点的重要手段。当前全球生产网络下的知识产权保护体系正面临国际保护不平衡、国内激励机制缺失、立法执法制度亟须完善等困境。在此背景下,我国应秉持创新驱动发展战略,立足国内、国际双层面,从产业、行业、企业多层次异质性出发,以产业结构转型与升级、行业技术追赶与超越、企业技术进步与自主创新为落脚点,构建更具适应性、针对性的"阶梯型"知识产权保护体系。具体地,应系统构建知识产权保护的"产业阶梯""行业阶梯""企业阶梯"以及"国际阶梯"。与此相对应,本章系统提出增进贸易竞争力的知识产权保护策略创新,即重创造、强保护的"创新型"策略、重溢出、弱保护的"发展型"策略、重转化、窄保护的"应用型"策略以及重规制、自保护的"自律型"策略,同时兼顾区域价值链下的知识产权规则设计以及产业政策联动的完整知识产权保护体系。

# 第一章 全球生产网络下知识产权保护与贸易竞争力提升研究回顾

与本书研究主题密切相关的已有研究主要集中于全球生产网络、知识产权保护以及贸易竞争力这三个方面,系统回溯相关领域的经典文献能够为本书的研究提供坚实基础与有力支撑。本章将主要从全球生产网络、知识产权保护、贸易竞争力及其三者间关系的逻辑展开已有研究的回顾,并在最后给出简要的评述。

## 第一节 知识产权保护的研究进展

### 一、知识产权与知识产权保护的内涵

知识产权,也称为"智力成果权",一般指代独立于特定物质载体而存在的思想、发明、发现、标记、图像(言语、视觉、音乐、戏剧)等表达性作品,简言之,任何具有潜在价值的人为产品(Landes 和 Posner,2003)。作为一个开放的"权利群",知识产权所辖范围往往随科技、社会、经济等方面的进步与发展而不断变更与拓展。

对"知识"进行产权化的尝试,最早可追溯至古罗马时期用以指代交易商品来源的商标(Greenberg,1951)。中世纪时期,知识产权往往以君主恩赐封建特许权的形式出现,直至近代资产阶级民主法制逐渐成形,知识产权才慢慢向法定产权转变。专利权的立法发端于 1474 年的《威尼斯专利法》,其法案出台的目的是激励大众进行发明,其中对专利权的发明登记、独占权、侵权及惩罚等相关条款,已非常接近现代知识产权立法。自 1624 年英国的《垄断法》、1709 年的《安娜女王法》,1787 年美国的《美利坚合众国宪法》,1791 年法国的《专利法》,1877 年德国的《专利法》,1883 年法国的《保护工业产权巴黎公约》一直到 1886 年瑞士的《保护文学和艺术作品伯尔尼公约》,各国逐渐将商标权、专利权和著作权添加入知识产权保护范畴,并组成了知识产权保护的核心内涵。

目前国际通识的知识产权保护法一般赋予知识产权以下四项权利:一是控制权。不同于物权人对物的占有,知识产权权利人依靠法律赋予的垄断权来实施对知识产权的控制。知识产权可在权利人授权指定的范围内使用,但控制权仍归属权利人。二是使用权。知识产权权利人有权按保护对象的性质和用途在法律规定的范围内加以利用,包括发表、出版、翻译作品,实施专利和运用商标等。三是处分权。知识产权权利人有权按自身意志处置相关知识产权,包括设定质权,许可使用,以出卖、赠予、投资等形式转让等。四是收益权。知识产权权利人能够通过正当地使用和处置知识产权以获得财产收益,并排斥他人非法使用知识产权以获得财产收益。

## 二、知识产权保护的测度研究

如何准确衡量知识产权保护强度一直是知识产权相关研究的难点,不仅是因为对知识产权保护水平的精确测度能够为相关实证研究奠定基础,同时还能为各国及时调整知识产权保护制度提供科学的数据参考。目前对知识产权保护水平的测度方法主要有以下三种。

（一）基于问卷调查法的知识产权保护强度测度

问卷调查法即通过问卷调查的方式,收集与知识产权保护法实施的相关人员对知识产权保护相关问题的主观态度或评价,然后对问卷结果进行结构性评分,得到一国(地区)知识产权保护水平的综合指数。曼斯菲尔德(Mansfield,1995)和舍伍德(Sherwood,1997)就运用该方法测度了日本、德国、美国、墨西哥和加拿大的知识产权保护水平。问卷调查法的优点是通过大量的实地考察,能够较为真实、深入和全面地反映知识产权保护力度,但是该方法也存在几个比较明显的缺陷:一是调查花费的成本较大,需要投入大量的时间、人力、财力和物力,特别是当需要横向比较多个地区的知识产权保护水平时,调查法花费的成本将成倍增长,因而在多地跨区域研究时,该方法的适用性较差;二是主观性较强,相关调查问卷的设计都是由人主观确定,因此问卷设计得是否合理,能否准确地衡量知识产权保护的方方面面在很大程度上决定了调查结果是否能够准确地反映知识产权保护水平,而问卷被访问者的知识结构、对相关问题的认识程度以及是否能够真实地反映知识产权保护的实际情况,同样在很大程度上决定了调查结果是否真实可靠。

（二）基于立法综合评分法的知识产权保护强度测度

立法综合评分法指对国家层面知识产权立法方面进行综合评分,得到一个综合指标来衡量一国的知识产权保护水平。拉普和罗泽克(Rapp 和Rozek,1990)最早通过该方法测度了各国的知识产权保护水平(又称 R-R 指数)。在此基础上,金纳特和帕克(Ginarte 和 Park,1997)提出了著名的 G-P指数,该指数主要基于各国专利法,从法律保护的长度、保护范围、是否属于国际专利组织成员、侵权赔偿及强制性措施五个方面构建测度国家知识产权保护水平的指标体系,该指数取值区间为[0,5],其得分越高,表明知识产权保护水平越高,是目前运用较广泛的知识产权保护指标之一(Park,2008)。

虽然 G-P 指数运用十分广泛,但该指数仍然存在较多问题:一是由于 G-P 指数每五年更新一次,因此中间存在大量的缺失年份,对此,很多文献都通过插补法得到空缺年份知识产权保护水平(尹志锋等,2013);二是很多学者指出,该指标只关心各国的立法水平,没有考虑知识产权的执法水平(Fink 和 Maskus,2005)。执法水平对知识产权保护制度的完善同样具有非常重要的作用,大部分发展中国家通过学习、引进等渠道,在知识产权立法层面已经较为完善,但实际执法却与理论存在很大差异。因此仅仅从立法层面来衡量知识产权保护水平并不准确。后续很多学者通过将知识产权执法信息纳入知识产权保护水平的测度框架来缓解这一问题的影响(韩玉雄和李怀祖,2005)。

## (三) 知识产权保护水平测度方法的拓展

随着研究的不断深入,对知识产权保护的测度开始出现新的视角和维度。首先,不同行业对知识产权保护的敏感度存在较大差异,例如对那些研发密度较大但模仿成本很低的行业(如医药制造业),其对知识产权保护水平的依赖程度很高;而对那些研发密度较小而模仿成本很高的行业(如机器设备制造业),其对知识产权保护水平的依赖程度相对较低(Cohen 等,2000;Ivus,2010)。尹志锋等(2013)在上述研究的基础上,参考胡和彭(Hu 和 Png,2013)的做法,以美国的研发密集度/知识产权密度作为行业知识产权敏感度的一般性参考,构建了我国行业层面的知识产权保护强度。保永文(2017)基于同样逻辑,使用各行业人均专利申请数量作为行业专利密度的代理,构建了我国行业层面的知识产权保护水平。沈国兵和黄铄珺(2019)则进一步提出了考虑行业上下游关联的行业层面知识产权保护水平测度框架。此外,传统对执法强度因素的衡量主要以地区结案率、律师数等指标为主,无法很好地反映执法的投入产出效率,因此吴超鹏和唐菂(2016)从行政执法、司法保护以及执法效果三个方面出发,运用爬虫技术爬取相关数据,较为科学地计算了我国知识产权执法保护的强度。

## 三、封闭环境下的知识产权保护研究

艾罗（Arrow R.，1962）在将创新看作知识的生产过程后指出，相对于社会最优情形，模仿行为的存在导致创新者由于无法获取自己付出努力的全部回报而使从事创新活动的激励不足，因而从制度上保障创新者能从其创新行为中获取部分垄断租金以增强创新激励就变得很有必要。诺德豪斯（Nordhaus，1969）首先意识到知识产权保护所具有的"双刃剑"效应，即更强的知识产权保护所提供的垄断利润虽能激励创新者进行更多的创新，但这种垄断性制度在短期会损害消费者的利益。谢勒（Scherer，1972）通过引入发明和知识的生产过程对诺德豪斯（1969）的模型给出了几何解释，即发明具有明显公共品属性，而专利制度给予了发明者对发明的临时垄断权。这就将创新与知识产权制度紧密地联系在了一起，早期相关研究主要在封闭条件下对知识产权保护与专利长度与宽度的内在关联展开研究。

### （一）基于专利长度的研究

通常，专利具有动态有效性和静态无效性特征，其中动态有效性指专利制度主要用于保护专利权人的利益使其获取知识创新的垄断利润，以进一步激励其持续创新来最终提升社会总体福利水平；静态无效性则指专利制度赋予专利权人一定的市场垄断权，导致无法实现资源最优配置而阻碍了持续创新，社会福利水平因此下降。最优专利期限或最优知识产权保护期限即是在权衡两者利弊后的折中结果（Ordover，1991）。因此如何通过制定最优专利保护期限来对专利的创新激励与垄断抑制加以平衡以最大化社会总福利水平，成为专利权保护研究的一个重要命题。

专利保护期限又称专利长度，指专利受法律保护的年限，通常由政策法规制定者在相关法律中作出明确规定。对发明者而言，专利长度主要从时间轴上来保护专利产品,是一个外生变量(江旭等,2003)。在假定发明具有公共物品性质的前提下,企业如果对发明进行专利保护申请,即意味着在一段时间内拥有了对发明技术的垄断权,因此专利长度的增加可能导致厂商创新激励的减弱,使社会福利水平受到损失,因此最优专利长度应是有限的(Nordhaus,1969)。另一种观点认为,增加专利长度可能激励研发与创新行为,进而提高社会福利水平,但也会因此导致市场扭曲,使社会福利降低,当专利长度趋于无穷时,抑制效应将大于促进效应(Kamien 和 Schwartza,1974)。其后,对最优专利长度的研究开始逐渐通过引入其他影响变量来加以拓展。坦登(Tandon,1982)通过引入强制许可概念指出,对于产品和工艺创新,最优专利长度应是无限的。克莱姆佩勒(Klemperer,1990)指出,如果需求相对消费者的保留价格更为敏感,那么有限的专利长度是最优的。加利尼(Gallini,1992)指出,过长的专利期限将增加被竞争对手模仿的风险,因此最优专利长度应是使专利权人获得足够初始创新回报所需的时长。

## (二) 基于专利宽度的研究

相对于较为统一的专利长度定义,对专利宽度的定义则有一定的差异。吉尔伯特和夏皮罗(Gilbert 和 Shapiro,1990)首先定义了专利宽度的概念,即在专利有效期间专利权人可获得的总利润流。而克莱姆佩勒(1990)认为,专利宽度指专利产品所覆盖的范围,即其与竞品间的最小差异。对于最优专利宽度的设计,马图特斯(Matutes 等,1996)认为,最优专利宽度应既能促使基础创新的早期披露同时又能保持企业对研发的激励。加利尼(1992)通过引入模仿成本指出,从社会福利损失最小化的角度来看,为禁止模仿行为应实行比较宽的专利宽度。莫勒和斯格齐默(Maurer 和 Scotchmer,2002)则持相反观点,认为由于专利持有者能通过多种方法来阻止竞争对手的模仿行为,因此过宽的专利宽度并不利于整体创新水平的提升。潘士远(2005)指出,最优的专利宽度应使模仿产品的质量水平既不能太低也不能太高,以此来减少市场扭曲并促进创新。可见,专利宽度与专利长度相类似,都具有两面性。

基于上述研究可以发现,对最优专利制度的设计应同时考虑专利长度和专利宽度。克莱姆佩勒(1990)在假设消费者同等条件下更偏好专利产品背景下,发现若专利长度无限,则专利宽度应较窄;若专利长度有限,则专利宽度应较宽才能有效促进创新。德尼科洛(Denicolo,1996)指出,当市场上各企业进行专利竞赛时,最优的专利宽度和专利长度取决于产品市场的竞争程度。董雪兵和史晋川(2006)在累积创新框架下考虑了行业效率异质性,指出生物医药行业适用于较为严格的保护制度,而软件音乐行为则适合较为宽松的保护制度。

## (三) 纳入竞争的拓展分析

在熊彼特(Schumpeter,1942)、诺德豪斯(1969)以及艾罗(1962)等的研究基础上,德布洛克(DeBrock,1985)首先从市场结构出发,指出当研发市场存在竞争时最优专利保护长度应较短才是最优的。阿吉翁等(Aghion 等,2005)则将竞争纳入知识产权保护与创新的统一分析框架,发现当企业处于较高技术水平时,扩大竞争有利于刺激企业研发,而抑制市场竞争反而不利于前沿技术水平企业的创新,因此过强的知识产权保护所导致的垄断会抑制企业创新。进一步地,阿吉翁等(Aghion 等,2013)发现,由于"超越竞争效应"的存在,加强知识产权保护能够放大创新成功的事后利润,从而进一步激励企业加大创新力度。宋学印(2016)在此基础上认为,"递进型"知识产权保护将产生示范效应,给予越接近技术前沿的企业越强的知识产权保护时,距离技术前沿较远的企业均有激励加大研发,推进技术阶梯提升,以获取更好的知识产权保护的动力。尹志锋等(2013)发现,国内知识产权保护增强主要通过增加企业研发投入对企业创新产生影响,而无法通过吸引更多外资来间接促进企业创新。史宇鹏和顾全林(2013)发现,知识产权的恶意侵权程度对企业的研发确实具有明显的抑制效应,并且对非国有企业和竞争程度较高行业内企业的创新投入影响更大。

## 四、开放环境下的知识产权保护研究

### （一）南北贸易框架下的知识产权保护与创新

随着贸易理论的发展,知识产权保护与创新的研究开始逐渐过渡到开放条件下,这其中大部分研究均从南北贸易框架下展开。通常,南北双方的利益在南方国家是否执行较好知识产权保护上是存在冲突的,南方国家实行低知识产权保护制度总是有利的,但北方国家总能从南方国家提高知识产权保护中获利(Chin 和 Grossman,1988)。上述研究在静态的局部均衡框架下展开,因此赫尔普曼(Helpman,1993)通过建立一个动态随机一般均衡模型(Dynamic Stochastic General Equilibrium,DSGE)发现,南方国家加强知识产权保护必然损害自身福利水平,而对北方国家而言其福利是否受益则取决于北方国家通过贸易条件改善所获收益是否超过生产错配所带来的损失。

上述代表性研究中存在一个重要假设,即模仿是外生且无成本的,显然,这一强假设与现实有较大差异,因此格拉斯和萨吉(Glass 和 Saggi,2002)通过将模仿行为内生化,进一步在产品垂直创新框架下将模仿对象区分为在东道国的跨国公司和在北方国家的母公司两类后发现,南方国家严格的知识产权保护实际上会损害双方的福利。布兰斯泰特等(Branstetter 等,2007)则在产品水平创新框架下对这一问题进行了探讨,发现南方国家加强知识产权保护会通过增加北方国家外商直接投资而使资源重新配置,进而使全球创新率快速增长。格拉斯和吴(Glass 和 Wu,2007)发现,南方国家知识产权保护对创新与外商直接投资的影响依赖于北方国家的创新类型。当北方国家以水平创新为主时,较严的知识产权保护有利于创新与外商直接投资,而当北方国家以垂直创新为主时则情况正相反。博罗塔(Borota,2012)通过同时引入北方国家水平和垂直创新行为,并将模仿定义为产品技术复杂度的增函数后发现,知识产权保护的加强有利于南北双方。

## （二）南北贸易框架下的知识产权保护与国际贸易

在上述研究基础上,学者们又进一步对知识产权保护与对外贸易间的关系进行了深入的实证检验。马斯库斯和宾诺伯蒂(Maskus 和 Penubarti,1995)首先指出,进口国的知识产权保护会对国际贸易产生"市场扩张效应"(Market Expansion Effect)和"市场势力效应"(Market Power Effect)这两种截然相反的影响效应。其中,前者指严格的知识产权保护通过限制模仿而增加了对专利化产品的需求,进而鼓励外国企业增加出口;后者指严格的知识产权保护又会通过限制竞争而增强外国企业的垄断力,使进口品价格提高,数量减少。他们利用 1984 年 22 个经济合作与发展组织(Organization for Economic Co-operation and Development,OECD)成员对 71 个发展中国家出口的数据进行实证发现了上述两种效应的存在。艾弗斯(Ivus,2011)进一步补充了"市场稀释效应"(Market Dilution Effect)和"贸易条件效应"(Terms of Trade Effect),前者指严格的知识产权保护使进口品种类扩大,在收入不变时对各类产品的消费减少;后者指上述三种效应共同作用下导致进出口国相对工资发生变化而影响到贸易条件。

另一组研究主要探讨了知识产权保护、技术转移/创新及其对经济增长的影响。杨和马斯库斯(2001)认为,技术转移成本与南方国家知识产权保护强度有关,因此加强知识产权保护能够显著增加北方国家对南方国家的技术许可及创新活动,进而提升双方的福利。陈和普蒂泰楠(Chen 和 Puttitanun,2005)发现,知识产权保护与发展中国家的创新与经济增长呈"U"型关系,并使用 64 个发展中国家的数据对上述发现进行了检验。阿瓦克苏和尹(Awokuse 和 Yin,2010)运用 38 个国家的数据发现,知识产权制度对外商直接投资的影响因经济发展水平而异,其中知识产权保护制度的加强显著提升了外商直接投资的吸引力。楚等(Chu 等,2014)则基于考虑技术差距的熊彼特主义内生增长模型,在假定发展中国家经济增长动力来源于本国创新与基于外商直接投资基础上的技术转移与模仿的前提下,推导出发展中国家知识产权保护水平与经济发展具有阶段性依赖的结论。

### (三) 南北贸易框架下的知识产权保护与外商直接投资

本部分的相关研究主要围绕对外直接投资和东道国(目的国)知识产权保护强度间的关系展开。李和曼斯菲尔德(Lee 和 Mansfield,1996)发现,发展中国家知识产权保护水平的提高有利于促进外商直接投资的流入。杨全发和韩樱(2006)建立两阶段动态博弈模型,得出东道国实行适度的知识产权保护有助于外商直接投资的增加。亚当斯等(Adams 等,2010)利用 75 个发展中国家 1985—2003 年的跨部门数据,发现加强知识产权保护对外商直接投资可以产生积极影响,尤其是加入《与贸易有关的知识产权协定》(Trade-Related Aspects of Intellectual Property Rights,TRIPs)后,加强知识产权保护产生的积极作用更为显著。但是,也有文献指出,严厉的知识产权保护对外商直接投资会产生负效应,尤其是对发展中国家(McCalman,2005)。这是因为,发展中国家知识产权保护水平提高后,发达国家企业更愿意用技术授权的方式代替外商直接投资,进而减少了外商直接投资流入(Yang 和 Maskus,2001)。另外,一些学者认为,知识产权保护水平与外商直接投资之间可能不存在必然的联系。布拉加和芬克(Braga 和 Fink,2000)认为,东道国知识产权保护力度和外商直接投资之间没有显著性关系。霍尔和赫尔姆斯(Hall 和 Helmers,2019)利用在 2000—2008 年加入《欧洲专利公约》(European Patent Convention,EPC)的 14 个国家的企业层面数据分析后发现,加入《欧洲专利公约》和该国的外商直接投资流入两者之间存在正向关系,但是这个关系在经济上可以忽略不计。

上述文献都是从整体上考虑知识产权保护程度和外商直接投资的关系,然而不同行业对知识产权保护的要求并不相同。因此,有学者主张在制定知识产权保护政策时有必要考虑行业的异质性特征。医药、化工等行业技术含量较高,因此对知识产权保护的要求也较高,而纺织服装业等劳动密集型产业技术含量较低,相应地,对知识产权保护的要求也相对较低(Yang 和 Maskus,2001)。卡兰德(Kalande,2002)发现,大多数跨国公司在东道国缺失知识产权保护时,会选择投资在非生产部门,而不是技术密集型部门。

### (四) 考虑南方国家自主创新行为的进一步研究

在南北贸易框架中,南北双方的角色具有比较明晰的区分,即北方国家只进行创新而南方国家只进行模仿。事实上,随发展中国家整体技术水平的不断进步,许多发展中国家的企业俨然具备了一定的创新能力,那么基于上述框架的研究已无法较好地反映当前的世界技术分布格局。对此,部分学者做了有益的尝试。张亚斌等(2006)基于蒙代尔和古普塔(Mondal 和 Gupta,2006)的分析框架,通过同时引入自主创新和国外模仿行为后发现,南方国家初期较为宽松的知识产权保护制度有利于本国相对技术水平的提升,而长期来看南方国家加强知识产权保护将促进南北双方经济的收敛。刘小鲁(2011)通过将技术进步模式区分为自主研发和技术引进两类后发现,后发国存在一个最优的知识产权保护值,当知识产权保护水平未达到最优值时,知识产权保护的增强能显著提升我国自主研发比例,进而促进我国技术进步速率;而当知识产权保护水平超过该最优值时,继续强化知识产权保护则会对自主研发投入比重以及技术进步速率产生负面影响。王华(2013)认为,知识产权保护总体上有利于一国技术创新,但知识产权保护水平的加强对技术创新的影响与该国初始保护力度具有很强关联。

随着研究的深入,对知识产权保护与创新间关系的研究逐渐拓展到更为中观的产业层面。倪海清(2009)首先分析了知识产权保护对外商直接投资知识溢出引致创新、外商直接投资竞争引致创新以及外商直接投资关联机制引致创新这三种不同外商直接投资引致创新的机理,发现外商直接投资知识溢出引致创新的效应随东道国知识产权保护水平的变动而呈现非线性影响；外商直接投资竞争引致创新效应和外商直接投资关联引致创新效应则随着行业特征的变化而呈现更为复杂的非线性变化。贺贵才和于永达（2011）在南北贸易框架内同时引入国家间以及行业内的技术差距，指出强知识产权保护对不同技术结构行业的技术创新会产生显著不同的影响。柴江艺和许和连（2012）发现，不同行业的知识属性差异使知识产权保护的出口技术进步效应在研发强度大、技术水平高以及外资渗透率高的行业中更显著。许培源和章燕宝（2014）则系统讨论了行业技术差距、技术密集度等特征在知识产权保护影响技术创新中的作用机制与效应大小。

## 第二节　全球生产网络的理论演进

自大卫·李嘉图（David Ricardo）奠定国际贸易理论的基石以来，传统国际贸易理论一直遵循三大经典假设：完全竞争市场（规模报酬不变）、同质化生产以及各国仅从事最终品贸易（生产完全使用本国要素）。克鲁格曼（Krugman，1979、1980）、赫尔普曼和克鲁格曼（Helpman 和 Krugman，1985）共同提出的以规模报酬递增为核心的"新贸易理论"对第一个经典假设进行了修正，由此科学解释了禀赋相似的国家间为何会存在行业内贸易现象。理论的演进通常因经验研究所发现的新事实未能被传统模型所预期而推动。① 伯纳德和詹森（Bernard 和 Jensen，1995、1999）基于企业微观数据发现，同行业内出口与非出口企业的生产效率存在显著差异。受此启发，梅里兹（Melitz，2003）首次系统阐述了"异质性贸易理论"（后称"新—新贸易理论"），该理论对前述第二个经典假设做了修正。随着科技全球化的不断深化，尤其是信息与物流技术的发展，发达国家跨国公司开始将自身生产环节在全球不同国家

---

① 如以格鲁伯和劳艾德（Grubel 和 Lloyd，1975）为代表的对产业内贸易的实证研究间接推动了"新贸易理论"的诞生。

和地区间进行最优配置,各类资源禀赋由此被大范围重组而带动了产品生产在全球范围内不断向上下游延伸,并最终导致国际分工体系由产业间/内分工为主向全球生产网络这一新型国际分工体系转变,分工边界也逐渐从产业、产品层面向环节、工序层面递进,中间品贸易的盛行使古典贸易理论的第三个经典假设正在被重构。可以说,全球价值链的发展深刻改变了全球贸易、服务外包、国际投资、产业结构格局甚至国际经贸规则(王子先,2014),正如联合国贸易和发展会议(United Nations Conference on Trade and Development, UNCTAD)(2013)所总结的,全球价值链已成为全球经济的一大特征。

## 一、全球生产网络的理论研究

伴随全球化生产进程的不断深入,大量与全球生产网络相关的理论分析框架与体系开始涌现,这部分研究大致可以分为以下三大类。

第一类是全球价值链治理的相关研究。随着全球分工不断细化,生产环节也不断增加,通过提升价值链中某一环节的效率来增加整个链条的收益已变得十分困难,此时通过系统性地协调整个链条中各个环节来提升价值链的价值创造与竞争力成为必然。因此,全球价值链治理的实质即价值链中的主导者通过协调和组织各方参与者,实现价值链上不同生产环节间的非市场化协调进而促进价值创造活动的过程(Humphrey 和 Schmitz, 2001;Gereffi, 2002)。鲍威尔等(Powell 等,1996)首先依据交易模式、行为主体等差异将生产链治理模式划分为市场、网络和层级组织三种。汉弗莱和史米茨(Humphrey 和 Shimitz, 2001、2002)根据主导企业的链条控制能力,进一步将价值链治理结构细化为市场模式、网络模式、半层级模式以及层级模式四类。卡普林斯基和莫里斯(Kaplinsky 和 Morris, 2001)则从权利分离的角度,将全球价值链治理职能分成了立法治理、司法治理和行政治理三大类。随后,格里芬等(Gereffi 等,2005)系统提出了全球价值链治理的完整分析框架,根据交易的复杂性、交易契约的可编码能力以及供应商的能力,他们提出了等级类型、市场类型、模块类型、垄断类型和关系类型五种治理模式的分类方法,且这五种模式通常相互交错与动态转换。此外,作为价值链治理理论的一项核心内容,对全球价值链动力机制的研究也至关重要。格里芬和鲁泽涅维奇(Gereffi 和 Korzeniewicz,1994)首先基于价值链主导企业的不同类型,将价值链区分为生产者驱动和消费者驱动两大类。亨德森(Henderson,2002)在此基础上对两类价值链做了进一步的定义与阐述。

　　第二类是基于传统贸易理论的全球价值链分工研究。这部分文献主要基于传统贸易理论对全球价值链分工模式进行刻画并解释其背后的一般规律与作用机制,以及对全球价值链参与国的收入与福利影响这一核心问题进行探讨。随着价值链分工在全球范围内的不断延展,越来越多的经济体能够基于自身比较优势嵌入全球生产网络以获取全球化红利。因此,对全球价值链分工的一般规律与机制研究首先聚焦于国际分工模式对某一经济体比较优势的动态影响上。迪克西特和格罗斯曼(Dixit 和 Grossman,1982)以一个多阶段生产模型描述了要素禀赋和政策变迁对一国比较优势的影响效应。琼斯和基尔兹科夫斯基(Jones 和 Kierzkowski,2001)基于李嘉图和赫克歇尔—俄林(Heckscher-Ohlin,H-O)模型构建了一个外包生产分析框架,发现贸易自由化会导致劳动力分化,即将自身不具有比较优势的生产环节置于后发国家是更具效率的。迪尔达夫(Deardorff,2001)进一步发现,只要技术或禀赋存在差异,则国际生产分割将对要素价格、国民福利以及专业化分工模式产生显著影响。伊顿和科图姆(Eaton 和 Kortum,2002)通过建立一个李嘉图模型,从地理位置维度解释了比较优势推动全球贸易格局变革以及分工模式演进的规律与机制。随着相关理论研究的不断深入,对全球生产网络的研究开始逐渐从产品维度转变到生产工序或任务维度上。格罗斯曼和罗西翰斯伯格(Grossman 和 Rossi-Hansberg,2008、2012)系统性提出了基于任务的全球分工模型,在将产品生产过程分割为连续不同的任务后,他们发现离岸外包成本会通过劳动力供给、相对价格以及生产率效应使外包国受益。另外,有关全球生产网络分工的收益分配问题一直是国际贸易领域研究的核心。在全球生产网络背景下，各类禀赋、生产要素、服务以及生产投入品等都会随着生产分工的开展而一次次跨越国境，这就使不同分工参与国的利益分配问题变得越发错综复杂。芬斯切和汉森（Feenstra 和 Hanson，1996）发现，中间品外包行为会导致本国对高技能劳动力需求的增加。巴格沃蒂等（Bhagwati 等，2004）则认为，虽然外包会对发达经济体的低技能劳动力产生负面影响，但外包行为的产生意味着生产分工的资源优化配置，进而最终提升发达国家的贸易利得。

第三类是基于产权理论的全球价值链生产配置研究。传统贸易理论由于将产品生产过程中的纵向分工关系以及合作双方间的契约关系进行了抽象化，导致传统贸易理论无法直接解释跨国生产组织的问题。针对这一缺陷，麦克拉伦（Mclaren，2000）首先考察了交易费用对市场厚度（Thickness）所产生的反馈机制对企业组织边界的影响。格罗斯曼和赫尔普曼（Grossman 和 Helpman，2002）则进一步发现，市场竞争程度、供应商议价能力和市场规模并由此引致的搜寻成本是企业生产组织决策的主要决定因素。安特拉斯（Antras，2003）通过将格罗斯曼和哈特（Grossman 和 Hart，1986）以及哈特和莫尔（Hart 和 Moore，1990）所提出的产权理论纳入赫尔普曼和克鲁格曼（1985）提出的不完全竞争贸易模型中后发现，在考虑要素成本（比较优势）以及交易成本（产权配置）最小化的双重权衡后，不同密集型企业的生产组织决策存在显著差异。安特拉斯和赫尔普曼（Antras 和 Helpman，2004）则进一步将产权理论纳入"新贸易理论"（规模报酬递增）以及"新—新贸易理论"（企业异质性）的分析框架中，他们研究发现，企业自身的生产率高低会对生产组织决策产生极大影响，生产率最高的企业会选择对外直接投资，次高的企业会将非效率或非比较优势环节进行外包，而较低的企业则更多选择一体化的组织形式。但是该框架并未将企业的不同贸易模式纳入跨国公司的决策影响中。安特拉斯和祖尔（Antras 和 Chor，2013）通过纳入不同生产阶段的技术排序后系统回答了全球价值链各环节是"制造还是购买"的问题，并进一步区分了"序贯互补"（Sequential

Complementarity)和"序贯替代"(Sequential Substitution)两类价值链类型,同时结论性地指出链主企业应根据供应商所处的上下游位置来进行最优生产配置。

## 二、全球生产网络的测度及实证研究

全球生产网络的不断盛行使分工环节不断碎片化,产品生产多次跨越国界成为常态,导致传统属地贸易统计体系产生大量重复计算问题,使出口总额与实际贸易利得不相匹配,即出现"所见非所得"的现象(Maurer 和 Degain,2012)。部分学者首先从案例分析角度对这一问题展开了讨论。戴德里克等(Dedrick 等,2010)首先通过苹果公司的视频产品(iPod)案例对上述现象进行了证实,发现在整个生产过程中装配服务只能得到大约 3.86 美元的报酬。刑和德雷特(Xing 和 Detert,2010)的研究发现,2009 年从中国组装完成后复出口回美国的总价值 19 亿美元的苹果手机,在属地贸易统计体系下全部属于美国对中国的贸易逆差。由于我国仅从事简单的加工组装环节,因此通过增加值贸易核算可知,美国对我国的实际贸易逆差只有约 7300 万美元,大量贸易赤字来源于日本、德国等国的核心零部件贸易。由此可见,厘清全球价值链分工下各国真实贸易利得以更好地解释"为谁生产"以及"增加值如何产生"的问题具有很高的理论价值和现实意义。

### (一) 宏观测度框架及其实证研究

赫梅尔等(Hummels 等,2001)首先观察到全球生产过程正不断细化这一特征性事实,并据此开创性地提出了垂直专业化(Vertical Specialization,VS)①的概念及对应的测度框架。该框架暗含两大假定条件:第一,假定进口中间投入不包含本国成分,为完全的国外成分,即不存在一国进口中间产品并进行加工后复出口的情况;第二,同比例假设,即进口中间投入按同比例分配到不同

———————

① 指一国出口中的进口比重。

生产部门;对于特定生产部门,进口中间投入同样按同比例分配到国内生产和出口生产上。

　　针对垂直专业化测算框架中不符合实际的假设条件,库普曼等(Koopman等,2010、2012、2014)、多丹等(Daudin等,2011)、约翰逊和诺盖拉(Johnson和Noguera,2012)以及王等(Wang等,2013)在对这些假定进行放松和修正的基础上,逐渐形成并完善了增加值贸易核算框架。多丹等(2011)首先提出一国进口投入所内含的国内增加值份额概念,此时一国增加值贸易额即为传统贸易统计额扣减垂直专业化和进口投入所内含的国内增加值份额。约翰逊和诺盖拉(2012)则基于一国增加值被他国最终吸收的角度,将增加值出口定义为由一国生产创造但最终被别国所吸收的增加值份额(The Ratio of Value Added to Gross Exports,VAX)。而针对加工贸易这一特殊贸易模式,库普曼等(2012)通过编制区分加工贸易的投入产出表,发现1997年到2006年中国的垂直专业化率从47.7%增加到49.3%,这一结果几乎是未区分贸易模式测算所得结果的两倍。库普曼等(2010)首先尝试同时放松赫梅尔等(2001)的两大假设,利用全球贸易分析项目(Global Trade Analysis Project,GTAP)数据库构建了国家间投入产出表(Intra Country Input Output Table,ICIOT),将一国出口的增加值细分为被进口国直接吸收的最终品价值、被进口国用于最终品生产而后被直接吸收的中间品价值、被进口国用于中间品生产而后又出口至第三国的中间品价值、被进口国用于中间品生产而后又复出口回本国的中间品价值以及出口内含的国外价值五大部分,首次对一国出口中的增加值构成进行了系统的分解和估算,并据此提出了全球价值链地位指数与全球价值链参与度指数两个核心指标的计算方法。库普曼等(2014)则进一步提出了一个能够将一国总出口分解成不同增加值来源的完整分析框架①,即一国总出口

---

　　① 库普曼等(2014)基于国别整体层面将一国出口增加值分解为9个部分,而王等(2013)则基于双边部门层面将一国出口增加值分解为16个部分,主要的差别在于后者对复出口到第三国的中间品以及重复计算部分的拆解更为细致。

首先可以被分解为四大类:被国外直接吸收的国内增加值部分;先出口后又返回并被本国吸收的国内增加值部分,这部分不属于一国增加值出口,但包含在一国国内生产总值的组成中;国外增加值部分,即内含在一国出口中且最终被其他国家所吸收的国外价值;纯重复计算部分,即由于生产多次跨境所造成的对中间品价值的重复计算部分。王等(2013)进一步提出了双边行业层面的贸易增加值分解框架。这一完整的分解框架建立了增加值贸易核算和官方贸易统计之间正式而准确的内在关联。

生产技术进步或者消费市场升级可能会引致生产过程的进一步细分,这会不断提升资源的优化配置以及降低生产的边际成本,最终提升社会整体福利。因此对价值链上生产联系的"距离"问题的研究①将有助于展现整个生产过程的全貌。法利(Fally,2011)以最终消费作为生产终点,提出了一个刻画价值链生产长度的理论模型,其后安特拉等(2012)进一步将这一"长度"概念加以拓展,认为如果一国相对最终产品的距离比初级投入更远,那么该国就处于价值链相对上游的位置(即上游度,Upstreamness)。米勒和特穆尔(Miller和Temurshoev,2015)在此基础上提出了基于产出视角的上游度(Output Upstreamness)和基于投入视角的下游度(Input Downstreamness)概念以及对应的测算方法。王等(Wang等,2016)进一步指出,由于既有文献对生产链长度的测算均假设从某一行业的总产出而非初始增加值投入开始,从而使基于上下游测算的部门排名无法形成"镜像"关系②,据此,他们系统提出了关于全球价值链长度与位置的测算框架。

## (二) 微观测度框架及其实证研究

从梅里兹(2003)提出"新—新贸易理论"(亦称异质性企业理论)以来,

---

① 这既可以反映生产序列的长度(Length),又可以刻画所处生产序列的位置(Upstreamness)。

② 即存在某一部门上游度较高的同时其下游度也较高的情况,而非直觉上所认为的上游度较高的部门其下游度应较低。

企业异质性一直是学界的研究前沿与热点,但现今基于投入产出方法的增加值贸易核算框架无法体现企业层面的异质性,因此结合企业异质性特征从微观层面出发测算出口国内增加值率是相关研究领域的热点。由异质性企业理论可知,企业在生产技术、贸易模式等方面均存在较大的异质性(Kee 和Tang,2016)。因此,基于传统投入产出表所提供的各类型生产者"同比例"进口使用结构信息来进行相关测算分析,并不能反映同一行业内差异化生产者在进口投入结构上的异质性,还可能因此引起所谓的"归并偏误",同时也无法准确地揭示全球价值链分工演进过程中的异质性企业,尤其是那些出口导向型企业或加工贸易型企业的生产决策驱动因素。部分学者就如何将企业异质性特征纳入增加值贸易核算框架做了一系列有益的探索。学者们首先尝试将微观层面的企业异质性信息嵌入到宏观层面的投入产出表中,以此运用增加值贸易核算框架进行异质性行为分析。在这方面的研究中,库普曼等(2012)初步尝试将投入产出表按企业贸易模式进行拆分。马等(Ma 等,2015)则在此基础上尝试将企业所有权结构和贸易模式同时纳入测算框架,分析显示,2007 年我国出口国内增加值率约为 59%,而外资企业创造的增加值占到近 45%。唐等(Tang 等,2014)则将企业规模与所有制结构纳入分析框架,发现我国出口中 80% 为间接出口,国有企业在其中具有支柱性作用。

虽然从宏观层面来考量企业异质性影响的研究已有一定进展,但相对于全球价值链的微观参与主体——企业而言,行业层面的异质性分析仍显得过于宏观和粗略,因此近年来关于企业层面的贸易增加值分析逐渐兴起。艾普华等(Upward 等,2013)首先基于赫梅尔等(2001)的垂直专业化思想,开创性地提出了使用微观企业数据进行企业层面出口国内增加值率测算的一般框架,基于工业企业数据库和海关数据库合并数据的测算结果,我国总体层面的出口国内增加值率在 2003—2006 年从 53% 上升到 60%,其中加工出口企业的出口国内增加值率仅约为非加工出口企业的一半。基和唐(2016)则充分考虑到企业的过度进口和过度出口问题,在对我国加工贸易企业出口国内增加值率及其变动趋势做了深入的分析和探讨后指出,我国企业出口国内增加值率的逐步提升主要是由国内投入替代进口投入所致。张杰等(2013)则进一步考虑了贸易代理商以及进口资本品折旧问题,测算发现我国的出口国内增加值率从 2000 年的 0.49 上升到 2006 年的 0.57,而推动其上升的主要动力是民营企业与从事加工贸易的外资企业增长。吕越等(2015)则将企业层面出口的国外增加值率(Foreign Value Added Ratio,FVAR)定义为企业的全球价值链参与程度,而祖尔等(Chor 等,2014)则基于行业上游度测算思路提出了微观企业的上游度测算框架。他们的研究使微观企业层面也有了对应的全球价值链位置与参与度指标。唐宜红和张鹏扬(2018)借鉴这一测算框架系统测度了我国企业所处的生产链位置及其影响因素。

从微观层面的相关实证研究来看,勃兰特和莫罗(Brandt 和 Morrow,2017)发现,由于贸易自由化的不断推进,我国贸易模式正不断地从加工贸易转型为一般贸易,且出口国内增加值率得到显著提升。福特(Fort,2017)则运用美国跨国公司的数据发现,采用信息通讯技术的企业在 2002 年至 2007 年进行生产分割的平均概率将增加 3.1%,且高技术企业更愿意将生产分割置于高人力资本国家/地区。从国内研究来看,张杰等(2013)首先从外资进入和出口目的地两个维度对该问题进行了初步探讨。吕越等(2015)基于张杰等(2013)的方法,研究了企业的效率与融资对出口国内增加值率的影响,分析发现,企业效率对企业出口国内增加值率的提升具有正向影响,而融资约束具有负向影响。刘斌等(2015)发现,对外直接投资能够显著提高企业全球价值链分工地位,其作用渠道可能是产品升级和功能升级效应。李胜旗和毛其淋(2017)分析制造业上游垄断对下游企业出口国内增加值率的影响,发现上游垄断对企业出口国内增加值率有显著的抑制作用,而中间品贸易自由化则能够起到调节作用。许和连等(2017)发现,制造业投入服务化与企业出口国内增加值率呈"U"型关系。

# 第三节 基于总值的贸易竞争力相关研究

## 一、贸易竞争力的基本内涵

随着国际竞争加剧和资源要素的全球性流动,国际竞争力相关研究从20世纪80年代开始逐渐盛行(Markusen,1992)。广义上,国际竞争力指一个国家在市场经济竞争的环境和条件下,所能创造的增加值、国民财富的持续增长、发展的系统能力水平。国际竞争力反映的是一个综合水平,既包括已有的财富基础,也包括未来的竞争潜力,既反映经济的发展,也反映宏观环境的改善。从狭义上看,国际竞争力则首要表现在各国的产品和服务在国际市场中的竞争位势和竞争状态。因而,贸易竞争力构成了国际竞争力的基本内容(宋马林,2011)。

贸易竞争力的构成与边界较为广泛,因此对贸易竞争力内涵的界定在学界并未达成共识,学者主要从各自研究视角出发分别提出自己的观点。陈春宝(1997)将贸易竞争力定义为一个国家或地区可贸易的本国产品在向本国开放的外国市场上所具有的开拓、占据其市场并以此获得利润的能力。贾继锋(2001)将研究视角从产品延展到了企业和产业层面,认为贸易竞争力指一个国家或地区可贸易的本国产品、产业以及从事贸易的企业在向本国开放的外国市场上所具有的开拓、占据其市场并以此获得利润的能力。程春梅和刘洪顺(2005)总结性指出,贸易竞争力涉及对外经济贸易领域的各个层面,直接表现为在国际市场上其产品价格低于或质量优于其他国家的同类产品,其内涵为产品、产业和企业三个层面的竞争力,这三个方面相互关联、相互影响、相互促进,共同构成了一国(地区)的贸易竞争力。

## 二、基于总值的贸易竞争力测度研究

改革开放以来,我国不断提升的对外开放程度促进了国际贸易的飞速发展,并逐步确立了贸易大国的地位。因此科学地测定我国贸易竞争力,将有助于全面客观地反映我国的国际贸易水平与地位。在这一阶段,贸易竞争力的直观反映主要是贸易规模,即总量维度的刻画。早期大量国内学者围绕这一核心指标展开了相关研究。喻志军(2009)以及吕婕和林芸(2010)通过理论推演阐述贸易竞争力会随社会进步、国际分工深化等因素的影响而不断演进,在此基础上基于产业内贸易指数与显示性比较优势指数(Revealed Comparative Advantage,RCA)给出了中国贸易竞争力的评价分析框架。王冉冉(2005)从我国产品国际市场占有率、人均贸易额、贸易竞争力指数、贸易分工地位、参与国际分工的方式、外贸商品结构、品牌竞争力、企业竞争力、贸易技术竞争力、贸易产业组织和我国出口产业发展的外部环境等多维度对我国贸易产业国际竞争力现状进行了系统分析,揭示出我国对外贸易的国际竞争力相对较弱、离贸易强国的距离还相对较远的现实。

## 三、贸易竞争力的提升研究

打造贸易强国,首要任务是快速提升贸易竞争力。随着中国经济体制改革的深入及世界经济一体化的加强,特别是在我国加入世界贸易组织之后,我国对外贸易面临严峻的新挑战。这部分的研究可以大致划分为以下四支。一是贸易竞争力提升的理论研究。曹秋菊(2004)从分析传统比较优势理论的成功与不足入手,认为我国在充分发挥自身比较优势的同时,更要建立起自己的竞争优势,提高我国贸易竞争力应遵循比较优势和竞争优势兼容的思路。车文娇和田炜(2007)通过对国际贸易比较优势理论新发展的梳理,提出要提高我国贸易竞争力,不能局限于依据传统贸易理论定位的比较优势,应该重视该理论所强调的比较优势的可变性。二是基于产品视角的贸易竞争力提升研究。金碚(1997)从工业产品层面对我国工业品的总体竞争力进行了分析,并对我国工业内部各产业的产品国际竞争力进行了实证研究。江小涓(2002)则首次对外商直接投资与我国产品出口竞争力的关系进行了定量研究,指出外商直接投资有利于优化我国的出口商品结构与竞争力。何正霞（2004）研究了产业内贸易对提高我国贸易竞争力的作用，认为根据我国目前的经济水平，应积极扩大水平型产业内贸易，改善我国现有的出口商品结构，提高我国出口产品的国际竞争力。三是基于产业视角的贸易竞争力提升研究。喻志军和姜万军（2009）认为，产业内贸易是较之产业间贸易水平更高、利得更大、竞争力更强的一种贸易方式，中国现阶段提升贸易竞争力的有效途径是主动从以产业间贸易为主转向以产业内贸易为主。周凤珠（2003）从产业内贸易理论出发，结合跨国公司直接投资所产生的产业内贸易发展历程，提出水平型产业内贸易是增强一国贸易竞争力的有效途径。目前我国产业内贸易水平不高，且以垂直型产业内贸易为主的模式不利于我国贸易和经济的进一步发展。我国应以水平型产业内贸易为发展取向，通过扩大企业规模、提高引资质量和大力发展差异产品来提高我国的贸易竞争力。裴长洪（1998）则从外资利用视角出发探究了外资进入与中国出口产业和内销产业间的关系，并就实际利用外资状况与日本及部分拉美和亚洲发展中国家进行了国际比较。

## 第四节　全球生产网络下的知识产权保护与贸易竞争力

### 一、全球生产网络下的贸易竞争力

20世纪90年代末，伴随全球范围内科技产业革命的迅速推进以及贸易自由化进程的显著加速，资本与要素的全球性流动不断加快，体现国际范围内资源有效整合的国际生产分工模式发生了深刻的变革，逐渐从以产业间/内贸易为主导迈入了以产品内分工为主导的新阶段，表现为工业制成品的生产工序不断细化，同一产品不同生产工序分布在不同国家成为常态，生产链条逐渐拉长，中间品贸易飞速发展，成为国际贸易的主流（王直等，2015）。与此相对应的贸易竞争力内核和表现也呈现出新气象。

## （一）基于增加值的贸易竞争力再评估

在全球生产网络中，由于跨境生产现象越来越普遍，贸易品的价值构成也越来越多元，使以传统总量贸易额为基础的贸易竞争力统计方法夸大了中国在出口中的实际贸易利得和竞争实力，因此已无法真实地反映全球生产网络体系下的新内涵与新现实。随着增加值贸易核算体系的不断发展和完善，全球生产网络下以增加值贸易为核心的贸易竞争力研究逐渐成为学界研究的热点。王等(Wang 等,2013)首先提出了基于贸易增加值调整的贸易竞争力测度框架。对于制造业行业的研究，学者们通过对比制造业基于总量贸易数据测算的显示性比较优势指数与基于增加值贸易数据测算的显示性比较优势指数后发现，后者结果更能准确地反映当前全球生产网络下各国/行业的实际贸易竞争力水平(Ceglowski,2017)。随着我国经济的不断飞速发展，服务业在产业结构中的占比越来越高，对服务业贸易竞争力的衡量开始成为研究的又一热点领域。程大中等(2017)基于世界投入产出表运用前向分解法测算了我国整体及细分部门服务贸易出口国内价值含量及其演进趋势，在此基础上重新评估了中国服务贸易的国际竞争力。相对应地，我国企业也呈现出明显的服务化转型趋势，即为提升竞争能力而将自身业务核心从制造向服务环节过渡(刘斌等,2016)。由此产生的一个问题是，这部分内嵌于制造业的服务价值无法利用国际收支平衡表和其他一些传统统计方法所捕捉到(Johnson 和 Noguera,2012)，使大量服务投入被嵌入到制成品行业并随之出口，从而在高估货物出口价值的同时严重低估了服务贸易的出口价值(程大中,2004)。

## （二）全球生产网络下的贸易竞争力提升研究

对发展中国家而言，如何在全球生产网络下实现贸易竞争力的精进，是新时期各个发展中经济体对外政策制定的核心内容之一。

在理论研究方面,科瓦尔斯基等(Kowalski 等,2015)认为,由比较优势以及生产效率所共同决定的分工体系天然决定了参与国所能获取的利润份额,因此生产率提升可能是能够反映全球价值链升级的一大特征。联合国贸易和发展会议(2013)指出,对后发国而言,制定在全球价值链中升级的目标应是深度融入全球价值链的同时,提升本国出口国内增加值率。朗等(Long 等,2005)则首先从生产分割本身出发,通过建立一个包括两国三部门的国际生产分工模型,指出南方国家的人力资源状况、技术发展水平、基础设施建设等均是影响其价值链升级的重要因素。西姆(Sim,2004)进一步发现技能劳动力投入的增加以及服务成本的降低有助于小型开放经济体提升其在全球价值链中的地位。

基于宏观层面的研究,陈立敏等(2016)采用融入增加值贸易的显示性比较优势及显示性竞争优势两个指标对各国制造业国际竞争力进行测算,并检验了全球价值链嵌入度以及制度质量对贸易竞争力的影响。潘秋晨(2018)进一步探究了全球价值链嵌入对中国装备制造业转型升级的影响机制,认为全球价值链嵌入主要借助于技术外溢效应、干中学效应、竞争效应、贸易结构与产业结构的互动效应实现对装备制造业的转型升级。屠年松和曹宇芙(2019)的研究则发现嵌入全球价值链有助于促进服务业国际竞争力的提升,但这一提升效应在高技术密集度服务业中更加明显,而人力资本与资本深化程度并没有发挥应有的作用。

基于企业维度的研究方面,不少学者发现中国嵌入全球价值链存在被发达国家"俘获"的风险,进而导致陷入"低端锁定"困境。刘志彪和张杰(2007)认为,俘获型网络治理关系阻碍发展中国家在现有国际贸易格局下实现功能升级与链条升级的高端价值链攀升过程,并指出发展中国家摆脱全球生产网络下被俘获关系的出路在于基于国内市场空间的国内价值链(National Value Chain,NVC)的培育。吕越等(2018)则发现嵌入全球价值链对企业研发创新行为具有显著的抑制作用,对外资企业、加工贸易企业以及高技术企业的作用尤其明显,不利于我国贸易竞争力的提升。基于此,部分学者开始研究发展中国家如何才能突破参与全球化生产时所面临的"低端锁定"风险。杨水利等(2014)从专业化分工视角讨论"低端锁定"成因,并提出发展中国家模块供应商可通过再集成破解"低端锁定"陷阱的路径。陈明和魏作磊(2018)研究发现,服务业外商直接投资和服务业对外直接投资通过技术外溢和逆向技术外溢、互补和资源再配置效应等对中国制造业打破"低端锁定"产生了正向的影响。余海燕和沈桂龙(2020)则认为,对外直接投资是发展中国家谋求突破全球价值链"低端锁定"风险、改变处于"被俘获"地位困境的有效途径。

## 二、全球生产网络下的知识产权保护与贸易竞争力

### (一) 知识产权保护与全球价值链相关研究

基于契约理论的跨国公司全球生产配置分析框架侧重于对有形资产(实物产品)的分析,而忽略了最终品生产过程中无形资产的重要性。根据世界知识产权组织(2017)的测算,2000年至2014年全球价值链中无形资产的平均比重达30.4%,是全球价值链中价值创造的重要来源。张杰等(2008)就曾指出,正是由于我国知识产权保护的缺位导致技术能力相对低的企业只能选择进入加工贸易。纳加维等(Naghavi 等,2017)探讨了跨国生产中产品复杂程度与知识产权保护的关系,发现产品越复杂对知识产权保护的需求越低(越难被模仿),但越复杂导致潜在损失的概率也越大,而这又提升了对知识产权保护的需求。

### (二) 创新与贸易竞争力提升

知识资本已成为全球价值链的重要驱动力(OECD,2013),纳加维和奥塔维亚诺(Naghavi 和 Ottaviano,2010)就指出,要想在全球市场保持竞争力就需要进行持续的创新。洪银兴(2017)指出,创新是我国攀升全球价值链中高端

的驱动力。基于"微笑曲线"理论可知,不同价值链分工环节所能创造的价值并不相同,发达国家和地区往往基于自身所掌握的先进技术而牢牢把控着产品生产过程中的高附加值环节,以此攫取巨额利润。因此对发展中国家而言,如何能够通过嵌入全球价值链来进一步提升自身创新能力,从而实现全球价值链升级成为一大研究热点。莫里森等(Morrison 等,2008)认为,发展中国家在参与国际分工时应重视自身技术能力的构建。内森和萨卡尔(Nathan 和 Sarkar,2013)指出,发展中国家若能积累改变知识的能力就能通过逆向工程和自主创新实现价值链地位的升级。经济合作与发展组织(2013)认为,知识禀赋越大的经济体更有可能从出口中创造更多价值。杨高举和黄先海(2013)指出,国内的技术创新以及物质资本和人力资本等要素的协同性提升,是提高中国高技术产业国际分工地位的关键内部动力。李强和郑江淮(2013)发现,发展中国家提高研发投入有助于生产技术水平的提升,从而能够通过降低价值链上高端生产工序的成本,吸引发达国家外包更多高技术水平工序,以此促进价值链地位的攀升。

与该主题相关的另一支研究集中于技术创新(进步)与全球价值链分工间的关系上。鲍德温和严(Baldwin 和 Yan,2014)运用加拿大企业层面数据实证发现企业参与全球价值链分工能显著提升自身生产率。科尔达斯卡等(Kordalska 等,2016)利用世界投入产出数据库(World Input Output Database,WIOD)的国家间投入产出表测算了 40 个国家 20 个行业的全球价值链地位,并实证得出行业生产率与全球价值链地位间存在显著正向关联。从国内相关研究来看,王玉燕等(2014)构建了中国嵌入全球价值链下技术进步效应的分析框架与研究假说,并利用 1999—2012 年 23 个工业行业面板数据发现嵌入全球价值链能够推动一国技术进步,但由于抑制效应的存在导致全球价值链嵌入行为与技术进步间呈倒"U"型关系。席艳乐和贺莉芳(2015)基于倾向得分匹配方法发现,嵌入全球价值链的确会使企业的全要素生产率发生"溢价",且该效应在时间上存在延续性,在程度上具有渐进性,但这种提升可能仅是企业通过生产工艺流程和组织管理模式等非技术性创新因素简单"改进"而非以技术性创新因素实质提升资本生产效率以及深化资本的结果。

（三）全球生产网络下知识产权保护与贸易竞争力提升的相关研究

随着知识资产对经济发展的作用不断凸显,国家间的经济竞争实质上就是围绕知识资产展开的竞争,也即对知识产权的竞争,因此可持续的竞争优势越来越依赖于创新,而创新又反过来受制于知识产权保护的质量。当前越来越多的国家(包括发展中国家)将知识产权保护视为获取和保持国际竞争优势的重要手段(王子先,2014)。

张建忠和刘志彪(2011)首先通过拓展马库森(Markusen,2001)所建立的跨国生产委托代理模型发现,发展中国家提升知识产权保护强度容易激励链主实施外包行为,但技术模仿和赶超成本的上升又会使发展中国家进一步倾向于低端代工而陷入"赶超陷阱"。余骁和郭志芳(2017)进一步拓展了上述研究,发现知识产权保护对发展中国家分工收益存在倒"U"型影响,过高的知识产权保护程度可能成为发达国家链主企业增强价值链利润掌控能力的外在制度性保障,本土企业应注重技术进步并形成"差别优势"。杨珍增(2014、2016)指出,随东道国知识产权保护水平的上升,跨国公司所面临的模仿威胁将下降,从而促使跨国公司将更核心的生产环节安排到发展中国家,这不仅提升了发展中国家的国内增加值比重,还促进了价值链分工地位的升级。黄先海等(2016)在多产品企业模型基础上发现,随知识产权保护水平的提升,企业将会从模仿创新转向自主创新,进而企业会降低进口扩展边际,提升出口扩展边际。

部分研究从制度质量(知识产权保护为制度质量的一种)角度展开。邱斌等(2014)在伊顿和科图姆(2002)的研究基础上发现,当一国的制度质量越过"制度门槛"后,其与行业特征的协同效应将激励本国出口并塑造制度比较优势。刘琳(2015)提出了全球价值链参与、制度质量及二者协同作用对出口品技术含量的内在影响机理。研究发现,参与全球价值链对出口品技术含量有显著的正向影响,制度质量与出口品技术含量也有显著的正相关关系。陈立敏等(2016)发现,嵌入全球价值链能显著提升制造业国际竞争力,而制度质量对国际竞争力的影响具有门槛效应,越过门槛后的影响将下降,据此说明制度质量对发展中国家制造业提升国际竞争力的作用更为明显。李宏和陈圳(2018)使用面板门槛模型探讨了制度质量对全球价值链地位提升的推动作用,发现一国所处的制度环境成长阶段差异会对全球价值链地位的提升产生非线性影响。

伴随信息通讯技术的进步以及物流运输成本的削减,全球生产分工正在对古典贸易理论进行第三波重构(全球价值链发展报告,2017)。作为现今全球价值链分工中价值创造的重要来源,知识资本已成为在全球价值链中进行创新和升级的主要驱动力(OECD,2013),在全球生产网络中的竞争力也在一定程度上反映了参与国对先进技术掌握的多寡。

从目前已有研究来看,对全球生产网络的相关研究,基于问题导向出发而逐渐形成的宏观层面增加值贸易核算框架已日趋成熟完善,但自梅里兹(2003)提出异质性贸易理论后,国际贸易研究开始进入"新—新贸易理论"时代,异质性成为相关研究的核心关注点。由于增加值贸易核算方法需基于投入产出表展开相关测算,因而难以较好体现异质性特征。自基和唐(2016)完善了企业层面出口国内增加值率的测算框架后,从微观层面进行价值链指标刻画成为可能。但是对微观企业的贸易竞争力评估并未形成一致,以出口国内增加值份额提升作为贸易竞争力的唯一内涵可能会因忽视增加值出口总量的影响,以及企业以利润最大化为目标的特征而显得过于狭隘与不准确。而在理论研究方面,虽然基于管理学视角的相关研究较为丰富,但是却无法为经济理论的建立提供太多有益信息。基于契约理论的跨国公司国际生产分割研究虽已得到较好的应用与拓展，但这一分析框架因其基于发达国家背景展开而对发展中国家的现实缺乏解释力。

　　针对知识产权保护方面的相关研究就目前而言最为丰富。封闭环境下学者们对知识产权保护所具有的二重性、从长度与宽度设计最优专利制度等方面的研究已经达成较为广泛的共识。随着经济全球化的不断深化推进，开放环境下基于增长理论下南北框架的知识产权保护与贸易的研究成果也颇丰，并得到许多富有启发的研究成果。但是随着研究视角越来越微观化，基于国别总体层面的知识产权保护测度已显现出其不适性。

　　此外，在作用机理研究方面，现有研究中容易被忽视的问题在于，全球生产网络下的贸易竞争力究竟如何准确衡量及其背后的演进动力究竟是什么。基于契约理论的跨国公司全球生产配置分析框架侧重于对有形资产（实物产品）"敲竹杠"问题的分析，而忽略了最终品生产过程中无形资产的非独占性问题。进一步从政策设计方面来看，传统最优知识产权保护机制的设计集中于封闭环境下创新厂商间的博弈，或者在南北贸易中基于双方不均等的研发实力基础上所展开的"创新—模仿"循环。基于无形资产的特性，作为一国获取和保持国际竞争优势的重要支撑性条件，在抓住全球化分工本质特征的基础上，如何基于异质性设计出高质量而又符合本国经济发展水平的知识产权保护制度以及对应良好的执行机制是现有文献所不能回答的。

# 第二章  全球生产网络下知识产权保护与中国贸易竞争力现状

改革开放 40 多年来,我国凭借不断提升的对外开放程度迅速融入全球生产网络,取得了举世瞩目的经济发展成绩,但以低端加工组装形式嵌入全球生产网络使我国仅能获取微薄的利润而处于全球价值链低端,对外贸易竞争力较弱。自 1985 年我国颁布第一部《专利法》至今,我国知识产权保护一直存在建设相对滞后以及立法、执法割裂的问题,这沦为西方发达国家频繁打击我国经济发展的借口,进而使其无法成为我国贸易竞争力提升的重要助推器。随着中国特色社会主义进入新时代,准确刻画我国知识产权保护以及在全球生产网络下的贸易竞争力演进趋势与特征,有助于我国以知识产权保护这一制度建设为战略突破口再造新时期对外贸易竞争新优势。

## 第一节  中国知识产权保护的典型化事实

知识产权保护制度是商品经济和科学技术发展到一定阶段的产物。1474年威尼斯颁布了世界上第一部专利法,首次确定了专利保护的三大基本原则,即发明创造保护、专利独占以及侵权处罚原则。1624 年英国出台的《垄断法》

中的专利条例全面地规定了专利保护的主客体条件、保护期限以及专利失效条件,确立了现代专利法的基本框架。1709 年英国颁布的《安娜女王法》则被认为是世界上第一部版权法。1803 年法国颁布的《关于工厂、制造厂和作坊的法律》则确认了对商标权的保护。这些法规的出台对后来西方各国的知识产权立法产生了深远影响,对推进工业革命和科技进步发挥了巨大作用。

进入 21 世纪,随着经济全球化的不断深入,与《关税及贸易总协定》(General Agreement on Tariffs and Trade, GATT)时代相比,世界贸易组织时代着重强调了无形财产的重要性,在商品与服务贸易中涉及相当多的知识产权保护问题。作为世界贸易组织的"三大支柱"之一①,从全球知识经济的发展动向看,知识产权理应在其中居首要位置,特别是在后金融危机以及欧债危机背景下,区域贸易保护主义有不断抬头之势,发达国家通过制定更为严苛的知识产权保护标准进一步深化了这些国家的技术优势,巩固了行业领导者的地位。在"创新驱动发展"的大背景下,我国对外贸易正经历由"资源驱动"的外向型依附模式向"创新驱动"的内源式升级模式的深刻变革过程中,知识产权制度在推进创新型国家建设、提升对外贸易核心竞争力上的作用日益显现。

知识产权保护是一项系统工程,包括立法保护、行政保护、司法保护、社会集体管理组织保护、技术措施保护和当事人的自我救济保护等。其中,行政保护和司法保护属于执法保护范畴(陈丽静,2012)。本书将主要从立法和执法两个角度对我国知识产权保护的典型化事实进行分析。

## 一、中国知识产权保护的立法情况

知识产权国际保护法律体系中存在明显的公利与私利冲突,而这一矛盾也同样存在于我国的知识产权保护体系中。当我国尚未完善知识产权立法前,在相当长的一段时间内我国社会舆论是批判将知识产权视为私人权利的,

---

① 另两大支柱分别为商品贸易与服务贸易。

这符合我国社会主义公有制的制度背景。当时学界强调技术创新的来源传承自社会共有知识,因此,任何智力成果都需以回馈社会为目的,以社会全员共有共用为归宿。我国在这一时期的观点片面强调了知识产权的公共品属性。随着我国积极融入国际社会,为满足世界其他国家在贸易和投资等多个方面的开放要求,学界逐渐接受了知识产权的私有属性。我国政府也从利益平衡的考虑出发,对知识产权的两种对立所有权属性进行了调整,国家公权力逐步渗透知识产权领域,使对知识产权私有权利的保护成为国家意志下经济权利的一种体现(冯晓青和刘淑华,2004)。

伴随 20 世纪 70 年代末改革开放的前进步伐,将知识产权作为改革开放政策和社会主义法治建设重要组成部分的我国,通过大量卓有成效的工作,建立起了比较完备的知识产权法律体系,取得了举世瞩目的成就,而对外开放又进一步激励我国积极参与各类知识产权的国际组织,深化了与世界各国在知识产权领域的交流合作。1983 年 3 月 1 日正式实施的《中华人民共和国商标法》(以下简称《商标法》)是我国第一部知识产权法律,标志着中国开始系统建立现代知识产权法律制度的开端。随后,1985 年 4 月 1 日正式实施的《中华人民共和国专利法》(以下简称《专利法》)以及 1991 年 6 月 1 日正式实施的《中华人民共和国著作权法》(以下简称《著作权法》),三者共同标志着我国知识产权保护制度体系的初步形成。1986 年所通过的《中华人民共和国民法通则》中,知识产权作为一个整体首次在中国的民事基本法中被予以明确。在法律法规修订方面,《商标法》曾经历 1993 年、2001 年、2013 年和 2019 年四次修订,《专利法》曾经历 1993 年、2000 年、2008 年三次修订,《著作权法》曾经历 2001 年、2010 年两次修订。

此外,我国所建立的整个知识产权立法体系中还包括《中华人民共和国计算机软件保护条例》《中华人民共和国植物新品种保护条例》《中华人民共和国知识产权海关保护条例》《集成电路布图设计保护条例》等专门的行政法规,以及《专利实施强制许可办法》《驰名商标认定和保护规定》《集体商标、证

明商标注册和管理办法》等专门的部门规章。这一基本架构可以由图 2-1
列明。

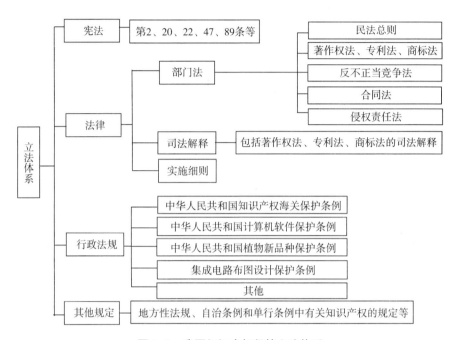

**图 2-1　我国知识产权保护立法体系**

资料来源：笔者基于与知识产权有关的法律法规与部门规章等整理而得。

改革开放后国际经济关系和政治环境发生了巨大变化，中国逐步深入参
与全球市场竞争，并开始受到国际竞争规则的制约。自 1980 年至今，中国分
别加入《保护工业产权巴黎公约》《集成电路知识产权条约》《商标国际注册马
德里协定》《保护文学和艺术作品伯尔尼公约》《世界版权公约》《录音制品制
作者防止未经许可复制其录音制品公约》《专利合作公约》《商标注册用商品
和服务国际分类尼斯协定》《国际承认用于专利程序的微生物保存布达佩斯
条约》《建立工业品外观设计国际分类洛加诺协定》《国际专利分类斯特拉斯
堡协定》《国际植物新品种保护公约》《与贸易有关的知识产权协定》等国际公
约。至此，中国完成了对知识产权主要国际保护公约的履行，标志着中国知识
产权立法水平与国际通行准则保持一致，已进入新的历史发展阶段。此外，中

国还达成了诸多双边知识产权保护协议,具体请参见倪海青(2009)的研究。其中,世界知识产权组织在中国知识产权保护体系的构建阶段起着重要作用,中国已申请加入了世界知识产权组织掌管的一系列知识产权保护国际公约和协定。而世界贸易组织是推动中国知识产权保护制度改善的显著力量,世界贸易组织掌管的《与贸易有关的知识产权协定》在强化中国知识产权保护制度上起着模式化法律的作用,它外在地强制和引导中国不断修正和完善其主要的知识产权法律法规,以便与《与贸易有关的知识产权协定》要求的标准相一致(沈国兵,2011)。截至 2019 年,中国知识产权局罗列的我国加入的国际条约已多达 34 条,其中包括《国际承认用于专利程序的微生物保存布达佩斯条约》《国际专利分类斯特拉斯堡协定》《世界知识产权组织表演和录音制品条约》《国际植物新品种保护公约》等领域分类更细致,产权保护程度更高的国际公约①。

随着知识产权立法水平的不断提高,中国知识产权创新发展持续加速,专利质量稳步提升。从国内知识产权的申请和授权情况看,2022 年中国发明专利申请量 161.9 万件,授权发明专利 79.8 万件,有效量为 421.2 万件。从分地区情况看,广东、江苏和北京的发明专利申请量最高。从境外知识产权情况看,中国《专利合作条约》国际专利申请受理量自 2010 年的 12296 件提升至 2022 年的 74452 件,并逐一超过了德国、日本和美国,现居全球第一,《专利合作条约》国际专利申请量占全球比重为 24.2%。此外,2022 年中国知识产权使用费进出口总额达 3872.5 亿元,同比增长 2.4%,其中出口额同比增长 17%。此外,截至 2022 年 12 月 31 日,全国共登记技术合同 772507 项,成交额 47791.02 亿元。

根据上述分析可知,我国知识产权保护制度是在国内国外双重力量作用下建立并完善起来的。对此,杨(Yang,2003)指出,与大多数发达国家知识产

---

① 资料来源:http://www.sipo.gov.cn/zcfg/gjty/index.htm。

权保护体系的渐进完善模式相比,中国知识产权保护制度的形成是一个革命性的过程,即从一个完全没有知识产权保护的国家走向了一个拥有广泛且系统保护制度的国家。从立法和修订的动因来看,中国知识产权立法的核心推力来自自身经济发展和科技创新的内生要求,又辅之以中国对外开放进程中受到的外部压力,包括加入世界知识产权组织、世界贸易组织以及中美经贸摩擦等。而从立法的整体趋势看,中国知识产权立法始终以技术创新为宗旨,以正义和效益的融合为价值,秉持积极、审慎、理智的立法态度,逐渐扩大法律保护范围、提高法制行使标准、简化申请授予流程,成功实现了对知识产权国际保护法律体系的理性接纳与中国特色社会主义法律体系创新实践的有效结合。

## 二、中国知识产权保护的执法情况

知识产权执法保护,通常指知识产权保护的执法机制。知识产权执法是知识产权保护的重要组成部分,其作用是为知识产权权利人提供防止被侵权的救济和阻止进一步被侵权的保护(赵丽,2012)。在知识产权执法实践中,我国逐步形成了具有中国特色的行政保护和司法保护"两条途径、并行运作"的知识产权"双轨制"执法保护体系(陈丽静,2012)。其中,知识产权的司法保护指通过司法途径对知识产权进行保护,知识产权权利人享有通过自身或国家公诉人向法院对侵权人提起刑事、民事诉讼,以追究侵权人刑事、民事责任的权利(蒋志培,1999)。而知识产权的行政保护则指政府通过具体或抽象的行政行为对知识产权进行保护,当侵权行为发生后,行政管理机关可应权利人申请或依自身职权主动保护权利人的合法权益,以维护市场经济的正常竞争秩序(姚欢庆和郝学功,1998)。

### (一)司法保护体系

作为知识产权执法体系中的主导,我国经过 40 多年的努力目前已初步建立起了一套比较完善的知识产权司法保护体系,从基层的人民法院知识产权法庭覆盖到最高人民法院的知识产权法庭(具体的体系架构见图2-2),为各类知识产权纠纷提供了完备的法律救济体系。根据2022年国家知识产权局发布的《2022年中国知识产权保护状况(白皮书)》显示,2022年全国地方人民法院共新收知识产权民事一审案件43.848万件,审结45.7805万件(含旧有),新收知识产权行政一审案件2.0634万件,审结1.763万件。但是,作为知识产权保护的最终救济途径,我国的司法保护体系仍面临着诉讼周期长、诉讼成本高等问题,导致诉讼效率较低,但对提升司法执行效率的步伐并未放缓。2000年最高人民法院将知识产权民事案件统一归口到民事审判第三庭或第五庭,对民事审判制度进行了改革。此后,在上海浦东新区法院等少数法院进行"三审合一"试点,将知识产权民事案件审判、知识产权行政案件审判和知识产权刑事案件审判统一归口到知识产权审判庭审理,其目的在于提升知识产权保护的执法效率。截止到2022年10月底,全国共有21个高级人民法院、164个中级法院和134个基层法院先后开展了知识产权审判的"三审合一"试点工作。

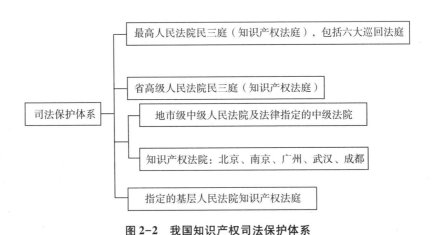

**图2-2 我国知识产权司法保护体系**

资料来源:笔者基于与知识产权有关的法律法规与部门规章等整理而得。

## （二）行政保护体系

知识产权作为一种私权的属性,目前世界上多数国家采取司法保护的"单轨制"模式。但是由于我国幅员辽阔,司法保护覆盖面相对有限,同时司法保护的长周期和高成本也未必适合部分知识产权纠纷,因此通过行政管理手段由行政执法机关对知识产权侵权行为进行查处成为我国知识产权执法保护的一大特色。根据 2022 年国家知识产权局发布的《2022 年中国知识产权保护状况(白皮书)》显示,在行政保护方面,以专利侵权为例,当年我国专利行政执法办案总量为 5.8 万件,同比增长 16.8%。其中,专利违法案件数为 0.57 万件,案值 1.85 亿元,罚没金额 0.14 亿元。

但不容忽视的是,长期以来我国的知识产权行政保护体系存在"多头管理、分散执法"的问题,即不同案件由不同职能机构独立管辖,缺乏统一明确的行政管理主体而容易造成责任不明确以及利益冲突等问题。2018 年 3 月 13 日我国进行了改革开放以来的第八次国务院机构改革,其中涉及部分知识产权行政执法机构。本章整理了我国最新的主要知识产权行政保护执法体系构成及其对应的职能简介表(见表 2-1),从中可以发现,通过这次机构调整,在一定程度上缓解了之前我国知识产权行政执法中存在的"多头管理、分散执法"问题,使执法机构管理与职能更为集中,执法效率得到提升。

表 2-1　我国主要知识产权行政保护执法机关及对应职能

| 性质 | 所属机构 | 职能 |
|---|---|---|
| 专利行政执法<br>商标行政执法 | 国家市场监督管理总局下属的国家知识产权局 | 处理专利侵权纠纷、调解专利纠纷查处假冒他人专利和冒充专利行为<br>处理商标侵权及假冒案件、商标违法使用案件、非法印制或者买卖商标标识案件、商标使用许可违法案件、其他违反商标法律和法规及规章的案件 |
| 版权行政执法 | 国家广播电视总局下属的新闻出版总署 | 对版权侵权案件进行调查,对侵犯版权的行为进行行政处罚,通过协调和调解解决版权纠纷 |

续表

| 性质 | 所属机构 | 职能 |
|------|---------|------|
| 海关行政执法 | 海关总署 | 为知识产权权利人申请的知识产权海关保护进行备案,对有侵权嫌疑的进出口货物进行扣留并处理 |

资料来源:笔者基于与知识产权有关的法律法规与部门规章以及最新的国务院机构改革方案整理而得。

## 三、我国整体知识产权保护水平及其变动趋势

所谓知识产权保护水平,是指知识产权权利人依法受到知识产权法律保护的程度或强度,对一国知识产权保护水平的变动趋势进行分析并作跨国比较,有助于更好地了解本国知识产权保护的发展水平及可能存在的问题。由于市场结构、消费偏好的不同以及各国资源要素禀赋、基础设施和司法体系的差异等情况,从整体上构建一个统一全面且具有宏观性的知识产权保护国际衡量标准较为困难。因此,大量有关知识产权保护的研究主要从知识产权立法状况视角出发建立各种定性评级指标来衡量知识产权保护水平。

最早对知识产权保护水平进行量化测算的是拉普和罗泽克(1990)提出的 R-R 指数,该指数的编制思路是将各国关于专利的法律条文与美国商会所建议的最低标准进行一致性比较,以此对每个国家的符合程度进行评级。其后,金纳特和帕克(1997)在拉普和罗泽克(1990)研究基础上提出了著名的 G-P 指数,该方法从保护范围、保护期限、执法措施、国际条约以及丧失权利保护五大方面构建指标体系用以全面反映一国的知识产权立法水平(即名义知识产权保护指数)。图 2-3 列出了基于 G-P 指数方法的 1985—2015 年我国和部分主要国家的知识产权保护水平变动趋势①。从图中可以看出,从立法层面而言,我国的知识产权保护水平从 1985 年的 1.33 迅速上升至 2015 年的 4.42(总分为 5),25 年提升了 300%,在立法层面与发达国家间的差距

---

① G-P 指数每五年为一个编制周期,2015 年为可获取的最新数据年份。

已经很小。

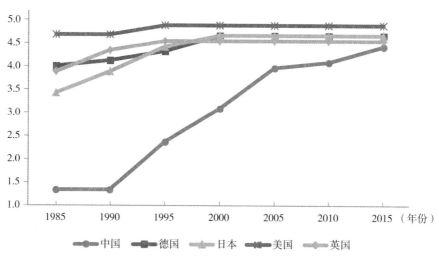

**图 2-3 1985—2015 年基于 G-P 指数的中国和
部分发达国家知识产权保护水平**

资料来源:沃尔特·帕克(Walter G. Park)的个人主页:http://fs2. american. edu/wgp/www/? _ga =
1.220298331.297395549.1488264329。

　　但是,R-R 指数与 G-P 指数均只关注各国知识产权的立法情况,并未考
虑执法水平的差异。通过经验借鉴通常能快速完善一国的知识产权立法水
平,因此正如许春明(2010)所指出的,在知识产权国际化背景下,特别是在
《与贸易有关的知识产权协定》框架下,仅以一国(或者地区)立法中所体现的
因素对知识产权保护水平进行测度,已然不再具有可比性。代中强(2016)发
现,发展中国家存在"名义知识产权保护趋同,实际知识产权保护不均质"的
现象。作为知识产权保护体系的重要组成部分,执法因素不容忽视。世界经
济论坛(World Economic Forum,WEF)所发布的实际知识产权保护指数基于
问卷调查而得,因而可以较好地反映一国实际的知识产权保护程度。图 2-4
列出了 2006—2016 年基于世界经济论坛指数的我国和部分主要发达国家知
识产权保护水平。对比图 2-3 可以发现,我国知识产权实际保护水平与发达
国家仍存在较大距离,仅从 2006 年的 3.24(总分为 7)逐渐上升至 2016 年的

4.50,而这也进一步凸显了知识产权执法保护的重要性。

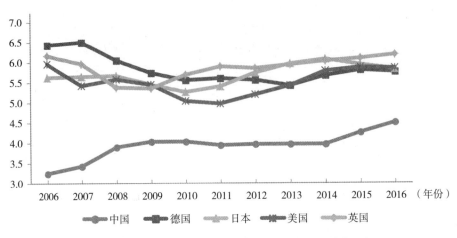

图 2-4　2006—2016 年基于世界经济论坛指数的中国和
部分主要发达国家知识产权保护水平

资料来源:世界经济论坛发布的各年全球竞争力报告。

知识产权保护体系的发展正深刻地改变着国际合作和多边贸易体制的竞争规则,在如今"全球化"与"去全球化"冲突逐渐明显的外部形势下,中国需要更快实现由知识产权国际保护法律体系的学习者、跟随者、推动者向引领者、建设者和守护者的身份转变。

## 第二节　基于总值的中国贸易竞争力现状

传统贸易竞争力主要从进出口贸易额、竞争力指数等视角来直观反映。因此本章将首先从跨国横向比较来反映我国对外贸易中的竞争力现状。根据图 2-5 可知,2021 年我国对外贸易总量达到 53.11 亿美元,而中间品的对外贸易总量为 29.31 亿美元,超过总量的一半,无论是总贸易额还是中间品贸易额均排名第一。美国和德国次之,其余国家的体量均较小。

从图 2-6 我国整体贸易规模变动趋势来看,除受 2008 年国际金融危机

（单位：亿美元）

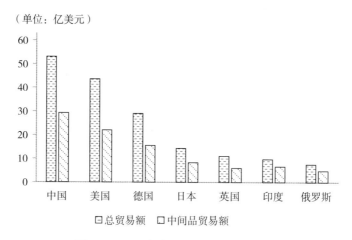

**图2-5　2021年主要国家贸易规模比较**

资料来源：CEPII-BACI数据库。其中中间品按广义经济类别分类（Classification by Broad Economic Categories，BEC）第3版的标准进行划分。

以及2014年欧债危机影响而呈现下滑波动外，我国的进出口贸易总量在1996—2018年一直处于稳步上升中，且出口总额一直高于进口总额。进一步地，从竞争力指数[①]看，我国的贸易竞争力在2007年达到最高值，此后受国际金融危机影响而出现大幅下滑，而后在2015年恢复到高峰后又出现下降。

由于全球生产分工的一大显著特点便是中间品贸易的盛行（王直等，2015），因此有必要从中间品进出口贸易额来做进一步深入分析。根据图2-7，可以发现与总量贸易相反，我国的中间品进口在绝大部分年份均多于中间品出口。结合中间品贸易竞争力指数来看，首先我国的中间品贸易竞争力一直较弱，其次在2008年后我国的中间品贸易竞争力出现断崖式下滑，而从2013年才开始逐渐恢复，而后受中美经贸摩擦影响，从2017年又开始下滑。这可能和我国的"世界工厂"角色有显著关联。

---

　①　具体的计算方法可参见本书第六章。

（单位：亿美元）

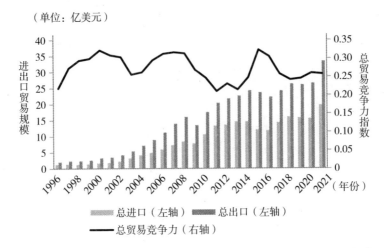

**图 2-6　1996—2021 年中国进出口贸易规模与总贸易竞争力指数变动**

资料来源：CEPII—BACI 数据库。

（单位：亿美元）

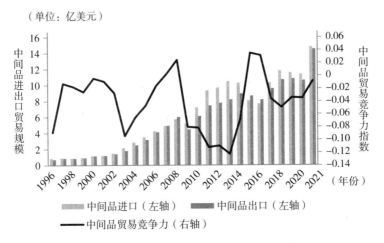

**图 2-7　1996—2021 年中国中间品进出口贸易
规模与中间品贸易竞争力指数变动**

资料来源：CEPII—BACI 数据库。

# 第三节 全球生产网络下中国的
# 贸易竞争力现状

## 一、中国在全球生产网络中的贸易竞争力——总体层面

在新一轮产业革命与信息技术革命的推动下,全球价值链已成为经济全球化下各国参与国际分工的新常态(乔小勇等,2017)。作为发展中的贸易大国,我国也逐步从传统的水平分工参与模式向垂直分工参与模式演进(汤碧,2012)。在此背景下,传统属地贸易统计的结果已经无法准确反映当今全球生产网络中各国的贸易竞争力。基于此,本章将运用库普曼等(2014)所提出的贸易增加值分解框架并利用世界投入产出数据库的国家间投入产出表对我国参与全球生产网络的情况进行系统分析[①]。

首先,从总体规模上来看(见表2-2),受益于巨大的进出口规模,2011年我国的增加值出口规模在所有样本国家/地区中排名第一,而中间品的增加值出口规模则排在美国之后位居第二。但值得注意的是,我国中间品增加值出口占总增加值出口的比重仅为53%,在所有样本国中排名最末。这说明我国总体的增加值出口规模较大的原因在于最终品的增加值出口,而反映全球生产分工中贸易竞争力核心的中间品增加值出口存在巨大滞后。

表2-2 2011年主要国家增加值贸易规模 （单位:百万美元）

| 国家/地区 | 增加值出口 | 中间品增加值出口 | 占比 | 国家/地区 | 增加值出口 | 中间品增加值出口 | 占比 |
|---|---|---|---|---|---|---|---|
| 澳大利亚 | 279366.3 | 240798.4 | 0.86 | 爱尔兰 | 120089.3 | 79254.82 | 0.66 |
| 奥地利 | 138302.8 | 94851.3 | 0.69 | 意大利 | 428825.3 | 233762.8 | 0.55 |

---

① 关于世界投入产出数据库的简介以及具体的分解测算过程参见本书第六章相关内容。

续表

| 国家/地区 | 增加值出口 | 中间品增加值出口 | 占比 | 国家/地区 | 增加值出口 | 中间品增加值出口 | 占比 |
|---|---|---|---|---|---|---|---|
| 比利时 | 197945.2 | 134242.4 | 0.68 | 日本 | 729821 | 472198.5 | 0.65 |
| 保加利亚 | 15582.46 | 10203.3 | 0.65 | 韩国 | 362167.7 | 243046.1 | 0.67 |
| 巴西 | 257856.6 | 188073.1 | 0.73 | 立陶宛 | 13387.76 | 8451.22 | 0.63 |
| 加拿大 | 406304.2 | 297449.3 | 0.73 | 卢森堡 | 34990.39 | 28190.07 | 0.81 |
| 中国 | 1574422 | 830515 | 0.53 | 拉脱维亚 | 7913.12 | 5241.85 | 0.66 |
| 塞浦路斯 | 3541.4 | 2123.5 | 0.60 | 墨西哥 | 236528.4 | 155638.9 | 0.66 |
| 捷克共和国 | 87184.42 | 55567.57 | 0.64 | 马耳他 | 3326.79 | 2343.04 | 0.70 |
| 德国 | 1112159 | 661446.4 | 0.59 | 荷兰 | 319571 | 208021.1 | 0.65 |
| 丹麦 | 99059.41 | 61290.9 | 0.62 | 波兰 | 147698.5 | 88829.42 | 0.60 |
| 西班牙 | 268282.1 | 159549.2 | 0.59 | 葡萄牙 | 41230.77 | 25712.94 | 0.62 |
| 爱沙尼亚 | 7652.08 | 5309.27 | 0.69 | 罗马尼亚 | 41024.69 | 26750.76 | 0.65 |
| 芬兰 | 68032.42 | 52342.97 | 0.77 | 俄罗斯 | 450606.8 | 411120.6 | 0.91 |
| 法国 | 483150.7 | 281991.9 | 0.58 | 斯洛伐克共和国 | 36201.14 | 22938.4 | 0.63 |
| 英国 | 538800.3 | 370103.3 | 0.69 | 斯洛文尼亚 | 16047.95 | 9841.07 | 0.61 |
| 希腊 | 32158.44 | 22065.56 | 0.69 | 瑞典 | 168592.3 | 117159.5 | 0.69 |
| 匈牙利 | 61467.68 | 38795.07 | 0.63 | 土耳其 | 121376.6 | 71096.95 | 0.59 |
| 印度尼西亚 | 185518.9 | 151769 | 0.82 | 美国 | 1455191 | 991874.5 | 0.68 |
| 印度 | 263341.9 | 143523.3 | 0.55 |  |  |  |  |

资料来源:笔者基于库普曼等(2014)的增加值贸易分解框架结合世界投入产出数据库的国家间投入产出表数据测算而得。

其次,从横向比较看(见表2-3),各国的出口国内增加值份额存在显著差异,如俄罗斯出口中的国内增加值含量超过93%。相对应地,卢森堡出口中的国内增加值份额最低,仅为38.68%。这可能是由于俄罗斯主要以资源型产品出口为主,而这类产品往往需要较高的国内投入(黄先海和余骁,2018),而卢森堡由于缺乏必要的国内投入品生产体系使出口生产需要大量的进口产品,导致出口中的国内增加值率较低。我国的出口国内增加值份额大约在 77.5%,高于 3/4 的国家。进一步地,从各国的全球价值链参与程度看,卢森堡的全球价值链参与程度最高,捷克紧随其后。我国的全球价值链参与度为 37.88。

表 2-3　2011 年主要国家参与全球生产网络情况

| 国家/地区 | 国内增加值(%) | 国外增加值(%) | 参与程度 | 分工地位 | 国家/地区 | 国内增加值(%) | 国外增加值(%) | 参与程度 | 分工地位 |
|---|---|---|---|---|---|---|---|---|---|
| 澳大利亚 | 86.14 | 13.86 | 38.51 | 0.09 | 爱尔兰 | 55.34 | 44.66 | 54.53 | -0.27 |
| 奥地利 | 65.52 | 34.48 | 52.20 | -0.13 | 意大利 | 72.66 | 27.34 | 43.42 | -0.09 |
| 比利时 | 53.68 | 46.32 | 61.53 | -0.23 | 日本 | 82.70 | 17.30 | 37.31 | 0.03 |
| 保加利亚 | 65.27 | 34.73 | 50.07 | -0.15 | 韩国 | 59.45 | 40.55 | 55.02 | -0.20 |
| 巴西 | 88.05 | 11.95 | 34.35 | 0.09 | 立陶宛 | 66.05 | 33.95 | 48.18 | -0.16 |
| 加拿大 | 79.46 | 20.54 | 35.59 | -0.04 | 卢森堡 | 38.68 | 61.32 | 70.82 | -0.39 |
| 中国 | 77.42 | 22.58 | 37.88 | -0.05 | 拉脱维亚 | 75.32 | 24.68 | 42.43 | -0.06 |
| 塞浦路斯 | 72.78 | 27.22 | 39.66 | -0.12 | 墨西哥 | 69.70 | 30.30 | 43.47 | -0.14 |
| 捷克共和国 | 53.21 | 46.79 | 62.32 | -0.23 | 马耳他 | 60.35 | 39.65 | 53.18 | -0.21 |
| 德国 | 71.44 | 28.56 | 45.81 | -0.07 | 荷兰 | 60.13 | 39.87 | 56.59 | -0.17 |
| 丹麦 | 62.61 | 37.39 | 51.75 | -0.18 | 波兰 | 65.46 | 34.54 | 52.04 | -0.13 |
| 西班牙 | 70.06 | 29.94 | 45.97 | -0.11 | 葡萄牙 | 72.03 | 27.97 | 44.39 | -0.09 |
| 爱沙尼亚 | 66.70 | 33.30 | 51.00 | -0.12 | 罗马尼亚 | 76.01 | 23.99 | 42.85 | -0.04 |
| 芬兰 | 65.44 | 34.56 | 53.17 | -0.12 | 俄罗斯 | 93.67 | 6.33 | 44.14 | 0.26 |
| 法国 | 71.03 | 28.97 | 45.26 | -0.10 | 斯洛伐克共和国 | 57.81 | 42.19 | 60.48 | -0.18 |
| 英国 | 78.10 | 21.90 | 44.04 | 0.01 | 斯洛文尼亚 | 63.44 | 36.56 | 53.01 | -0.16 |
| 希腊 | 75.69 | 24.31 | 38.71 | -0.08 | 瑞典 | 67.92 | 32.08 | 49.73 | -0.11 |
| 匈牙利 | 53.90 | 46.10 | 60.35 | -0.24 | 土耳其 | 77.71 | 22.29 | 40.66 | -0.03 |
| 印度尼西亚 | 85.28 | 14.72 | 37.67 | 0.07 | 美国 | 84.40 | 15.60 | 36.93 | 0.06 |
| 印度 | 78.23 | 21.77 | 35.85 | -0.06 | | | | | |

资料来源:笔者基于库普曼等(2014)的增加值贸易分解框架结合世界投入产出数据库的国家间投入产出表数据测算而得。

最后,从各国全球价值链的分工地位来看,俄罗斯有着最高的全球价值链分工地位,究其原因,主要是该国的出口构成以初级投入品为主,这些初级投入品被其他国家大量用于中间品和最终品的生产,导致俄罗斯位于全球价值链的上游环节。此外,美国、日本和澳大利亚等国也均拥有相对较高的价值链地位而处于全球价值链的上游。我国的全球价值链分工地位为-0.05,即仅就2011年而言,我国的出口中仍有大量进口成分,而被他国用于生产的中间品出口国内增加值份额较低。

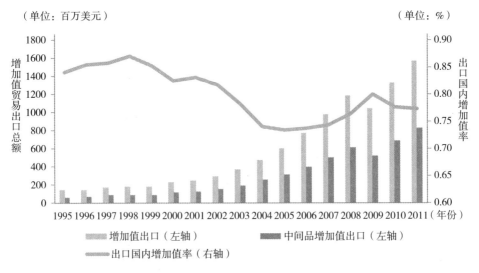

（单位：百万美元）　　　　　　　　　　　　　　　　　　　　　　　（单位：%）

**图2-8　1995—2011年中国增加值贸易出口
总额及出口国内增加值率变动趋势**

资料来源:笔者基于库普曼等(2014)的增加值贸易分解框架结合世界投入产出数据库的国家间投入产出表数据测算而得。

进一步地,从我国整体的价值链分工地位与参与程度的变动情况来看(见图2-9),1995—2011年我国的全球价值链参与度呈稳步上升态势,其中在2001年我国加入世界贸易组织后出现了一个较为明显的增加,而2008年国际金融危机后出现一定的下滑。而从我国全球价值链地位的变动来看,其变动趋势与全球价值链参与度正相反,即在加入世界贸易组织后出现大幅度下滑,此后又明显上升,整体呈"U"型变化。

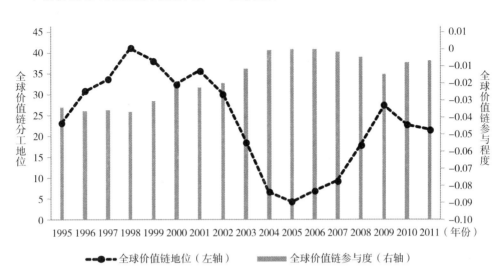

图 2-9　1995—2011 年中国全球价值链分工地位与参与程度变动情况

资料来源:笔者基于库普曼等(2014)的增加值贸易分解框架结合世界投入产出数据库的国家间投入产出表数据测算而得。

## 二、中国在全球生产网络中的贸易竞争力——行业层面

本章首先将我国按《国际标准产业分类》(International Standard Industrial Classification,ISIC)的 35 个行业划分为农业与资源业、制造业以及服务业①后,测算得到各类行业的增加值贸易竞争力。根据表 2-4,我国农业与资源业以及服务业在样本期内的出口国内增加值份额基本维持在 90%,而制造业平均为 78%,说明我国农业与资源业以及服务业参与全球价值链的方式主要是为其他国家提供中间投入(程大中,2015)。受益于我国相对低廉的劳动力成本,我国制造业全球价值链参与度在样本期内提升显著,从 1995 年的约 27% 大幅上升至 2011 年的 38.74%,但是对应的全球价值链分工地位却是三类行业中最低的,这也说明我国制造业行业目前出口中的国外增加值份额仍较高。

——————

①　具体的行业分类参见第七章附录。

表 2-4　我国各年不同行业大类参与全球价值链情况

| 年份 | 农业与资源业 | | | 制造业 | | | 服务业 | | |
|---|---|---|---|---|---|---|---|---|---|
| | 国内附加值(%) | 参与程度 | 分工地位 | 国内附加值(%) | 参与程度 | 分工地位 | 国内附加值(%) | 参与程度 | 分工地位 |
| 1995 | 92.92 | 19.98 | 0.05 | 82.54 | 26.99 | -0.07 | 90.22 | 28.76 | 0.08 |
| 1996 | 93.57 | 19.54 | 0.06 | 84.38 | 25.93 | -0.05 | 91.02 | 28.75 | 0.09 |
| 1997 | 93.15 | 21.54 | 0.07 | 84.37 | 26.49 | -0.04 | 91.47 | 25.22 | 0.07 |
| 1998 | 94.31 | 20.48 | 0.08 | 85.56 | 26.18 | -0.02 | 92.54 | 24.76 | 0.09 |
| 1999 | 93.96 | 19.62 | 0.07 | 83.67 | 28.43 | -0.04 | 91.67 | 28.85 | 0.11 |
| 2000 | 92.40 | 23.64 | 0.08 | 80.52 | 33.09 | -0.05 | 89.89 | 29.93 | 0.08 |
| 2001 | 92.82 | 25.98 | 0.10 | 81.27 | 32.30 | -0.04 | 90.39 | 29.35 | 0.09 |
| 2002 | 92.55 | 27.23 | 0.11 | 79.55 | 33.77 | -0.06 | 89.74 | 29.22 | 0.08 |
| 2003 | 91.16 | 28.71 | 0.10 | 75.98 | 37.44 | -0.09 | 88.08 | 31.12 | 0.06 |
| 2004 | 89.07 | 31.98 | 0.09 | 71.75 | 42.49 | -0.12 | 86.10 | 32.85 | 0.04 |
| 2005 | 88.82 | 33.02 | 0.09 | 71.52 | 42.31 | -0.12 | 85.97 | 33.68 | 0.05 |
| 2006 | 88.73 | 31.91 | 0.08 | 72.34 | 42.18 | -0.11 | 85.69 | 33.79 | 0.04 |
| 2007 | 89.32 | 30.95 | 0.08 | 73.23 | 41.38 | -0.10 | 86.31 | 33.36 | 0.05 |
| 2008 | 89.08 | 32.00 | 0.09 | 75.40 | 40.10 | -0.08 | 86.85 | 31.78 | 0.05 |
| 2009 | 91.89 | 23.93 | 0.07 | 79.12 | 35.39 | -0.05 | 89.40 | 30.99 | 0.08 |
| 2010 | 90.71 | 25.27 | 0.06 | 76.76 | 38.39 | -0.07 | 88.07 | 33.81 | 0.09 |
| 2011 | 90.01 | 27.07 | 0.06 | 76.47 | 38.74 | -0.07 | 87.40 | 33.90 | 0.07 |

资料来源:笔者基于库普曼等(2014)的增加值贸易分解框架结合世界投入产出数据库的国家间投入产出表数据测算而得。

接下来,本章将重点关注制造业行业在全球生产网络下的贸易竞争力及其变动。首先从细分制造业行业的增加值出口额这一总量指标(见图 2-10)来看,我国电气和光学设备业其增加值出口总额除 1995 年和 1996 年外均排名第一,增加值出口规模排名第二的是纺织原料及纺织制品业,机械电气产品以及基本金属和金属制品业紧随其后。由于电气和光学设备业以及纺织原料及纺织制品业中存在大量的加工贸易,巨大的体量使这两个行业一直是我国出口增加值的重要来源。但结合表2-3可知,也正是因为加工贸易主要以最终品的加工组装为主,因此使我国的出口增加值贡献更多集中在最终品而非中间品这一增加值含量更高的贸易品上。进一步地,从变动趋势来看,除受国际金融危机影响外,样本期内我国各细分制造业行业的增加值出口规模一直呈稳步上升趋势,其中电气和光学设备的增加值出口规模上升幅度最大,其余行业由于体量原因上升幅度均不明显。

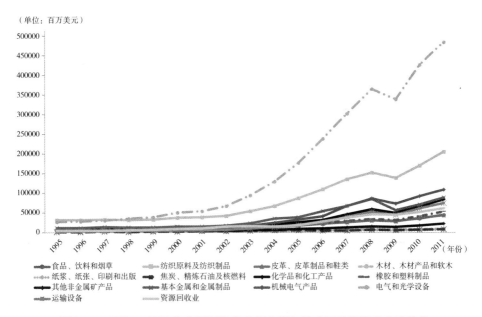

**图2-10　1995—2011年中国制造业分行业增加值出口总额及其变动趋势**

资料来源:笔者基于库普曼等(2014)的增加值贸易分解框架结合世界投入产出数据库的国家间投入产出表数据测算而得。

其次,从我国各制造业行业的全球价值链分工地位及其变动(见图2-11)来看,样本期内,我国基本金属和金属制品业的全球价值链地位在大部分年份处于最高,表明其增加值主要以向其他国家出口中间品为主,其次是化学品和化工产品业。从变动趋势看,大部分行业呈现出"先增后减再增再减"的变化趋势,基本金属和金属制品业以及化学品和化工产品业的全球价值链地位在国际金融危机后呈不断下滑态势,被劳动密集型行业的典型——纺织原料及纺织制品业反超。此外,资源回收业的全球价值链地位自 2004 年后也呈现出不断上升的趋势。与此相反,焦炭、精炼石油及核燃料业则呈现大幅下滑趋势,其全球价值链地位在 2005 年后一直处于制造业行业中的最末尾。

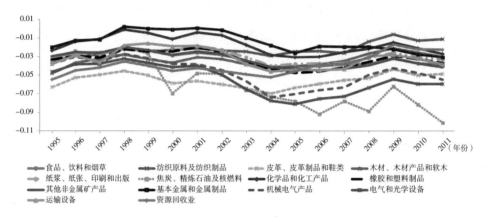

**图 2-11　1995—2011 年中国制造业分行业全球价值链地位及其变动趋势**

资料来源:笔者基于库普曼等(2014)的增加值贸易分解框架结合世界投入产出数据库的国家间投入产出表数据测算而得。

最后,从我国制造业细分行业全球价值链的参与度(见图 2-12)来看,与行业全球价值链地位完全相反的是,焦炭、精炼石油及核燃料业的全球价值链参与度一直在样本期内最高,基本金属和金属制品以及化学品和化工产品排名次之,而食品、饮料和烟草业则一直垫底。根据全球价值链地位和全球价值链参与度指标的测算公式可知,焦炭、精炼石油及核燃料业主要通过提供最终产品来参与全球价值链,且其出口产品中存在较高的国外增加值含量,因此使该行业的全球价值链参与度最高。结合图 2-12,基本金属和金属制品业因其更多依靠向他国提供中间品而实现增加值的出口,因此其全球价值链地位较高是因中间品内含的国内增加值较高导致。从变动趋势看,大部分行业在样本期内其全球价值链参与度变动幅度不大,只有焦炭、精炼石油及核燃料业、基本金属和金属制品业以及其他非金属矿产品业的全球价值链参与度出现较明显的提升。

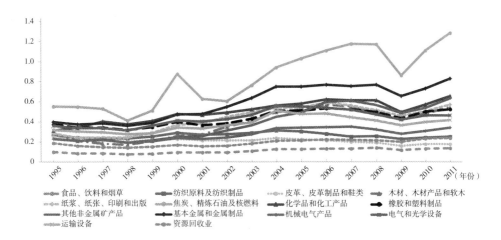

图 2-12　1995—2011 年中国制造业分行业全球价值链参与度及其变动趋势

资料来源:笔者基于库普曼等(2014)的增加值贸易分解框架结合世界投入产出数据库的国家间投入产出表数据测算而得。

传统的显示性比较优势以出口总量进行衡量,因而无法完全反映当前全球生产网络的特征与现状,也就难以准确对一国在全球生产网络中的贸易竞争力加以衡量,同时由于跨境生产的存在,一国的总出口中往往包含了大量的国外增加值,因而可能会显著高估一国的比较优势。基于此,参考库普曼等(2014)所提出的基于增加值贸易的显示性比较优势指数计算框架,本书对我国 14 个制造业细分行业测算了基于增加值修正的显示性比较优势指数。从修正后的显示性比较优势指数(见图 2-13)看,我国纺织原料及纺织制品业和食品、饮料和烟草业具有显著的比较优势,其最低值均超过 3。但从变动趋势看,这两个行业的增加值显示性比较优势一直在缓慢下滑,反映出由于劳动力成本的快速上升,我国传统劳动密集型行业的比较优势正在逐渐被侵蚀。此外,另一个需要注意的行业是其他非金属矿产品业,其增加值显示性比较优势从 1998 年的 2.275 快速下滑到 2011 年的 1.654。与此相反,运输设备业的增加值显示性比较优势从 1998 年的 1.075 快速上升到 2011 年的 1.821,呈现出较强的对外贸易竞争优势。而资源回收业及化学品和化工产品业的增加值显示性比较优势指数一直小于1,表明在全球生产网络下这两个产业不具备比较优势。

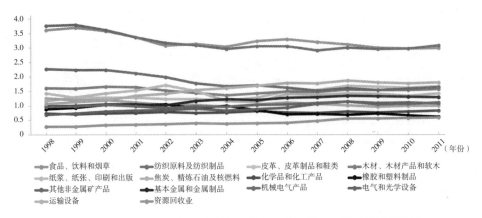

**图 2-13　1998—2011 年中国制造业分行业增加值显示性比较优势指数**

资料来源:笔者基于库普曼等(2014)的增加值贸易分解框架结合世界投入产出数据库的国家间投入产出表数据测算而得。

全球价值链长度指标主要用于反映产品在生产过程中所经历的生产阶段数,生产阶段数越多,表明产品的价值链越长,生产的复杂程度越高,也就意味着产品具有较高的贸易竞争力。参考马风涛(2019)的研究,本部分测度了我国细分制造业行业的全球价值链长度①,具体的测算结果见图 2-14。根据图2-14,我国制造业行业的全球价值链平均长度由 1995 年的 2.8482 稳步上升到了 2011 年的 3.2328,说明各行业产品在生产制造过程中需经历的生产阶段数在不断延长。具体而言,电气和光学设备业、运输设备业的全球价值链长度最长,2011 年分别达到 3.6295 和 3.5858,说明这些行业的产品需要经历至少 3 个生产阶段才能完成。而食品、饮料和烟草业以及资源回收业的全球价值链长度最短,说明这些行业的产品生产制造过程中,从初级要素、原材料的提供到最终品生产完成所需环节较少。进一步从演进趋势看,在样本期内所有制造业细分行业的全球价值链长度均呈现增长态势,特别是 2001 年我国加入世界贸易组织后,各行业的增长趋势非常明显。其中电气和光学设备制造

① 具体的测度方法参见法利和拉塞尔(2013)。

业的全球价值链长度增加了 19.51%,纺织原料及纺织制品业的全球价值链长度则增加了 18.62%,成为增幅最大的两个制造业行业。同时,部分行业,如纸浆、纸张、印刷和出版业、资源回收业等的全球价值链长度增长均在 2002 年出现趋势变革,从下降逐渐转为上升。

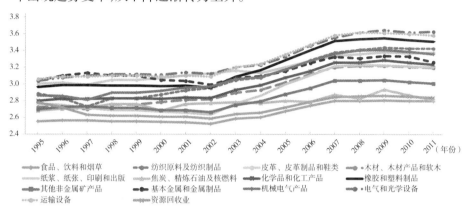

图 2-14　1995—2011 年中国制造业分行业全球价值链长度

资料来源:马风涛:《中国制造业全球价值链长度统计指标研究》,经济管理出版社 2019 年版。

## 三、中国在全球生产网络中的贸易竞争力——企业层面

从企业维度看,一国在全球生产网络中的在位企业数量越多,意味着该国企业参与全球生产的强度越高。联合国贸易和发展会议(2013)就指出,一国提升其在全球价值链中的竞争力的核心在于,提升其参与度的同时,提升其增加值的俘获能力。因此本章基于合并的中国工业企业数据库与中国海关贸易数据库①,通过计算我国在全球生产网络中的在位企业数来衡量全球生产参与强度。根据表 2-5,2000—2013 年,除受国际金融危机冲击影响外,我国在全球生产网络中的在位企业数一直呈现递增趋势,2000 年在位企业数仅为 13641 家,而 2013 年这一数字达到了 66253 家,翻了 5 倍之多,表明我国企业的全球生产网络参与度在不断提高。

---

①　数据库合并的具体方法参见本书第六章。

表2-5　部分年份中国参与全球生产网络企业数量

| 年份 | 2000 | 2004 | 2007 | 2010 | 2013 |
|---|---|---|---|---|---|
| 企业数(家) | 13641 | 35942 | 44605 | 37168 | 66253 |

资料来源:笔者基于中国工业企业数据库与中国海关数据库合并数据,通过计算企业是否参与全球价值链①来进行计算。

除了企业参与全球生产网络的数量特征外,本章还测算了我国企业维度的平均出口国内增加值率(见图2-15)以及平均全球生产链位置(见图2-16)的变动趋势②。首先从图2-15来看,我国企业的平均出口国内增加值率从2000年的54.6%稳步上升到国际金融危机前的77.5%,增幅近42%。其后受国际金融危机影响出现大幅下滑,后又从2010年开始逐渐增长。

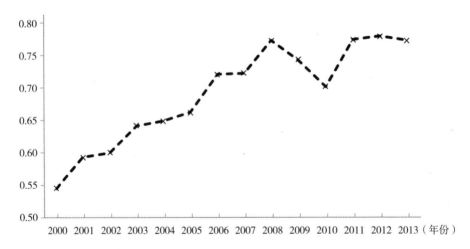

图2-15　2000—2013年中国企业层面出口国内
增加值率的平均变动趋势

资料来源:笔者基于中国工业企业数据库和海关数据库合并数据测算而得。

进一步地,由图2-16可知,我国企业的平均全球生产链位置从2000年的2.47增长到2011年的2.92,增幅达18%。其中从2004年开始出现大幅度增

---

① 具体测算方法参见本书第六章。
② 具体测算方法参见本书第六章。

长,而在国际金融危机后趋于平稳。主要的原因可能是我国 2004 年实施的出口退税改革,致使企业出口成本大幅下降,产品技术含量开始得到提升,生产链位置进而获得提升。

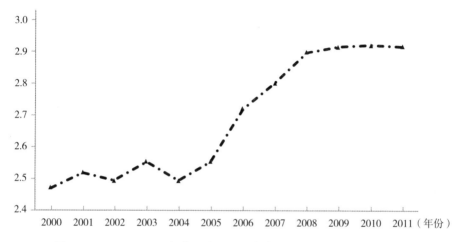

**图 2-16　2000—2011 年中国企业层面全球生产链位置的平均变动趋势**

资料来源:基于中国工业企业数据库和海关数据库合并数据测算而得。

本章首先从立法与执法二维视角系统回顾了我国知识产权保护制度的发展情况与建设成效,并运用跨国数据分析了我国整体知识产权保护水平的演进趋势以及与发达国家间的差距。接着,本章详细分析了我国贸易竞争力的演进规律。基于传统属地原则统计得到的贸易竞争力主要根据一国的进出口总规模来反映,但在当今全球生产分工盛行、中间品贸易占比超 2/3 的大背景下,以产品内分工为核心的国际分工体系使这一测算方法得到的结果已无法真实反映产品多次跨境生产而产生的价值增值归属,因而也无法准确衡量一国在全球生产网络下的贸易竞争力,而增加值贸易核算框架为在全球生产分工下准确衡量贸易竞争力提供了基础。本章接下来首先仍基于传统贸易统计数据,测算了我国总体层面的贸易竞争力变动趋势,然后基于增加值贸易统计方法,从总体、行业以及企业三重视角对全球生产网络下的我国贸易竞争力进行了深入分析。根据结果,本章指出在全球生产网络下我国的贸易竞争力呈现"大而不强"的典型特征,导致这一现象的原因之一可能是制度建设,如知识产权保护这类"软实力"建设的缺位。以上初步统计分析结果为后续的理论和实证研究提供了前置基础。

理 论 篇

# 第三章　效率导向的全球化与安全导向的全球化:冲突及其化解

2008 年国际金融危机以来,发达国家逐渐丧失了其在国际分工中的绝对主导地位,新的国际分工下全球利益分配格局也被改写,这一巨变导致"逆全球化"思潮抬头,加剧了经济环境的波动,加之 2020 年暴发的新冠疫情更是直接导致了大范围的停工停产和严密的人员流动、货物运输的封锁,串联全球价值链的中间品贸易等活动严重受阻,为跨国公司在全球范围内配置生产带来了极大的不确定性和潜在风险。在此背景下,企业越发重视供应链安全问题,其对生产环节的配置也由单一的效率导向转向兼顾效率与安全的全新思维,找寻效率与安全并重的新均衡解成为热点研究命题。

## 第一节　基于效率导向的全球生产网络演进逻辑

自 20 世纪后半期起,在经济全球化背景下,随着信息技术的发展、管理理念的变革和发展中国家贸易政策的日益自由化,国际市场上产品与服务的提供逐步由产业间分工向产业内分工转变(葛琛等,2020)。国际分工呈现出由产品层面深入工序层面的趋势,生产环节被不断拆分与细化,进而配置到不同的国家或地区进行。产品内国际分工迅速发展,并不断深化形成相互连接的全球生产网络与全球价值链分工体系(胡昭玲,2007)。

跨国公司作为当今国际经济活动的行为主体,亦是推动全球价值链分工体系的重要角色(葛琛等,2020)。出于降低生产成本的考虑,跨国公司选择将部分生产环节转移至具有比较优势或劳动力成本更低的国家或地区(Abraham和Taylor,1996),此类生产外包的快速发展逐步演变为全球化背景下的新国际生产分工模式。正因如此,早期全球价值链由发达国家跨国公司主导,发展中国家则主要以技术成熟型或劳动密集型等具有低成本优势的产品参与国际分工(吕越等,2017),被迫锁定在价值链的低端环节(Gereffi,2001)。

2008年以来,世界主要出口贸易大国在全球价值链中的参与度与地位均出现了逆转性变化,而以中国为代表的新兴经济体在全球价值链中的竞争地位不断增强(牛志伟等,2020)。同时,参与全球价值链的国家与地区持续增多,新的价值链中心不断涌现,中国成为全球价值链上关联最多的中心国,也是沟通东亚地区与其他区域经济体的重要桥梁(张咏华,2015),已经基本形成以中国和日本、德国、美国为核心的亚洲、欧洲和北美洲区域价值链。

## 一、全球生产网络的形成:跨国公司主导的产品内国际分工

早期的生产活动具有高度空间集中和内部一体化的特征(卢锋,2004)。以汽车行业为例,福特公司在其鼎盛时期完全掌控着汽车生产从原料的来源、运输到处理加工的各个环节:矿石和煤炭等原材料经水运而来,在这里经过热处理、仿形、冲压、焊接、抛光和喷漆等数百种工艺流程后最终被转换成汽车成品。这种在空间上高度集中的福特生产方式以大规模生产提高了标准化产品的劳动生产率,在一定程度上提高了企业的利润水平(谢富胜和黄蕾,2005)。

然而一体化的生产意味着企业需要支付更高的成本来管理生产活动中的诸多不同部门,并且单一企业也难以在生产的各个环节都达到专业化水平,这一生产方式势必也会抬升企业的生产成本(Grossman 和 Helpman,2001)。

相比之下,兴起于 20 世纪后半期的日本汽车公司所采用的"多层次生产方式"则是一种高度发达的企业间分工体系。以丰田为代表的日本汽车公司开始将生产分工的部分环节向海外配置,从国外大量采购零部件,实现了生产分工链条的海外延伸。不仅是汽车行业,纺织、电子等制造业行业乃至服务业的案例都表明,自 20 世纪 60 年代起,生产方式的重组表现出鲜明的产品内分工特征(卢锋,2004),不断演变为生产过程分散至不同空间区位的零散化生产的世界经济新生产形态。

图 3-1 和图 3-2 分别反映了集中在一个企业车间内的生产分工方式和分散在国际范围内的产品内分工方式的简单流程。企业内部的生产分工在空间上是高度集中的,从原材料运抵车间到制成最终成品的所有工序都由同一企业完成,分工只发生在内部的不同班组或车间之间。而国际范围内的产品内分工方式将特定产品生产过程中的不同工序分散至不同的国家或地区,形成跨区域、跨国别的生产链条,不同国家通过相互进出口中间产品参与到同一产品的不同生产环节。经验数据显示,1990 年 10 个经济合作与

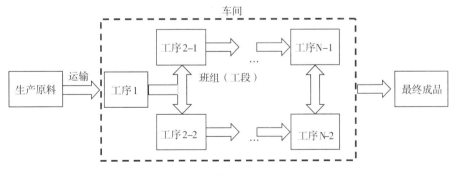

**图 3-1　在车间实现的集中化生产分工方式**

资料来源:卢锋:《产品内分工》,《经济学(季刊)》2004 年第 4 期。

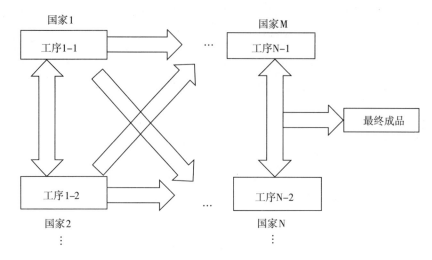

**图 3-2 在国际范围展开的产品内分工方式**

资料来源：卢锋：《产品内分工》，《经济学（季刊）》2004 年第 4 期。

发展组织成员①的垂直专业化贸易额相较 1970 年实现了 30% 的增长，在总贸易额中的比重提高到 21%（赫梅尔等，2001）。全球范围内的零部件贸易也不断发展和活跃，经济合作与发展组织成员 1995 年的总进口中约有 30% 的份额由零部件进口构成，中国、墨西哥等发展中国家开始跻身零部件出口大国的行列（Yeats，1999）。上述结果证实了 20 世纪末期世界范围内产品内分工体系的迅速发展，揭示了越来越多的国家及地区共同参与到同一产品的生产链条当中这一国际分工的演进趋势。

垂直专业化分工体系通常具备以下特征：首先，从原料投入到最终制成品之间存在两个以上的生产环节；其次，在这些生产环节中存在两个以上的国家创造附加值；最后，至少有一个国家在其生产环节需要使用进口中间品，而其部分产品最终被用于出口，这意味着产品的生产和销售会出现多次跨境流动，这也是产品内分工区别于普通中间品贸易的重要特征（赫梅尔等，2001）。

---

① 分别为澳大利亚、加拿大、丹麦、法国、德国、意大利、日本、荷兰、美国、英国，它们的贸易总额占当时全球贸易的 60% 以上。

在产品内分工体系的形成过程中,跨国公司,特别是大型跨国公司是最具主导性的推动力量(葛琛等,2020)。根据《2013 年世界投资报告》显示,全球贸易约有 80%是通过由跨国公司主导的投入和产出品的跨境贸易实现的。吉尔马和戈格(Girma 和 Görg,2002)指出,跨国公司通过其海外分支能更便利地接触到当地具备先进技术和比较优势的企业,因此相较本土化经营的企业而言,也有更大的可能性以外包等形式实现海外生产。而促进跨国公司以外包等形式分散化生产过程的动机则主要有降低工资成本、平滑季节性生产压力以及发挥特定供应商的规模优势等方面的因素。因此,产品内国际分工深入及细化到产品的工序层面,有利于拓展比较优势的范围、实现规模经济效应,并产生积极的技术溢出效应,进而推动技术进步(胡昭玲,2007)。具体而言:

产品内分工体系促进了比较优势的充分发挥。在世界范围内,各国由于其要素禀赋状况的差异,往往只在产品生产环节中的特定阶段具备比较优势,产品内分工使具备特定环节优势的国家或地区广泛参与到国际分工中,也促使各国将本国相对无效率的生产环节转移到其他国家,同时扩大自身具有比较优势的生产环节规模。这种全球范围内的资源优化配置往往能对生产率产生长期和深远的促进作用(Girma 和 Görg,2002)。

产品内分工体系充分实现规模经济效应。就某一产品而言,其生产过程中的不同环节或工序可能具有不同的有效规模,传统的一体化生产模式只能统一制定产量,无法在最优规模下进行生产。而得益于产品内国际分工,不同的生产环节分散到各个国家或地区并以各自的最佳规模安排生产,有利于充分实现产品各个生产环节的规模经济效应。同时,产品内分工体系促成的生产集聚等现象也会带来外部规模经济效应。

产品内分工体系有利于技术扩散和技术进步。产品内国际分工往往通过中间品贸易实现,其中,高技术的中间品进口可能伴有发达国家高新技术的外溢,发展中国家通过对相关中间品的模仿与学习,能够优化自身的生产效率,带来创新与技术进步。发达国家的高新技术既会伴随跨国公司的直接投资产生主动的技术转移,也可能经由示范与模仿、市场竞争以及人力资本流动等渠道带来技术的被动扩散,以上都将显著促进发展中国家的技术进步。同时,在产品内分工体系中来自发达国家的高质量要求,也会倒逼发展中国家提升自身技术水平,从而产生技术进步。

## 二、跨国公司布局全球生产的效率优先原则

作为追逐利润最大化的经济个体,效率优先一直是影响跨国公司布局全球生产的主要原则(葛琛等,2020)。亚伯拉罕和泰勒(Abraham 和 Taylor,1996)指出,企业愿意为高级人力资本支付更高的工资来提升其工作效率并获取更多利益,但对于可替代性较高的、从事次要生产环节的劳动力而言,企业则会尽量压缩工资成本。因此,借助于跨国公司海外分支带来的便利性以及经济全球化的大发展趋势,跨国公司得以拆分生产环节并将劳动密集型的低技术生产工序外包到工资率更低的国家或地区,以压缩劳动力成本、提升竞争优势(Girma 和 Görg,2002)。同时,碎片化的工序与全球生产布局也帮助企业减少了自身参与的生产环节,特别是规避了不具有比较优势的低效率生产环节,大大节省了管理费用与额外开支(Grossman 和 Helpman,2001),进一步带来生产效率的提升。

跨国公司的全球化生产网络不仅压缩了工资成本和管理费用,还促进了对潜在规模经济效应的充分获取,进一步实现成本最小化和效率提升(胡昭玲,2007)。在一体化生产格局下,生产过程作为一个整体无法保证各阶段均达到最佳规模,而通过碎片化的生产分割,负责不同工序的国家或地区能够以有效规模分别进行生产,还能通过对生产片段的再融合进一步创造规模经济效应,有效压缩企业的生产成本,实现效率提升。这一逻辑可以由以下分析得出。

图3-3分析了产品的两个生产工序所需要素投入结构不同情况下的分

工结构,其中 *AC* 和 *BD* 分别表示甲国和乙国两条假设价值相等的等成本线,斜率的不同反映两国资本与劳动存量以及相对价格的差异,甲国为资本丰裕的发达国家,资本相对劳动力价格较低,乙国则表现出劳动力丰裕的发展中国家的要素结构特点,*OS* 线代表某一劳动力、资本搭配比例,它通过两国等成本线交点,代表国际分工的临界点,*X* 产品包含 $X_1$ 和 $X_2$ 两道工序,其中 $X_1$ 工序为劳动密集型,$X_2$ 工序为资本密集型,由于 $X_2$ 工序在成本结构中的份额更大,在集中生产时只有资本丰裕的甲国在 *X* 产品上具备比较优势。

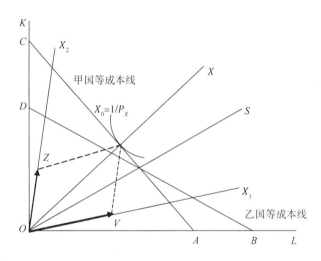

**图 3-3　两种要素投入比例具有差异的不同生产工序**

资料来源:卢锋:《产品内分工》,《经济学(季刊)》2004 年第 4 期。

图 3-4 反映了产品内分工体系下生产环节能够跨国配置的情况,其中 *OV* 表示劳动密集型的生产工序,*VZ* 表示资本密集型的生产工序。通过将 *OV* 转移到劳动力要素丰裕、价格相对较低的乙国进行生产,能够进一步降低成本,创造额外的收益:乙国通过 *V* 点的等成本线 $B_1D_1$ 反映了在乙国完成 *OV* 工序的成本,相应地,若 *OV* 工序在甲国完成,所需的成本为 $A_1C_1$。通过 *V* 点作甲国的等成本线 $A_2C_2$,其与 $A_1C_1$ 的差异便是产品内国际分工带来成本的节省,其背后的原因是通过分散化生产充分发挥了各国在不同生产工序上所具备的

比较优势,从而创造出更多的经济效应,带来效率的进一步提升。

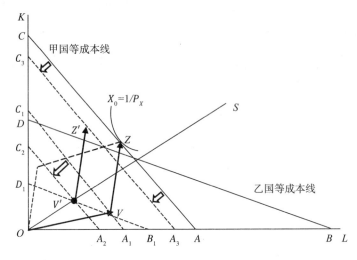

图 3-4　产品内分工发挥比较优势

资料来源:卢锋:《产品内分工》,《经济学(季刊)》2004 年第 4 期。

## 三、全球价值链分工的动态演变:延伸、拓展与重构

全球价值链的兴起源于跨国公司主导的产品内国际分工体系,随着生产环节的不断细化,碎片化的生产环节散布于全球不同国家或地区的同时,亦在发生着生产片段的不断重组与整合。这种价值链内部的垂直化分工扩散与生产碎片再融合构成了全球价值链演进的内生力量,不断推动着全球价值链的扩张与动态演变(丁宋涛和刘厚俊,2013)。

### (一) 全球价值链的延伸:覆盖广度与前后关联

以产品生产环节和工序为界的全球价值链分工模式是国际分工细化的体现(戴翔和张二震,2016),而发达国家跨国公司对经济利润的追逐是推动价值链分工与演变的驱动力量(丁宋涛和刘厚俊,2013)。在全球价值链分工模式下,原本在最终产品上不具备比较优势的国家或地区,能够凭借在某一生产

环节或阶段上的比较优势参与国际分工,随着越来越多的国家利用在最终产品为界的分工模式下难以体现的"潜在比较优势"融入全球价值链分工,全球价值链在覆盖广度和相互关联度上亦不断延伸。

全球价值链参与度指数能衡量一国从供给侧和需求侧参与全球价值链分工的总体程度,根据牛志伟等(2020)对不同时间段内全球 22 个典型代表经济体全球价值链参与度的测算(见表 3-1),1990 年、2001 年各经济体全球价值链参与度显著上升,2001 年、2008 年各经济体全球价值链参与度继续维持上升趋势,反映全球价值链分工不断拓展与延伸,其中中国、日本、加拿大、英国、比利时、韩国、马来西亚、印度、澳大利亚、南非和越南参与全球价值链分工的程度都有明显提升。

表 3-1  1990 年、2001 年和 2008 年全球 22 个典型
经济体全球价值链参与度变化

| 经济体 | 1990 年 | 2001 年 | 2008 年 | 2001 年全球价值链参与度-1990 年全球价值链参与度 | 2008 年全球价值链参与度-2001 年全球价值链参与度 |
|---|---|---|---|---|---|
| 德国 | 51.2 | 57.9 | 64.1 | 6.7 | 6.2 |
| 中国 | 29.6 | 37.3 | 46.9 | 7.7 | 9.6 |
| 美国 | 35.5 | 44.9 | 52.6 | 9.5 | 7.7 |
| 日本 | 35.4 | 42.2 | 52.6 | 6.8 | 10.4 |
| 法国 | 53.8 | 60.2 | 66.1 | 6.4 | 5.9 |
| 意大利 | 41.5 | 49.8 | 57.8 | 8.3 | 8.0 |
| 荷兰 | 67.1 | 75.0 | 80.7 | 7.9 | 5.7 |
| 加拿大 | 39.0 | 41.4 | 45.2 | 2.4 | 3.8 |
| 英国 | 52.4 | 59.0 | 68.0 | 6.6 | 9.0 |
| 比利时 | 71.3 | 76.4 | 82.2 | 5.1 | 5.8 |
| 韩国 | 49.7 | 53.4 | 63.8 | 3.7 | 10.4 |
| 西班牙 | 48.2 | 57.5 | 62.5 | 9.3 | 5.0 |
| 新加坡 | 75.4 | 78.5 | 80.3 | 3.1 | 1.8 |
| 墨西哥 | 35.9 | 39.9 | 42.6 | 4.0 | 2.7 |

续表

| 经济体 | 1990 年 | 2001 年 | 2008 年 | 2001 年全球价值链参与度-1990 年全球价值链参与度 | 2008 年全球价值链参与度-2001 年全球价值链参与度 |
|---|---|---|---|---|---|
| 瑞士 | 46.1 | 57.7 | 66.2 | 11.6 | 8.5 |
| 俄罗斯 | 42.5 | 56.7 | 64.5 | 14.2 | 7.8 |
| 马来西亚 | 61.0 | 63.0 | 68.5 | 2.0 | 5.5 |
| 印度 | 30.4 | 38.3 | 47.6 | 7.9 | 9.3 |
| 澳大利亚 | 35.4 | 41.2 | 48.8 | 5.8 | 7.6 |
| 巴西 | 33.2 | 40.7 | 46.7 | 7.5 | 6.0 |
| 南非 | 44.8 | 53.2 | 63.3 | 8.4 | 10.1 |
| 越南 | 40.9 | 46.3 | 59.7 | 5.4 | 13.4 |

资料来源:牛志伟等:《全球价值链的发展变化与中国产业国内国际双循环战略选择》,《改革》2020 年第 12 期。

## (二) 全球价值链的拓展:向全球创新链的深度转变

除了价值链覆盖广度和关联性的延伸,全球分工动态演进的另一个重要发展趋势是技术创新的全球协作性特征越发显现,跨国公司研发全球化掀起高潮(王子先,2013)。跨国公司通过贸易、投资、外包等多种手段将传统意义上限于母国公司内部进行的研发创新活动向海外转移,充分利用海外的技术与人力资源构建全球化的研发创新网络,技术创新的跨国转移和合作形成了全球生产网络演进的新趋势(戴翔和张二震,2016)。在全球价值链不断深化与细化的背景下,技术与知识伴随企业间的合作交流而发生的跨国流动越发频繁,处于不同生产环节上的企业、大学以及科研机构共同参与到研发创新的生产活动当中,创新协作的空间维度从企业内部、区域内部和国家内部拓展到国家间,国际分工从制造业全球价值链向全球创新链深度拓展。

多链条融合发展是随着制造业价值链和创新链的发展而自发实现的(胡

乐明,2020)。由于技术创新的产品越发复杂,创新难度日益提升,单个企业难以独立完成研发创新的重任,这是价值链向创新链拓展的内在诱因。而信息通信技术的发展使企业间突破国家界限的合作更为便利,价值链分工的不断深化也为创新研发的跨国合作铺造了基础,在内外部因素的协同促进下,企业在全球范围内积极寻求资源与合作,全球分工在创新驱动下由产品制造价值链逐步全面地向创新链进行转变。

### (三) 全球价值链的重塑:结构调整与中心重构

在当今全球生产网络当中,发达国家跨国公司依托其所拥有的较为丰富的获得型要素禀赋优势而处于分工体系的上游环节,而发展中国家主要依靠低端劳动力成本优势承接碎片化的生产片段,面临着被发达国家掣肘的"低端锁定"困境(吕越等,2018)。具体而言,随着发展中国家参与全球价值链程度的提升,企业通过"学习效应"与"技术外溢"能够积累一定的技术进步,但是心智模式不够积极主动的企业家可能被短暂的经济效益蒙蔽而陷入研发惰性(卢福财和胡平波,2008),进而阻碍向价值链高端环节的攀升。同时,进口国外中间品和自主研发作为企业生产活动中的两种选择,如果进口中间品的成本低于企业进行创新研发所需的投入,那么企业的经营决策将是以进口中间投入品替代自主研发,导致深度嵌入价值链的企业对国外中间品形成依赖(吕越等,2018)而损伤了企业的自主研发意愿。格里芬(Gereffi,2001)指出,全球价值链体系对发展中国家的本土企业存在"俘获"效应。当企业在全球价值链中的嵌入程度逐渐提高,尤其是处于从低到高的价值链攀升过程中时,由于可能会对发达国家主导企业的垄断利益造成威胁,而遭受发达国家的封锁与控制(王玉燕等,2014)。价值链主导企业作为核心技术的掌握者,不仅可以对技术转移实行严密的封锁限制,以切断企业通过"学习效应"与"技术外溢"提升生产率和固定成本投入效率的进步路径(Giuliani 等,2005),还能利用其垄断地位和知识产权保护体系收取高额租金,压缩本土企业的利润空间(卢福财和胡平波,2008),导致企业参与全球价值链的成本上升,可用于研发创新的投入大大减少,不利于发展中国家的全球价值链攀升。

面对全球价值链分工体系下"低端锁定"的不利影响,发展中国家在垂直分离的基础上,将碎片化的生产片段重组再融合,打造垂直一体化的核心产业链,整合下游承包企业,能够有效提升价值链末端参与者的议价能力,争取更多分工利益,突破来自发达国家的"低端锁定"效应(丁宋涛和刘厚俊,2013)。事实上,2008年国际金融危机以后,全球出口贸易总额年均增长率下降至2.11%,仅为同期全球经济总量增长率的60%,而中国逆势前行,出口贸易额在全球的份额持续上升,跃居第一贸易大国,通过积极深入地参与全球价值链分工体系逐渐成为亚太区域链乃至全球价值链的中心环节(张咏华,2015)。伴随新兴经济体和发展中经济体的迅速崛起以及"东升西降"的世界经济格局巨变,跨国公司对全球价值链的布局策略也随之调整,越来越多的研发活动等高附加值环节开始向新兴市场经济体布置,推动了全球价值链的结构调整与中心重构。相关测算结果显示,中国参与全球价值链分工的程度趋于上升,与美国、日本、韩国以及德国的关联程度较高(程大中,2015),在前后向关联上成为多个世界主要经济体的最大关联经济体(张咏华,2015)。2008年以后,中国的全球价值链下游参与度明显降低,而上游参与度则继续增高,成为全球价值链上的主要上游供应国,价值链地位明显提升(牛志伟等,2020)。

借助全球价值链重构的机遇,原本位于价值链低端位置的国家需要重视发展消费市场以及大国需求主导的产品和服务(田文等,2015),通过促进全球消费市场布局的重新调整引致跨国公司全球价值链的布局策略调整与价值链重构,积极开展对外投资参与全球价值链重塑,促进本国的技术进步与产业向高价值环节升级发展(戴翔和张二震,2016),为新的国际竞争优势奠定基础。

# 第二节　逆全球化新形势下全球
# 生产网络的安全原则

相比于传统贸易分工模式,全球生产网络分工模式以跨国企业的海外经营流动为基础,以不同生产环节的增加值核算为依据,通过中间品贸易等方式来运行,这就使各国随之形成经济与贸易上深入而密不可分的合作关系。这一相互连接的国际化生产网络具备"牵一发而动全身"的特征,某一环节遭受的外部影响将通过供应链和产业链的放大而冲击整个价值链条。

正因为如此,随着当前发达国家主导的逆全球化思潮抬头,特别是叠加新冠疫情等巨大挑战,全球价值链分工体系面临着前所未有的冲击,疫情导致的停工停产破坏了价值链分工的基础,各国的限制性措施进一步阻滞了价值链分工的正常运作,企业的供应链安全逐渐成为焦点问题而受到重视。各国面临生产效率与供应链安全的冲突,需要在新形势下寻求在安全稳定的供应链网络和经济效率之间的平衡。

## 一、逆全球化风潮与全球生产网络转型发展

逆全球化作为全球经济一体化发展的对立面,是各国从完全开放的高度自由化到有条件性的部分自由化,甚至是完全封闭的过程。它反映出在经济全球化进展到一定程度后所涌现出各种形式的市场再分割等问题,其具体体现包括在世界范围内对生产要素、中间品和最终品等自由流动所设置的各类显性或隐性壁垒。在世界经济的前进历程中,全球化固然是经济发展的大势,但在全球化发展过程中始终不乏逆全球化的阴影贯穿其中。2008 年国际金融危机后,世界经济格局发生了"东升西降"的巨大变化(戴翔和张二震,2016),发展中国家和新兴经济体在国际金融危机后快速成长,逐渐接管了推动全球化发展的接力棒,而发达经济体则开始为"逆全球化"推波助澜:英国脱

欧、美国退出《跨太平洋伙伴关系协定》（Trans-Pacific Partnership Agreement，TPP）、贸易保护主义、中美经贸摩擦都对全球化进程造成巨大影响（董琴，2018）。

### （一）逆全球化的产生：全球生产网络下的利得问题

逆全球化的兴起源于西方发达国家作为推动全球生产网络形成的主导者，不满于其在国际分工形式下的利得局面。具体而言，它们认为，在全球化的生产分工模式下发展中国家是更大的受益者，而发达国家在经济、贸易份额以及国际竞争力、影响力方面逐渐下降，相对利得受损。可以说，逆全球化的本质是推动早期全球化的发达国家在失去既得利益后的倒戈，因为毫无疑问，发达国家在全球生产网络分工体系中攫取巨额利润的同时，也对参与的发展中国家产生了极强的外部性（佟家栋和刘程，2018）。

除此之外，随着全球价值链分工体系不断深化所出现的失业与收入不平等加剧等问题也进一步招致了"逆全球化"的情绪蔓延。全球化的生产网络使生产要素能在全球范围内扩大收益，其在世界范围内建立绝对要素优势的最高诉求也被解放（佟家栋和刘程，2018）。具体而言，随着全球化进程的深入与全球生产网络的发展，各种生产要素具有更强的流动性，各类要素在对利益的追逐下不断寻求全球范围内生产要素价格最低廉的地区进行投资，其结果是发达国家的低端环节开始向海外迁移，造成国内的劳动密集型岗位减少，引发失业问题；同时，全球生产网络体系带来了效率的提升，技术与创新的发展得到极大促进，但也因此导致大量传统岗位随之消失；最后，一旦出现类似2008年国际金融危机的短期冲击，经全球化体系放大的经济冲击会进一步造成实体需求的减少，迫使企业出于控制成本的目的缩减工作岗位，导致大量失业（佟家栋等，2017）。

全球化体系下国际分工的福利很大程度上集中于高收入群体，且全球化的推进与收入不平等的加剧几乎是同步发生的，而逆全球化的出现却会平滑这一趋势。同时,收入不平等越严重的国家(英国、美国等)也恰恰是抵制全球化进程的主导者。全球化过程中不仅存在一国国内的收入不平等现象,国家间的发展不平衡问题同样深刻复杂(徐坚,2017),全球分工体系下虽然涌现出一批具备发展活力的新兴经济体,带动了发展中国家的整体发展进步,但同时也有一批国家仅仅获得了有限的国际分工利得,但却面临着更大的风险与阻力,成为被边缘化的经济体,与发达国家乃至新兴经济体之间的差距逐步扩大。由此可见,全球生产网络的发展虽然带来效率的提升,但是也带来了失业和收入不平等加剧等现实问题。

## (二) 全球生产网络体系下逆全球化的影响效应

相比于传统的产业间分工格局,全球价值链分工体系下的全球化进程随着微观跨国公司的推动,依靠中间投入品等贸易形式逐渐发展成"你中有我、我中有你"的相互合作与深度连接关系(佟家栋等,2017)。在各国深度嵌入全球生产网络体系的同时,也逐渐形成了"一荣俱荣、一损俱损"的国际贸易风险共享机制,一旦外部风险冲击了价值链的某一环节,整条供应链都会受到传导影响,进而挫伤国际贸易总额,影响全球生产网络的发展与正常运作。因此,在全球价值链分工体系下逆全球化的影响效应以及传播扩散无论在深度、广度还是持续性上都将更为深刻与猛烈。

逆全球化的主导者可以通过实行贸易保护主义政策维护自身的利得,利用反倾销、反补贴条款等手段施加贸易壁垒(佟家栋等,2017),阻碍贸易自由化的发展,直接导致世界范围内的贸易额缩减。在逆全球化抬头的初期,全球贸易增速出现明显下滑,甚至出现贸易增速低于全球国内生产总值增速的现象,导致贸易拉动国内生产总值的作用严重减弱(董琴,2018)。在以频繁的中间品贸易为主要特征的全球生产网络体系下,贸易受阻无疑会阻滞全球价值链分工的正常运作,并且负面效应会通过价值链条向上下游环节传递,影响企业的正常生产活动,也不利于全球价值链各参与国获取分工利益。

资本作为生产活动必需的一种重要生产要素,其跨国自由流动不仅是全球范围内生产分工优化配置的直接体现,还发挥着充当其他生产要素实现跨国自由流动载体的重要作用(张幼文,2013)。同时,跨国公司以绿地投资、跨国并购等形式实现的资本对外输出所产生的技术溢出,也发挥着推动东道国企业创新和技术进步的重要作用,深刻地影响着生产率等重要经济指标的优化(王滨,2010),是促进全球价值链良性循环、各参与国赢取更高利益的重要推动力。但是,作为全球生产网络深化下资本要素自由流动的体现,全球跨国直接投资亦受到逆全球化的阻碍影响(董琴,2018)。根据联合国贸易和发展会议的数据,2009 年全球跨国直接投资流入量由 1.697 万亿美元缩减至 1.114 万亿美元,2010 年以来,全球外国直接投资额虽然呈现波动增长的趋势,但其平均增长率远低于 1998—2007 年的水平。

此外,逆全球化的发展还会产生加剧政策不确定性的影响(佟家栋等,2017),不确定性既意味着整体经济环境将具有剧烈波动和不可预见的特征,还会由于经济政策具体导向和目标的模糊性,增强了对经济政策进行合理预期的难度,从而导致跨国公司等微观主体难以根据自身预期在全球范围内合理配置生产活动。因此,逆全球化带来的不确定性将引发对经济前景及发展形势的担忧和猜测,跨国公司必须谨慎应对来自政策变动等不确定性带来的风险冲击,因为这不利于其在全球生产网络中的合理规划与决策,进而影响分工的效率与各国的贸易利得。

## 二、逆全球化叠加疫情冲击下的供应链安全问题

鲍德温和富浦(Baldwin 和 Tomiura,2020)指出,受新冠疫情冲击最严重的国家和地区(中国、韩国、德国和美国等)同时也是国际分工体系中的核心枢纽,这意味疫情造成的生产停工将通过全球价值链传导并扩大影响,最终对全球经济与贸易产生需求和供给的双重冲击。为了遏制新冠疫情的传播与发展,不少国家采取了严格的封闭与限制措施,完全限制了人员的跨国流动与产

品的跨境运输。可以说,疫情导致的停工停产在一定程度上破坏了全球价值链分工的基础,而各国采取的限制性措施则进一步切断了中间品的流动,阻断了价值链的运行(葛琛等,2020)。受此影响,跨国公司不得不弱化对价值链效率的追求,转而关注自身供应链的安全。

就供应链安全的定义而言,国际标准化组织将其定义为"对供应链遭受损害或破坏的抵抗力"。威廉姆斯等(Williams 等,2008)将供应链安全管理定义为通过运用政策、程序和技术等手段来防御供应链资产遭受盗窃、破坏或恐怖主义威胁的风险。供应链面临着内外部的多重风险,包括一般性供求协调方面的风险和可能造成重大中断的重要设备故障等运营风险以及自然灾害、恐怖主义、政治动荡等外部因素风险(Kleindorfer 和 Saad,2005)。供应链脆弱性这一概念反映了供应链受到内外部风险的冲击而产生严重的功能障碍(Svensson,2000)和供应链易受外界严重干扰而发生不利影响的性质(Christopher等,2004)。

当前,全球供应链面临的风险日益提高,加强供应链安全和相应的风险管理成为企业参与全球分工必须考虑的重要问题。汤姆林(Tomlin,2006)提出事前预防与事后应急两类供应链风险防范措施,包括设定备份库存和供应源、加强与供应链成员合作以及考虑供应链中断风险等事前预防手段,以及需求管理、调度备份供应源等事后应急手段。对企业而言,新的全球化形势下需要具备在供应链中断后快速恢复至原有甚至更好状态的能力,相比于传统的供应链风险管理,企业要做好更充分的准备、具备更强的快速恢复能力才能维持供应链的持续稳定运行,创造可持续的竞争优势。

# 第三节　区域化生产网络:效率与安全的新均衡

当前供应链安全问题成为企业配置生产时不容忽视的重要因素,特别是跨国公司在布局全球分工时不再以效率原则作为唯一导向,还需兼顾供应链安全这一重要原则问题。本章认为,在效率与安全冲突之间可行的均衡解将是围绕区域中心进行产业链再融合,通过密切分工、密集成群的"短链"链群来应对供应链风险,以区域化生产网络重塑国际分工体系。区域化价值链的形成基础是全球价值链分工体系下碎片化生产的有效再重组与垂直整合,主要大国针对自身的产业链空白进行造链、补链,并与地理邻近的经济体协同构建区域化生产网络。就区域化生产网络的经济效应而言,区域价值链重构是在垂直分工体系下发展中国家对抗并突破"低端锁定"困境的重要力量,不仅能帮助发展中国家提升国际议价能力、获取更多的分工利益(丁宋涛和刘厚俊,2013),更是在国际分工中同时兼顾效率与安全原则的最优解。

## 一、区域化生产网络形成的内在动因

无论是区域化生产网络还是全球生产网络,构建价值链分工体系的基本主体是在区域或全球范围内分散配置其不同生产环节的企业,其核心目的是实现资源要素禀赋的高效配置,在提高生产效率的同时最小化企业所面临的潜在风险。在全球价值链分工体系下,企业对生产环节的配置完全以效率为导向,即通过焦聚不同国家或地区的比较优势,最小化各个生产环节的成本投入,从而充分获取潜在的规模经济效应。相比之下,区域价值链分工体系可能无法保证各生产环节是由世界范围内成本最低、最具有相对比较优势的国家或地区生产,只是在一定的区域范围内实现生产环节的高效配置,但通过地理上的邻近和集中提升和保障了整体供应链和价值链的安全性,其内在的形成动因是企业在供应链安全问题日益凸显的背景下所作出的兼顾效率与安全原则的生产配置行为。

从客观上来看,新冠疫情的暴发使许多国家被迫停工停产,导致了较为严重的供应不足问题。与此同时,疫情的迅速扩散使各国不得不对人员、货物的流动实施严密的封锁来限制疫情的进一步传播,这也导致了连通全球价值链不同生产环节的中间品贸易活动被切断。而从主观上来看,以美国为首的西方发达国家因认为在全球生产网络下自身的相对利得受到较大损害,从而在近年来不断对华挑起贸易争端以及实行高新技术产业封锁,贸易保护主义不断抬头,这一举措同样导致全球高新技术产业链面临较为严峻的断链风险,大量产业链上的生产企业及其国家因此受到波及。为了应对这些外部冲击,企业势必要采取措施提升供应链安全性和韧性,即在外界风险的冲击之下仍能保证正常的生产运作,并且即使受到冲击后发生短暂的供应链断裂等问题也要具备迅速恢复生产的能力。具体而言,跨国公司会通过将配置在海外远距离地区的生产环节向本国转移或在本地寻求第二来源和备份供应商,以此来保证在类似冲击下不会影响企业的正常生产。然而,由于碎片化的生产包含诸多生产环节,一国难免会有无法覆盖所有生产环节的情况,此时企业也将优先选择地理邻近地区的企业进行生产分工,相比于远距离的海外配置而言能减少极端冲击下的供应链断裂等潜在风险,也能在邻近经济体形成的区域范围内尽可能地发挥各国的比较优势,实现对成本的压缩和效率的提升。

逆全球化的抬头与疫情冲击等也给发展中国家企业带来巨大的风险,隔离和封闭导致了国际产业链中的高端供给出现空缺(尹响等,2020),发达国家跨国公司的离岸生产和外包回流也会降低分工合作中的技术溢出和示范效应。由于单一企业的力量和优势有限,发展中国家的企业将有激励联合区域内的其他企业形成具备规模经济的完整产业链,集合区域之力共同进行研发和创新合作,通过填补产业链中重要领域的空白环节减少对发达国家跨国公司的依赖,提升价值链分工地位和贸易利得。

综合来看,发达国家跨国公司在供应链断供的潜在风险下势必会放弃一部分对生产效率的极致追求,通过在邻近范围内配置生产环节来提升生产链和供应链的稳定性。而发展中国家企业亦会抓住价值链重构的新机遇,集合区域之力协同创新,向价值链高端环节迈进,提升在国际分工中的地位与利得。从宏观上来看,企业对生产配置的动态变化将体现为区域化的生产网络,即在地理范围上相对集中的生产环节配置。随着分工的专业化,区域间的协同以及创新、学习和知识的积累将不断促进生产效率的提升,形成良性循环,促进区域价值链升级并进一步积累内生优势。不仅如此,区域内的分工体系也规避了在全球范围内配置生产的搜寻匹配成本,地理邻近范围内的合作也能节省远距离的贸易、运输等成本,进一步带来成本的节省和效率的提升。同时,区域化生产网络在地理范围上的集中性也保障了整体供应链和价值链的安全性,避免了逆全球化和疫情等突发事件冲击下远端供应商可能出现的断供问题,降低外界风险对企业生产和价值链运作的潜在影响。正因如此,企业出于兼顾国际分工中效率与安全原则的动机促成了区域化生产网络的形成。

## 二、区域化生产网络的形成基础:碎片化生产的垂直整合

随着全球价值链分工体系的不断发展,后发工业国在承接发达国家跨国公司垂直分离的碎片化生产片段的基础之上,逐渐开始了对生产环节二次重组、融合的尝试,打造以自身为核心的垂直一体化产业链,整合价值链下游企业,提升价值链低端位置国的整体优势与议价能力(丁宋涛和刘厚俊,2013)。可以说,全球价值链分工下的碎片化生产的垂直整合构成了新时代背景下区域化生产网络的形成基础。

### (一) 全球生产网络下碎片化生产过程的分散与重组

全球价值链体系下的国际分工主要通过中间品贸易的手段来实现,发达国家为了在全球范围内高效率配置生产环节而创造了巨大的中间投入品市场,并让渡了最终产品的制成实现阶段(丁宋涛和刘厚俊,2013)。中间投入品作为未完成的、开放式的产品,需要在价值链上下游各方的相互衔接与协作配合下才能完成并发挥作用,这意味着参与全球价值链分工的下游国家的企业在中间品投入的选择和生产环节上掌握着一定的自主性,具有拓展原中间投入品的可能。

具体而言,下游企业能够投入创造性的发明劳动来拓展或改善原有的中间产品,借此突破全球价值链分工中的简单代工环节,对碎片化的生产阶段进行改造。从宏观角度来看,此时新兴经济体或发展中国家得以突破原有的发达国家主导的生产分工体系,对碎片化的生产环节进行垂直一体化的再组合(丁宋涛和刘厚俊,2013)。加强产业链、供应链的垂直整合,有利于增强供应链的弹性与韧性,促进经济持续稳定发展,也有利于带动国际经济循环,实现国内循环和国际循环相互促进。

新兴大国工业化发展的典型特征是各种中间投入品的国产化(黄建忠,2020),即国产化的比例和程度不断上升。新兴大国在全球生产网络下,自身的规模经济效应不断增长,从而通过垂直整合上下游产业链将规模经济效应进一步延伸放大。在这一过程中,随着大国的工业体系日渐完整,全产业链的整合加快,本国的产业链与全球价值链的重叠节点不断增多,两者间的关系逐步从互补走向对抗性的竞争。在这种情况下,新兴经济体对全球价值链的嵌入从单点切入发展到范围上的嵌入,不断向价值链上游环节攀升,拓展对全生产环节的覆盖程度,形成新的国际分工结构,构筑形成区域化生产网络的基础。

### (二) 供应链安全与区域化生产网络重构

如果说全球价值链分工体系下发达国家跨国公司对生产环节的解构与分散化配置,以及新兴经济体对碎片化生产的垂直整合均受到效率原则的导向,那么随着中美经贸摩擦等逆全球化趋势以及新冠疫情对世界经济的冲击,供应链安全原则将越来越成为企业在配置其生产分工过程中必须考虑的重要因素。

当前全球生产网络遭遇逆流,单边主义、保护主义抬头,传统的国际经济循环呈现明显弱化甚至受阻的发展态势。外部市场需求的断崖式波动、部分产业链供应链风险加剧,使嵌入传统国际循环的国家遭受到持续性冲击,对全球产业链重构带来广泛而深远的影响。

为了应对逆全球化趋势叠加新冠疫情冲击的巨大挑战下潜在的供应安全问题，主要大国将会加快弥补、完善各自产业链的短板与缺口，进行产业链的造链、补链和破链。对新兴经济体或发展中国家而言，其处于赶超主要发达国家的发展路径中，国内在产业、地区上可能存在发展不平衡的问题，需要借助于政府干预等力量发挥作用，可以以举国体制进行重点科技突破，对产业链上重点领域的空白环节进行填补。对发达国家而言，则要积极开发上游第二来源、备份供应商或设立额外的安全库存，形成一种常用与备用双轨运行的产业链结构。这个过程一旦完成，在一个地理区域非常集中的范围内实现爆发性的规模经济会与全球价值链分工体系走向高度对抗，这种规模经济的爆发相比过去跨国公司主导的全球价值链零散的分工而言，在全点上形成了更为有序的工序分工（黄建忠，2020）。虽然不可能每个国家都能建立起独立、完整的产业链，但主要大国可以考虑在国内以及协同地理上邻近的经济体积极组建更完整、安全的区域化生产网络。

可以说，这一过程起步于各国的要素资源禀赋逐步形成规模经济，完成于区域生产网络这一兼顾效率与安全原则的分工体系。全球生产网络将在分工与整合、效率与成本、安全与风险之间取得新均衡，逐渐演变成一些以主要大国为核心、邻近经济体为协同的产业链大区节点，节点内部分工密集完备，同时与全球其他节点组建外部循环，最终使全球产业链由当前的碎片化形态转向多节点、大集成、内外双循环新常态。

## 三、区域化生产网络的经济效应分析

构建区域化的生产网络分工体系，发展中国家能够将碎片化的生产环节垂直整合，充分发挥区域优势，形成范围规模效应，突破以往全球价值链分工体系下被发达国家限制在低端环节的"低端锁定"困境。同时，随着向全球价值链高端环节的攀升和分工地位的提高，以新兴经济体为代表的发展中国家也能提高自身的国际议价能力,在国际分工中获取更高利益。最后,区域化生产网络在实现区域内资源高效配置、提高生产效率的同时,也能有效提升供应链抵御风险冲击的能力,增强生产网络的稳健性,成为兼顾效率与安全原则的最优解。

### (一) 突破"低端锁定"效应,促进技术创新发展

在全球价值链分工体系下,发达国家跨国公司往往只将劳动密集型的生产环节发包到劳动力价格低廉的发展中国家,对其掌握的核心技术则实行严密封锁,将其凝结在实物资本之中(例如先进的制造设备、机床、仪器等),以限制承包方的技术进步,保障自身在国际分工中的优势地位与分工利益,这导致发展中国家在参与全球生产网络时被迫处于价值链分工的低端环节(丁宋涛和刘厚俊,2013),且向上游环节的攀升行为也会遭到发达国家的限制与封锁。"低端锁定"成为后发国家崛起必须面临的现实问题。黄建忠(2020)指出,集中在区域内的工序分工更具整体性和集聚促进的特点,相比于跨国公司主导的全球价值链零散分工拥有更强的竞争力,新兴大国凭借整体的规模经济效应,配合产业政策、知识产权保护的催化作用,能够突破价值链分工的低端环节,对发达国家的跨国公司形成有效赶超。

除此之外,区域化生产网络在构建过程中必须实现对产业链中重要领域上空白环节的有效填补,这也将倒逼新兴大国进行有效的创新,实现技术进步和关键性突破。同时,在区域范围内的生产分工也能向创新合作进一步深化,在区域内推进生产要素的自由流动,为创新发展打造良好的环境基础,集合区域内的科研机构、科研人员与企业、高校之力共同进行研发创新,促进区域整体的创新与技术发展,进一步向价值链高端环节迈进。

### (二) 提高国际议价能力,提升国际分工利得

在当前全球价值链分工中,发达国家跨国公司作为高质量中间投入品的

唯一供给方,具有优势性的垄断地位,而承接国际外包的下游承接方数量众多,使跨国公司极大限度地掠夺了下游企业的消费者剩余(丁宋涛和刘厚俊,2013)。区域化生产网络是以主要大国为核心、邻近经济体为协同的产业链大区节点,节点内部分工密集完美,同时与全球其他节点组建外部循环。通过构建区域化的生产网络和有效的垂直一体化产业链结构,以新兴经济体为代表的发展中国家将从整合下游承包企业,打造以自身为核心的垂直一体化产业链,形成具有垄断性的市场力量,提升整体议价能力,并逐渐突破"低端锁定"和"世界车间"的分工地位,改变被动接受全球价值链嵌入的局面,对发达国家跨国公司实现有效的追赶与超越,凭借优势性的国际地位提升在国际分工中的国际议价能力,获取更多的国际分工利得。

### (三) 提升生产网络韧性,降低生产断供风险

从宏观角度来看,一国在外部冲击下的风险防御能力与其所处的不同价值链地位与分工环节息息相关(佟家栋等,2017)。参与价值链高端环节的国家所面临的风险是外部冲击切断或阻碍人员、货物的跨境流动后,中间品贸易受限阻滞了价值链分工的正常运作,与供应链上下游联系切断导致生产环节停摆,而低端环节的参与国则可能面临发达国家的离岸外包回流导致的高端供给不足等问题。在区域化生产网络下,区域内部形成了自身相对完整的产业链条,加以通过积极开发上游第二来源、备份供应商或设立额外的安全库存等手段形成常用与备用双轨运行的产业链结构,能够较好、较全面地抵御外部风险。在面临区域外部的冲击下,内部完整的产业链条有较强的风险防范能力,即使出现区域内部个别环节的突发风险,也能通过备份供应商等措施进行迅速调整,在内部化解风险带来的影响。正因如此,区域化生产网络兼具抵御内外部风险的能力,也能在冲击下迅速调整恢复,整体具备较强的稳健性。

# 第四节　区域化生产网络竞争力决定:获得型生产要素与知识产权保护

伴随全球产业链与供应链的重构,技术创新等推动生产率进步的重要因素表现出越来越强的非普惠性特征,特别是跨区域的技术溢出与资本流动越发受限。在此背景下,自主创新与发展获得型生产要素成为构筑区域化生产网络竞争力的关键。而在创新所依赖的技术溢出渠道越发有限的条件下,制定适宜知识产权保护制度以激发企业自主创新发展逐渐成为核心驱动力。

## 一、区域化生产网络与获得型生产要素培育

有别于世界范围内的全球生产网络分工体系,区域生产网络下主要大国作为核心经济体,其产业链、供应链主要与地理邻近的其他经济体相互协同,而跨区域的合作交流会相对减少。由于发达国家跨国公司出于维护自身利益考虑而主动限制跨区域的技术扩散溢出,以及充当技术溢出载体的资本要素跨国流动受利润、成本和风险因素的影响进一步萎缩,区域价值链分工体系下技术创新表现出极强的非普惠性特征。价值链分工参与国难以跨区域共享技术创新的成果和红利,因此,加强自主创新以积累获得型生产要素禀赋成为提高国际分工利益、塑造区域生产网络核心竞争力的关键。

### (一) 区域生产网络下技术创新的非普惠性

在区域生产网络中,主要大国与地理邻近的经济体协同形成的产业链大区节点与全球其他节点间的循环可能会被弱化。在逆全球化变局的背景下,区域价值链分工体系或将导致跨区域的生产要素自由流动受到阻碍或限制,特别是技术创新等高级生产要素在缺少全球化的基础时会表现出很强的非普惠性,产业技术升级的红利很难在全球范围内流动和共享(黄建忠,2020)。

第一，跨国公司呈现出独善其身的利益取向，即其技术创新发展既不利于母国，也不利于东道国。过往跨国公司的经营活动与创新行为要么通过技术溢出、示范效应等渠道作用于东道国，刺激当地的技术进步与效率提升，抑或利用东道国的要素禀赋，获取母国稀缺的生产要素，攫取东道国的市场利润，促进母国的经济增长与创新。可以说，跨国公司对母国和东道国的积极作用存在此消彼长的关系。但从 20 世纪 80 年代开始，跨国公司呈现出利己主义至上的趋势，逐渐形成既不利于母国也不利于东道国的利益新取向，典型的行为如通过转移定价把注册地放在各种避税天堂，在谋取东道国利润的同时也切断了对母国的积极回馈。在区域化生产网络下，跨国公司与母国、东道国的积极联系被进一步削弱，而其作为创新行为的重要主体，技术创新的成果更会牢牢掌握在自己手中，向东道国的技术扩散与溢出会被切断，表现出极强的非普惠性。

第二，作为技术创新动能的国际资本流动不断减弱。根据联合国贸易和发展会议的报告，疫情冲击下全球外商直接投资流量，继续延续近年来的下降趋势。在区域生产网络分工体系下，跨区域流动的资本要素势必面临更高的不确定性和投资风险，跨区域投资的成本上升，其潜在的投资收益也会随之萎缩。因此，具有逐利性的资本要素势必会减少跨区域的流动，更多的投资将集中在区域化生产网络之内，通过投资产生的利润进行再投资的动力也将枯竭。然而，资本要素的跨国流动一直发挥着承载技术创新等生产要素流动扩散的载体作用，跨区域投资活动的衰弱也会降低资本流动带来的技术溢出效应，从而降低技术创新在全球范围内的普惠性。

第三，区域生产网络将助推和加剧国家主义至上的思潮，成为阻断技术扩散的重要力量。在西方国家"美国优先""欧洲利益至上"等国家主义的取向下，各国利用知识产权保护、外商投资国家安全审查制度等手段作为武器，阻碍其他国家在本国技术领先的领域内开展并购、参股和投资等行为，限制技术要素的互惠溢出，以维护自身的技术领先优势。在区域生产网络下，这种国家至上的取向会被进一步强化,技术创新的成果会被限制在一国之内,跨国和跨区域的互惠扩散过程将被阻断。

第四,新的区域生产网络可能会割裂原本全球价值链体系下技术与创新所需要的规模化运用场景。由于逆全球化的冲击和疫情的影响,供应链断供和产业链重构后可能导致原有的跨区域合作关系被打破,技术创新的运用场景也随着新分工体系的重构而割裂,影响了技术创新的普惠传递。

### (二) 获得型生产要素决定的区域化生产网络竞争力

根据上文分析,区域化生产网络下技术创新的直接扩散溢出以及通过资本要素作为载体的跨区域流动都将受限,技术创新成果难以被区域外的国家和企业共享。因此,一国通过自主创新所实现的获得型生产要素将成为决定区域化生产网络竞争力的关键。本章通过构建一个简单的理论模型对此加以进一步分析。

参考丁宋涛和刘厚俊(2013)对生产网络中收益分配的分析模型,假设生产活动由两国参与,上游环节由具备获得型生产要素禀赋优势的国家 $U$ 负责,其产出中间投入品 $A$,下游环节的国家 $D$ 进口中间投入品 $A$ 并结合自身比较优势生产最终产品 $B$。分别以 $m_U$ 和 $m_D$ 度量上下游参与国在生产过程中投入获得型生产要素的比例,以反映两国的要素禀赋差距,则有 $0 < m_D < m_U < 1$。

下游参与国 $D$ 在进口中间投入品 $A$ 的基础上生产最终品 $B$,其生产过程受到上游国家 $U$ 中间投入品的约束,在给定中间投入品数量与价格的情形下,下游参与国 $D$ 参与价值链分工的利润表示为:

$$\pi_D = P_B Q_B - P_A Q_B - C_B Q_B - F_B \tag{3-1}$$

其中,$P_A$ 是中间投入品 $A$ 的市场价格,反映了下游参与国的中间投入成本,$P_B$ 是最终品 $B$ 的市场价格,$C_B$ 是生产过程中投入获得型生产要素的边际成本,$F_B$ 反映生产最终品 $B$ 的固定成本,$Q_B$ 为最终品的产量。根据利润最大化的一阶条件有：

$$P_B\left(1 - \frac{m_D}{E_B}\right) = P_A + C_B \qquad (3-2)$$

其中，$E_B$ 为产品 $B$ 的价格需求弹性，$\left(1 - \frac{m_D}{E_B}\right)$ 为成本加成，显然，当获得型生产要素的投入比例 $m_D$ 更大时，价格超过成本的加成收益更显著。类似地，价值链上游国家 $U$ 的利润最大化条件为：

$$P_A\left(1 - \frac{m_U}{E_B}\right) = C_A \qquad (3-3)$$

结合式（3-2）、式（3-3），考虑均衡时长期经济利润为 0，得到：

$$MR_B(m_D)\left(1 - \frac{m_U}{E_B}\right) = C_A + C_B \qquad (3-4)$$

其中，$MR_B$ 代表最终产品 $B$ 的边际收益，它是下游国家获得型生产要素投入比例的增函数。根据式（3-4），上下游参与国对产品利益的分配主要取决于两国获得型生产要素投入比例（$m_U$，$m_D$）的相对大小。基于线性齐次性定理，当 $m_D > m_U$ 时，上游参与国凭借获得型生产要素的禀赋优势将获取更高的垄断收益。对下游参与国而言，只要积极通过自主创新带动技术进步，提高知识要素和高素质劳动力的要素禀赋水平，就可以通过更高的获得型生产要素投入比例提升分工收益，强化自身的贸易竞争力。

在区域化生产网络下，技术创新的非普惠性特征显著，跨区域的技术流动扩散受到阻滞，价值链参与国部分产业链与供应链的发展将面临瓶颈，关键配件和技术面临被打压和封锁的风险。在这种情形下，应当将自主创新能力建设摆在核心地位，加速获得型生产要素的积累，提升国内和区域内创新链整体效能，打好关键核心技术攻坚战，推动新兴产业和尖端工艺的持续升级，最终实现技术赶超。通过加强自主创新，打造获得型生产要素禀赋优势，能够规避技术进步进程中潜在的"技术追赶陷阱"，加快经济体向国际技术前沿的收敛进程，打造区域化生产网络的核心竞争力。

## 二、知识产权保护:获得型生产要素积累的重要驱动力

区域化生产网络限制了技术创新的跨区域扩散共享,对各国的自主创新能力提出了更高要求,发展中国家需要通过培育技术创新能力逐步转换增长机制,打造自身的获得型生产要素禀赋优势,向创新驱动的增长模式靠拢,才能强化自身的国际分工地位、提高区域化生产网络的核心竞争力(杨轶波,2018)。然而,这一增长模式的转变并非一朝一夕即可实现,自主创新能力的提升、获得型生产要素的发展依赖于知识产权保护体系带来的环境保障与动力驱动。

知识产权保护能够减少企业知识产权被侵犯的风险,实施创新的企业能够通过专利授权或垄断使用专利而获益,也能够降低或杜绝自身知识产权遭到模仿学习的情况,提高研发投入的期望收益,从而激励企业进行更多的研发投入与持续创新(吴超鹏和唐菂,2016),促进专利的产出和获得型生产要素的发展进步。在全球化生产网络下,来自发达国家对外直接投资以及高技术中间品贸易的技术溢出效应是提升区域创新能力的重要渠道,知识产权保护在其中发挥的作用是防止高技术中间品被非法模仿,为外资提供良好的技术环境,从而吸引更多的高质量外资流入以及高技术中间品进口(靳巧花和严太华,2017),这为本土企业提供了更多可借鉴学习的先进技术和经验,从而提高了企业通过模仿、学习和吸收渠道产生新技术和新工艺的可能性,推动创新能力的提升。

在区域生产网络背景下,强化知识产权保护仍然能发挥类似作用,但随着在区域间技术创新非普惠性特征的增强,发达国家跨国公司主动封锁下对外直接投资和中间品贸易所带来的技术溢出效应将越来越有限,对逐渐靠近技术前沿的核心经济体,追赶型技术进步也存在潜在的"技术追赶陷阱"。因此,如何通过制定适宜的知识产权保护政策,在吸引高质量外资进入的同时,进一步强化竞争激励效应,驱动企业从吸收国际溢出效应向自主创新效应转

换,积累获得型生产要素打造区域化生产网络核心竞争力才是区域价值链分工体系下知识产权保护的核心意义。

本章从跨国公司配置生产分工的效率原则与安全原则出发,系统分析了全球生产网络的历史演进逻辑以及未来发展趋势,得出以下分析结论:

首先,本章分析了效率导向下全球生产网络的形成与发展变化,指出跨国公司基于对成本最小化的追逐,在全球范围内分散配置其不同生产环节,逐渐形成了全球化的生产分工网络。随着越来越多的国家深度参与到这一国际分工体系中,全球价值链的广度不断延伸,各国的分工地位亦在不断调整和重构。

其次,本章提出逆全球化风潮兴起的新形势下,企业面临突出的供应链安全问题,因此亟须在供应链网络的安全稳定和经济效率之间寻求新平衡。本章通过严谨推演后指出,兼顾效率与安全原则的均衡解可能是区域化的生产网络,主要大国针对自身的产业链空白进行造链、补链,并与地理邻近的经济体协同构建区域化生产网络,这不仅是发展中国家对抗并突破"低端锁定"效应的重要力量,更是在国际分工中同时兼顾效率与安全原则的最优解。

最后,本章强调了区域化生产网络的竞争力由获得型要素禀赋与知识产权保护制度共同决定。由于在区域化分工体系下创新等要素具有极强的非普惠性,自主创新与发展获得型要素成为构筑区域化生产网络竞争力的重中之重,而知识产权保护正是激发企业自主创新以及积累获得型要素的关键驱动力。

# 第四章 禀赋型贸易竞争力与
## 获得型贸易竞争力：
## 阶段性与层次性

改革开放 40 多年以来,中国依靠传统生产要素的静态比较优势积极参与国际分工,国内经济经历了长期的持续高速增长。但在全球生产网络分工背景下,随着生产成本的不断上升,传统基于生产要素禀赋的贸易竞争力逐步衰弱,基于后天获得的要素和制度支撑的获得型贸易竞争力将是我国贸易增长的新动能。

## 第一节 贸易竞争力的理论演进：
## 从禀赋型到获得型

### 一、禀赋型贸易竞争力的理论基础

以弗里德里希·李斯特和亚历山大·汉密尔顿为代表的贸易保护理论(如最优关税论、幼稚产业理论和战略性贸易与产业政策等)①,提倡在对外贸

---

① 最优关税论认为,提升关税会带来贸易条件的改善和贸易量的下降,最优关税应为零关税和禁止性关税区间内的某一值。大国可以通过征收进口关税改善其贸易条件,获取比自由贸易更高的福利水平。幼稚产业保护理论提倡对新兴产业在发展初期采取过渡性的保护、扶植措施,因为新兴产业的竞争力较弱,但在成熟期生产力较强,对幼稚产业的保护有助于一国占领新兴产业发展的制高点。

易中通过关税和非关税壁垒实行进口限制,这一方面保护本国商品在国内市场免受外国商品的竞争,另一方面通过向本国生产的产品提供政策优惠以增强产品竞争力。亚当·斯密在《国民财富的性质和原因的研究》中提出了绝对优势理论,绝对优势理论认为各国生产效率的不同是国际贸易产生的根本原因,各国会进口在生产效率上不具有绝对优势的产品,出口具有绝对优势的产品,各国基于劳动生产率和生产成本的分工能够提高整体的劳动生产率和贸易竞争力。但亚当·斯密的劳动分工理论要求一国至少在一种产品的生产上具有绝对优势,这和现实不符,一些国家在生产技术上比较落后,生产每一种产品都不具有比较优势,但仍然会和其他国家发生国际贸易。大卫·李嘉图在绝对优势理论基础上进一步提出了比较优势理论,该理论认为,如果一国生产某种产品的机会成本较低①,那么该国在这种产品的生产上具有比较优势。比较优势理论执行了基于机会成本的国际分工原则,揭示了一国即使所生产的所有产品都不具有绝对优势的条件下仍然可以与其他国家进行国际贸易的内在原理,为一国的比较优势成为贸易竞争力的来源提供了理论支撑。在大卫·李嘉图设定的经济学模型中,劳动力是唯一的生产要素,因此比较优势理论建立在两国劳动生产率的差异上。

赫克歇尔和俄林提出的要素禀赋理论放宽了比较优势理论的生产投入要素限制,认为现实中劳动力并不是形成比较优势的唯一因素,资本、土地和矿产资源等也是决定比较优势的重要因素之一。在考虑了劳动力、土地和资本等生产要素后,要素禀赋理论认为比较优势建立在各国要素禀赋结构的差异上,这一差异使要素的相对价格在不同国家间存在相对优势,进而导致产业在国际贸易中存在比较优势。一般而言,劳动力禀赋丰裕的国家,劳动力价格会相对较低,按照要素禀赋理论,该国在生产劳动密集型产品上具有国际竞争力。而资本充裕的国家其资本的相对价格较低,生产资本密集型产品更具有

---

① 机会成本指为了得到某种东西而要放弃另一些东西的最大价值。

国际竞争力。要素禀赋理论为发展中国家参与国际分工提供了新的解释,发展中国家因劳动力相对充足,在生产劳动密集型产品上具有比较优势,因而得以参与到当今全球价值链分工中,促进了社会大生产和国际贸易的扩大,优化了全球的资源要素配置效率,增加了各国的贸易利得。要素禀赋模型成立的前提假设是一国拥有的要素总量不变,但是现实经济活动中各国的资源禀赋都在不断发生变化,如劳动力和资本的国际流动。罗伯津斯基定理(The Rybczynski Theorem)认为,当产品相对价格保持不变时,A 生产要素的增加会导致 A 部门的生产增加而 B 部门的生产减少。根据国际分工理论,信息、技术、知识密集型生产要素,附加值较高,而加工、组装环节为劳动密集型生产要素,附加值较低。结合罗伯津斯基定理可知,当信息、技术、知识密集型生产要素成为国际经济增长的重要因素时,那么密集使用该要素的生产部门将会扩张,而较少使用该要素的生产部门将会收缩。斯托尔珀和萨缪尔森进一步放宽了要素禀赋模型的固定要素前提假设,他们所建立的斯托尔珀与萨缪尔森定理(The Stolper-Samuelson Theorem)得出了与罗伯津斯基定理相似的结论,即在长期,要素使用越密集,要素的报酬越高。由于生产要素报酬等于生产要素的收益或边际产品价值,是产品价格和要素的边际生产率的乘积,且在长期,生产要素报酬的波动大于进出口产品价格的波动,国际贸易存在"放大效应"。

但是,华西里·里昂惕夫采用投入产出表发现,美国出口的产品是劳动密集型产品,而非资本密集型产品,这与要素禀赋模型的结论相违背。按照要素禀赋模型,美国应该出口资本密集型产品,进口劳动密集型产品。由于里昂惕夫的研究结论与要素禀赋理论相违背,且无法用现有理论进行解释,所以被称为"里昂惕夫之谜"。西方经济学家继承传统的贸易分工理论,结合国际分工具体情况,从劳动效率、人力资本、技术差距和消费偏向等角度解释"里昂惕夫之谜",进而提出了产品生命周期理论和产业内贸易理论等。

马克思的社会分工理论总结性地指出,贸易促进了生产要素的流动,社会化大生产中各种要素的生产投入比例更为协调,国际分工提高了劳动生产率,扩大了社会生产力。商品或者服务从发达国家流向发展中国家,发展中国家利用资源和劳动力的优势从贸易中获利,并提出国际贸易中商品的市场价值取决于商品的价值,而由于发达国家的劳动生产率较高,在产品价格、技术和服务方面更具竞争优势,在国际贸易中获利更多。各国根据实际的贸易利得和生产要素禀赋情况来确定贸易政策,调整贸易收益在发展中国家和发达国家之间的分配。

## 二、获得型贸易竞争力的理论演进

长期以来,大卫·李嘉图的比较优势理论是国际贸易的基础,赫克歇尔—俄林在规范均衡分析上进一步深化了比较优势理论,但仍然认为劳动力和资源禀赋的差异导致了生产率水平的差异,是贸易产生的根源。只有技术的突变才会改变生产率水平的差异,因此比较优势是国家外生给定的,并没有把决定国际贸易竞争力的重要因素纳入比较优势中,如决定交易成本的规模经济,在长期的国际竞争中禀赋型贸易竞争力缺乏解释力。

由杨小凯等创立的新兴古典经济学,基于经济发展的现实,认为每个参与经济活动中的个体既是消费者,又是生产者,且个体无外生的比较优势。新兴古典经济学使用专业化与交易费用解释了贸易和劳动分工,并将专业化视为内生比较优势。交易效率的提高导致商品种类的增加,促使地区贸易转变为国内贸易和国际贸易。

以保罗·克鲁格曼等为代表的新贸易理论认为,贸易市场并非处于完全竞争状态,因此可能出现规模报酬递增现象,并以此为基础研究了产业内贸易动因。新贸易理论认为,除了技术和要素禀赋,还有其他因素能够导致贸易的产生,如企业的垄断竞争行为、需求因素和产品差异、技术差距和模仿时滞均是贸易产生的重要动因与基础。

以梅里兹(Marc Melitz,2003)为代表的异质性企业贸易模型和安特拉斯

（Pol Antras,2003）为代表的企业内生边界模型构成了新—新贸易理论的主要内容,新—新贸易理论将国际贸易的研究对象从产业间贸易转变为产业内的企业间贸易,以此解释企业的进出口以及投资行为。异质性企业模型主要说明产业内具备不同知识、技术的企业出口决策存在本质不同,并重在解释企业的资源配置行为。新—新贸易理论认为,仅仅依靠国际贸易和市场开放就能够提高一国产业或者企业的知识和生产技术水平,但是国际贸易的开放可能给后发达国家或者地区带来负面的冲击,即本国的新兴产业因为发达国家高效率企业的进入而衰退,使国内外贸地区和内贸地区的经济发展差距进一步扩大,且发达国家高生产率企业因获得更多的市场利润和更大的市场份额,而逐渐形成技术或者市场垄断,市场的资源配置效率降低。

# 第二节　禀赋型贸易竞争力:先天优势与动态劣势

纵观中国贸易的发展历程,改革开放初期的贸易竞争力建立在相对富裕的自然资源和廉价的劳动力供给上,属于典型的禀赋型贸易竞争力。当时,我国开放部分沿海城市,吸引大量外商直接投资,同时结合本国充裕的资源、能源、劳动力等比较优势,大力发展加工贸易,对外贸易高速增长。随着发展水平的不断提高,我国人口数量和资本积累数量不断增长,且固定资产投资数量增长的速度快于劳动力数量的增长,推动了资本劳动比的大幅度提升,这表明我国通过长期的资本积累逐渐在资本要素上形成了比较优势和贸易竞争力。

## 一、自然资源:资源动力与资源诅咒

以能源为核心的自然资源,特别是稀缺自然资源是世界经济可持续增长的重要动因。改革开放之前,我国经济增长主要以煤炭为支撑,但是煤炭企业的开采技术和生产能力较低,且没有以市场为基础的价格调节机制,煤炭供需错配问题突出,导致经济增长受制于能源供应不足的矛盾异常明显,同时以燃煤为主的能源结构还大大降低了生态环境质量。经济的发展决定着人们对自然和环境资源的需求,同时自然和环境资源的供给又反过来制约经济的发展。改革开放以来,煤炭等自然资源行业引入市场化机制而进入转轨爆发式增长阶段,我国能源生产能力逐步增加,生产水平日益提高,有效缓解了能源总量供需之间的矛盾,且能源结构问题也得到了一定程度的缓解,基于能源要素的生产效率快速增长,是形成以自然资源要素为核心的禀赋型贸易竞争力的重要推动力。随着改革的不断深入,能源行业的市场机制不断完善,能源价格的形成机制逐步厘清,能源行业垄断机制的打破和有序开放竞争格局的形成,均增强了能源行业的经济发展活力和创新能力。能源供给多元化体系已经形成,为我国经济和贸易的发展提供了坚实的动力保障。

但是,如果对自然资源过度依赖则同样会阻碍先进生产技术的产生,降低生产力的提升速率。世界经济发展的历史表明,由于存在路径依赖,自然资源丰富的国家往往经济增长更慢,而资源匮乏的国家其创新激励更强,增长速度相对更快。究其原因,就是对相对低端的自然资源过度依赖导致国家贸易条件的恶化,本国初级产品价格相对他国工业制成品价格降低,技术创新、人力资本投入不足,能源等自然资源行业的过度繁荣也导致其他行业或者部门投入不足,整体经济和社会发展遇到瓶颈。因此充裕的能源和其他自然资源虽然在短期促进了经济和社会的繁荣,但在长期是对发展的诅咒,而不是祝福。

## 二、劳动力:比较优势与竞争劣势

在东亚出口导向型经济体劳动力成本快速上升、劳动密集型出口企业对外转移的关键时间节点,我国牢牢把握住了这一历史性机遇,充分发挥劳动力成本低、技能优的优势,实施"三来一补"①的加工贸易政策,使我国制成品的

---

① 具体包括"来料加工""来件装配""来样加工"和"补偿贸易"。

国际竞争力迅速增强,实现了对外贸易的快速发展。同时通过产业部门间的要素流动吸收了大量的农村剩余劳动力,有效缓解了中国的就业压力。因此,从静态角度看,发展劳动密集型产业适合早期中国经济发展的实践。但长期来看,由于资源稀缺性的客观存在,劳动密集型产业的发展势必挤出了资本密集型产业的发展空间,导致国内缺乏投资品工业部门,从而本国需要从发达国家购买投资品更新设备或建立新的投资,对外贸易在带动其他国家经济发展时,却没有带动本国经济的增长,同时还可能导致贸易条件的恶化,国际市场需求的萎缩,也极易被劳动力资源更为丰富的国家所替代。而且,发达国家出于国内充分就业的压力,会以关税和非关税贸易壁垒等方式阻碍发展中国家低价的劳动密集型产品进入本国。这就导致了"比较优势陷阱",即相比于资本、技术密集型贸易,以劳动密集型和自然资源密集型贸易为主的国家总是处于不利地位。

可见,长期依靠劳动密集型产业所形成的贸易竞争力不仅竞争力有限,而且极易受到发达国家以及其他发展中国家的"高端封锁"和"低端分流"的严峻竞争风险。究其原因,主要还是人力资本含量较低、组织管理水平较差的劳动密集型产品一般只具备比较优势,而缺乏竞争优势。当然,需要注意的是,劳动力要素在当今全球生产网络中仍然十分重要,具有高人力资本含量和高组织管理水平的劳动密集型产品能提供更高的生产效率和产品质量,进而同时拥有比较优势和竞争优势。劳动力资源的比较优势转化为国际贸易的竞争优势需要将高新产业技术、人力资本与劳动力资源的比较优势相结合,提高其技术密集度,使生产的产品不仅质量高,而且价格低,推动本国产业结构转型升级,在国际市场中赢得竞争优势。

## 三、资本:资本积累与收益递减

从世界经济的发展历程来看,技术进步多发生在资本密集型产业中,技术进步因此也表现为资本的扩张,扶持和发展资本密集型产业是实现现代工业化的捷径。技术进步和资本密集型产业的发展推动了劳动力和资本等要素在产业部门间的流动,加快了产业结构的调整和转型升级,从而增强了产业的生产效率、盈利水平以及贸易竞争力。

中国经济发展和大规模的工业化本身是国家资本运作的结果,外资引进、高储蓄和低消费共同为我国的资本积累奠定了坚实基础。首先,中国丰富的土地资源为外资的引入、扩张和国内转移创造了条件,同时,中国制定和实施了深入的开放政策,吸引了大规模的外资来华投资设厂,这不仅有效缓解了本国稀缺资本的压力,还通过土地资源的合理利用对生产要素进行了再配置,并协同不断提升的工业化水平有效降低了本国企业的生产成本,提升了其资金积累。其次,中国居民传统的"高储蓄低消费"倾向,结合逐年攀升的工资收入不断增加了居民储蓄。由此可见,通过资本的积累、国民的储蓄倾向和经济剩余的不断增加,我国的资本存量不断提升(林毅夫等,1999)。此外,相对开放的制度环境又为企业提供了充分竞争的市场环境,基础设施的不断完善、劳动力素质的协同提高共同推动了我国资本密集型产业的发展。当然,在这一转变过程中,劳动力成本优势开始逐渐丢失,且新生劳动力数量降低,中国基于传统劳动密集型产业的比较优势正悄然发生变化,资本密集型产业的比较优势越来越显著。

但资本积累并不是经济发展的"永动机",凯恩斯认为,资本的边际效率在长期是递减的,由于投资取决于资本的边际效率和利率大小,因此随着资本的不断积累,资本的边际效用递减。当资本的边际效率低于利率时,投资将不再增加,经济活动中的投资需求降低,因此资本积累不能实现经济的长期可持续发展。刺激投资增加的经济政策通常包括宽松的货币政策和财政政策,如降低贴现率使贷款利率下降、减少企业税收、增加政府购买和扩大转移支付等以增加投资的边际效率。但刺激投资需求的政策却也可能同时导致严重的通货膨胀。因此,资本要素表现出典型的收益递减特性。

# 第三节　提升贸易竞争力的导向:突破
## 禀赋束缚,强化获得能力

## 一、贸易竞争力的阶段演进

贸易竞争力指建立在一国及地区国际竞争力基础上的保持对外贸易总额持续增长且贸易利得不断提升的一种能力,代表着一国通过对外贸易获取分工收益高低的水平。在开放经济条件下,各国贸易竞争力的来源取决于其所处的发展阶段。迈克尔·波特把国家的发展分为四个阶段,即资源要素驱动阶段、投资驱动阶段、创新驱动阶段和财富驱动阶段。从经济史的角度来看,不同阶段的产业发展特征和国际经济的主要竞争力量决定了贸易竞争力的核心要素,而各国贸易竞争力也随着国际分工和产业发展不断变化。

第一次工业革命时期为资源要素的驱动阶段,在这一阶段各国劳动生产率的差异决定了本国生产产品的相对价值、对外贸易竞争力以及参与国际分工的地位。第二次工业革命时期,经济发展开始进入投资驱动阶段。在第一次工业革命时期,世界各国劳动生产率的不同导致了资本积累规模与资本利用效率的较大差异。要素禀赋理论认为在各国生产技术水平和劳动力禀赋丰裕程度或结构相同的条件下,资本要素的积累和利用效率是形成贸易竞争力的核心。因此,禀赋型贸易竞争力是特定经济发展阶段和国际分工阶段所形成的,当国际分工格局发生变化时,禀赋型贸易竞争力对世界经济的新竞争结构开始缺乏必要的解释力。

进入第三次工业革命时期,计算机、信息技术和生物工程等要素开始驱动经济的高速发展,同时也成为驱动贸易竞争力提升的主要因素。在这一阶段知识产权保护成为激励创新的重要支撑机制,而资源、劳动力和资本等传统要素的驱动作用开始不断降低。第三次工业革命以获得型要素禀赋为核心,技术创新变革成为全要素生产率提升的重要驱动力,这不仅能够提升一国的出口产品质量,扩大技术密集型产业产品的出口,而且能够积累知识资本,增强企业对先进技术的吸收与消化。在这一过程中,知识产权保护制度的建立不仅能增强企业的技术专有性,激励企业增加研发投入,同时也有助于引进优质外资,通过竞争示范效应提升企业的创新水平,从而对各国贸易竞争力的演变模式和国际分工地位产生显著影响。

## 二、获得型贸易竞争力的动力特征

基于劳动力和自然资源相对丰裕的比较优势,中国对外贸易获得飞速发展,贸易大国地位由此形成。但是,以传统比较优势参与国际分工虽能获取一定贸易利得,但却无法缩短与发达国家的生产技术差距,甚至还可能陷入比较优势陷阱。国际社会中大多数发展中国家具有自然资源和劳动力资源的比较优势,其中自然资源在新产业技术条件下可以被替换、再造,而劳动力生产效率的提高则降低了社会对劳动力的需求,人工智能和机器人技术的不断发展又进一步加速了劳动力被替换的可能性。由此可见,依靠要素规模优势的发展模式不具有可持续性,贸易大国并不等同于贸易强国,我国贸易产品在质量和技术创新能力等方面与世界贸易强国仍有不小差距。

在新时代全球产业分工的背景下,发展中国家不能停滞在正逐渐丧失的传统劳动力比较优势中。在全球生产网络分工体系下,这种传统粗放式的竭泽而渔发展模式已无法适应国际分工的新形势。我国应充分利用好以自身国内大市场为核心的内循环以及全产业门类带来的技术、成本和安全优势,自主培育获得型要素禀赋,从而破除天然资源禀赋对自主创新能力的束缚,最终形成技术、品牌、质量、服务等国际综合竞争新优势。这一基于获得型要素禀赋为核心的获得型贸易竞争力更加契合现代国际分工格局。与禀赋型贸易竞争力存在本质不同,获得型贸易竞争力强调贸易竞争力更多源自技术(知识)、人才以及政策等获得型要素禀赋,并内生于各国的知识产权保护制度、政府介入模式等经济制度，是各国不断参与国际专业化分工的演化结果。获得型贸易竞争力契合了亚当·斯密的分工理论，经济制度、分工与市场范围、交易成本和规模经济是增强获得型贸易竞争力的重要动能。获得型贸易竞争力可能是基于禀赋型贸易竞争力的进一步发展，也可能与禀赋型贸易竞争力没有必然联系，因为这种新型贸易竞争力并不是国家经济和产业发展先天具有的。先天资源禀赋丰裕的国家可能由于历史、经济和政治等原因形成天然的贸易竞争力，而资源禀赋相对贫瘠的国家也可能基于制度、法律和企业家精神等形成新型的获得型贸易竞争力。

# 第四节　获得型贸易竞争力：后天<br>获得与动态优势

根据"微笑曲线"理论可知，研发、设计、营销、售后等技术、知识密集型生产环节的不断发展是全球生产网络体系下一国新竞争优势形成的基础，技术、人力资本、管理水平等获得型要素的充裕性决定了这一新竞争优势的强弱。当前，生产要素禀赋的质量与结构是制约我国国际分工地位提升的根本因素，实现贸易大国向贸易强国转变必须依靠生产要素质量与结构的内涵式演进。

资源配置通常以"资源稀缺"为前提，同时又受到"资源生成"的影响。静态条件下资源是稀缺的，而且随着使用的次数越多，资源的稀缺性越强。但在动态中，资源是可以生产的，如促进经济增长的新领域和新资源，在这些领域或者资源没有被开发之前，资源是丰富的。同时，由于市场失灵的存在，新兴产业的发展往往需要政府的扶持和保护。政府这只"看得见的手"在新生成资源的过程中扮演了重要角色，中国改革开放以来所取得的伟大成就即是最好的写照。中国特色社会主义市场经济体制极大地提高了生产力水平，促进了中国经济的发展。但与新时代产业发展的新要求以及与发达国家的产业体系相比，我国在生产要素市场、产品与服务市场等方面还不健全，市场的资源配置作用没有得到完全发挥,政府在市场失灵时如何有效地干预市场仍存在诸多难题,高质量发展仍然面临体制机制深度改革的挑战。而解决这些问题,需要通过"政府推动、企业参与、市场运作"的三位一体协同机制。基于大国经济进行专业化分工、加强人力资本的积累、增加研发投入和自主创新、建立适合经济发展新阶段的高效制度安排、增强产业集聚程度和市场一体化程度,是建立获得型贸易竞争力的重要源泉。

## 一、技术(知识)与贸易竞争力

### (一) 技术(知识)引进

中国对外贸易的比较优势正从传统的劳动密集型产业转向资本和技术(知识)密集型产业,只有顺应比较优势的发展战略才能完整且充分地释放后发优势。格申克龙(Gerschenkron,1964)所建立的后发优势理论以及巴罗和萨拉—伊—马丁(Barro 和 Sala-i-Martin,1992)所提出的技术扩散理论,都认为由于发展中国家与发达国家之间存在技术(知识)差距,发展中国家可以通过技术(知识)引进和模仿国际领先技术(知识)来实现比自主创新更快的技术(知识)进步,即所谓的"后发优势"。技术(知识)相对落后的国家由于缺乏研发创新能力和初始的研发资金,通常会选择在贸易与投资两方面通过不断提升对外开放程度,使本国企业能够在这一过程中模仿学习发达国家的知识、先进技术等以实现技术的快速进步与更迭,进而不断提升获取知识的能力和生产力水平,缩小与发达国家之间的技术(知识)差距。中国和其他新兴国家的发展就较好地印证了后发优势理论的存在(樊纲,2020)。

但技术(知识)的获取往往存在路径依赖,后发国家可能因此被锁定在模仿创新的困境中。通常,引进的技术(知识)往往不是该行业中最新最前沿的,而仅仅是略高于东道国现有的生产技术(知识)水平。因此,即使后发国家完全掌握并对该引进技术(知识)做了一定的边际创新,而威胁到发达国家的技术（知识）垄断地位，发达国家就会适时地推出新的技术（知识）和产品，以重新获取该行业领域新的竞争优势。后发国家因而需要再次引进发达国家新的技术（知识）和产品，再次进行模仿创新，从而不断陷入"技术（知识）引进—模仿创新—再次引进—再次模仿"的恶性循环中，我国长期推行的技术（知识）模仿型创新模式在新形势下或再难持续引领中国贸易竞争力的提升。

进一步地，从微观企业视角来看，引进国际领先技术和知识在短期内确实能够提升本国企业的经营绩效和竞争力，但是在长期却可能会阻碍企业进一步的自主技术（知识）创造，最终难以实质性地推动产业整体技术（知识）水平的跨越式升级。这是因为，一方面，我国的高新技术研发创新能力与发达国家相比总体上仍存在差距，尤其是一些关键零部件、设备以及核心技术还受制于他人，因而无法做到在后向联系上完全摆脱发达国家的高技术（知识）产品投入。另一方面，从纵向看，由于对外来技术（知识）的消化、吸收和再创造往往存在时滞，因此引进外来技术（知识）对创新能力相对滞后的企业的影响较大，而对处于创新准前沿的企业则并不明显。从横向看，由于我国在改革开放初期对自主知识产权的保护较弱，而企业由于多方面的限制对研发投入的力度也不足，规模以上企业的研发支出占总产出规模的比重与发达国家相比较低，自主研发创新的企业数量占比也不高，我国对国际市场上的高技术（知识）产品出口基本依靠劳动密集型的加工贸易完成，导致对其他产业的技术（知识）外溢效应不明显。

在这种新形势、新背景下，促进产品生产层面的创新升级，加快培育以技术（知识）、品牌、质量、服务为核心竞争力的新优势，是我国经济发展进入新阶段、产业竞争力不断提升的必然要求。对此，一方面，对技术（知识）落后的企业，要增加对新技术、新知识和新产品的学习和积累，培养高素质的研发人员，注重对适应性技术（知识）的引进。在引进成套设备后应迅速掌握关键技能，并模仿创新制造新的生产设备，提高设备产出效率。另一方面，对技术（知识）领先的企业，要在长期的新兴产业发展规划中识别未来产业技术（知识)的发展趋势,引进国际领先、能够促进自主创新的产业技术(知识),加强对软件技术和知识技能等的引进,并能在有效消化吸收引进技术(知识)的基础上作进一步的自主创新。

### (二) 自主创新

随着后发国家的技术和知识水平逐渐提高,发达国家会通过各种手段与措施不断提升后发国模仿学习前沿知识技术的成本,当技术(知识)差距缩到足够小的阶段后,技术(知识)引进和模仿创新的后发国家可能会陷入"追赶陷阱",即"追赶—落后—追赶—落后"的等距离发展循环。对此,后发国家应在对技术(知识)进行学习、消化和吸收的基础上有效实现自主创新,才能真正提升贸易竞争力。

技术(知识)创新影响贸易的研究主要有波斯纳的技术差距理论、巴拉萨的贸易优势转移学说、引入技术内生化的新贸易理论等。克鲁格曼(1987)认为"干中学"带来的技术(知识)进步和规模经济改变了国家贸易竞争力的格局。格罗斯曼和赫尔普曼(1990)在技术(知识)通过国际贸易而外溢的背景下,认为各国的研发投入是决定贸易竞争力和贸易模式的重要变量。伊顿和科图姆(2002)、梅里兹(2003)均认为一国的技术(知识)进步决定了生产率,进而决定了贸易竞争力的变化。莫罗(Morrow,2008)发现,某一部门的技术(知识)进步导致该部门的要素质量提高,并吸引国内外更高级的要素集聚到该部门中,提升了该部门的国际分工地位和贸易竞争力。而技术(知识)创新主要来源于以研发投入为主的自主创新,如技术(知识)创新能够促进新产品的研发(Aghion 和 Howit,1992),也能提升已有产品的产品质量(Grossman 和 Helpman,1991)。

产业资本是技术(知识)创新的前提,而技术(知识)创新反过来又促进了资本的积累,进而有效发挥了资本的规模经济效应,提升了产业的国际竞争力。罗默(Romer,1990)、阿吉翁和霍韦特(Aghion 和 Howit,1992)均认为,技术(知识)的创新加速了资本积累的进程,改变了一国的要素禀赋结构,通过实现规模经济提高了国际竞争优势。技术(知识)创新产生的新生产技术(知识)具有较强的外溢效应,行业内的劳动力通过新技术(知识)的外溢进化为新的生产技能,这提高了其他生产要素的生产率水平,进而提升包括技术(知识)进步在内的全要素生产率水平。阿吉翁和霍韦特(1992)认为,新技术(知识)增加了企业的垄断利润,新技术(知识)的研发提高了企业的劳动生产率,进一步提升了技术(知识)积累和企业的贸易竞争力。

为鼓励企业自主创新,我国建立了以企业为主体、市场为导向、产学研相结合的技术(知识)创新体系。在资金方面,政府加大科技投入,特别是基础科学以及航天、生物、新能源、智能制造等高科技领域的投入,大力扶持一批拥有自主知识产权和全球知名品牌的重点企业,对自主创新企业给予财政补贴、税收优惠和优先政府采购政策。在政策扶植方面,一方面,政府加强了对自主知识产权的保护以增强企业的自主创新激励。另一方面,出台相关利好政策鼓励新兴产业增加研发投入和自主创新能力,增强与高校、科研机构的研发合作,利用关键技术(知识)创新带动产业链、价值链上下游的企业发展,提升新兴产业的国际竞争力,促进国家经济结构的调整和升级。

## (三) 技术(知识)标准和规则制定

自主创新的科技成果,如果未形成显性或者隐性的技术(知识)标准,那么尽管其在理论上具有很高的先进性,在生产活动中具有较强的实用性,该技术(知识)创新成果仍然无法在全球得到广泛的应用,自主创新的科技成果无法充分实现其服务社会发展的价值及技术(知识)创新的价值。技术(知识)标准和规则的制定权和话语权往往决定着市场的走向,一些具有竞争优势的国家和地区,以标准为手段,谋取超额利润,增强了行业的技术和知识垄断地位,所以经济秩序和规则的制定更多地掌握在发达国家手中。以往的产业技术(知识)标准是为了适应机械化大规模生产,新的产业技术(知识)标准则是为了适应"智能制造""小批量、多品种、个性化"生产方式。技术(知识)标准是产品质量的基础和保证,并解决了市场信息不对称问题,技术(知识)标准的升级代表了产品质量的升级。技术(知识)标准同时具有规模经济效应和网络效应。规模经济效应是技术(知识)标准的制定细化了产品分类,强化了劳动分工,降低了边际生产成本,促进了规模经济、新知识和新技术标准的形成;产品之间兼容使技术(知识)标准具有网络效应,网络效应是技术(知识)创新成果能够通过技术(知识)标准平台迅速转化为大规模生产的新产品,并有利于技术(知识)创新成果的扩散。新的产业技术(知识)创新通过技术标准的升级带动产业大规模发展,产业技术(知识)的标准变革正引领世界经济向高质量发展。

首先,技术(知识)标准和规则能减少原有的产品多样化,进而帮助采用新技术(知识)的企业获得新市场或市场细分竞争优势。新标准和规则的制定进一步细化了产品分类和生产技术(知识)的应用范围,深化了劳动分工,提高了企业的生产效率。一方面,新技术(知识)标准和规则缩减了原有市场上的产品分类,减少了消费者在原有产品市场上的选择空间和范围;另一方面,新标准和规则产生了新的细分市场(Market Segments)和产品。例如,一些关注于健康、安全和环保等方面的标准和规则,要求产品使用更高质量、更健康和更安全的原材料和工艺流程,消费者对新产品的偏好增强,企业细分市场的份额增大。采用更严格的私人部门标准会加速产品升级,提升进出口市场份额。

其次,技术(知识)标准和规则鼓励企业进行技术(知识)创新,提升产品竞争力。技术(知识)标准包含了该技术(知识)创新现状和前沿信息,为相关技术人员进行研发创新提供了指导性的方向和研发基础,并影响了后续研发创新的模式。德国标准化协会的调查研究显示,技术(知识)标准包含的技术(知识)信息能够帮助企业获取研发信息,降低技术(知识)创新的风险,减少研发创新的成本,加快了新产品研发的步伐,缩短了新产品研发到上市的周期,提高了企业的研发效率。标准和规则的制定可以促进生产和供给体系的现代化,深化劳动分工和加速技术(知识)扩散,提高生产效率、产品质量和企业的核心竞争能力。而且新标准和新规则会促使企业改进生产工艺、改善生产原料、加强研发创新,增强产品或服务的竞争力,使出口产品或服务满足目标国家的市场要求。因高标准和规则而获得新市场的产品或者服务具有较低的替代弹性,企业在市场中具备较高的议价权。尽管为适应新标准和新规则,企业在初始阶段需要投入较高的研发成本和其他成本,初始的固定成本随着产量的增加其平均成本逐渐下降,企业凭借标准和规则优势获得超额利润。

最后,技术(知识)标准和规则减弱了信息不对称,降低了交易成本。产品的技术(知识)标准增强了消费者对产品信息的了解,削弱了生产者与消费者之间的信息不对称,降低了市场交易成本,减少了"柠檬市场"和"劣币驱逐良币"等市场失灵情况,防止消费者的逆向选择和生产商的道德风险。技术(知识)标准向消费者展示了产品或服务的充分信息,减少消费者的搜寻成本,帮助消费者作出理性的消费抉择。布兰德(Blind,2011)提出,技术(知识)标准一方面提高了企业生产效率,降低了生产成本;另一方面帮助企业获取垄断租金。研究表明,企业通过制定、实施技术(知识)标准能够获得持续的垄断竞争优势,但企业采用新技术(知识)标准存在"转变成本"和标准竞争风险。经历不断开拓创新,我国在众多技术(知识)标准领域,如面部识别、智能制造等领域在全球处于领先地位,甚至超过美国等发达国家的标准,显示出了中国公司强大的竞争力。

随着"一带一路"倡议的提出,中国制造依托"中国标准""中国方案",转变低价输出模式,积极拓展高质量"走出去"业务。中国不断加强中外标准衔接,通过不断的技术(知识)创新缩小中国标准与国外先进标准的技术(知识)差距。以"一带一路"倡议为引领,依托对外投资、技术(知识)输出为载体,开展技术(知识)标准的双边合作。中国标准在世界范围内的采纳为中国的一系列产品和服务打开了一扇门。对产品或者服务水平较弱、标准体系较低的国家,中国标准和方案可以为他们提供更多服务,标准"走出去"进而为中国企业"走出去"铺平道路,提供了专业服务和保障,争取更多服务国外企业的机会,打响中国标准的名片。从某种意义上讲,品牌可以代表一个企业的整体竞争能力,甚至可以作为一个国家与民族的象征,国际市场竞争日趋演变为品牌竞争。因此,品牌竞争力在一定意义上就是对外贸易新型竞争力的核心所在,技术(知识)进步和质量提升归根结底是为企业培育具有国际竞争力的品牌,通过跟随效应和认知效应两种渠道促进中国对外贸易新型竞争力的提升。

### (四) 数据

传统经济学研究将生产产品所需的资源,如资本、劳动力、技术、企业家才能视为生产要素。自信息革命开始,数字技术和生产、消费活动深度融合,全球贸易产品、服务和消费数据爆发式增长,企业拥有了海量的对外贸易数据。企业对数据进行专业化的处理,充分挖掘和有效利用数据的最大价值,优化企业内部和外部贸易的资源配置效率,有助于提高企业的全要素生产率,推动贸易生产和消费方式的变革。数据要素包含数据的生成、收集、加工和利用等环节,已经成为数字贸易的关键要素,对企业贸易竞争力的提升和经济社会的发展越来越重要。

数据对于国际贸易,尤其是数字贸易的意义,并不完全取决于数据的数量多少,而在于如何利用数据推动产品和服务创新,服务于对外贸易的发展。换言之,企业要加强数据加工和利用能力,基于数据创造出最大的"增加值"。首先,加工和利用海量贸易数据降低了企业的研发风险,提高了研发成功率。获取国内外的消费数据帮助企业分析消费者偏好,通过对国内外消费者需求信息进行收集、加工和分析,在产品或者服务研发过程中充分考虑消费者的信息反馈,增强本国产品或者服务研发与国内外消费者需求的匹配程度,提高研发产品或者服务的质量和效率,使贸易企业在国际竞争中占据数据和研发优势。其次,加工和利用海量贸易数据提高了企业决策信息化、科学化、前端化的能力。信息化管理作为一种决策模式，能帮助企业进行内贸和外贸环境的管理，企业作出研发、生产决策需要数据的支撑，因此信息化需要基于新的贸易数据不断地进行升级，以适应国内外消费者个性化、定制化的需求。海量的、多层次、全方位的贸易数据减弱了企业研发、生产和销售过程中的信息不确定性，提高企业决策的科学性；大数据提高了各个管理层级的管理者的管理能力，有助于企业增加管理幅度，减少管理层次，实现管理分散化、前端化。同时，引进海量数据到成本控制系统，帮助企业实现全环节的成本控制，降低企业的生产、营销和运营等成本。最后，数据作为数字经济时代关键的生产要素，利用好数据意味着赢得国家未来的竞争力。工业化国家因为掌握了工业生产技术而在世界范围内保持着长期的竞争优势，在数字经济时代，采用和掌握数字技术的国家，如中国，将赢得新时代下的国家竞争力，而发达国家由于发展路径的依赖必将在数字经济上落后于中国，其经济发展的领先地位受到挑战。

改革开放以来的经济发展经验表明，生产要素市场的改革是创新发展的重要推动力。数据作为数字贸易的关键要素，应鼓励贸易数据再利用，引导企业跨界经营其他相关贸易细分领域。利用创新思维和数据弥补中小企业资本要素的短缺，在全球范围内高效率传播创新成果，共享数字贸易的收益。区别于资本、劳动力和其他生产要素，数据只有流动、共享才更具价值。在推动数据的搜集、加工和利用、流动和共享的同时，要在数字经济制度、政策法规和监管体制等方面进行创新。一方面，要充分释放数据要素对创新发展的推力，需要明确数据知识产权，促进数据有序流动；另一方面，要保障消费者的数据隐私，不断完善数据治理。

## 二、制度与贸易竞争力

### （一）一般经济制度与贸易竞争力

在旧制度经济学者看来，制度是一种自发演化的习俗、惯例。凡勃伦认为:"制度实质上就是个人或者社会对有关的某些关系或者某些作用的一般思想习惯……可以概括地把它说成是一种流行的精神态度或一种流行的生活理论。"在新古典经济学中,舒尔茨将一种制度视为"一种行为规范,这些规则涉及社会、政治及经济行为。"新制度经济学的代表人物诺斯在《制度、制度变迁与经济绩效》一书中也指出:"制度是一个社会的博弈规则,或者更规范地说,它们是一些人为设计的、塑造人们互动关系的约束。"制度是人为设计的,具有内生性。交易费用是制度运行的成本(Arrow,1969)。不确定性和不完全信息以及外部性都是影响交易成本的重要因素。新制度经济学的代表人物诺斯(1992)指出,制度基本上由三个基本部分构成:"正式的规则、非正式的规则的约束以及他们的实施特征。"正式的规则如法律与产权设定了经济活动的基本秩序,非正式规则在经济活动中也普遍存在,无论在长期还是在短期都影响了经济人的行为选择(诺斯,2008)。

传统的要素禀赋理论在其分析框架中主要讨论的生产要素包括劳动力、资本和技术等要素,缺乏对制度的分析。制度构建了交易个体在整个经济活动中的基本行为准则和激励结构。在长期的国际贸易研究中,构成贸易竞争力的主要因素锁定在资源禀赋和技术,而制度作为一个外生变量,虽然对长期的经济发展具有外部性,但没有内生化在经济增长模型和贸易模型中。诺斯曾提出"制度启动国际贸易",他认为荷兰和英国的崛起得益于国家制度和法律的制定与完善,改变了当地居民的意识形态,形成了更有效率的生产组织和国家机器。假设世界各国之间的技术水平、要素禀赋和消费者偏好均是同质的,那么制度的差异将是影响贸易竞争力的重要因素。制度与技术进步、专业化和分工一样,使生产更有效率。分工和专业化内生于整个经济制度结构,取决于市场经济的制度背景的限制。各国在分工与专业化方面的经济制度差异,会导致获得型贸易竞争力的差距。如开放扩大了国际分工和专业化的市场范围,市场范围的扩大又进一步加深了国际分工。制度会创造贸易竞争力,也会毁灭贸易竞争力。对大多数发展中国家来讲,新的贸易竞争力仍然是潜在的,通过经济制度的安排,可以激活潜在的贸易竞争力。制度的变迁随着国家经济发展阶段的变化而不断演进,在制度变迁的进程中,原有的产业竞争力得以强化,新的竞争力优势得以凸显,潜在的竞争力得以挖掘。因此,制度的变迁是一种帕累托改进,新的更高效率的制度代替原有的制度,更好地满足相对价格和消费者偏好的变化,为市场个体增加了收益。

诺斯和阿西莫格鲁等的研究表明,制度是决定一国经济增长的根本原因。国家创新体系的构建是获得型贸易竞争力的重要推动力,一国的技术进步需要国家创新体系、组织和其他社会资源的支持。技术创新存在不确定性,在给定的创新资源条件下,有效的创新制度安排能够通过降低社会经济活动的不确定性增加创新活动的确定性,为技术创新提供稳定、有序的经济发展环境。在关键性的共性技术创新上,鼓励合作创新的制度安排有助于减少专利摩擦,降低合作创新中的交易费用,促进合作共赢。在鼓励合作创新的同时,加强对创新者激励。由于创新具有正的外部性,企业、社会和国家均能从创新活动中受益,因此我国加强了相关知识产权制度,赋予创新者排他性的创新成果使用和获取超额利润的权利。

19世纪实现第一次工业革命后,英国一直致力于建立适合当时生产力发展的生产关系,通过经济制度改革构建了全球最高水平的专业化分工体系,建立了国际领先的工业和贸易竞争力。发展相对落后的欧洲国家,如德国、法国和俄罗斯等通过制定鼓励引进外资和国外领先技术的经济制度,迅速追赶上发达经济体。20世纪80年代中国实行了户籍制度改革,由于城乡经济发展存在较大差距,农村大量的剩余劳动力开始和城市新的生产要素相组合,而这新的生产要素就是中国改革开放引进来的国外领先技术和丰裕资本,新的要素组合提高了劳动生产率和贸易竞争力,中国经济开启了快速增长阶段。传统的低成本比较优势和改革开放带来的“制度红利”是中国经济保持高速增长的主要原因,是对外贸易的重要竞争力,培育新的贸易竞争力和全面深化改革是中国经济发展面临的两大现实背景。

经济体制的改革核心是处理好政府与市场的关系,更好地发挥政府的作用,减小制度扭曲,使市场在资源配置中起决定性的作用。虽然政府无法直接进入到企业的生产和经营活动中,但是政府依然在提升贸易竞争力方面起着非常重要的作用。政府可以为企业的创新活动提供财税支持以保障企业的创新动力,加强知识产权保护提高技术创新的收益,制定奖励技术创新的贸易政策来扶持相关产业的贸易发展。在企业自主创新的实践过程中,政府对产业创新的支持帮助企业打破了技术创新资源瓶颈的限制,政府对技术创新的补贴分散了企业创新的资本压力,降低了企业研发失败的风险,对高难度技术创新的高额补贴促进了企业之间的交流合作,共同学习破解创新难题。长期坚持的开放战略、稳定的政策体制和完善的公共服务为我国形成对外贸易新型竞争力提供了保障。

### (二) 知识产权保护与贸易竞争力

哈耶克认为,制度安排设定要素自由流动和合理配置的基本环境,有效的制度安排促进了专业化分工。诺斯基于产权理论认为,有效的制度将经济组织的外部交易成本内生化,通过组织内部调整和决策来降低交易成本,提高组织效率;有效产权制度是经济活动开展和技术创新的前提,激励经济组织进行技术改进和自主创新。制度安排的适宜性和有效性是增强贸易竞争力的重要途径。在国家分工和产业发展的不同阶段,制度的安排要体现出差异性,契合生产发展的需求。发展中国家迫切需要参与国际分工,完善市场经济体系,而这需要公正的法律制度和高效经济制度环境来保障市场经济的顺利运行,激活市场主体参与国际分工的动力。而在后工业化时代,产业转型升级需要技术创新,特别是原始技术创新和自主创新。而创新者一方面面临研发能否成功的风险,另一方面也受到技术模仿者的威胁。因此,为了激励市场主体研发创新,增强贸易竞争力,必须要设定产权明晰和保护严格的知识产权保护制度。

知识产权保护是激励企业自主创新的重要制度因素。短期的知识产权保护为产权拥有者提供了市场垄断地位，作为其自主创新的激励，在最优专利保护年限过后将弱化或者取消知识产权保护，从而需要用长期的效率收益弥补短期的效率损失。当新一轮产业革命存在专利竞赛时，对知识产权的保护可能导致社会自主创新水平溢出，高于最优创新水平。另外，知识产权保护往往会妨碍序列创新、累计创新和互补创新。在全球分工的条件下，对中间品或者某一工序的知识产权保护意味着序列创新受阻；对原有知识产权的保护也意味着对下一代知识产权的损害，尤其是对破坏性创造；对单个产品、技术的知识产权保护阻碍了产业或者技术之间的融合，阻碍互补创新。所以知识产权保护对企业自主创新的激励作用取决于产品或者技术性质以及行业的特征。

在中美贸易摩擦中，美国提出部分中国企业的行为侵害了美国企业的知识产权，在引进外资的同时要求美国企业转移知识产权。一方面，由于中国和美国在社会和经济制度、发展程度和意识形态上存在较大差异，两国对知识产权保护的认识和制度安排不尽相同。美国采用了相对严格的知识产权保护制度，拥有知识产权的企业可以获得技术垄断地位和竞争优势。而由于经济发展的客观条件限制，中国在早期的发展进程中采用了相对宽松的知识产权保护制度，契合了当时的经济发展条件。随着中美两国的技术差距越来越小，相对严格的知识产权保护成为激励企业创新的重要制度安排。新时代我国逐渐形成并完善了包含立法、司法和执法等方面的知识产权保护体系，但仍与世界领先经济体存在较大差距，未来需要两国在知识产权保护领域加强合作。另一方面，过度强调知识产权保护势必会损失中小企业和社会公众的利益，不利于自由贸易的发展，同时美国也存在不尊重他国知识产权的行为。

## 三、政策与贸易竞争力

企业能否在激烈的国际竞争中占据一席之地，不仅取决于自身的规模、技术和经营水平，还取决于政府的贸易战略和政策。因此，政府必须重视对贸易政策的战略性应用。贸易的发展是推动国家资本形成、技术进步和结构调整的重要途径,通过国际贸易的要素引致效应和要素溢出效应,吸引优质的国际生产要素流入中国,是提升中国贸易竞争力的重要推动力。新贸易理论认为,规模经济、经验的积累(学习曲线)、动态创新都能引致国际贸易,在不完全的市场竞争中,战略性贸易政策通过对新兴产业和主导产业的干预,能够将国外企业的部分垄断利润转移到国内企业,帮助国内企业增加资本积累、扩大生产规模和实现技术进步。战略性贸易政策扶持技术进步,有助于资本的积累和劳动力技能的提升,从而在根本上改善一国的要素禀赋结构、贸易结构和贸易方式,提高出口商品和服务的附加值,实现比较优势和贸易竞争力的升级转换。

具体来讲,对外贸易政策主要从以下三方面影响新型贸易竞争力。首先,签订双边或多边区域贸易协定,开拓出口新市场,提高我国产品在世界市场中的占有率。其次,科学合理地应用战略性贸易政策的利润转移效应和以进口保护促进出口效应,提高本国企业的规模经济水平,降低产品成本。最后,有选择地限制进口产品种类与规模,积极引进便于学习、吸收和消化的先进技术,利用技术外溢效应,促进本国产品技术含量和质量的提升。

中国在长期的对外贸易发展过程中,逐渐形成了良好的对外贸易发展环境,通过精简进出口审批程序降低了企业进出口的交易成本,应用传统贸易政策和贸易救济的同时,采用产业政策、收入分配与补偿政策等减少贸易摩擦,激发企业形成"出口竞争效应""干中学效应";贸易便利化政策则加速了要素的自由流动,降低了贸易成本,提高了贸易企业的获利能力。同时,制定合理、高效的外资引进政策,吸引外商直接投资,保护外商的合法投资权益和知识产权,鼓励中国企业在吸收外资技术外溢的同时增强自主创新。适时适度扶持战略性新兴产业,注重贸易政策与产业政策、技术创新和财税政策等结合使用,在激烈的国际市场竞争中增强创新动力和全球竞争力。中国的贸易政策保持了政策的延续性和长期性,为企业的发展提供了稳定的发展环境,降低了企业的自主创新风险,促进了贸易竞争力的持续提升。

## 四、人才与贸易竞争力

科学技术是经济社会发展的第一生产力,而在科学技术中起决定性作用的是人才,人才是科学技术进步的主体。世界各国在经济社会发展上的竞争,是科学技术的竞争,归根结底是人力资源的竞争,人才是获取市场竞争胜利的决定性因素。随着我国经济发展进入"结构性减速"阶段,"人口红利"优势逐渐减弱,提升劳动力质量、引进高端人才是实现供给侧结构性改革、促进经济高质量发展的重要引擎。老一辈科学家在改革开放和社会主义现代化建设进程中发挥了积极作用,新时代海外留学归来的人才同样是我国科学家队伍的重要组成部分。在新产业革命即将到来的关键节点,利用好人才是获得新产业革命胜利和建立新竞争优势的重要途径。基于内生经济增长理论可知,人力资本的研发活动带来的知识和技术是经济增长的源泉,它们提高了物质资本和劳动力的边际收益,能够永久性地提高经济的增长率。人才引入提高要素配置效率,增加市场主体的收益,带来市场规模的扩张和就业岗位的增加,给地方经济活动注入新的发展活力。

在古典经济学的研究范畴中,劳动力的数量是经济增长模型中的一个重要因素。但劳动力的数量增加无法带来持续的技术进步和经济增长,基于内生增长理论的研究表明,人力资本或者人才是赢得未来国际竞争力、获得经济持续增长的重要推动力。人力资本作为未来科技创新的重要增长要素,能够增强吸收、应用和创造技术的能力,通过要素效应、溢出效应和吸纳效应提升我国国际贸易竞争力,提高其他要素的生产效率,是经济增长的引擎。格罗斯曼和赫尔普曼(1991)发现,由于市场竞争优胜劣汰,企业需要持续的技术(知识)创新来增强市场竞争力,而人力资本是知识和技术进步的重要中间品,在长期的研发创新过程中,国民的知识和技能不断提升,人力资本的积累改变了要素禀赋的结构。人力资本区别于物质资本的重要原因是人力资本存在边际报酬递增,提高了其他生产要素的边际报酬,人力资本的积累和结构对技术吸收和创新的影响更大(Mankiw 等,1992)。在不同的国际经济发展阶段和国际分工阶段,对外贸易的发展需要不同知识结构的人才。但人力资本的积累是如何内生实现的?基于杨小凯的理论分析,劳动分工可以提高学习效率,专业化分工促进了人力资本和知识的积累,因此专业化分工是人力资本形成的重要内生动力。里维拉—巴蒂斯和罗默(Rivera-Batiz 和 Romer,1991)认为,经济一体化降低了要素流动的成本,加速了知识和人力资本在国内的流动速度,促进了国家知识和人力资本的积累以及知识和技术外溢,降低了创新成本,加速了创新进程。

随着我国技术创新的市场环境日益完善,我国国内大市场、科技人员的高标准和高薪资引才政策以及经济发展的广阔前景,吸引国际高端人才加速向我国汇聚,增强了获得型贸易竞争力的人力资本支撑,原始创新、集成创新和引进消化吸收再创新的能力大幅增加。一方面,我们要完善人才评定标准,不拘一格用人才。打破唯学历、唯论文的人才评价倾向,重视产学研结合,关注人才对经济社会发展的实际贡献。创新人才引进方式,构建多渠道人才引进和集聚平台,让更多有真才实学的人才参与到企业创新发展的进程中。另一方面,基于企业和地方发展实践,通过对高学历、高技术、高能力的人才实行落户优惠、住房补贴、优待家属等全方位政策,形成政策合力,鼓励人才在本地创新创业,增强人才的获得感。地方政府应做大本地经济规模,转变经济发展观念和人才管理理念,充分发挥市场在人力资源配置中的决定性作用,更好地发挥政府在人才政策制定、人才公共服务和人才集聚平台建设方面的重要作用,重视人才对创新发展的贡献,将人才引进做到实处,作出效果。充分利用各年龄段的人力资本,科学有效地支撑经济的持续增长。


在中国对外贸易快速发展的进程中,不同阶段所呈现出的贸易竞争力具有显著的层次差异。据此,本章首先对不同贸易竞争力理论分析梳理后发现,传统禀赋型贸易竞争力理论认为自然资源、劳动力和资本是生产率进步的主要驱动因素,各国先天资源禀赋的差异导致贸易的产生,并决定了各国贸易竞争力的强弱。但是在长期,自然资源使其从资源动力向资源诅咒转变,劳动力则由比较优势向竞争劣势倾斜,资本在不断积累的进程中同样面临边际收益递减的铁律。基于资源禀赋的先天优势正逐渐衰弱,甚至转变为动态劣势,禀赋型贸易竞争力呈现"先天优势与动态劣势"的鲜明特征。基于后天学习、积累的获得型要素禀赋,如技术(知识)、人才和政策等,以及包括知识产权保护和政府介入模式在内的经济制度,则逐渐成为支撑贸易竞争力提升的新动能,是获得型贸易竞争力的关键性要素。获得型贸易竞争力强调后天获得,而不是依赖先天资源禀赋;强调在动态的学习和积累中获得竞争优势,而不是基于静态的资源禀赋获得国际分工优势,因此呈现"后天获得与动态优势"的特征。进一步地,本章还指出,获得型贸易竞争力的内涵主要由技术(知识)、制度、政策与人才四大部分所组成。其中技术(知识)包括细分的技术引进、自主创新、标准设立以及数据,而制度则包括总的一般经济制度以及细分的知识产权保护制度。

# 第五章　全球生产网络下知识产权保护提升贸易竞争力的理论分析框架构建

本章以南北贸易模型为基础构建出一个全球生产网络理论分析框架,并将创新内生化,用以分析知识产权保护影响贸易竞争力的内在机理。本章首先构建一个涵盖需求、供给和创新三个层面的基准理论模型,在其基础上对最终品市场均衡、中间品市场均衡以及要素市场均衡进行分析,其次将知识产权保护程度纳入分析,研究知识产权保护影响贸易竞争力的内在机理。

## 第一节　全球生产网络下知识产权保护提升贸易竞争力的理论模型构建

在基准模型的设定上,本章将从需求、供给和创新三个层面出发,在整个经济系统运行的设定上,本章将结合经济系统的实际运作情况并结合相关经典文献(如 Atkeson 和 Burstein,2010;Aghion 等,2018),假定创新企业先进行创新活动,生产企业再根据创新后的相关状态进行生产活动,具体包括最终品生产与中间品生产两个环节,最后消费者消费所生产的产品,因此本章的分析将先从需求层面展开。

## 一、消费者需求

假定所有消费者有完全一致的拟线性偏好,并且假定具体效用函数采用拟线性需求函数形式,即:

$$u_i = x_0 + \gamma_1 \int_{\omega \in \Omega_i} x(\omega) d\omega - \frac{\gamma_2}{2} \int_{\omega \in \Omega_i} [x(\omega)]^2 d\omega - \frac{\gamma_3}{2} \left[ \int_{\omega \in \Omega_i} x(\omega) d\omega \right]^2, i = N, S$$

$$(5-1)$$

其中,下标 $i$ 表示 $i$ 国的相关变量,下标 $N$ 和 $S$ 分别表示北方国家与南方国家。$\omega$ 表示消费者所消费的最终产品多样性种类,而 $\Omega$ 表示所有的最终产品多样性集合,$x(\omega)$ 表示消费者所消费的最终产品种类为 $\omega$ 的产品数量,$x_0$ 表示计价物的消费量,价格单位化为 1。$\gamma_1$、$\gamma_2$、$\gamma_3$ 则为 3 个大于 0 的参数,其中 $\gamma_2$ 表示消费者对最终品多样性的偏好,$\gamma_2 > 0$ 表示消费者偏好多样性,即在总消费量保持不变的情况下,消费品种类数的增加会使消费者的效用水平上升,并且消费者对消费品多样性的偏好程度随着 $\gamma_2$ 的上升而上升。$\gamma_1$ 和 $\gamma_3$ 则反映了差异化最终品 $x(\omega)$ 与计价物 $x_0$ 之间的替代程度,$\gamma_1$ 值越高,$\gamma_3$ 值越低,消费者更偏好差异化最终品的消费,$\gamma_3 > 0$ 则确保了计价物的消费量为正。同时为确保差异化最终品的消费量为正,本章假定消费者收入水平满足:

$$I > \frac{\int_{\omega \in \Omega} p(\omega) d\omega (N\gamma_1 - \int_{\omega \in \Omega} p(\omega) d\omega)}{N(\gamma_3 N + \gamma_2)} - \frac{1}{\gamma_2} \int_{\omega \in \Omega} \left[ p(\omega) - \frac{\int_{\omega \in \Omega} p(\omega) d\omega}{N} \right]^2 d\omega$$

$$(5-2)$$

在该假定不满足的情况下,消费者将仅消费计价物,而不会消费差异化最终品。由于市场规模并非本章的分析重点,因此这里将其单位化为 1。由消费者效用最大化可知差异化最终品的反需求函数为:

$$p(\omega) = \gamma_1 - \gamma_2 x(\omega) - \gamma_3 \int_{\omega \in \Omega} x(\omega) d\omega \qquad (5-3)$$

从而可知 $i$ 国所生产的产品种类为 $\omega$ 的最终品需求函数为:

$$x_{ii}(\omega) = \frac{p_i^{\max} - p_{ii}(\omega)}{\gamma_2}, p_i^{\max} \equiv \frac{\gamma_1\gamma_2 + \gamma_3\int_{\omega \in \Omega_i} p(\omega)\,d\omega}{\gamma_3 N_i + \gamma_2} \qquad (5\text{-}4)$$

$$x_{ij}(\omega) = \frac{p_j^{\max} - p_{ij}(\omega)}{\gamma_2}, p_j^{\max} \equiv \frac{\gamma_1\gamma_2 + \gamma_3\int_{\omega \in \Omega_j} p(\omega)\,d\omega}{\gamma_3 N_j + \gamma_2} \qquad (5\text{-}5)$$

下标 $ii$ 表示 $i$ 国生产并在 $i$ 国消费的相关产品数量,下标 $ij$ 表示 $i$ 国生产并在 $j$ 国消费的相关产品数量,$p(\omega)$ 表示消费者所消费的最终产品种类为 $\omega$ 的产品价格,$N$ 为差异化最终品的种类数,$p^{\max}$ 表示市场竞争程度,值越高则表示市场竞争程度越低。从式(5-4)和式(5-5)中可以看出,随着市场竞争程度的上升以及消费者对差异化最终品偏好程度的下降,消费者对最终品的需求将下降。

## 二、最终品生产

假定最终品的生产需要投入资本 $K$、一般劳动力 $L$ 以及最终中间品 $M$ 三种要素,具体生产函数为柯布—道格拉斯(Cobb–Douglas,C–D)生产函数形式,即:

$$q(\varphi) = \varphi K^{\alpha_K} L^{\alpha_L} M^{\alpha_M}, \alpha_K + \alpha_L + \alpha_M = 1 \qquad (5\text{-}6)$$

其中,$\varphi$ 表示最终品的生产率水平,$\alpha_K$、$\alpha_L$、$\alpha_M$ 分别表示资本、一般劳动力和最终中间品的投入份额。式(5-6)反映出最终品的生产是规模报酬不变的。由式(5-6)可知,最终品生产商的边际生产成本为:

$$mc_i^F(\varphi) = \frac{\Phi_i}{\varphi}, \Phi_i \equiv \frac{r_i^{\alpha_K}(w_i^L)^{\alpha_L}(p_i^M)^{\alpha_M}}{\alpha_K^{\alpha_K}\alpha_L^{\alpha_L}\alpha_M^{\alpha_M}} \qquad (5\text{-}7)$$

其中,$r^L$、$w^L$、$p^M$ 分别表示资本 $K$、一般劳动力 $L$ 以及最终中间品 $M$ 的价格,$\Phi$ 表示综合要素成本,从式(5-7)中可以看出,随着生产率水平的提升以及综合要素成本的下降,最终品生产商的边际生产成本有所下降。在最终品的贸易成本上,本章将沿用克鲁格曼(1980、1991)、赫尔普曼和克鲁格曼(1985)的冰山贸易成本假定,并假定最终品贸易成本为 $\tau$ ,即最终品生产商生产 $\tau > 1$ 单位的最终品用于出口,有 $\tau - 1$ 单位在运输过程中耗散,只有 1单位的最终品到达目的国,结合需求函数表达式(5-4)和式(5-5)可知最终品的价格为:

$$p_{ii}(\varphi) = \frac{1}{2}(p_i^{max} + mc_i^F(\varphi)) \ , p_{ij}(\varphi) = \frac{1}{2}(p_j^{max} + \tau_{ij}mc_i^F(\varphi)) \qquad (5-8)$$

由式(5-8)可知,随着本国市场竞争程度的上升或者企业边际生产成本的下降,最终品的内销价格将有所下降,随着国外市场竞争程度的上升或者企业边际生产成本、冰山贸易成本的下降,最终品的出口价格将有所下降。生产率水平为 $\varphi$ 的最终品生产利润为:

$$\pi_i^F(\varphi) = \begin{cases} \frac{1}{4\gamma_2}(p_i^{max} - mc_i^F(\varphi))^2 , \varphi \in \left( \dfrac{\Phi_i}{p_i^{max}}, \dfrac{\tau_{ij}\Phi_i}{p_j^{max}} \right] \\[4mm] \frac{1}{4\gamma_2}[(p_i^{max} - mc_i^F(\varphi))^2 + (p_j^{max} - \tau_{ij}mc_i^F(\varphi))^2] , \varphi \in \left( \dfrac{\tau_{ij}\Phi_i}{p_j^{max}}, \infty \right) \end{cases}$$

$$(5-9)$$

式(5-9)中暗含了出口企业生产率水平要高于内销企业的假定,这与梅里兹(2003)、梅里兹和奥塔维亚诺(Melitz 和 Ottaviano,2008)、梅耶尔等(Mayer 等,2014)的研究假定一致,虽然国内也有学者提出过生产率悖论,即出口企业生产率水平不一定高于内销企业(李春顶,2010),但其产生的主要原因是国内存在大量低生产率的加工贸易企业,而加工贸易企业并非本章最终品生产环节所分析的对象,因此本章的假定与生产率悖论并不冲突。由式(5-9)可知,随着本国市场竞争程度、企业边际生产成本的上升,最终品生产商的内销产品利润有所下降,而随着国外市场竞争程度、企业边际生产成本、冰山贸易成本的上升,最终品生产商的出口产品利润有所下降。

## 三、中间品生产

中间品生产主要包括两个环节：一是最终中间品 $M$ 的生产；二是组成最终中间品 $M$ 的单个种类中间品的生产。在最终中间品的生产上，本章将沿用鲍德温和维纳布尔斯（Baldwin 和 Venables，2013）"蛛形"生产模式的假定[①]，并假定各中间品以不变替代弹性（Constant Elasticity of Substitution，CES）函数形式组装后进入最终品生产，即：

$$M = \left( \int_0^1 m(\theta)^{(\varepsilon-1)/\varepsilon} d\theta \right)^{\varepsilon/(\varepsilon-1)} \tag{5-10}$$

其中，$\theta$ 表示中间品种类，$m(\theta)$ 表示种类为 $\theta$ 的中间品的投入量，而在单个种类中间品的生产上，本章将借鉴芬斯切和汉森（1995）的方法，假定在生产过程中需要投入资本 $K$、一般劳动力 $L$ 以及高级劳动力 $H$ 三种要素，具体生产函数为：

$$m(\theta) = A \left[ \min\left( \frac{L(\theta)}{a^L(\theta)}, \frac{H(\theta)}{a^H(\theta)} \right) \right]^{\beta} [K(\theta)]^{1-\beta} \tag{5-11}$$

其中，$A$ 表示中间品的生产率水平，$a^L(\theta)$ 和 $a^H(\theta)$ 分别反映出一般劳动力与高级劳动力在中间品生产中的要素生产率水平，值越高则意味着生产率水平越低。该生产函数意味着在单个种类中间品生产环节中高级劳动力要素与一般劳动力要素以固定比例进行投入，并且高级劳动力要素与一般劳动力要素的相对投入量为 $a^H(\theta) / a^L(\theta)$。本章将继续沿用芬斯切和汉森（1995）的假定，即 $a^H(\theta) / a^L(\theta)$ 随着 $\theta$ 的增加而增加，也就是说随着生产环节数的增加，对高级劳动力的相对需求也在增加。$\beta$ 表示高级劳动力与一般劳动力要

---

① 鲍德温和维纳布尔斯（Baldwin 和 Venables，2013）将全球生产分工模式分为"蛛形"生产模式（Spiders）和"蛇形"生产模式（Snakes），"蛛形"生产模式主要指各中间品的生产相对独立，最终将所有中间品装配起来，形成最终品，"蛇形"生产模式主要指中间品的生产过程中要投入上一环节的中间品。生产模式的差异不会对本章的结论造成影响，为简化分析，本章分析中假定中间品生产为"蛛形"生产模式。

素的投入份额,$1-\beta$表示资本要素的投入份额,与最终品生产函数相似的是,单个种类中间品生产函数同样是规模报酬不变的。为简化分析,本章假定不同种类中间品对资本要素的需求是相同的,即$K(\theta)=K$,由式(5-11)可知,中间品$\theta$的单位生产成本为:

$$uc(\theta) = \beta^{-\beta}(1-\beta)^{\beta-1}A^{-1}[w^L a^L(\theta) + w^H a^H(\theta)]^{\beta} r^{1-\beta} \quad (5-12)$$

由式(5-12)可知,随着中间品生产率水平的上升或者高级劳动力、一般劳动力、资本等要素成本的下降,单个种类中间品的单位生产成本将有所下降,中间品生产环节的南北分工情况由下式决定:

$$\left(\frac{w_S^L + w_S^H a(\theta^*)}{w_N^L + w_N^H a(\theta^*)}\right)^{\beta} = \frac{A_S}{A_N}\left(\frac{r_N}{r_S}\right)^{1-\beta} \quad (5-13)$$

也就是说,对临界生产环节而言,中间品生产在南方和北方生产不存在差异,即在南方生产和在北方生产的单位成本完全一致,这与芬斯切和汉森(1995)的分析是相同的。由式(5-13)可知:

$$\frac{\partial W}{\partial a} = \frac{w_S^H w_N^L - w_S^L w_N^H}{(w_N^L + w_N^H a(\theta^*))^2}, W = \frac{w_S^L + w_S^H a(\theta^*)}{w_N^L + w_N^H a(\theta^*)},$$

$$a(\theta) = \frac{a^H(\theta)}{a^L(\theta)}, \frac{\partial a(\theta)}{\partial \theta} > 0 \quad (5-14)$$

也就是说,生产环节在南北的分工情况取决于南北两国要素禀赋上的比较优势,如果一国在高级劳动力要素禀赋上的比较优势相对较高,则该国将承担高级劳动密集型的中间品生产,即$\theta \in [\theta^*, 1]$,否则该国将承担一般劳动密集型的中间品生产,即$\theta \in [0, \theta^*]$。假定南方国家在一般劳动力禀赋上具有比较优势,北方国家在高级劳动力禀赋上具有比较优势,因此可知南方国家主要承接一般劳动密集型中间品生产,北方国家主要承接高级劳动密集型中间品生产,对南方国家而言,$\theta^*$的上升意味着承接高级劳动密集型中间品生产环节越多,也反映出南方国家贸易竞争力的增强。由于本章的分析重点在于全球价值链背景下的贸易竞争力,即分工环节$\theta^*$,中间品生产率并非本章分析的重点,因此为简化分析,本章假定在中间品生产率上不存在企业异质性,也就是说,对同一国内不同环节的中间品生产商而言,生产率水平不存在差异,并且假定中间品生产率水平为最终品平均生产率水平,即:

$$A_i = \frac{\int_{\Phi_i/p_i^{max}}^{\infty} \varphi dG_i(\varphi)}{1 - G_i(\Phi_i/p_i^{max})}, i = N, S \tag{5-15}$$

其中,$G_i(\varphi)$ 表示 $i$ 国最终品生产商的生产率分布情况,由式(5-15)可知:

$$\frac{\partial A_i}{\partial(\Phi_i/p_i^{max})} = \frac{g_i(\Phi_i/p_i^{max})}{1 - G_i(\Phi_i/p_i^{max})}\left(A_i - \frac{\Phi_i}{p_i^{max}}\right) > 0 \tag{5-16}$$

也就是说,一国最终品生产率市场进入门槛的上升会使中间品生产率水平有所提升,从而可知当一国要素成本上升或者最终品市场竞争程度加剧时,中间品生产率水平也会相应上升。

由式(5-10)和式(5-12)可知,利润最大化条件下,中间品 $\theta$ 生产商所制定的最优中间品价格为:

$$p(\theta) = \frac{\varepsilon}{\varepsilon - 1} uc(\theta) \tag{5-17}$$

由式(5-17)可知,对单个种类中间品生产商而言,其最优定价策略为价格加成法,即在单位成本的基础上,制定固定的价格加成率,具体加成率为:

$$\frac{p(\theta) - uc(\theta)}{uc(\theta)} = \frac{1}{\varepsilon - 1} \tag{5-18}$$

这是由于本章将最终中间品生产函数设定为不变替代弹性形式所造成的,虽然所有中间品具有相同价格加成率水平与现实情况的一致性较低,但中间品价格加成率水平并非本章分析重点,并且不会对结论产生较大影响,因此这里不做详尽分析。可知南方国家和北方国家中间品生产的总利润分别为:

$$\pi_S^M = \frac{E_M}{\varepsilon}(p_S^M)^{\varepsilon-1}\int_0^{\theta^*}[p_S(\theta)]^{1-\varepsilon}d\theta, \pi_N^M = \frac{E_M}{\varepsilon}(p_N^M)^{\varepsilon-1}\int_{\theta^*}^1[p_N(\theta)]^{1-\varepsilon}d\theta,$$

$$E_M = \alpha_M(\sigma - 1) \left[ \int \pi_N^F(\varphi) dG_N(\varphi) + \int \pi_S^F(\varphi) dG_S(\varphi) \right] \quad (5\text{-}19)$$

式(5-19)暗含着中间品国际贸易并不存在贸易成本,从现实情况来看,目前各国对中间品贸易所征收的关税均较低,几乎为0,并且从运输成本来看,中间品的国内运输成本与国际运输成本没有较大差异,运输成本的变化所带来的影响并非本章研究的重点,为简化分析不做考虑。

## 四、企业创新

在企业创新的刻画上,假定创新主要发生在中间品生产环节。本章将借鉴阿特基森和伯斯坦(Atkeson 和 Burstein,2010)以及阿吉翁等(2018)的方法,以生产企业生产率水平的提升来表示企业的创新程度,即对生产率水平为 $\varphi$ 的企业,如果创新程度为 $\lambda > 1$,则意味着在创新后,生产率水平从 $\varphi$ 上升至 $\lambda\varphi$。可知南方国家和北方国家企业创新的利润函数分别为:

$$\pi_S^I(\lambda) = \Gamma_S(\lambda^{\varepsilon-1} - 1) A_S^{\varepsilon-1} - f_S^I(\lambda),$$

$$\Gamma_S \equiv \frac{E_M}{\varepsilon^\varepsilon} (p_S^M)^{\varepsilon-1} \int_0^{\theta^*} \left[ \frac{[w_S^L + w_S^H a(\theta)]^\beta r_S^{1-\beta}}{(\varepsilon-1)\beta^\beta(1-\beta)^{1-\beta}} \right]^{1-\varepsilon} d\theta \quad (5\text{-}20)$$

$$\pi_N^I(\lambda) = \Gamma_N(\lambda^{\varepsilon-1} - 1) A_N^{\varepsilon-1} - f_N^I(\lambda),$$

$$\Gamma_N \equiv \frac{E_M}{\varepsilon^\varepsilon} (p_N^M)^{\varepsilon-1} \int_{\theta^*}^1 \left[ \frac{[w_N^L + w_N^H a(\theta)]^\beta r_N^{1-\beta}}{(\varepsilon-1)\beta^\beta(1-\beta)^{1-\beta}} \right]^{1-\varepsilon} d\theta \quad (5\text{-}21)$$

式(5-20)中等式右边的第一项表示南方国家企业创新所获得的收益,其中 $\Gamma_S\lambda^{\varepsilon-1}A_S^{\varepsilon-1}$ 表示创新后中间品生产所获得的利润水平,$\Gamma_S A_S^{\varepsilon-1}$ 表示企业创新的保留收益,即不创新时所获得的利润水平,两者差额则表示企业的创新收益水平。$f^I(\lambda)$ 表示创新所投入的成本,并且 $\partial f^I(\lambda)/\partial\lambda > 0$,即创新成本随着创新程度的提升而提升,这与阿吉翁等(2018)的假定相一致。同理,式(5-21)表示北方国家企业创新的利润表达式。为简化分析,这里假定:

$$f_i^I(\lambda) = b_i(\lambda^\delta - 1), \delta > \varepsilon - 1, i = N, S \quad (5\text{-}22)$$

其中，$b$ 反映了企业的创新效率，值越低，则意味着创新时所支付的成本越低，创新效率越高，$\delta > \varepsilon - 1$ 的假定确保了创新企业利润函数的收敛性，否则不存在创新企业的最优创新程度，由式（5-20）—式（5-22）可知：

$$\lambda_i = \left( \frac{(\varepsilon - 1)\ \Gamma_i A_i^{\varepsilon-1}}{\delta b_i} \right)^{1/(\delta-\varepsilon+1)}, i = N, S \qquad (5-23)$$

从式（5-23）中可以看出，企业创新效率以及基准生产率水平越高，创新程度也相应越高。

## 五、要素价格

在要素跨国流动上，本章假定高级劳动力和一般劳动力要素完全不流动，资本要素可以在两国间流动，但存在一定的流动成本，并且继续沿用冰山成本的假定，假定资本流动成本为 $K > 1$，也就是说 $K$ 单位资本流向国外，仅有 1 单位资本被实际使用，$K - 1$ 单位资本作为成本耗散在流动过程中。假定北方国家资本以及高级劳动力要素禀赋较为丰裕，南方国家一般劳动力要素禀赋较为丰裕，同时假定资本从北方国家流向南方国家，结合式（5-6）、式（5-7）、式（5-10）和式（5-11）可知资本要素需求为：

$$K_i^D = \alpha_K \frac{\Phi_i B_i}{2r_i \gamma_2} + (1-\beta) \frac{\varepsilon-1}{\varepsilon} \alpha_M \frac{\Phi_i B_i}{2r_i \gamma_2}, i = N, S \qquad (5-24)$$

其中：

$$B_i \equiv \int_{\Phi_i/p_i^{max}}^{\infty} \frac{p_i^{max}}{\varphi} - \frac{\Phi_i}{\varphi^2} dG_i(\varphi) + \int_{\tau_{ij}\Phi_i/p_j^{max}}^{\infty} \frac{p_j^{max}}{\varphi} - \frac{\tau_{ij}\Phi_i}{\varphi^2} dG_i(\varphi) \qquad (5-25)$$

式（5-24）右边第一部分为最终品生产中的资本要素需求，第二部分为中间品生产中的资本要素需求，从而可知资本市场均衡条件为：

$$\left( \alpha_K + (1-\beta) \frac{\varepsilon-1}{\varepsilon} \alpha_M \right) \frac{\Phi_N B_N}{2\gamma_2} = r_N(\bar{K}_N - \Delta K) \qquad (5-26)$$

$$\left( \alpha_K + (1-\beta) \frac{\varepsilon-1}{\varepsilon} \alpha_M \right) \frac{\Phi_S B_S}{2\gamma_2} = \kappa r_N(\bar{K}_S + \Delta K) \qquad (5-27)$$

其中，$\overline{K}$ 表示资本要素禀赋情况，$\Delta K$ 表示南方国家资本流入量。同理可知两国一般劳动力要素需求为：

$$L_N^D = \alpha_L \frac{\Phi_N}{2w_N^L\gamma_2}B_N + \frac{w_N^L \int_{\theta^*}^1 a^L(\theta)\,d\theta}{w_N^L \int_{\theta^*}^1 a^L(\theta)\,d\theta + w_N^H \int_{\theta^*}^1 a^H(\theta)\,d\theta} \frac{\varepsilon-1}{\varepsilon}\alpha_M\beta \frac{\Phi_N}{2w_N^L\gamma_2}B_N$$

$$(5-28)$$

$$L_S^D = \alpha_L \frac{\Phi_S}{2w_S^L\gamma_2}B_S + \frac{w_S^L \int_0^{\theta^*} a^L(\theta)\,d\theta}{w_S^L \int_0^{\theta^*} a^L(\theta)\,d\theta + w_S^H \int_0^{\theta^*} a^H(\theta)\,d\theta} \frac{\varepsilon-1}{\varepsilon}\alpha_M\beta \frac{\Phi_S}{2w_S^L\gamma_2}B_S$$

$$(5-29)$$

式(5-28)右边第一部分为北方国家企业最终品生产中的一般劳动力要素需求，第二部分为中间品生产中的一般劳动力要素需求。南方国家企业一般劳动力要素需求构成与北方国家企业类似。从而可知两国一般劳动力市场均衡条件为：

$$\frac{\Phi_N}{2\gamma_2}B_N\left[\alpha_L + \frac{w_N^L \int_{\theta^*}^1 a^L(\theta)\,d\theta}{w_N^L \int_{\theta^*}^1 a^L(\theta)\,d\theta + w_N^H \int_{\theta^*}^1 a^H(\theta)\,d\theta} \frac{\varepsilon-1}{\varepsilon}\alpha_M\beta\right] = w_N^L\overline{L}_N$$

$$(5-30)$$

$$\frac{\Phi_S}{2\gamma_2}B_S\left[\alpha_L + \frac{w_S^L \int_0^{\theta^*} a^L(\theta)\,d\theta}{w_S^L \int_0^{\theta^*} a^L(\theta)\,d\theta + w_S^H \int_0^{\theta^*} a^H(\theta)\,d\theta} \frac{\varepsilon-1}{\varepsilon}\alpha_M\beta\right] = w_S^L\overline{L}_S$$

$$(5-31)$$

其中，$\overline{L}$ 表示一般劳动力要素禀赋情况。高级劳动力市场均衡相对简单，根据本章的设定，只有在中间品生产过程中才需使用高级劳动力要素，可知高级劳动力市场均衡条件为：

$$B_N \frac{\Phi_N}{2\gamma_2} \frac{w_N^H \int_{\theta^*}^1 a^H(\theta)\, d\theta}{w_N^L \int_{\theta^*}^1 a^L(\theta)\, d\theta + w_N^H \int_{\theta^*}^1 a^H(\theta)\, d\theta} \frac{\varepsilon-1}{\varepsilon} \alpha_M \beta = w_N^H \overline{H}_N$$

$$(5-32)$$

$$B_S \frac{\Phi_S}{2\gamma_2} \frac{w_S^H \int_0^{\theta^*} a^H(\theta)\, d\theta}{w_S^L \int_0^{\theta^*} a^L(\theta)\, d\theta + w_S^H \int_0^{\theta^*} a^H(\theta)\, d\theta} \frac{\varepsilon-1}{\varepsilon} \alpha_M \beta = w_S^H \overline{H}_S$$

$$(5-33)$$

其中，$\overline{H}$ 表示高级劳动力要素禀赋。式(5-26)、式(5-27)和式(5-30)—式(5-33)反映出两个国家六个要素市场的均衡情况，从而可以求出均衡条件下三种生产要素在两个国家的要素价格。

# 第二节　理论模型的均衡分析

本章将以第一部分所构建的基准模型为基础，从最终品、中间品以及要素市场均衡三个角度进行分析。

## 一、最终品市场均衡

由于单边贸易自由化(即 $\tau_{ij}$ 的下降)与双边贸易自由化(即 $\tau_{ij}$ 和 $\tau_{ji}$ 同时下降)并非本章的分析重点，为简化分析，假定北方国家与南方国家在贸易成本上是对称的，即 $\tau_{ij} = \tau_{ji} = \tau$。由最终品生产商自由进入条件可知：

$$\frac{1}{4\gamma_2}\left[ \int_{\Phi_i/p_i^{\max}}^{\infty} \left( p_i^{\max} - \frac{\Phi_i}{\varphi} \right)^2 dG_i(\varphi) + \int_{\tau\Phi_i/p_j^{\max}}^{\infty} \left( p_j^{\max} - \tau\frac{\Phi_i}{\varphi} \right)^2 dG_i(\varphi) \right] = f_E,$$

$$i = N, S \qquad (5-34)$$

其中，等式左边表示最终品生产商进入市场的期望利润水平，$f_E$ 表示最终品生产商的市场进入成本，并且假定北方国家和南方国家间不存在差异。

在最终品生产商生产率水平分布的假定上,本章沿用梅里兹和奥塔维亚诺(2008)、梅耶尔等(2014)的帕累托分布设定,即两国生产率分布情况一致,并且具体分布函数为:

$$G_i(\varphi) = G(\varphi) = 1 - \left(\frac{\underline{\varphi}}{\varphi}\right)^k, k > 1, \varphi \in [\underline{\varphi}, \infty), i = N, S \quad (5-35)$$

其中,$\underline{\varphi}$ 表示最终品生产商的生产率水平下界,虽然式(5-35)的函数形式与梅里兹和奥塔维亚诺(2008)、梅耶尔等(2014)存在一定差异,但实质是一致的,原因在于梅里兹和奥塔维亚诺(2008)、梅耶尔等(2014)中的帕累托分布指边际成本的分布函数,而企业生产率为边际成本的倒数,根据换算可知:

$$G(c) = prob(x < c) = prob\left(\frac{1}{x} > \frac{1}{c}\right) = 1 - prob\left(\varphi < \frac{1}{c}\right)$$

$$= 1 - G\left(\frac{1}{c}\right) = \left(\frac{c}{1/\underline{\varphi}}\right)^k = \left(\frac{c}{c_M}\right)^k, c_M = \frac{1}{\underline{\varphi}} \quad (5-36)$$

由式(5-35)可知,最终品生产商的平均生产率水平为:

$$\overline{\varphi} = \int_{\underline{\varphi}}^{\infty} \varphi dG(\varphi) = \frac{k\underline{\varphi}}{k-1} \quad (5-37)$$

从上式可知,最终品生产商的生产率水平下界 $\underline{\varphi}$ 越高或者 $k$ 值越低,最终品生产商的平均生产率水平越高。

由式(5-34)和式(5-35)可知:

$$p_N^{max} = \left[\frac{2(k+1)(k+2)\gamma_2 f_E}{\underline{\varphi}^k} \frac{\Phi_N^k - \tau^{-k}\Phi_S^k}{1 - \tau^{-2k}}\right]^{\frac{1}{k+2}} \quad (5-38)$$

$$p_S^{max} = \left[\frac{2(k+1)(k+2)\gamma_2 f_E}{\underline{\varphi}^k} \frac{\Phi_S^k - \tau^{-k}\Phi_N^k}{1 - \tau^{-2k}}\right]^{\frac{1}{k+2}} \quad (5-39)$$

为确保市场自由进入条件的存在,本章有以下假定:

$$\underline{\varphi} < \sqrt{\frac{(1 - \tau^{-2k})(\Phi_i)^{k+2}}{2(k+1)(k+2)(\Phi_i^k - \tau^{-k}\Phi_j^k)\gamma_2 f_E}} \quad (5-40)$$

上述假定若无法满足,最终品生产商进入市场的期望利润水平将高于市场进入成本,所有的最终品潜在生产商均会进入市场,最终品生产商自由进入条件将不复存在。

由式(5-38)和式(5-39)可知:

$$\frac{\partial \ln(\Phi_i/p_i^{\max})}{\partial \Phi_i} = \frac{1}{\Phi_i}\left(1 - \frac{k}{k+2}\frac{\Phi_i^k}{\Phi_i^k - \tau^{-k}\Phi_j^k}\right), \tag{5-41}$$

$$\frac{\partial \ln(\tau\Phi_i/p_j^{\max})}{\partial \Phi_i} = \frac{1}{\Phi_i} + \frac{k}{k+2}\frac{\tau^{-k}\Phi_i^{k-1}}{\Phi_j^k - \tau^{-k}\Phi_i^k} > 0, \tag{5-42}$$

$$\frac{\partial \ln(\Phi_i/p_i^{\max})}{\partial \Phi_j} = \frac{k}{k+2}\frac{\tau^{-k}\Phi_j^{k-1}}{\Phi_i^k - \tau^{-k}\Phi_j^k} > 0, \tag{5-43}$$

$$\frac{\partial \ln(\tau\Phi_i/p_j^{\max})}{\partial \Phi_j} = -\frac{k}{k+2}\frac{\Phi_j^{k-1}}{\Phi_j^k - \tau^{-k}\Phi_i^k} < 0 \tag{5-44}$$

$$\frac{\partial \ln(\Phi_i/p_i^{\max})}{\partial \tau^{-k}} = \frac{(\Phi_j^k - \tau^{-k}\Phi_i^k) - \tau^{-k}(\Phi_i^k - \tau^{-k}\Phi_j^k)}{(k+2)(\Phi_i^k - \tau^{-k}\Phi_j^k)(1 - \tau^{-2k})}, \tag{5-45}$$

$$\frac{\partial \ln(\tau\Phi_i/p_j^{\max})}{\partial \tau^{-k}} = -\frac{1}{k\tau^{-k}} + \frac{(\Phi_i^k - \tau^{-k}\Phi_j^k) - \tau^{-k}(\Phi_j^k - \tau^{-k}\Phi_i^k)}{(k+2)(\Phi_j^k - \tau^{-k}\Phi_i^k)(1 - \tau^{-2k})} \tag{5-46}$$

从式(5-41)—式(5-46)中可以看出,本国最终品综合生产要素成本的上升对本国最终品生产率市场进入门槛的影响并不明确,当本国综合生产要素成本足够高时,综合生产要素成本的上升将会使本国最终品生产率市场进入门槛上升,而当本国综合生产要素成本足够低时,综合生产要素成本的上升将会使本国最终品生产率市场进入门槛下降,但综合生产要素成本的上升会使本国最终品生产率出口门槛上升;而国外最终品综合生产要素成本的上升会使本国最终品生产率市场进入门槛上升,最终品生产率出口门槛下降;贸易自由化对本国最终品生产率市场进入门槛以及出口门槛的影响均不明确,当贸易自由化程度或者本国综合要素成本足够低时,贸易自由化会使本国最终品生产率市场进入门槛上升,出口门槛下降,而当本国综合要素成本足够高时,贸易自由化会使本国最终品生产率市场进入门槛下降,出口门槛上升。

## 二、中间品市场均衡

由式(5-15)、式(5-35)、式(5-38)和式(5-39)可知南方国家和北方国家中间品企业生产率水平分别为:

$$A_N = \frac{k}{k-1}\frac{\Phi_N}{p_N^{\max}}, A_S = \frac{k}{k-1}\frac{\Phi_S}{p_S^{\max}} \tag{5-47}$$

为简化分析,本章假定 $a^L(\theta) = 1$,$a^H(\theta) = \theta$,结合式(5-13)式(5-23)可知,中间品生产环节的南北分工情况 $\theta^*$ 为:

$$\theta^* = \frac{\left(\frac{\lambda_S A_S}{\lambda_N A_N}\right)^{1/\beta}\left(\frac{r_N}{r_S}\right)^{(1-\beta)/\beta} w_N^L - w_S^L}{w_S^H - \left(\frac{\lambda_S A_S}{\lambda_N A_N}\right)^{1/\beta}\left(\frac{r_N}{r_S}\right)^{(1-\beta)/\beta} w_N^H} \tag{5-48}$$

由式(5-48)可知,中间品生产环节的南北分工情况由两国相对创新程度、相对中间品生产率水平以及相对要素成本所共同决定,并且:

$$\frac{\partial \theta^*}{\partial A_S} > 0, \frac{\partial \theta^*}{\partial r_S} < 0, \frac{\partial \theta^*}{\partial w_S^L} < 0, \frac{\partial \theta^*}{\partial w_S^H} < 0,$$

$$\frac{\partial \theta^*}{\partial A_N} < 0, \frac{\partial \theta^*}{\partial r_N} > 0, \frac{\partial \theta^*}{\partial w_N^L} > 0, \frac{\partial \theta^*}{\partial w_N^H} > 0 \tag{5-49}$$

从式(5-49)中可以看出,随着南方国家中间品生产率水平的上升或者要素价格的下降,更多的高级劳动密集型生产环节将转移至南方国家,而当北方国家中间品生产率水平上升或者要素价格下降时,更多的高级劳动密集型生产环节将转移至北方国家。

## 三、要素市场均衡

由式(5-26)和式(5-27)可知,两国利率水平以及资本流动情况为:

$$\Delta K = \frac{\overline{K}_N \Phi_S B_S - \kappa \overline{K}_S \Phi_N B_N}{\Phi_S B_S + \kappa \Phi_N B_N} \tag{5-50}$$

$$r_N = \left( \alpha_K + (1-\beta) \frac{\varepsilon-1}{\varepsilon} \alpha_M \right) \frac{\Phi_N B_N}{2\gamma_2 (\overline{K}_N - \Delta K)}, \qquad (5-51)$$

$$r_S = \left( \alpha_K + (1-\beta) \frac{\varepsilon-1}{\varepsilon} \alpha_M \right) \frac{\Phi_S B_S}{2\gamma_2 (\overline{K}_S + \Delta K)}, \qquad (5-52)$$

$$B_i = \frac{k(\varphi)^k ((p_i^{\max})^{k+2} + \tau^{-k-1}(p_j^{\max})^{k+2})}{(k+1)(k+2)\Phi_i^{k+1}}, i,j = N,S \qquad (5-53)$$

从式(5-50)—式(5-53)中可以看出,从北方国家流入南方国家的资本越多,北方国家利率水平越低,南方国家的利率水平越高。

由式(5-30)—式(5-33)可知,两国一般劳动力以及高级劳动力价格水平分别为:

$$w_N^L = \frac{(1+\theta^*) B_N \Phi_N \alpha_L}{2\gamma_2 (1+\theta^*) \overline{L}_N - 4\gamma_2 \overline{H}_N}, w_S^L = \frac{B_S \Phi_S \alpha_L \theta^*}{2\gamma_2 \overline{L}_S \theta^* - 2\gamma_2 \overline{H}_S} \qquad (5-54)$$

$$w_N^H = \frac{B_N \Phi_N (\varepsilon-1) \alpha_M \beta}{2\gamma_2 \varepsilon \overline{H}_N} - \frac{B_N \Phi_N \alpha_L}{\gamma_2 (1+\theta^*) \overline{L}_N - 2\gamma_2 \overline{H}_N}, \qquad (5-55)$$

$$w_S^H = \frac{B_S \Phi_S (\varepsilon-1) \alpha_M \beta}{2\gamma_2 \varepsilon \overline{H}_S} - \frac{B_S \Phi_S \alpha_L}{\gamma_2 \overline{L}_S \theta^* - \gamma_2 \overline{H}_S} \qquad (5-56)$$

将式(5-50)—式(5-56)代入式(5-48)可知:

$$\frac{\partial \theta^*}{\partial \lambda_S} > 0, \frac{\partial \theta^*}{\partial A_S} > 0, \frac{\partial \theta^*}{\partial \Delta K} > 0 \qquad (5-57)$$

也就是说,随着南方国家创新水平、中间品生产率水平以及外资流动的提升,本国在全球生产网络中的分工地位将获得提升,贸易竞争力随之提升。

# 第三节　知识产权保护影响贸易
# 竞争力的渠道分析

本章将在前两节分析的基础上引入知识产权保护,阐述知识产权保护如何影响南方国家的贸易竞争力。在具体分析上,本章将通过产品被模仿的概率 $\xi$ 来刻画知识产权保护程度,产品被模仿的概率 $\xi$ 越高则意味着知识产权保护程度越低,一旦产品被模仿,大量同质企业进入市场,企业的利润变为 0,本章假定北方国家的知识产权保护程度要高于南方国家,为简化分析,本章假定北方国家的知识产权保护程度足够高以至于北方国家内不存在产品被模仿的情况,即 $\xi_N = 0$,因此 $\xi$ 可以去掉下标,仅表示南方国家的知识产权保护程度。

## 一、知识产权保护对最终品生产环节的影响分析

在最终品生产上,南方国家最终品生产企业生产率的市场进入门槛以及出口门槛所满足的条件与前面分析一致,而北方国家最终品生产企业生产率的出口门槛则应满足:

$$(p_N^{\max} - mc_N^F(\varphi))^2 < (1 - \xi)[(p_N^{\max} - mc_N^F(\varphi))^2 + (p_S^{\max} - \tau mc_N^F(\varphi))^2]$$

$$(5-58)$$

也就是说,北方国家最终品出口至南方国家将面临产品被模仿导致内销利润降为 0 的风险,因此出口的期望利润要高于内销利润时企业才会出口,将上式简化可得:

$$\left(\tau\sqrt{\frac{1-\xi}{\xi}} - 1\right)\frac{\Phi_N}{\varphi} < \sqrt{\frac{1-\xi}{\xi}}p_S^{\max} - p_N^{\max} \qquad (5-59)$$

当知识产权保护程度足够低,即 $\sqrt{\dfrac{1-\xi}{\xi}} < \max\left(\dfrac{p_N^{\max}}{p_S^{\max}}, 1/\tau\right)$ 时,任何北方国家最终品生产商均不会出口至南方国家,这与现实情况不符,为避免这一情况发生,本章假定 $\min\left(\tau, \sqrt{\dfrac{1-\xi}{\xi}}\right) > \dfrac{p_N^{\max}}{p_S^{\max}} > \dfrac{1}{\tau}$,在该假定下,北方国家最终品企业生产率的出口门槛为:

$$\overline{\varphi}_N^{ex} = \frac{\left(\tau\sqrt{\frac{1-\xi}{\xi}} - 1\right)\Phi_N}{\sqrt{\frac{1-\xi}{\xi}}p_S^{\max} - p_N^{\max}} = \frac{\tau\Phi_N}{p_S^{\max}}\frac{\sqrt{\frac{1-\xi}{\xi}} - \frac{1}{\tau}}{\sqrt{\frac{1-\xi}{\xi}} - \frac{p_N^{\max}}{p_S^{\max}}} > \frac{\tau\Phi_N}{p_S^{\max}} \qquad (5-60)$$

从式(5-60)中可以看出,北方国家最终品企业生产率的出口门槛随着知识产权保护程度的上升而下降,即$\frac{\partial \overline{\varphi}_N^{ex}}{\partial \xi} > 0$。结合式(5-59)和式(5-60)可知:

$$\frac{\partial p_S^{\max}}{\partial \xi} = \frac{\frac{1}{\xi}\left(\sqrt{\frac{1-\xi}{\xi}}p_S^{\max} - p_N^{\max}\right) + \frac{(k+2)(\tau p_N^{\max} - p_S^{\max})}{\sqrt{(1-\xi)\xi}\left(\tau\sqrt{\frac{1-\xi}{\xi}} - 1\right)}}{\sqrt{\frac{1-\xi}{\xi}} + \left(\frac{p_S^{\max}}{p_N^{\max}}\right)^{k+1}\tau^k} > 0$$

$$(5-61)$$

$$\frac{\partial p_N^{\max}}{\partial \xi} = -\left(\frac{p_S^{\max}}{p_N^{\max}}\right)^{k+1}\tau^k\frac{\partial p_S^{\max}}{\partial \xi} < 0 \qquad (5-62)$$

由式(5-61)和式(5-62)可知,随着知识产权保护程度的上升,南方国家最终品的竞争程度加剧,北方国家最终品的竞争程度下降,结合式(5-47)和式(5-48)可知,当知识产权保护程度上升时,南方国家中间品生产率水平上升,北方国家中间品生产率水平下降,更多的高级劳动密集型生产环节将转移至南方国家,南方国家在全球生产网络中的分工地位将获得提升,贸易竞争力随之提升。本章将上述分析总结为命题1:

命题1:当南方国家知识产权保护程度上升时,南方国家的最终品进口增加,最终品的竞争程度加剧,更多的高级劳动密集型生产环节将转移至南方国家,南方国家在全球生产网络中的分工地位将获得提升,贸易竞争力随之提升。

## 二、知识产权保护对创新的影响分析

由式（5-20）和式（5-21）可知：

$$\frac{\partial \ln \Gamma_S}{\partial \xi} = \left[ \frac{\left( (w_N^L + w_N^H \theta^*)^\beta r_N^{1-\beta} \right)^{1-\varepsilon}}{s_N + s_S} + \frac{\left( (w_S^L + w_S^H \theta^*)^\beta r_S^{1-\beta} \right)^{1-\varepsilon} s_N}{s_S(s_N + s_S)} \right] \frac{\partial \theta^*}{\partial \xi} < 0$$

$$(5-63)$$

$$\frac{\partial \ln \Gamma_N}{\partial \xi} = -\left[ \frac{\left( (w_S^L + w_S^H \theta^*)^\beta r_S^{1-\beta} \right)^{1-\varepsilon}}{s_N + s_S} + \frac{\left( (w_N^L + w_N^H \theta^*)^\beta r_N^{1-\beta} \right)^{1-\varepsilon} s_S}{s_N(s_N + s_S)} \right] \frac{\partial \theta^*}{\partial \xi} > 0$$

$$(5-64)$$

$$s_S \equiv \int_0^{\theta^*} \left[ (w_S^L + w_S^H \theta)^\beta r_S^{1-\beta} \right]^{1-\varepsilon} d\theta, \quad s_N \equiv \int_{\theta^*}^1 \left[ (w_N^L + w_N^H \theta)^\beta r_N^{1-\beta} \right]^{1-\varepsilon} d\theta$$

$$(5-65)$$

由式（5-63）—式（5-65）可知，南方国家知识产权保护程度的上升将使南方国家在中间品生产环节中获取更高的利润份额，创新所获得的收益上升。

由式（5-23）、式（5-61）—式（5-65）可知：

$$\frac{\partial \ln \lambda_S}{\partial \xi} = \frac{\partial \ln \Gamma_S / \partial \xi + (\varepsilon - 1) \partial \ln A_S / \partial \xi}{\delta - \varepsilon + 1} < 0 \qquad (5-66)$$

$$\frac{\partial \ln \lambda_N}{\partial \xi} = \frac{\partial \ln \Gamma_N / \partial \xi + (\varepsilon - 1) \partial \ln A_N / \partial \xi}{\delta - \varepsilon + 1} > 0 \qquad (5-67)$$

结合式（5-61）—式（5-67）可知，南方国家最优创新程度随着知识产权保护程度的上升而上升，这是因为知识产权保护程度的上升一方面带来了利润份额增长，另一方面促使中间品基准生产率水平提升，两者均与南方国家最优创新程度呈正相关关系。本章将以上分析总结为命题2：

命题2：当南方国家知识产权保护程度上升时，南方国家在中间品生产环节中获取更高的利润份额，中间品基准生产率水平提升，两者共同作用促进了南方国家的创新，更多的高级劳动密集型生产环节将转移至南方国家，南方国家在全球生产网络中的分工地位将获得提升，贸易竞争力随之提升。

## 三、知识产权保护对资本流动的影响分析

由式(5-24)、式(5-25)、式(5-61)和式(5-62)可知：

$$\frac{\partial \ln B_S}{\partial \xi} = \frac{(1 - \tau^{-1})(k+2)(p_S^{\max})^{k+1}}{(p_S^{\max})^{k+2} + \tau^{-k-1}(p_N^{\max})^{k+2}} \frac{\partial p_S^{\max}}{\partial \xi} > 0 \qquad (5\text{-}68)$$

$$\frac{\partial \ln B_N}{\partial \xi} = -\frac{(\tau^k - \tau^{-k-1})(k+2)(p_S^{\max})^{k+1}}{(p_N^{\max})^{k+2} + \tau^{-k-1}(p_S^{\max})^{k+2}} \frac{\partial p_S^{\max}}{\partial \xi} < 0 \qquad (5\text{-}69)$$

再结合式(5-50)—式(5-53)和式(5-61)可知：

$$\frac{\partial \Delta K}{\partial \xi} \propto -\frac{D[(1 - \tau^{-2k-2})p_r^{k+2} + (\tau^k - \tau^{-k-2})]}{(1 + \tau^{-k-1}p_r^{k+2})(p_r^{k+2} + \tau^{-k-1})} \frac{\partial \ln p_S^{\max}}{\partial \xi} < 0 \quad (5\text{-}70)$$

$$D \equiv \kappa \Phi_N \Phi_S B_S B_N (\overline{K}_N + \overline{K}_S)(k+2), p_r \equiv p_N^{\max}/p_S^{\max} \qquad (5\text{-}71)$$

从式(5-70)和式(5-71)可以看出,随着南方国家知识产权保护程度的上升,北方国家流入南方国家的资本量将同时增加,结合式(5-48)和式(5-50)—式(5-53)可知,对南方国家而言,外资流入使本国资本供给增加,南方国家的利率水平下降,而对北方国家而言,资本流出使本国资本供给下降,北方国家的利率水平上升,从而使高级劳动密集型的中间品生产环节向南方国家转移。本章将以上分析总结为命题3：

命题3：当南方国家知识产权保护程度上升时,南方国家的外资流动将增加,使南方国家与北方国家的相对利率水平下降,更多的高级劳动密集型生产环节将转移至南方国家,南方国家在全球生产网络中的分工地位将获得提升,贸易竞争力随之提升。

本章构建了一个引入知识产权保护的创新内生化的南北贸易模型,从需求、供给和创新三个层面出发,将供给环节分解为最终品生产和中间品生产两大环节,并同时考虑最终品市场、中间品市场和要素市场三大均衡,分析知识产权保护程度影响贸易竞争力的作用机理。研究发现：

（1）随着南方国家知识产权保护程度的上升，南方国家最终品的竞争程度加剧，北方国家最终品的竞争程度下降，导致南方国家相对北方国家的中间品相对生产率水平上升，更多的高级劳动密集型生产环节将转移至南方国家，南方国家在全球生产网络中的分工地位将获得提升，贸易竞争力随之提升。

（2）当南方国家知识产权保护程度上升时，南方国家在中间品生产环节中获取更高的利润份额，中间品基准生产率水平提升，两者共同作用促进了南方国家的创新，更多的高级劳动密集型生产环节将转移至南方国家，南方国家在全球生产网络中的分工地位将获得提升，贸易竞争力随之提升。

（3）当南方国家知识产权保护程度上升时，南方国家的外资流动将增加，外资流入使南方国家资本供给增加，南方国家的利率水平下降，而北方国家的资本流出使北方国家资本供给下降，北方国家的利率水平上升，南方国家与北方国家的相对利率水平下降，更多的高级劳动密集型生产环节将转移至南方国家，南方国家在全球生产网络中的分工地位将获得提升，贸易竞争力随之提升。

根据本章理论分析结论，提升本国知识产权保护程度，一方面能有效促进资本、商品流入，吸引相关的获得型生产要素在本国集聚，另一方面能有效提升本国创新能力，从而促进本国获得型生产要素的培育，从理论上印证了本书所提出的观点，即在当前中国发展阶段下，加强知识产权保护是获得型生产要素的重要驱动力，能为吸引和培育获得型贸易竞争力提供强大的制度支撑。

实证篇

# 第六章　知识产权保护与全球生产网络下的贸易竞争力指标测度

科学准确地反映知识产权保护强度以及全球生产网络下的贸易竞争力，是本书后续实证分析的基础与核心。本章主要介绍后续实证分析中涉及的核心指标的测度方法及其改进，具体包括国别总体、行业和地区层面的知识产权保护强度指标的测算，宏观层面和微观层面的贸易竞争力相关指标的测度，以及本章测度所用到的相关数据来源以及处理方法。

## 第一节　知识产权保护测度

### 一、总体层面

如前所述，已有研究主要使用 G-P 指数来衡量一国名义知识产权保护水平，该指数基于全球 122 个国家的专利法，从法律保护的长度、保护范围、是否属于国际专利组织成员、侵权赔偿及强制性措施五大维度出发构建了一个测量一国知识产权保护水平的指标。该指数取值区间为[0,5]，取值越高表明知识产权保护水平越强。考虑到 G-P 指数的非连续性，本章首先通过插补法得到空缺年份的 G-P 指数。

G-P 指数虽然可以较为准确地反映一国立法层面的知识产权保护水平,但缺少执法层面的信息(韩玉雄和李怀祖,2005),导致可能出现立法与执法的脱节,而这种情况在发展中国家尤甚。吴超鹏和唐菂(2016)通过构建知识产权执法力度的代理指标,发现知识产权执法力度的增强有助于企业通过减少研发溢出损失和缓解外部融资约束两条途径来提升创新行为。为了能综合反映一国总体知识产权保护水平,就需要对执法水平加以考虑。参考尹志锋等(2013)以及余骁和郭志芳(2017)的做法,本书将加拿大弗雷泽研究所构建并发布的一国法制系统与产权保护健全性指数(Legal System and Property Rights,LSPR)纳入 G-P 指数体系中。其来源于若干国际商业管理者对一国产权保护水平的问卷调查,内容涉及财产被政府没收的风险、政府撕毁合约的风险以及一国法制水平等①。基于已有研究,本章通过以下加权平均方法②构造一国总体的实际知识产权保护指数,即:

$$ipr_{it} = \frac{1}{2}\left(\frac{LSPR_{it}}{2} + GP_{it}\right) \qquad (6-1)$$

## 二、行业层面

科恩等(2000)和艾弗斯(2010)首先发现不同行业对知识产权保护的敏感度存在较大差异,例如那些研发密度较大但模仿成本很低的行业(如医药制造业),其对知识产权保护水平的依赖程度很高;而那些研发密度较小而模仿成本很高的行业(如机器设备制造业),其对知识产权保护水平的依赖程度相对较低。目前被学界广泛使用的 G-P 指数并不能刻画不同行业因行业特性差异所导致的对知识产权保护依赖程度的异质性(尹志锋等,2013)③。因

---

① 详见世界经济论坛发布的各年全球竞争力报告。

② 根据这一加权方式能够使知识产权保护指数的取值范围与 G-P 指数一致。

③ 即部分高研发密集型行业会对知识产权保护水平的提升作出更大反应,而其他行业的反应则可能较小。以往相关研究的处理方法较难体现这一差异。

此在之前所构造的纳入执法因素的知识产权保护指数基础上,本章进一步设计了国家—行业层面的知识产权保护指数,具体思路是用国家层面的知识产权保护指数乘以反映行业知识产权保护依赖度的变量来构造。一个通常做法是利用行业层面的研发密度或知识产权密度作为衡量行业对知识产权保护依赖程度的指标,并以美国的研发密集度或者知识产权密度作为一般性参考(Hu 和 Png,2013)。由于两国的行业分类在二位码层面存在较大差异而导致两者相关性较低,使直接匹配中美行业存在较大困难,因此直接使用美国行业知识产权依赖度可能无法有效代表我国行业的知识产权依赖度。一个可行的替代方案是,使用本国行业层面信息,如各行业知识产权密度、研发支出密度等作为行业知识产权依赖度的代理(尹志锋等,2013;保永文,2017),构建我国行业层面的知识产权保护水平:

$$ipr_{jt} = ipr_{CHN,t} \times ipr\_dependency_{jt} \tag{6-2}$$

这里的 $ipr_{CHN,t}$ 指考虑执法情况的我国知识产权实际保护水平。

## 三、地区层面

虽然中国各地区都实行统一的法律制度,但是在执法的公正程度、执法效率以及执法力度方面都存在很大差别,进而导致各地区的知识产权保护水平也不尽相同。对省际层面知识产权保护指数的构造,本章主要借鉴吴超鹏和唐菂(2016)以及魏浩和巫俊(2018)的指标构建方法,在国家层面知识产权保护的基础上加入各省(自治区、直辖市)的执法力度。具体方法为:

$$ipr_{st} = GP_{CHN,t} \times f_{st} \tag{6-3}$$

式中,$ipr_{st}$ 表示 $s$ 省第 $t$ 年的知识产权保护水平,$f_{st}$ 表示 $s$ 省第 $t$ 年的执法力度,$GP_{CHN,t}$ 表示中国第 $t$ 年以 G-P 指数代理的知识产权保护水平。

对关键变量各省份执法力度 $f_{st}$ 的构建,主要参考杨高举和黄先海(2016)、魏浩和巫俊(2018)等的研究,从以下几个方面构建:

一是社会法治化程度(RLS)。社会法治化是社会文化的重要组成部分。

人们在不同的社会文化环境下,会具备不同的思维方式以及行为习惯。在法治社会中,法律是人们行为规范的准绳,人们都自觉遵守法律制度(魏浩和巫俊,2018)。律师作为重要的参与者,在各地区的知识产权保护中起着重要作用,因此本章采用地区每万人律师人数衡量社会法治化程度。

二是政府部门执法效率(ELE)。这主要包括行政执法效率和司法执行效率。如果该地区出现专利侵权案件后,相关政府部门可以快速有效地处理,对专利持有人来说是对其合法权益的维护,同时也能对其他潜在的专利侵权人起到警告的作用。本章采用各省(自治区、直辖市)专利侵权案件结案率对执法效率进行测度。

三是考虑专利未被侵权率(NPIR)。如果地区的专利侵权率处于较高水平,表明这个地区的知识产权保护意识不强,同时也体现了该地区执法力度的不足。根据吴超鹏和唐菂(2016)以及魏浩和巫俊(2018)方法,采用1减去专利侵权率表示,具体为:

$$NPIR_{st} = 1 - \frac{num\_PI_{st}}{num\_patent_{st}} \tag{6-4}$$

式中,$num\_PI_{st}$ 表示 $s$ 省 $t$ 年受理的专利侵权纠纷案件数,$num\_patent_{st}$ 表示 $s$ 省截至 $t$ 年累计授权专利数。

在此基础上通过以下两个步骤计算各地区执法力度 $f_{st}$:

(1)标准化以上三项指标,具体方法为:

$$RLS_{st}^{s} = \frac{RLS_{st} - RLS_{\min}}{RLS_{\max} - RLS_{\min}} \tag{6-5}$$

$$ELE_{st}^{s} = \frac{ELE_{st} - ELE_{\min}}{ELE_{\max} - ELE_{\min}} \tag{6-6}$$

$$NPIR_{st}^{s} = \frac{NPIR_{st} - NPIR_{\min}}{NPIR_{\max} - NPIR_{\min}} \tag{6-7}$$

式中,$RLS_{st}^{s}$、$ELE_{st}^{s}$、$NPIR_{st}^{s}$ 表示标准化后的各项指标,$RLS_{st}$、$ELE_{st}$、$NPIR_{st}$ 表示指标的原始值,$RLS_{\min}$、$ELE_{\min}$、$NPIR_{\min}$ 表示各项指标的最小值,

$RLS_{max}$、$ELE_{max}$、$NPIR_{max}$ 表示各项指标的最大值。

（2）汇总标准化后的指标，采用简单算术平均得到地区执法力度 $f_{st}$，具体为：

$$f_{st} = \frac{RLS_{st}^s + ELE_{st}^s + NPIR_{st}^s}{3} \tag{6-8}$$

# 第二节　贸易竞争力测度

## 一、基于贸易总值的传统贸易竞争力测度

贸易竞争力通常指建立在一国及地区国际竞争力基础上的保持对外贸易持续增长并获取利润的能力。传统衡量贸易竞争力的指标主要有贸易竞争力指数以及显示性比较优势指数。其中，贸易竞争力指数等于一国进出口贸易的差额占进出口贸易总额的比重，其计算公式为：

$$TC_{ij} = \frac{E_{ij} - M_{ij}}{E_{ij} + M_{ij}} \tag{6-9}$$

其中，$E_{ij}$ 表示 $j$ 国 $i$ 产品的出口额，$M_{ij}$ 表示 $j$ 国 $i$ 产品的进口额。上式表征某国生产的某类商品是净出口还是净进口及其相对规模大小，从而反映某国产品相对世界市场其余国家供应的该产品而言，处于生产效率的竞争优势或劣势以及优劣程度，其范围在$[-1,1]$之间，其值越接近 $0$ 表明 $j$ 国 $i$ 产品的生产效率与国际水平相当，其值小于 $0$ 表明该国该类产品的生产效率低于国际水平，不具有或缺乏国际竞争力，且越接近$-1$ 表示竞争力越弱；其值大于 $0$ 表明 $j$ 国 $i$ 产品的生产效率高于国际水平，具有国际竞争力，且越接近 $1$ 表示竞争力越强。

而显示性比较优势指数指一国某类产品出口额占其出口总值的份额与世界出口总额中该类产品出口所占份额的比率。其计算公式为：

$$RCA_{ij} = \frac{E_{ij} / \sum E_{ij}}{E_{iw} / \sum E_{iw}} \qquad\qquad (6\text{-}10)$$

其中，$E_{ij}$ 表示 $j$ 国 $i$ 产品的出口额，$\sum E_{ij}$ 表示 $j$ 国出口总额，$E_{iw}$ 表示 $i$ 产品的世界出口额，$\sum E_{iw}$ 表示世界出口总额。通常，显示性比较优势指数接近 1 表示无相对的优势或劣势；显示性比较优势指数大于 1 表示 $j$ 国 $i$ 产品的出口比重大于世界出口比重，因此 $j$ 国 $i$ 产品在国际市场上具有相对比较优势；反之，则是具有比较劣势的产品。若将上式中的出口额替换成增加值出口额，即为基于增加值调整的显示性比较优势指数。

## 二、全球生产网络下的贸易竞争力测度

20 世纪 90 年代末，伴随经济全球化和科技产业革命的迅速推进，体现国际范围内资源有效整合的国际生产分工模式发生了深刻的变革，逐渐从产业间/内贸易迈入了以全球价值链为主导的新阶段。同时，全球范围内贸易自由化进程的显著推进，以及国际贸易与投资环境的不断改善，使资本与要素的全球性流动不断加快。以上两方面原因共同促成了基于国际垂直化分工的全球生产链革命，表现为工业制成品的生产工序不断细化，同一产品不同生产工序分布在不同国家成为常态，生产链条逐渐拉长、中间品贸易飞速发展成为国际贸易的主流（王直等，2015）。由于跨境生产现象越来越普遍，因此贸易品的价值构成也越来越多元化，这就导致以传统属地贸易统计原则为基础的贸易竞争力测度方法已无法真实反映当前全球生产网络体系下的贸易竞争力现实。但是需要指出的是，贸易竞争力的内涵其实并未发生变化，如何准确衡量全球生产网络背景下一国的全球价值链分工地位及其对应的价值俘获能力成为本章研究的关键。参考已有研究，本章创新性地提出以下全球生产网络背景下的贸易竞争力测度框架（见图 6-1）。具体而言，本章认为，在全球生产网络下，一国的贸易竞争力将主要由两方面决定，分别是反映集约边际的价值

俘获能力以及反映拓展边际的价值链物理位置指标体系集。

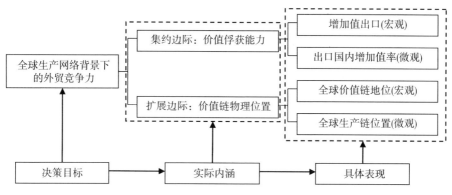

**图 6-1 全球生产网络下的贸易竞争力测度框架**

## （一）宏观层面测度

现今以增加值贸易核算为核心的全球价值链分析框架主要用于分解不同国家在全球产业链分工中的增加值收入份额。樊茂清和黄薇（2014）指出，自库普曼等（2014）系统阐述了关于分解各国出口增加值的框架后，便通过多国投入产出模型追踪各国间直接和间接生产诱发过程，从而测算每一生产环节所获增加值收入成为可能。多国投入产出模型以国家间投入产出表为基础，其基本表式见表 6-1。

**表 6-1 国家间投入产出表基本表式**

| 投入／产出 | | 中间使用 | | | | 最终使用 | | | | 总产出 |
|---|---|---|---|---|---|---|---|---|---|---|
| | | 国家 1 | 国家 2 | … | 国家 N | 国家 1 | 国家 2 | … | 国家 N | |
| 中间使用 | 国家 1 | $Z_{11}$ | $Z_{12}$ | … | $Z_{1N}$ | $Y_{11}$ | $Y_{12}$ | … | $Y_{1N}$ | $X_1$ |
| | 国家 2 | $Z_{21}$ | $Z_{22}$ | … | $Z_{2N}$ | $Y_{21}$ | $Y_{22}$ | … | $Y_{2N}$ | $X_2$ |
| | … | … | … | … | … | … | … | … | … | … |
| | 国家 N | $Z_{N1}$ | $Z_{N2}$ | … | $Z_{NN}$ | $Y_{N1}$ | $Y_{N2}$ | … | $Y_{NN}$ | $X_N$ |
| 增加值 | | $V_1$ | $V_2$ | … | $V_N$ | | | | | |

续表

| 投入／产出 | 中间使用 | | | | 最终使用 | | | | 总产出 |
|---|---|---|---|---|---|---|---|---|---|
| | 国家 1 | 国家 2 | ⋯ | 国家 N | 国家 1 | 国家 2 | ⋯ | 国家 N | |
| 总投入 | $X_1$ | $X_2$ | ⋯ | $X_N$ | | | | | |

资料来源：Timner M.P.，et al.，"An Illustrated User Cnide to the World Input Output Database：The Case of Global Automotive Production"，Review of International Economics Vol.56，No.2，May，2015。

参考王直等（2015），假设世界上有 $N$ 个国家，每个国家有 $S$ 个生产部门，每个部门所生产的产品既可被直接消费也可用作中间投入，且每个国家同时出口中间品和最终品。再假设国家 $i$ 的总产出为 $X_i$，则它等于国内消耗的中间品和最终品以及国外消耗的中间品和最终品之和：

$$X_i = \sum_{j}^{N} (A_{ij}X_j + Y_{ij})，i，j = 1，2，\cdots，N \qquad (6\text{-}11)$$

其中，$X_i$ 和 $X_j$ 分别表示 $S×1$ 维国家 $i$ 和国家 $j$ 的总产出向量，$Y_{ii}$ 和 $Y_{ij}$ 分别表示 $S×1$ 维 $i$ 国自身的最终需求矩阵以及 $j$ 国对 $i$ 国的最终需求矩阵，$A_{ii}$ 和 $A_{ij}$ 为直接消耗系数矩阵，其含义分别是 $i$ 国对自身中间品的需求以及 $j$ 国对 $i$ 国所生产的中间品的需求。因此，$A_{ii}X_i + Y_{ii}$ 就表示为 $i$ 国总产出中用于本国生产和消费的部分，$\sum_{i \neq j} A_{ij}X_j + \sum_{i \neq j} Y_{ij}$ 表示 $i$ 国总产出中被国外用于生产和消费的部分。

将式（6-11）写成矩阵形式：

$$\begin{bmatrix} X_1 \\ \vdots \\ X_N \end{bmatrix} = \begin{bmatrix} A_{11} & \cdots & A_{1N} \\ \vdots & \vdots & \vdots \\ A_{N1} & \cdots & A_{NN} \end{bmatrix} \begin{bmatrix} X_1 \\ \vdots \\ X_N \end{bmatrix} + \begin{bmatrix} Y_{11} & + & \cdots & + & Y_{N1} \\ \vdots & \vdots & \vdots & \vdots & \vdots \\ Y_{N1} & + & \cdots & + & Y_{NN} \end{bmatrix} \qquad (6\text{-}12)$$

进一步地，重写式（6-12），有：

$$\begin{bmatrix} X_1 \\ X_2 \\ \vdots \\ X_N \end{bmatrix} = \begin{bmatrix} B_{11} & \cdots & B_{1N} \\ \vdots & \vdots & \vdots \\ B_{N1} & \cdots & B_{NN} \end{bmatrix} \begin{bmatrix} Y_1 \\ Y_2 \\ \vdots \\ Y_N \end{bmatrix} \qquad (6\text{-}13)$$

其中，$B_{ij}$ 表示 $j$ 国增加 1 单位最终需求对 $i$ 国总产出的完全需求量，其所构成的矩阵即为里昂惕夫（Leontief）逆矩阵。接下来定义国家间增加值系数矩阵 $V$：

$$V = \begin{bmatrix} V_1 & \cdots & 0 \\ \vdots & \vdots & \vdots \\ 0 & \cdots & V_N \end{bmatrix} \tag{6-14}$$

其中，$V_i = \mu\left(I - \sum_{j=1}^{N} A_{ij}\right)$ 表示一国 $1 \times S$ 维的直接增加值系数向量，其每个元素表示一国各部门总产出中直接国内增加值的份额。将上式作对角化处理后得到的 $\hat{V}$ 左乘总产出矩阵 $X$ 就得到了由各经济体最终需求所驱动的全球价值链分解矩阵：

$$Y = \hat{V}\left(I - A\right)^{-1} Y = \begin{bmatrix} V_1 \sum_i^N B_{1i} Y_{i1} & V_1 \sum_i^N B_{1i} Y_{i2} & \cdots & V_1 \sum_i^N B_{1i} Y_{iN} \\ V_2 \sum_i^N B_{2i} Y_{i1} & V_2 \sum_i^N B_{2i} Y_{i2} & \cdots & V_2 \sum_i^N B_{2i} Y_{iN} \\ \vdots & \vdots & \vdots & \vdots \\ V_N \sum_i^N B_{Ni} Y_{i1} & V_N \sum_i^N B_{Ni} Y_{i2} & \cdots & V_N \sum_i^N B_{Ni} Y_{iN} \end{bmatrix}$$

$$\tag{6-15}$$

由此可以得到一国总的增加值出口额：

$$VAT_{i*} \equiv \sum_{j \neq i}^{N} VX_{ij} = V_i \sum_{j \neq i}^{N} \sum_{t=1}^{N} B_{it} Y_{tj} \tag{6-16}$$

将增加值系数矩阵 $V$ 与里昂惕夫逆矩阵 $B$ 相乘即可得到增加值份额矩阵 $VS$：

$$VS = VB = \begin{bmatrix} V_1 B_{11} & \cdots & V_1 B_{1N} \\ \vdots & \vdots & \vdots \\ V_N B_{N1} & \cdots & V_N B_{NN} \end{bmatrix} \tag{6-17}$$

$VS = VB$ 中各元素表示某一特定部门总产出中的增加值组成，由于一国总产出中所含增加值只由国内增加值和国外增加值两部分组成，因此满足：

$$u = V_i B_{ii} + \sum_{j \neq i}^{N} V_j B_{ji} \qquad (6\text{-}18)$$

其中，$V_i B_{ii}$ 代表总产出中的国内增加值部分，$\sum_{j \neq i}^{N} V_j B_{ji}$ 代表国外增加值部分，$u$ 为单位向量。又根据上式可知，一国的总出口可以表示为中间产品的出口和最终产品的出口，即：

$$E_{i*} = \sum_{j \neq i}^{N} E_{ij} = \sum_{j \neq i}^{N} (A_{ij} X_j + Y_{ij}) \qquad (6\text{-}19)$$

其中，$A_{ij} X_j$ 表示 $i$ 国出口到 $j$ 国的中间产品数量，$Y_{ij}$ 表示 $i$ 国出口到 $j$ 国的最终产品数量。遵循式(6-18)的逻辑，一国的总出口可拆分成国内增加值创造部分和国外增加值创造部分[①]：

$$uE_{i*} = V_i B_{ii} E_{i*} + \sum_{j \neq i}^{N} V_j B_{ji} E_{i*}$$

$$= VAT_{i*} + (V_i \sum_{j \neq i}^{N} B_{ij} Y_{ji} + V_i \sum_{j \neq i}^{N} B_{ij} A_{ji} X_i) \qquad (6\text{-}20)$$

$$+ (\sum_{k \neq i}^{N} \sum_{j \neq i}^{N} V_k B_{ki} Y_{ij} + \sum_{k \neq i}^{N} \sum_{j \neq i}^{N} V_k B_{ki} A_{ij} X_j)$$

又一国的总产出可以表示为：

$$X_i = Y_{ii} + A_{ii} X_i + E_{i*}$$

$$= (I - A_{ii})^{-1} Y_{ii} + (I - A_{ii})^{-1} E_{i*} \qquad (6\text{-}21)$$

将式(6-21)代入式(6-20)即得一国总出口的分解表达式：

---

① 具体的推导过程可参见 Koopmam 等："Tracing Value-added and Double Counting in Gross Exports"，The American Economic Review，Vol.104，No.2，May，2014。

$$uE_{i*} = \left\{ V_i \sum_{j \neq i}^{N} B_{ii} Y_{ij} + V_i \sum_{j \neq i}^{N} B_{ij} Y_{jj} + V_i \sum_{k \neq i}^{N} \sum_{j \neq i}^{N} B_{ij} Y_{jk} \right\}$$

$$+ \left\{ V_i \sum_{j \neq i}^{N} B_{ij} Y_{ji} + V_i \sum_{j \neq i}^{N} B_{ij} A_{ji} (I - A_{ii})^{-1} Y_{ii} \right\}$$

$$+ V_i \sum_{j \neq i}^{N} B_{ij} A_{ji} (I - A_{ii})^{-1} E_{i*} \qquad (6-22)$$

$$+ \left\{ \sum_{k \neq i}^{N} \sum_{j \neq i}^{N} V_k B_{ki} Y_{ij} + \sum_{k \neq i}^{N} \sum_{j \neq i}^{N} V_k B_{ki} A_{ij} (I - A_{jj})^{-1} Y_{jj} \right\}$$

$$+ \sum_{k \neq i}^{N} V_k B_{ki} A_{ij} \sum_{j \neq i}^{N} (I - A_{jj})^{-1} E_{j*}$$

通过上式可将一国总出口完全分解为九大不同的增加值项目和重复计算项。其中,第一项为最终品出口中的国内增加值部分,第二项为被直接进口国吸收的包含在中间品出口中的国内增加值部分,第三项为被直接进口国用于生产出口品并被第三国所吸收的包含在中间品出口中的国内增加值部分。前三项加总为约翰逊和诺盖拉(2012)所提出的增加值出口额,即完全被国外所吸收的国内增加值部分。第四项为通过最终产品进口返回本国并被吸收的国内增加值部分,第五项为通过中间产品进口返回本国并被吸收的国内增加值部分,第六项为国内增加值的纯重复计算部分。因此,上述六个部分的总和即出口中的国内增加值部分。第七部分为最终产品出口中的国外增加值部分,第八部分为中间产品出口中的国外增加值部分,第九部分为国外增加值的纯重复计算部分。因此,第七部分至第九部分的总和即出口中的国外增加值部分(具体的分解见图6-2)。

基于上述分解框架,参考库普曼等(2012、2014)的研究,可以得到一国在全球生产网络中表征贸易竞争力的出口国内增加值率 DVAR 以及对应的全球价值链地位 GVC_ pst 和全球价值链参与度 GVC_ ptcp 指数的计算公式:

$$DVAR = \frac{DVA}{E} \qquad (6-23)$$

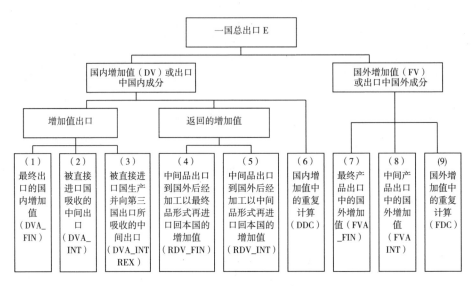

图 6-2　增加值贸易分解

$$GVC\_pst = \ln(1 + \frac{IV}{E}) - \ln(1 + \frac{FV}{E}) \tag{6-24}$$

$$GVC\_ptcp = \frac{IV + FV}{E} \tag{6-25}$$

其中，$DVA$ 为一国出口中国内增加值的完全消耗部分，对应式（6-22）中的第一部分至第六部分；$IV$ 为一国出口中被其他国家用于中间品投入的国内增加值部分，对应式（6-22）中的第三部分至第六部分；$FV$ 则为一国出口中所包含的其他国家增加值部分，对应式（6-22）中的第七部分至第九部分。如果一国/产业的价值链分工地位越高，则说明它主要通过为他国提供中间品的形式参与全球价值链分工，处于价值链的上游位置；如果一国/产业的价值链参与程度越高，则说明该国/产业在全球价值链中越重要，越被其他国家和部门所需要。

## （二）微观层面测度

### 1.企业出口国内增加值率测度

微观企业层面的出口国内增加值率的测算主要依据赫梅尔等（2001）所

提出的基于产业层面非竞争型投入产出表的垂直专业化计算方法[①]，即出口中的进口中间品份额（价值），因此时期 $t$ 行业 $j$ 内企业 $i$ 在第 $k$ 类贸易模式下的出口国内增加值率可以直观表述为：

$$DVA_{ijtk} = E_{ijtk} - \frac{E_{ijtk}}{X_{ijtk}} M^I_{ijtk} \qquad (6-26)$$

$$DVAR_{ijtk} = 1 - \frac{M^I_{ijtk}}{X_{ijtk}} \qquad (6-27)$$

其中，$k$ 表示贸易方式，$k \in (p, o)$，$p$ 表示加工贸易，$o$ 表示一般贸易[②]。$M^I_{ijtk}$ 表示企业在第 $k$ 类贸易方式下的中间品进口额，$X_{ijtk}$ 表示在第 $k$ 类贸易方式下的总产出（出口）额。从上式可知，计算企业出口国内增加值率的关键是处理好企业进口中间品（$M^I_{ijtk}$）的识别及生产分配问题，这两个问题在不同贸易方式上存在差异：

（1）进口中间品的识别

纯加工贸易型（$k=p$）企业[③]：根据中国海关的报关规定，以加工贸易方式进口的中间品均需作为中间投入用于生产出口品。此外，在生产过程中还可能用到进口的资本设备。自 1999 年起，在海关贸易数据库中，来料加工与进料加工项下对方提供的进口设备，均计入贸易方式"20. 加工贸易进口设备"中[④]，因此避免了对进口中间品和资本品的区分[⑤]，此时所有划分在"来料加工装配贸

---

①　该方法有以下假设条件：(1)同比例假设：这一假设包含两层含义，进口中间投入在不同生产部门间是按比例分配的；在同一生产部门内部，进口中间投入均匀分配到国内最终消费与出口品的生产中。这里的"同比例"指不同部门/内部所用进口中间品数量应与它们在各种用途总产出中的比例相同；(2)无复进口假设：即所有进口均为 100%国外附加值，不存在出口复进口导致进口品含国内成分的现象；(3)企业同质性假设：由于赫梅尔等(2001)的测算依赖于投入产出表，而投入产出表假设特定产业中所有企业的生产函数均相同。

②　在海关贸易数据库中，可以发现这两种贸易方式占到进出口总额的 95%以上。

③　即指只有加工贸易进口以及加工贸易出口的企业。

④　参见中国海关总署网站 http://www.customs.gov.cn/publish/portal0/tab3804/info2804.htm 中对贸易方式为"加工贸易进口设备"（统计代码为 20）的说明与解释。

⑤　需要注意的是，对部分行业而言，如电子产品加工企业可能会按中间品方式进口大量电子元器件来组装最终品，而一家服装加工企业则会按资本品进口方式进口电子元器件。已有大量研究通常运用《广义经济类别分类》对中间品与资本品进行划分，这种"一刀切"的区分方式将可能导致分析结果的偏误。

易"及"进料加工贸易"项下的进口中间品均可作为中间投入品。

纯一般贸易型( $k=o$ )企业[①]:对一般贸易型企业而言,在海关贸易数据库中并未对这两类产品进行单独统计,因此需要参照一定的标准将这两类产品进行区分。根据已有研究,可以采用《商品名称与编码协调制度》(The Harmonization System Code,HS)和《广义经济类别分类》对照表[②]将一般贸易项下的进口分为中间品、资本品和消费品三类。

从逻辑上来说,按以上方法识别进口中间品并不存在异议,但在使用海关贸易数据库进行相关测算时仍需注意以下问题:

首先,由于我国企业间普遍存在间接进口现象,导致如果仅根据海关贸易数据库中记录的数据(这可能并非企业真实进出口数额)进行相关计算会使结果产生较大偏差[③]。这一问题主要由两类企业引起。第一类是隶属于服务业的贸易中间商。由于在 2004 年前我国存在较为严格的进出口经营权管制,导致部分企业[④]只能选择通过贸易中间商来参与国际生产经营,以获取全球化红利。虽然 2004 年我国兑现加入世界贸易组织时的承诺,放开了对外直接贸易经营权的管制,我国企业通过贸易中间商进行对外贸易的比重不断下降,但截至 2005 年仍有接近 22% 的出口额是通过贸易中介完成的( Ahn 等,2011)。第二类是那些具备进出口资质的生产型企业。在现行海关贸易制度下,具备进出口资质的加工贸易企业能够合法地将进口原材料出售给其他注册的加工贸易企业,从而从关税豁免中获利,且这一交易过程并不局限于同一

---

　　① 即指只有一般贸易进口以及一般贸易出口的企业。

　　② 具体的《商品名称与编码协调制度》和《广义经济类别分类》产品分类对照表来源于联合国贸易数据库( UN Comtrade)。

　　③ 这是因为如果企业通过中间商进口中间品,那么这笔进口将记录在贸易中间商名下,而非实际使用的企业名下;如果企业通过其他企业进口中间品,这笔进口同样不会记录在最终使用企业的名下。这就使海关数据库可能无法真实反映企业的进出口情况。

　　④ 基于梅里兹(2003)的研究,阿恩等( Ahn 等,2011)指出,企业对贸易模式的选择同样存在生产率排序现象,即生产效率最低的企业选择内销,生产效率中等的企业通过贸易中间商出口,而生产效率最高的企业会选择直接出口。

行业或地区（Kee 和 Tang，2016），因此生产型企业亦可能充当贸易中间商的角色。对那些需通过中间商或者其他生产型企业进口中间品的企业而言，根据海关贸易数据库记录的数据进行测算则可能会导致"过度出口偏误"（Excessive Export Bias），即中间品进口份额过低导致出口国内增加值率被高估；而对那些充当贸易中间商角色而进口超过自身生产需求的企业而言，根据海关贸易数据库记录的数据进行测算则可能会导致"过度进口偏误"（Excessive Import Bias），即中间品进口份额过高导致出口国内增加值率被低估。这里将企业的这部分间接进口额记为 $M_{ijtk}^{I,int}$。

此外，间接进口还可能通过国内投入发生。如果某一企业购买了另一企业生产的含有部分进口原材料的产成品来进行生产投入，那么就会导致该企业的国内投入中内含部分进口中间投入（$D_{ijtk}^{f}$）。同时，在全球生产分割不断深化的今天，一件产品的生产过程可能需数次跨越不同国境，作为当今的"世界加工厂"，这意味着我国存在进口部分原材料加工成半成品出口后又复进口作为本国生产的原材料投入的普遍现象，即进口投入品中可能内含有部分本国投入（$M_{ijtk}^{d}$）。最后不容忽视的一点是，由于我国进口中生产设备类资本品一直具有较大比重[①]，且加工贸易企业尤其偏向使用进口生产设备来获得技术进步（Yasar 和 Paul，2012），因此企业在用进口生产设备进行生产时，其部分价值（$D_{ijtk}^{cap}$）亦会随着生产而转移至企业的产成品中。综上，企业某一贸易模式下的实际进口中间品投入应记为：

$$M_{ijtk}^{I,Total} = M_{ijtk}^{I,Custom} + D_{ijtk}^{f} - M_{ijtk}^{d} + D_{ijtk}^{cap} \pm M_{ijtk}^{I,int} \qquad (6\text{-}28)$$

其中，$M_{ijtk}^{I,Total}$ 表示企业实际进口的中间品，$M_{ijtk}^{I,Custom}$ 表示海关贸易数据库中记录的企业中间品进口额。

（2）进口中间品的生产分配

纯加工贸易型（$k = p$）企业：根据海关相关规定，加工贸易企业其生产活

---

① 基于中经网数据库相关数据的初步计算发现，我国机械及运输设备类产品进口额占我国总进口的比重从 2000 年的 40% 稳步提升至 2006 年的 45%。

动须受海关监管,企业所进口的中间投入材料应全部用于出口产品的生产,此时加工贸易企业的总产出即其总出口($X_{ijtp} = E_{ijtp}$)。但是在企业实际操作中,还是需要明确以下问题。首先,由于企业存在如前所述的间接进口行为,因此部分企业的中间品进口可能不会全部用于自身生产,但这并不违反海关的相关规定,只要企业 2 通过企业 1 进口的中间品仍用于加工出口生产即可。其次,部分行业生产中会用到很多产品原料,如钢铁、铜、原油等,而这部分投入品的价格由于受各类国际冲击的影响会产生较大波动,因此部分企业会选择在这些产品价位较低时大量购入存货备用,这就导致部分企业在某一生产周期内不会将全部进口投入品用于出口生产。再次,部分具备加工贸易资质的企业可能不会将以加工贸易方式进口的中间投入品全部用于出口品的生产。由于我国对加工贸易进口实行暂缓缴纳关税和增值税,待到出口后予以核销的优惠政策,这意味着在复出口之前企业相当于获取了一个时长为一个生产周期的信贷支持,虽然事后仍需补交对应的税款并加征缓税利息[1],但对那些面临严重融资约束的企业而言仍有动机通过加工贸易方式进口中间品以获取税收豁免层面上的信贷支持。最后,由于测算所用数据是以"年"作为时间单位,因此可能存在部分企业本年进口中间投入品,但由于生产周期等原因使产成品出口发生在下一生产周期,导致产生统计上的偏误。通过对现有相关文献进行梳理可以发现,已有文献对前两个问题可以做某种程度上的修正,但仍无益于解决后两个问题,因此本章的计算结果应是一个上限值,而非一个定值。基于此,纯加工贸易企业的出口国内增加值率可以由下式计算而得:

$$DVAR_{ijtp}^{upper} = 1 - \frac{M_{ijtp}^{I,Total}}{E_{ijtp}} \qquad (6-29)$$

纯一般贸易型($k=o$)企业:对一般贸易进口企业,其进口品既可以用于生产出口品也可以生产内销产品,这里的关键就是如何确定企业的进口品用于

---

① 详见海关总署令第 113 号(中华人民共和国海关对加工贸易货物监管办法)。

国内销售生产以及出口生产的比例。赫梅尔等(2001)的方法假设企业进口品在国内销售生产以及出口生产中按比例进行配置(即所谓的"同比例性"假设)。实际上,基于"本地含量"要求,内销产品生产所用到的进口中间投入品比例相较出口品生产更低。但是由于缺乏企业进口投入使用的详细信息,因此在考虑一般贸易情形时,"同比例性"假设仍适用(Johnson 和 Noguera,2012;Upward 等,2013)[①]。此时纯一般贸易企业的出口国内增加值率将是一个下限值,因此同样不是一个定值。基于此,纯一般贸易企业的出口国内增加值率计算公式可写作:

$$DVAR_{ijto}^{lower} = 1 - \frac{M_{ijto}^{I,Total}}{X_{ijto}} \tag{6-30}$$

其中,$X_{ijto}$ 为企业内销和一般贸易出口的产值,可以使用企业总销售额来代理。

实际上,除了加工贸易与一般贸易型企业外,还存在一类更为普遍的企业,即混合贸易型企业[②]。对这一类型企业出口国内增加值率的测算思路是先分别计算混合贸易企业两类贸易方式下各自的出口国内增加值率,然后利用两类贸易方式的出口额比重进行加权。其中对加工贸易的出口国内增加值率测算与纯加工贸易企业类似;而对一般贸易,由于混合型企业总产值中既包含加工贸易出口额,还包含一般贸易出口额以及内销产品额,因此问题的关键是需要确定企业用于一般贸易出口以及国内销售的产值部分。既有研究均通过从工业企业数据库汇报的总产值数据扣减企业加工贸易出口额得到这部分产值,但这一处理方法存在一个概念性错误,即加工贸易中的来料加工(Pure Assembly,PA)与进料加工(Import and Assembly,IA)投入品所有权存在较大差异。根据国家统计局工业统计报表制度的相关规定:凡来料加工,加工企业

---

　　① 　如果企业均生产同一产品供应国内市场和国际市场,那么这一假设就与现实相符。此外,相较于行业层面计算所使用的"同比例性"假设,在测算企业层面出口国内增加值率时由于企业出口占总销售额的差异导致企业异质性仍存在。

　　② 　指同时参与加工贸易和一般贸易的企业,以下标 $m$ 表示。

只收取加工费,则加工企业一律按财务上结算的加工费计算工业总产值,即不包括订货者来料的价值①。也就是说,来料加工的进口投入品实际上并不包含在企业的产品产值中,因此需要从企业加工出口额中扣除来料加工的进口额来准确地计算企业用于一般出口与内销的产值份额。基于此,混合贸易型企业的出口国内增加值率测算公式为:

$$DVAR_{ijtm} = w_{ijtp}DVAR_{ijtp} + w_{ijto}DVAR_{ijto}$$

$$= w_{ijtp}\left(1 - \frac{M_{ijtp}^{I,Total}}{E_{ijtp}^{Total}}\right) + w_{ijto}\left(1 - \frac{M_{ijto}^{I,Total}}{X_{ijtm}^{Total} - (E_{ijtp}^{Total} - M_{ijtp}^{PA})}\right) \qquad (6-31)$$

其中, $w_{ijtp}$ 与 $w_{ijto}$ 分别表示混合贸易企业的加工贸易和一般贸易出口额比重。

此外,还需要对下述问题加以处理:

①对间接进口问题的处理。如前所述,间接进口问题主要由贸易代理商和具备进出口资质的生产型企业充当贸易代理商而引起。对贸易中间商问题,张杰等(2013)在艾普华等(2013)研究的基础上对该问题进行了修正,认为解决贸易中间商问题的关键在于估算出中间商的进口产品代理率,而这可以根据企业按不同贸易方式进口额加权得到的、企业从贸易代理商进口额占总进口额的比重来进行调整。这一调整方法的实质是从企业层面出发,假设所有企业均面临相同的中间商代理率,其异质性仅体现在企业进口方式选择上的不同。但现实中由于不同企业在进口时对贸易代理商的依赖存在很大差异,同时企业间的间接进口可能更为普遍,企业本身也没有动机通过贸易中间商进口过多的原材料投入品②,因此如果按照张杰等(2013)的方法对所有企业进行同样的代理调整,则会对这部分企业产生"过度调整"问题。

---

① 参见国家统计局工业统计报表制度:http://www.stats.gov.cn/tjsj/tjzd/gjtjzd/201701/t20170109_1451473.html。

② 企业自身进口过多的原材料表明企业会同时兼具产品生产与贸易代理的双重角色,通常认为这类企业的代理范围仅限于本行业内,此时企业就没有动机从其他代理商处进口原材料,不然其获利将受到较大扭曲。

综合现有研究,本章提出以下改进的调整方法:首先,根据海关数据库中记录的进口额大于工业企业数据库中记录的总中间投入成本这一标准筛选出过度进口企业,并从样本中删除①。其次,本章将从产品层面出发对贸易代理问题进行修正,即运用下式先计算出按《商品名称与编码协调制度》6位编码的产品贸易代理率,然后再归总到企业层面②:

$$M_{ijtk}^{I,int} = \sum\nolimits_{hs,I} \frac{M_{ijtk,hs}^{custom}}{1 - m_{hs,k}}, 其中\ m_{hs,k} = \frac{m_{hs,k}^{int}}{m_{hs,k}^{total}} \qquad (6-32)$$

由于过度出口企业无法通过已有数据进行很好地识别,因此借鉴基和唐(2016)所建议的方法,假设在同一行业内一般贸易型企业的平均出口国内增加值率高于加工贸易型企业③,因此可以使用一般贸易企业出口国内增加值率的1/4分位值作为加工贸易企业出口国内增加值率的上限,若加工贸易型企业的出口国内增加值率超过这一上限,则可认为是过度出口型企业。这里需要注意的是,一般贸易型企业无法识别过度出口型企业④,但对过度进口型一般贸易企业的识别以及对中间商贸易调整的方法仍适用于一般贸易型企业。此外,对进口资本品的调整也可遵循式(6-32)进行。实际上,贸易代理问题不仅存在于进口层面,也存在于出口层面。由于工业企业数据库有企业的“出口交货值”这一统计指标,该指标汇报了企业真实的出口贸易额(包括直接与间接出口),因此无须考虑对企业出口额贸易代理问题的调整⑤。

②对进口/国内投入内含国内/进口价值问题的处理。赫梅尔等(2001)

---

①　由于基于现有数据资料无法获悉这部分企业有多少进口投入用于转售,因此从样本中剔除。

②　由于无法识别出究竟哪些企业会通过间接贸易方式进口中间投入品,因此从产品层面出发的调整仍可能存在偏误,但相比于张杰等(2013)的研究,是误差相对更小的一种方法,且更大程度上保证了企业在使用不同产品组合进行生产时的异质性。

③　这是因为由于一般贸易型企业在进口时不能享受税收优惠,因此其缺乏购买进口原材料的动机。

④　这可能会高估一般贸易型企业的出口国内增加值率。

⑤　对混合贸易型企业,以海关数据库所记录的企业加工与一般贸易出口额为权重计算企业实际加工与一般贸易出口额。

的方法中存在一个重要假设,即一国进口投入由完全的国外价值构成,这与当今国际生产分割不断深入、中间品贸易广泛盛行的现实相违背。在现今全球价值链分工体系中,很有可能出现部分半成品经本国加工生产出口后复进口作为本国消费生产投入品的情况,即进口投入中可能包含本国价值。根据王等(2014)的测算,总体上我国出口复进口的国内增加值份额从 1995 年的 0.1% 上升到 2007 年的 1.3%,这其中出口复进口比率最大的部门为化学产品部门,但也仅占到 2.5%,基于此,本章认为不考虑这一影响因素并不会对我们的测算结果产生较大影响,因此可以假设 $M_{ijtk}^{d} = 0$。同样,企业的国内投入中也可能含有进口成分。假设企业 1 从企业 2 购入部分国内产品 $h$ 用作生产,而企业 2 在生产产品 $h$ 时使用了部分进口投入品,这就导致企业 1 的国内投入品中会存在进口价值。张杰等(2013)考虑到了国内投入中可能包含的进口成分,他们根据库普曼等(2012)的研究结论,假设我国企业生产中国内投入含有 5%—10% 的国外成分,并以此进行后续测算,实际上这样的调整方法完全无法体现企业的异质性特征。基和唐(2016)考虑到了上述问题,但他们仅针对加工贸易进行了修正。实际上,对上述问题的修正首先需要考虑企业的不同贸易方式,其次由于目前仅能通过投入产出表测算行业间的直接与间接投入问题,因此较为理想的调整方法应是基于区分加工及一般贸易的中国非竞争型投入产出表计算得到不同贸易方式下各行业的进口间接消耗系数 $\eta'_{M}$ [①],它可以由行业的进口完全消耗系数减去进口直接消耗系数得到:

$$B'_{M} - A'_{M} = \eta'_{M},\text{其中 } B'_{M} = A'_{M} (I - A^{D})' \tag{6-33}$$

上式中,$B'_{M}$ 表示某一行业的进口完全消耗系数矩阵,$A'_{M}$ 表示某一行业的进口直接消耗系数矩阵,$I$ 为单位矩阵,$A^{D}$ 为国内直接投入系数矩阵。此时国内投入的进口成分可以表示为:

---

① 对某一投入产出部门而言,其在生产产品过程中直接消耗了进口的原料、能源等,这称为进口品的直接消耗。在这个生产过程中用作原料的国内产品的生产也会消耗进口产品,这就形成了对进口产品的间接消耗。

$$D^f_{ijtk} = \eta'_M M^{I,Total}_{ijtk} \qquad\qquad (6-34)$$

参考库普曼等(2012)的研究,按二位码划分的我国不同行业间接进口比率见图6-3和图6-4。

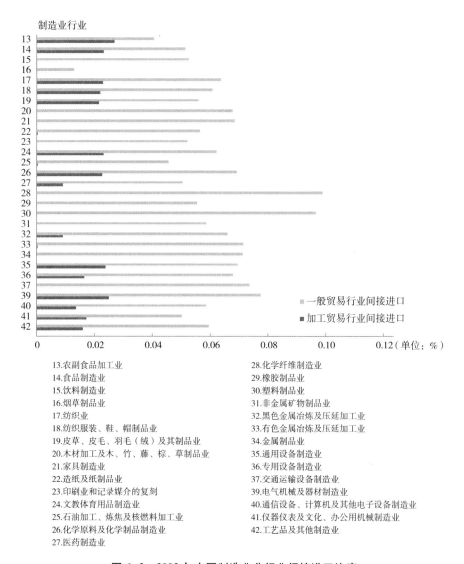

13.农副食品加工业
14.食品制造业
15.饮料制造业
16.烟草制品业
17.纺织业
18.纺织服装、鞋、帽制品业
19.皮革、皮毛、羽毛(绒)及其制品业
20.木材加工及木、竹、藤、棕、草制品业
21.家具制造业
22.造纸及纸制品业
23.印刷业和记录媒介的复刻
24.文教体育用品制造业
25.石油加工、炼焦及核燃料加工业
26.化学原料及化学制品制造业
27.医药制造业

28.化学纤维制造业
29.橡胶制品业
30.塑料制品业
31.非金属矿物制品业
32.黑色金属冶炼及压延加工业
33.有色金属冶炼及压延加工业
34.金属制品业
35.通用设备制造业
36.专用设备制造业
37.交通运输设备制造业
39.电气机械及器材制造业
40.通信设备、计算机及其他电子设备制造业
41.仪器仪表及文化、办公用机械制造业
42.工艺品及其他制造业

**图6-3　2002年中国制造业分行业间接进口比率**

资料来源:基于2002年中国进口非竞争型投入产出表测算而得。

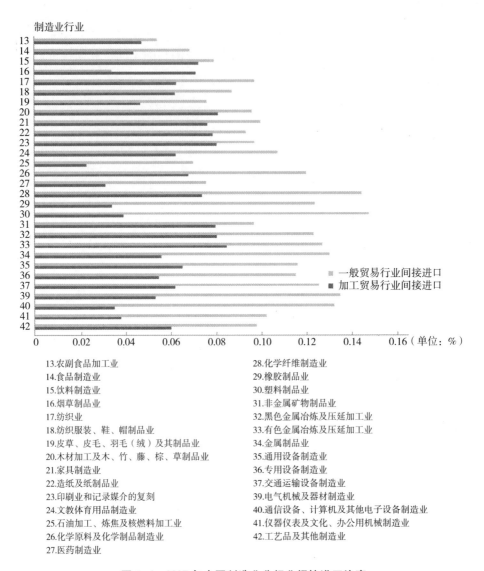

13.农副食品加工业
14.食品制造业
15.饮料制造业
16.烟草制品业
17.纺织业
18.纺织服装、鞋、帽制品业
19.皮革、皮毛、羽毛（绒）及其制品业
20.木材加工及木、竹、藤、棕、草制品业
21.家具制造业
22.造纸及纸制品业
23.印刷业和记录媒介的复刻
24.文教体育用品制造业
25.石油加工、炼焦及核燃料加工业
26.化学原料及化学制品制造业
27.医药制造业

28.化学纤维制造业
29.橡胶制品业
30.塑料制品业
31.非金属矿物制品业
32.黑色金属冶炼及压延加工业
33.有色金属冶炼及压延加工业
34.金属制品业
35.通用设备制造业
36.专用设备制造业
37.交通运输设备制造业
39.电气机械及器材制造业
40.通信设备、计算机及其他电子设备制造业
41.仪器仪表及文化、办公用机械制造业
42.工艺品及其他制造业

**图6-4　2007年中国制造业分行业间接进口比率**

资料来源:基于2007年中国进口非竞争型投入产出表测算而得。

③对进口资本品折旧问题的处理。张杰等(2013)的研究首先认识到企业的出口增加值中必然包含进口资本品的折旧所得,因此需要在测算过程中将这部分所得予以扣除。他们运用单豪杰(2008)对制造业固定资产折旧率的计算结果($\theta = 10.96\%$)来计算某一企业进口资本品的累积折旧所得。这

里的折旧率实际上是一个综合折旧率,因为制造业的固定资产既包含国内资产也包含进口资产,而通常认为两者的折旧率存在差异。由于无法获取我国进口资本品的所有来源国固定资产数据,这里借鉴孙文凯等(2010)的研究,以美国资本折旧率[①]代替我国进口资本的折旧率。这样进口资本的累积折旧就可以按以下方法计算:假设行业 $i$ 内的某一企业 $j$ 存活了 $T \geqslant 1$ 期,则在时期 $t$ 企业进口 $M_{ijtk}^{cap,Total}$ 单位的资本品[②]时应扣减的资本折旧所得为:

$$D_{ijt}^{cap} = \sum_k \sum_{t=1} \theta M_{ijtk}^{cap,Total} \tag{6-35}$$

综上,本章企业层面出口国内增加值率的测算公式为:

$$DVAR_{ijtp} = 1 - \frac{M_{ijtp}^{I,Total}}{E_{ijtp}} \tag{6-36}$$

$$DVAR_{ijto} = 1 - \frac{M_{ijto}^{I,Total}}{X_{ijto}} \tag{6-37}$$

$$DVAR_{ijtm} == w_{ijtp}\left(1 - \frac{M_{ijtp}^{I,Total}}{E_{ijtp}^{Total}}\right) + w_{ijto}\left(1 - \frac{M_{ijto}^{I,Total}}{X_{ijtm}^{Total} - (E_{ijtp}^{Total} - M_{ijtp}^{PA})}\right) \tag{6-38}$$

### 2. 企业全球生产链位置测度

本章参考并改进祖尔等(2014)的方法对企业全球价值链地位进行测度。首先需要计算得到企业所在行业的上游度指数。基于法利(2012)以及安特拉斯等(2012)的研究,在不考虑存货的前提下,一个由 $N$ 个行业组成的封闭经济体中,行业 $i \in (1,2,\cdots,N)$ 的总产出 $Y_i$ 等于该行业产品用作最终产品 $F_i$ 以及中间产品 $Z_i$ 的产量之和:

$$Y_i = F_i + Z_i = F_i + \sum_{j=1}^{N} a_{ij}F_j + \sum_{j=1}^{N}\sum_{k=1}^{N} a_{ik}a_{kj}F_j + \sum_{j=1}^{N}\sum_{k=1}^{N}\sum_{l=1}^{N} a_{ik}a_{kl}a_{lj}F_j + \cdots \tag{6-39}$$

---

① 数据来源于美国经济分析局。

② 如前所述,加工贸易的资本品进口可以通过贸易方式为"加工贸易进口设备"(统计代码为20)下的统计数据得到,而一般贸易的资本品进口则需要根据《按广义经济类别分类》进行分类获得。

其中，$a_{ij}$ 为 $j$ 产业生产一单位产品所需的第 $i$ 产业的投入量。基于此，某一行业的上游度即其与最终产品之间的加权平均距离：

$$U_i = 1 \times \frac{F_i}{Y_i} + 2 \times \frac{\sum_{j=1}^{N} a_{ij} F_j}{Y_i} + 3 \times \frac{\sum_{j=1}^{N} \sum_{k=1}^{N} a_{ik} a_{kj} F_j}{Y_i} +$$

$$4 \times \frac{\sum_{j=1}^{N} \sum_{k=1}^{N} \sum_{l=1}^{N} a_{ik} a_{kl} a_{lj} F_j}{Y_i} + \cdots \qquad (6\text{-}40)$$

从上式来看，$U_i$ 的含义为 $i$ 行业最终产品以及各阶段中间产品在总产出中所占比率的加权平均值。中间产品投入距离最终产品越远则权重越高，表明 $i$ 行业越处于上游位置。显然有 $U_i \geqslant 1$，当且仅当 $i$ 行业的所有产出均为最终产品时 $U_i = 1$。在封闭经济环境下上式可简写成 $U = [I - D] u$，其中 $D$ 是由 $a_{ij} \dfrac{Y_j}{Y_i}$ 所构成的矩阵，$u$ 为单位列向量。由于矩阵 $D$ 仅能反映一国国内上下游产业间的内在关联，因此安特拉斯等（2012）进一步提出了开放条件下的行业上游度测算方法。在开放条件下，此时 $D$ 中元素对应为 $\varphi_{ij} = \dfrac{a_{ij} Y_j + X_{ij} - M_{ij}}{Y_i}$，其中 $X_{ij}$ 表示国外 $j$ 行业的生产所使用的本国 $i$ 行业的产品，$M_{ij}$ 表示本国 $j$ 行业的生产所使用的国外 $i$ 行业的产品。由于缺乏 $X_{ij}$ 和 $M_{ij}$ 的相关信息，因此参照安特拉斯等（2012）的假设，本国 $i$ 行业出口中被外国 $j$ 行业使用的比重以及本国 $j$ 行业使用外国 $i$ 行业的投入比重均等于本国 $j$ 行业使用 $i$ 行业产出的比重，即 $\varphi_{ij} = \dfrac{X_{ij}}{X_i} = \dfrac{M_{ij}}{M_i}$。基于这一关系式有 $\varphi_{ij} = \dfrac{a_{ij} Y_j}{(Y_i + X_{ij} - M_{ij})/Y_i}$，其中 $X_i$ 和 $M_i$ 分别表示行业 $i$ 的出口额和进口额。这样就可以测算开放条件下的行业上游度了。

在祖尔等（2014）的指引下，基于上述行业层面的上游度测算结果，可以进一步求得微观企业层面的上游度指数：

$$U_{ft}^X = \sum_{i=1}^{N} \frac{X_{fit}}{X_{ft}} U_i \qquad (6-41)$$

其中，$X_{fit}$ 为 $t$ 时期企业 $f$ 在 $i$ 行业的出口额，$X_{ft}$ 为 $t$ 时期企业 $f$ 的出口总额，满足 $X_{ft} = \sum_{i=1}^{N} X_{fit}$。王等（Wang 等，2018）指出，企业的全球生产链地位指数越大表明其所出口的产品越上游，企业价值链地位相对越高。

# 第三节　主要数据来源与处理

## 一、知识产权保护测度的数据来源与处理

对总体层面的知识产权保护，国别层面的 G-P 指数来源于两位作者的个人主页①。执法层面的信息，本章使用法制系统与产权保护健全性指数（LSPR 指数）来加以反映。对行业层面的知识产权保护，在前述构建好的国别层面知识产权保护强度基础上，本章使用我国历年制造业各行业人均专利申请数量作为行业知识产权保护依赖度的综合代理，数据来源于历年《中国科技统计年鉴》。而对地区层面的知识产权保护，执法层面的相关指标则主要来源于历年各省份的统计年鉴。

## 二、宏微观全球价值链相关指标测度的数据来源与处理

宏观层面增加值贸易测度所用数据为世界投入产出表，其来源于欧盟委员会（European Commission）资助的、由多个研究机构合作开发的世界投入产出数据库。该数据库主要包含单国投入产出表（National Input-Output Tables，NIOT）、环境账户（Environmental Accounts，EA）、社会经济账户（Socio Economic Accounts，SEA）以及世界投入产出表（World Input-Output Tables，

---

① 数据来源于 http://fs2. american. edu/wgp/www/？ _ ga = 1. 220298331. 297395549. 1488264329。

WIOT)四大子数据库。其中,世界投入产出表是第一个公开且连续的国家间投入产出表数据,目前在全球价值链与增加值贸易核算等方面具有相当广泛的应用。为匹配知识产权指数的样本跨度,本书采用世界投入产出数据库于2013年发布的基于ISIC rev3分类标准的、涉及全球40个主要经济体及1个合并的其余经济体(Rest of the World, RoW)共35个部门的、时间跨度为1995—2011年的连续国家间投入产出表数据对一国以及行业层面的增加值贸易进行分解。

对微观层面的增加值贸易相关指标测度所用数据主要有三套:第一套数据是1998—2013年中国工业企业数据库,来自国家统计局历年对全部国有工业企业以及规模以上(主营业务收入大于500万元[①])非国有企业的统计调查,涵盖企业基本情况、企业经营状况等上百个指标,能够较好地反映企业生产、经营活动;第二套数据是2000—2014年中国海关贸易数据库,来自中国海关总署,详细记录了各月度通关企业每一笔《商品名称与编码协调制度》8位编码的产品层面进出口交易记录,包括进出口企业的基本情况、产品编码、贸易类型、运输方式等,能够系统地反映我国企业进出口全貌。为对接中国工业企业数据库,我们将月度数据加总为年度数据;第三套数据是世界投入产出数据库发布的我国1995—2011年连续的非竞争型投入产出表数据[②]。

基于测算要求、数据可得性以及数据质量等方面的考虑,本章微观层面的实证分析所涵盖的时间区间主要是2000年至2013年。考虑到本书所用样本数据主要涵盖了我国2001年年末加入世界贸易组织的特定时期,在这一时期

---

① 2011年变更为2000万元。

② 祖尔等(2014)使用我国官方发布的历年投入产出表进行行业上游度的测算,其好处是所能涵盖的国民经济行业更多,但不足之处是时间上的非连续性,且在测算时需附加投入产出表编制间隔(5年)期间各年行业上游度保持不变这一强假设。本章参考唐宜红和张鹏扬(2018)的研究,使用世界投入产出数据库发布的连续年份非竞争型投入产出表进行测算。虽然世界投入产出数据库的投入产出表的行业分类较之我国投入产出表要粗,但无须施加行业上游度保持不变的强假设,因此不失为一种相对更合理的方法。

我国为履行责任与义务不断深化对外开放程度,同时知识产权保护制度也因加入世界贸易组织履行《与贸易有关的知识产权协定》而出现较大提升,使之后数年成为我国对外贸易发展的黄金时期,这就使对这一时期的企业行为进行研究具有较好的指导价值。

本章研究的一个首要工作是将上述三套数据进行匹配合并。由于工业企业数据库中的企业代码与海关贸易数据库中的企业代码所属编码系统不同,因而难以直接通过企业代码链接两套数据。因此,本章首先参照勃兰特等(2012)的方法对工业企业数据库中的企业进行跨期识别,然后根据企业的中文名称和年份进行第一次匹配;接着对剩余未匹配上的样本按照企业邮政编码和企业电话号码后 7 位做第二次匹配;在此基础上,我们根据已匹配样本企业的链接关系对剩余企业进行第三次匹配,即若某一企业在某一年被匹配上,则该企业理应在其余年份也被识别。为测算企业上游度位置,需要进一步将世界投入产出数据库与海关贸易数据库进行匹配。由于海关贸易数据库以《商品名称与编码协调制度》编码作为商品分类标准,而世界投入产出数据库则主要以《国际标准产业分类(第 3 版)》为行业分类标准①,因此链接上述两大数据库的难点是行业—产品间信息的匹配。幸运的是,国际贸易分析系统(GTAP)发布了《商品名称与编码协调制度(2002 年版)》与《国际标准产业分类(第 3 版)》的详细对照表②,本章因此得以对上述两大数据库进行对接,并最终实现了上述三大数据库的匹配对接。

在此基础上,本章进一步对数据做了以下处理:(1)统一统计口径:在本书的研究样本时间内,我国的国民经济行业分类标准在 2002 年和 2011 年各发生了一次变更,本章依照对应年份的行业分类标准对行业代码进行了统一;

---

① 具体地,《商品名称与编码协调制度》编码包括 21 大类共 98 种商品;《国际标准产业分类(第 3 版)》分类包括 35 个行业,其中部门 3—17 为制造业。

② 对照表下载地址:https://www.gtap.agecon.purdue.edu/resources/res_display.asp? RecordID = 1916。

同时海关产品代码在 2002 年和 2007 年也发生了两次变更,本章依据各个版本的《商品名称与编码协调制度》对照表进行了统一。(2)部分缺失数据的估算:针对工业企业数据库中部分年份所缺失的"工业增加值"数据,我们运用"工业增加值=工业总产值-工业中间投入+应缴增值税"进行补全。(3)考虑到合并样本中一些关键性指标数据存在缺漏或错误,参考已有研究,将出现以下任何一种情况的企业予以删除:流动资产大于总资产、总固定资产大于总资产、固定资产净值大于总资产、无效的开业时间、连续三年处于停业状态、企业编码、工业销售额、营业收入、就业人数、固定资产总额、出口额、中间投入品总额中任意一项为负值或者缺失、企业就业人数小于 8 人。

本章重点对知识产权保护与全球生产网络下的贸易竞争力进行科学测度。对知识产权保护,本章从整体、地区和行业三维视角给出了测度框架。总体层面的知识产权保护水平基于金纳特和帕克(1997)提出的 G-P 指数构建而来;在地区层面,由于我国的知识产权保护在立法层面是不存在地区差异的,因此地区层面的知识产权保护水平主要在总体知识产权保护水平基础上,通过乘以各地区知识产权执法力度而来;行业层面的知识产权保护水平则是在此基础上乘以行业的知识产权敏感度得到。对全球生产网络下一国的贸易竞争力,本章认为主要由两方面决定,分别是反映集约边际的价值俘获能力以及反映拓展边际的价值链物理位置,且这两大指标体系均由宏观和微观二重视角构成。宏观层面,本章基于库普曼等(Koopman 等,2014)的分析框架,测算了总体与行业层面的增加值贸易值以及全球价值链地位与参与度指标;微观层面,本章基于张杰等(2013)以及基和唐(Kee 和 Tang,2016)的测度框架,测算了微观企业的出口国内增加值率,并基于祖尔等(2014)的研究,进一步测度了企业的全球生产链位置指标。这些指标共同构成了全球生产网络下贸易竞争力的内涵。

# 第七章 知识产权保护强贸路径 I：全球生产网络嵌入下的技术引进

在经济发展进程中,源于对生产力的不断追求和人类欲望的不断增长,科技进步逐渐成为各国经济发展的主要驱动力和核心因素。技术资源在不同经济体间的分布通常存在较大的不均衡性,致使技术的演进与扩散呈梯度性,即通常从发达国家渐次向发展中国家和欠发达国家进行传播输出,其一般可以通过产品进口或资本流入等途径实现。理论上,任何技术都会遵循"引进→消化→吸收→再创新→再扩散"的方式不断循环,直到经济体间的技术差距逐渐缩小,抑或经济体间的技术不平衡性进一步加剧(陈晓东,2019)。对技术相对落后国家而言,由于往往缺乏雄厚的研究基础以及充足的资金投入,使得通过投入大量研发资金来驱动技术进步这一路径并不可行,因此从发达国家引进先进技术、实现技术快速赶超逐渐成为后发国技术跃升的首选策略。

## 第一节 改革开放以来中国的技术引进历程

改革开放40多年的中国实践已证明,通过对外开放引进发达国家先进的技术与设备,迅速提高生产效率、提升产品质量,能快速拉近与先进经济体间的技术差距,通过进一步消化吸收与转化,从而实现追赶、竞争,甚至在一些领域实现由赶超变为领跑,最终实现贸易竞争力的后发优势与比较优势。可见,我国改革开放以来的技术引进历程具有显著的阶段性特征。通过梳理相关研究资料,我国技术引进大致可以分为以下四个阶段:

第一阶段:起步阶段(1978—1991年)

党的十一届三中全会的胜利召开,预示着经济体制改革和对外开放进程的正式启动,经济干预方式转变、所有制结构调整、企业经营自主扩大、外商投资获得更多鼓励等一系列政策举措均对我国的技术引进产生了深远影响。而深圳、珠海等经济特区的建立,以及沿海港口城市的开放和长三角等沿海经济开放区的设立,则为外资外企的进入提供了更为便利的环境(夏梁,2015)。

在这一阶段,伴随对外开放程度的不断升级,我国逐步形成了"以市场换技术"的外资引进模式,即对能够带来缺口技术,以及生产我国还需要进口的短线产品的中外合资经营企业,允许其不断增加在国内市场销售产品的份额。在这一阶段,技术引进特征主要以设备引进为主、技术引进为辅,但技术许可、技术咨询服务、合作生产等更有利于技术消化吸收转化的方法也在不断出现,同时,引进的整体规模仍较小,但增速不断增长,因此科技实力和工业生产力都获得一定提升,工业技术基础显著增强。

第二阶段:快速扩张阶段(1992—2001年)

从20世纪90年代初期到新旧世纪之交,随经济体制改革和对外开放进程的不断推进,中国日益融入全球生产网络中,外资引进规模前所未有地快速扩张。与此同时,我国对产业技术更新与升级的认识也在逐渐发生转变,即在"技贸结合""工贸结合"等理念的指导下,通过配套一系列关于技术引进的政策优惠制度(如20世纪90年代中后期出台的企业技术引进合同审批制改为注册生效制以及进口设备的税收政策调整等),进一步借力对外贸易的迅猛发展来实现技术引进,进而提升制造业的生产水平。

在这一阶段,我国技术引进的核心仍集中于成套设备,大量国外设备、生产线的引进在当时较好地契合了我国初级加工制造业发展所需。依托加工贸易这一外向型经济驱动模式,大量设备、流水线的引进使我国企业更多地参与到全球生产网络中,中国制造越来越多地出现在国际市场中,但技术增长隐患也随之而来。在全球价值链分工体系中,发达国家链主企业往往会基于技术先发优势阻碍发展中国家实现价值链地位的攀升,因此在某些领域达到一定的技术阶段时,技术引进路径反而可能因引发"卡脖子"问题而使后发国难以走向生产技术的最前沿。典型如拥有数额巨大的外商投资规模的高技术产业,其一方面使我国高新技术产品出口总额增长迅猛,另一方面这些产品更多是"贴牌生产"而并非以自研技术为主,导致在参与全球生产中我国企业仅能获取附加值极低的加工组装费用。

第三阶段:稳定发展阶段(2002—2012 年)

随着我国于 2001 年正式加入世界贸易组织,政府开始逐步取消进口配额管理,放宽进口限制,同时企业获得了包括技术引进在内的对外贸易经营权,这使我国融入全球生产体系的步伐进一步加快。2006 年,商务部、发展改革委、科技部、财政部等部门联合印发的《关于鼓励技术引进和创新,促进转变外贸增长方式的若干意见》,就明确提出了要"优化技术引进结构,提高技术引进质量和效益"的目标,希望通过一系列配套措施来推动实现"引进技术—消化吸收—创新开发—提高国际竞争力"的良性循环。

从 2001 年到 2012 年,我国技术引进的合同金额一直呈现不断增长的状态,2001 年我国技术引进合同不足 4000 项,总金额约 91 亿美元,而 2012 年项目数达 12988 项,总金额则近 443 亿美元。同时,技术引进方式则发生了重大的结构性变化——关键成套设备、生产线等的引进比重越来越低,而技术许可转让以及技术咨询服务占比则越来越高。在这一阶段,另一个明显的趋势就是规模以上工业企业用于消化吸收国外引进技术以及用于购买境内技术的经费支出都在快速攀升,且增速远高于同期技术引进经费支出的增速。根据历年《中国科技统计年鉴》的数据显示,2001 年我国规模以上工业企业技术引进经费支出总额约为 286 亿元,同期购买境内技术的经费支出总额约为 36 亿元,大体相当于前者的 13%。而到了 2011 年,我国规模以上工业企业用于购买境内技术的经费支出规模已占到技术引进经费支出的近 50%。

随着 2007 年召开的党的十七大将"提高自主创新能力、建设创新型国家"提升为国家发展战略的核心,金融市场、技术转移市场和知识产权保护体系建设开始逐步完善,由此,我国的创新投入与产出开始获得显著性增长,企业创新活力开始得到激发。从企业的全球价值链获利水平来看,根据基和唐(2016)、吕越等(2018)的研究,我国企业在国际生产分工中的价值俘获能力不断提升,其背后的主因是国内投入的进口替代行为,自主创新开始逐渐成为我国技术进步的核心动力。

第四阶段:高质量发展阶段(2013 年至今)

从 2013 年开始,我国技术引进规模开始呈现逐渐下降态势。其中,引进合同数从 2013 年的 12448 项减少到 2018 年的 7174 项,引进合同金额则从 434 亿美元下降到 331 亿美元。而关键成套设备、生产线的引进规模降幅更大,引进合同数从 2013 年的 73 项下降到 2018 年的 36 项,引进合同金额数则从 7.3 亿美元降至 3.1 亿美元,降幅均超一倍以上,而技术许可转让、技术咨询服务的引进规模所占比重则保持稳步上升态势。

党的十八大进一步将创新驱动发展战略确定为国家层面的发展战略,并突出强调要坚持走具有中国特色的自主创新道路。随着我国企业的前沿技术消化吸收能力不断增强,自主创新能力不断提升,自主创新与技术引进的重要性开始出现更迭。但这并非意味着技术引进的重要性下降,而是说我国的技术引进开始迈向注重引进质量的更高层级阶段,在这一阶段对引进技术是否能够较好地促进我国自主创新能力发展提出了更高要求。另外,随着我国企业在参与全球价值链分工过程中所积累的技术与资金在多数领域不断缩小了与发达国家间的差距,这为我国企业转变对外竞争模式提供了良好的基础,即在新时期以技术"追赶导向"为核心要义的对外贸易竞争策略将逐渐转变为以技术"竞争导向"为主的对外贸易竞争模式(宋学印,2016)。在美国对华实行高压技术封锁的大背景下,通过竞争来倒逼本国创新可能是未来我国在国际竞争中获得更高全球价值链分工地位的主要途径。

我国技术引进的四个阶段发展历程可以由表7-1直观展示。

**表7-1　中国技术引进的基本历程**

| 阶段 | 初级阶段<br>(1978—1991年) | 快速扩张阶段<br>(1992—2001年) | 稳定发展阶段<br>(2002—2012年) | 高质量发展阶段<br>(2013年至今) |
|---|---|---|---|---|
| 特征 | • 以市场换技术<br>• 规模较小<br>• 设备引进为主 | • 技贸结合<br>• 设备引进为主<br>• 贴牌生产 | • 规模稳步上升<br>• 结构开始优化<br>• 自主创新提升 | • 规模逐步下降<br>• 结构不断优化<br>• 对外模式转变 |

## 第二节　知识产权保护、技术引进与贸易竞争力提升的理论模型构建

在回顾完我国自改革开放以来的技术引进历程后,本章将通过构建基于异质性企业理论的模型,从技术引进视角来探讨嵌入全球生产网络下知识产权保护与贸易竞争力间的关系。已有研究主要从发达国家视角出发,研究其跨国公司的全球生产配置作用机制,而较少从发展中国家视角出发,研究南方国家企业如何通过嵌入北方国家跨国公司主导的全球生产网络而实现贸易竞争力的提升。本章试图在一定程度上填补当前该研究领域存在的这一留白。

假设一个全球生产分工系统由两个国家组成,分别是作为分工主导国的北方国家,包括许多跨国公司(记作 $M$)以及作为分工参与国的南方国家,包括许多生产供应商(记作 $S$),因此南方国家的供应商主要以承接北方国家跨国公司的生产组装任务而嵌入全球价值链。进一步假设某一行业生产数量内生的差异化消费品。参考卡鲁奇奥和法利(Carluccio 和 Fally,2012)的研究,

假设这些产品的研发设计环节以及最终的成品生产与销售环节均在北方国家进行,而各类中间投入品的生产环节则出于成本节约考虑而被外包到劳动力成本较低的南方国家进行,因此前沿技术的转移溢出主要通过北方国家跨国公司的全球生产最优配置,以及南方国家生产供应商的主动参与全球生产网络(即表现为对前沿技术的主动引进与学习转化)所共同作用实现[①],其具体的渠道可以是外商直接投资或者进口(尤其是中间品进口)。这一全球价值链分工模式类似于鲍德温和维纳布尔斯(2013)所提出的"蛛型"国际分工体系,即不同零部件同时分开生产,然后最后共同生产形成一个总体(既可以是最终品也可以是下一生产阶段的中间投入品)的分工模式。由于消费品差异化特性的存在,跨国公司根据自身产品特性,将中间投入品的生产定制环节外包给南方供应商。

## 一、基准模型构建

### (一) 消费

参考梅里兹(2003)的研究,代表性消费者的效用函数为常替代弹性的效用函数形式。假定最终消费发生在北方国家,其消费者对水平差异化产品的效用函数具有以下的相同形式:

$$U = \left[ \int_0^n q\,(j)^{\frac{\sigma}{\sigma-1}} dj \right]^{\frac{\sigma}{\sigma-1}} \tag{7-1}$$

其中,$q(j)$ 为代表性消费者购买第 $j$ 类产品的数量。上述设定表明消费者的效用函数同时取决于消费品数量与消费品质量。$n$ 表示产品种类数,$\sigma>1$ 为多样化产品间的替代弹性,其值越大,表明不同产品间的替代性越强。

---

① 注意,由于这一分工模式的典型特征是南方国家供应商"被动"参与到由发达国家跨国公司主导的全球生产网络中,其主动权完全掌握在北方国家企业手中,因此一旦南方国家企业试图攀升全球价值链,则可能遭到北方国家企业前沿技术"断供"等威胁而使南方国家生产供应商陷入"低端锁定"困境。当前美国对华所实施的技术封锁即为现实中的典型例子。

消费者的支出函数为：

$$E = wL_m = \int_0^n p(j)q(j)\,dj \tag{7-2}$$

其中，$p(j)$ 为第 $j$ 类产品的价格，$L_m$ 表示北方国家劳动力投入的总数量，其对应的工资率为 $w > 1$，且假定为外生，即消费者对各类产品的总支出等于其总收入。

根据效用最大化原则，可以得到消费者对第 $j$ 类商品的需求函数为：

$$q(j) = \frac{E}{\int_0^n p(j)^{1-\sigma}\,dj}\, p(j)^{-\sigma} = \frac{E}{P^{1-\sigma}} p(j)^{-\sigma} = Ap(j)^{-\sigma} \tag{7-3}$$

其中，$P = \left[\int_0^n p(j)^{1-\sigma}\,dj\right]^{1/(1-\sigma)}$ 表示价格指数。

## （二）生产

假设跨国公司与供应商在支付初始固定搜索成本 $F_e$ 后进入全球生产网络体系。生产主要由两个阶段组成。首先，跨国公司寻找到合适的南方国家供应商，并通过谈判签订投资以及生产合约；其次，供应商按照要求进行中间品生产后由跨国公司生产成最终品进行销售。

假设南方国家供应商存在生产技术水平的异质性，其服从概率密度函数为 $g(\varphi)$ 的分布，$g(\varphi)$ 为正且 $\varphi \in (0,\infty)$，其连续累积分布函数为 $G(\varphi) \in (0,1]$，满足 $G(1) = 0$，$G(\infty) = 1$。供应商在开始生产前须按照跨国公司的需求投入一定的定制/研发成本，譬如学习生产跨国公司定制的中间品所必需的生产、管理技术等，所抽取的 $\varphi$ 最终决定南方国家供应商需要支付多少成本才能达到跨国公司对中间品定制生产的要求①，但一旦进入生产，它们则面临相同的边际生产成本，生产一单位中间品需一单位劳动力投入。进一步地，供

---

① 这一假设表明一部分技术水平较高的企业达到定制目标所需的定制/研发投入越少，越能产生更高的收益，在外包市场中也越受欢迎。

应商需支付以南方国家劳动力投入数量计的固定成本 $l_s$ 来进入接包环节,且将南方国家工资率水平标准化为 1。因此,对所有供应商而言,存在一个临界的最低生产技术水平 $\varphi^*$,只有拥有高于这一临界生产技术水平的供应商才会进入接包环节,此时 $1 - G(\varphi^*)$ 即为市场中供应商的在位区间。

假设北方国家的所有跨国公司进行垄断竞争,进一步假设跨国公司不存在可变成本,因而具有相同的生产率水平,且跨国公司的研发成本相同。每期跨国公司通过支付北方国家劳动力投入数量计的固定成本 $wl_m$ 以进入生产,它们通过寻找能够按照产品差异化特性来定制生产跨国公司所需中间品投入的南方国家供应商,然后双方就生产进行两阶段的谈判以完成相关定制生产合约的签订,最后通过将中间品生产成最终品进行销售,假定一单位最终品由一单位中间品生产而成。在整个过程中,跨国公司需要根据供应商的生产技术差异对供应商进行定制投资或者技术转移,且假设这一支付与供应商的技术水平 $\varphi$ 负相关。

## (三) 合约

在正式开始生产前,供应商与跨国公司将就合约细节进行谈判。在假设不存在搜寻摩擦的前提下,遵循格罗斯曼和赫尔普曼(2005)的研究思路,存在一个两阶段谈判过程:

阶段一:投资合约(Investment Contract)。由于最终品的差异化特性,在跨国公司完全拥有自家产品生产的自主知识产权假设下,南方国家供应商需要依据需求进行生产差异化中间品的定制投资①。由于整个生产过程是产品的定制化生产,因此所用到的生产技术等只对特定产品有效,其外部选择权为零,具有资产专用性的特征。该合同规定了供应商为达到符合跨国公司生产标准所需付出的投入。

--------

① 这一定制投资可以理解为供应商对生产定制所需的技术、管理与市场营销等的学习成本。

阶段二:订单合约(Order Contract)。在投资合约签订后,跨国公司要就中间品需求数量以及对应的价格进行规定。在这一阶段的谈判中,由于双方已经支付沉没成本,因此将具有共同的最大化联合收入的激励,也即最优的中间品数量将恰好满足市场中的最终品需求,而中间品价格将是供应商的边际成本[①]。

接下来通过逆向归纳法求解最优合约问题。

### 1. 订单合约

订单合约决定了整个生产的总收益。由于跨国公司在其所生产的 $j$ 类产品上是垄断生产者,因此跨国公司将选择由消费者效用最大化所决定的最优价格。因此,第 $j$ 类产品的收入为:

$$R(j) = r_m + r_s = p(j)q(j) - z(j) \tag{7-4}$$

其中, $z(j)$ 为中间品数量,且 $q(j) = \dfrac{z(j)}{\tau}$ , $\tau > 1$ 为冰山贸易成本。则有:

$$R_j = p(j)\frac{z(j)}{\tau} - z(j) = (\frac{p(j)}{\tau} - 1)z(j) = \tau A p(j)^{-\sigma}(\frac{p(j)}{\tau} - 1) \tag{7-5}$$

由上式的一阶条件可以得到:

$$p(j) = \frac{\tau\sigma}{\sigma - 1} = \frac{\tau}{\rho} \tag{7-6}$$

其中, $\rho = \dfrac{\sigma - 1}{\sigma}$ 表示产品间差异化程度,则 $\dfrac{1}{\rho}$ 表示产品加成率(Mark-up)。可见,产品加成率与替代弹性负相关( $\dfrac{\partial(1/\rho)}{\partial\sigma} < 0$ ),即与产品差异化程度正相关。若产品差异化程度越低,企业市场势力就越低,产品的价格越低。第 $j$ 类产品的有效需求数量等于中间品投入的需求数量。因此总收入可表示为:

---

① 如果中间投入品价格越高将使最终品生产的边际成本上升,导致联合利润下降。

$$R(j) = (1-\rho)A\left(\frac{\tau}{\rho}\right)^{1-\sigma} = (1-\rho)\frac{E}{n\left(\tau/\rho\right)^{1-\sigma}}\left(\frac{\tau}{\rho}\right)^{1-\sigma} = (1-\rho)\frac{E}{n}$$

(7-7)

上式中,$n$ 为市场中的产品种类数,在本章的设定下,也可以表示为具有外包生产关系的跨国公司与供应商数量。设跨国公司的利润份额(也可以表示谈判力)为 $\beta$ ,则供应商的利润份额为 $1-\beta$ ,因此可以将跨国公司和供应商的收益重写为:

$$r_m = \beta(1-\rho)\frac{E}{n}$$

(7-8)

$$r_s = (1-\beta)(1-\rho)\frac{E}{n}$$

(7-9)

### 2. 投资合约

假设每一供应商均面临固定的资产专用型投资 $\lambda$ ,而实际的投资额与供应商自身抽取的生产率 $\varphi$ 负相关,也即实际投资额 $I = \dfrac{\lambda}{\varphi}$ 。每个供应商的外部选择权是能够将跨国公司所提供的专有技术用于服务本国市场而从中获益。具体而言,供应商在进行定制/研发投资升级自身技术水平以达到跨国公司的要求后,能将这部分技术以定制/研发投资额作为价格在本国完全竞争市场上进行出售来弥补资产专用型投资 $I$ ,但由于所转售的技术其所有权本身并不属于供应商,因此这一行为可能受南方国家知识产权保护的制约而产生侵权成本①。假设南方国家的知识产权保护水平为 $\eta \in (0,1]$ ,那么供应商的外部选择权可以表述为:

---

① 需要注意的是,不同行业的天然差异会导致它们对知识产权保护的需求/依赖度存在较大不同。如纺织服装业对知识产权保护本身就不敏感或者说目前为止并没有专门针对性的创新保护措施,而医药行业对知识产权保护的需求则非常高(Ivus,2010)。其背后的原因可能是科恩等(Cohen 等,2000)所提出的不同行业存在的研发强度异质性问题。为更好地得到本模型的核心结论,到目前为止这里并不对这一知识产权保护的行业异质性加以考虑,而会在后续的拓展分析部分进行进一步的挖掘。

$$O = (1 - \eta)I \tag{7-10}$$

上式表明,当知识产权保护水平越高,供应商的外部选择权将越小。

进一步来看合同双方所获得的净利润。对跨国公司而言,在外包生产开始前跨国公司会支付给供应商预付款 $T$ 以避免被"敲竹杠"(Hold - up Problem)行为所导致的损失。因此跨国公司的利润可以表述为:

$$\pi_m = r_m - T \tag{7-11}$$

对供应商而言,其利润为:

$$\pi_s = r_s - I + O + T = r_s - \frac{\eta\lambda}{\varphi} + T \tag{7-12}$$

跨国公司对供应商的预付款 $T$ 由供应商的生产率以及南方国家知识产权保护水平所共同决定,因此有 $T \equiv T(\varphi,\eta)$,且由一个纳什广义谈判过程(Nash Generalized Bargaining Process)所决定。首先将式(7-8)和式(7-9)代入式(7-11)和式(7-12):

$$\pi_m = \beta(1 - \rho)\frac{E}{n} - T \tag{7-13}$$

$$\pi_s = (1 - \beta)(1 - \rho)\frac{E}{n} - \frac{\eta\lambda}{\varphi} + T \tag{7-14}$$

接着求解纳什乘积(Nash Product)对预付款 $T$ 的最大化问题:

$$\underset{T}{\text{Max}}\Pi = \left[\beta(1 - \rho)\frac{E}{n} - T\right]^{\beta}\left[(1 - \beta)(1 - \rho)\frac{E}{n} - \frac{\eta\lambda}{\varphi} + T\right]^{1-\beta} \tag{7-15}$$

对上式进行 Log 线性化变换,并对 $T$ 求一阶导数可得最优预付款 $T \equiv T(\varphi,\eta)$:

$$T(\varphi,\eta) = \beta\frac{\eta\lambda}{\varphi} \tag{7-16}$$

由上式可以得到以下引理:

引理 1:高技术供应商所需的资产专用型投资额较少,因此其满足纳什谈

判解的转移支付 $T(\varphi, \eta)$ 也较低。

运用式(7-16),可以进一步将跨国公司和供应商的利润函数改写成:

$$\pi_m = \beta(1 - \rho)\frac{E}{n} - \beta\frac{\eta\lambda}{\varphi} = \beta\left[(1 - \rho)\frac{E}{n} - \frac{\eta\lambda}{\varphi}\right] \qquad (7-17)$$

$$\pi_s = (1 - \beta)(1 - \rho)\frac{E}{n} - \frac{\eta\lambda}{\varphi} + \beta\frac{\eta\lambda}{\varphi} = (1 - \beta)\left[(1 - \rho)\frac{E}{n} - \frac{\eta\lambda}{\varphi}\right]$$

$$(7-18)$$

### (四) 均衡

#### 1. 零利润临界条件(Zero Cut-off Condition)

供应商支付固定成本 $l_s$ 进入接包生产环节,其期望收益为 $\pi_s - l_s$,那么根据式(7-17),供应商的零利润临界条件由下式决定:

$$l_s = \pi_s = (1 - \beta)\left[(1 - \rho)\frac{E}{n} - \frac{\eta\lambda}{\varphi}\right] \qquad (7-19)$$

根据上式可以得到使供应商获取零利润的临界生产率为:

$$\varphi^* = \frac{\eta\lambda}{(1 - \rho)\dfrac{E}{n} - \dfrac{l_s}{1 - \beta}} \qquad (7-20)$$

由上式可以看出,供应商的临界生产率 $\varphi^*$ 随 $\beta$ 而上升,即随供应商议价能力 $(1 - \beta)$ 的上升而下降,这表明随着供应商议价能力的上升,接包收益越大,会吸引更多低技术供应商进入关系专业化(Relationship-specific)的接包合约中。

跨国公司雇佣具有临界生产率水平的供应商时其零利润条件满足:

$$wl_m = \pi_m = \beta\left[(1 - \rho)\frac{E}{n} - \frac{\eta\lambda}{\varphi^*}\right] \qquad (7-21)$$

结合式(7-20),可以得到拥有临界生产率的供应商所获得的利润份额为:

$$\frac{1-\beta}{\beta} = \frac{l_s}{wl_m} \Rightarrow 1 - \beta^* = \frac{l_s}{l_s + wl_m} \tag{7-22}$$

据此可以得到引理2:

引理2:拥有临界生产率的供应商所获得的利润份额可以解释为:(1)行业中上游中间品投入市场厚度的倒数;(2)关系专有化合约中供应商的重要程度。

式(7-22)即供应商在接包时所要求的最低利润份额,且这一份额正好能够使合同双方收支平衡。根据 $\frac{\partial(1-\beta^*)}{\partial l_s} > 0$ 可知,供应商的进入成本越高,可获取的利润份额则越大。也即只有生产率足够高的供应商才能进入接包环节而获取更多利润,此时供应商的重要性就越强。反之,进入成本越低,则将吸引越多的低技术供应商进入接包环节,这就会增加投入市场的厚度[①]。

将式(7-22)代入式(7-20),可将临界生产率改写为正好能使合约双方收支平衡的表达式:

$$\varphi^* = \frac{\eta\lambda}{(1-\rho)\dfrac{E}{n} - l_s - wl_m} \tag{7-23}$$

**2.最终品市场的进入**

对任意供应商的技术能力,能使跨国公司是否进行外包所得利润无差异的生产率水平 $\varphi$ ,可以根据式(7-18)得到:

$$\varphi^{**} = \frac{\eta\lambda}{(1-\rho)\dfrac{E}{n} - \dfrac{wl_m}{\beta^{**}}} \tag{7-24}$$

---

[①]　麦克拉伦(McLaren,2000)认为,投入市场越厚,供应商所获取的事后收益分成越大;格罗斯曼和赫尔普曼(2002)认为,投入市场越厚,跨国公司找到匹配的供应商的概率越大,而这增加了外包的吸引力。

其中，$\beta^{**}$为满足跨国公司零利润临界条件的利润份额，进而可以获得供应商的利润份额为：

$$1 - \beta^{**} = 1 - \frac{wl_m}{(1-\rho)\dfrac{E}{n} - \dfrac{\eta\lambda}{\varphi^{**}}} \qquad (7-25)$$

上式表明，使跨国公司零利润的供应商利润份额随供应商的生产率而上升，供应商能力越强，则跨国公司越能放弃更多利润份额还能保持收支平衡。

### 3.稳态均衡分析

遵循梅里兹(2003)的研究，处于合约双方的跨国公司与生产率为 $\varphi$ 的供应商每一期共同赚取联合利润 $\Pi(\varphi)$ 直到某一期因受到负外部冲击而退出市场为止。因此合同双方开始生产所预期的利润贴现值可以表述为：

$$V(\varphi) = \max\left\{0, \sum_{t=0}^{\infty}(1-\theta)^t\Pi(\varphi)\right\} = \max\left\{0, \frac{1}{\theta}\Pi(\varphi)\right\} \qquad (7-26)$$

其中，$\theta$ 表示常数退出概率。由上式可知，必定存在唯一的生产率临界值 $\varphi^*$，当 $\varphi > \varphi^*$ 时，$V(\varphi) > 0$ 成立。

稳态均衡需要求解产品种类(合同数)$n$ 以及临界生产率 $\varphi^*$。首先定义在位供应商的平均生产率水平 $\bar{\varphi}$ 为：

$$\bar{\varphi} = \int_0^{\infty}\varphi u(\varphi)d\varphi \qquad (7-27)$$

其中，$u(\varphi)$ 为 $g(\varphi)$ 在 $[\varphi^*, \infty)$ 上的条件概率分布：

$$u(\varphi) = \begin{cases} \dfrac{g(\varphi)}{1 - G(\varphi^*)}, & \varphi > \varphi^* \\ 0, & \varphi \leqslant \varphi^* \end{cases} \qquad (7-28)$$

这样就可以将市场中在位供应商的平均生产率 $\bar{\varphi}$ 表示为 $\varphi^*$ 的函数：

$$\bar{\varphi}(\varphi^*) = \frac{1}{1 - G(\varphi^*)}\int_{\varphi^*}^{\infty}\varphi g(\varphi)d\varphi \qquad (7-29)$$

由式(7-29)可知，在位供应商的平均生产率 $\bar{\varphi}$ 由临界生产率 $\varphi^*$ 以及外

生的概率分布 $g(\varphi)$ 以及 $G(\varphi)$ 唯一决定。

接着需要计算合约双方共同赚取的平均联合利润 $\overline{\Pi}$ [1],并表述为临界生产率水平的表达式。首先借鉴梅里兹(2003)的相对技术水平概念,即:

$$\frac{\eta\lambda/\varphi_1}{\eta\lambda/\varphi_2} = \frac{\varphi_2}{\varphi_1} \Rightarrow \frac{\eta\lambda}{\overline{\varphi}} = \left(\frac{\varphi^*}{\varphi(\varphi^*)}\right)\frac{\eta\lambda}{\varphi^*} \tag{7-30}$$

结合临界生产率水平表达式,就可以将上式改写为:

$$\frac{\eta\lambda}{\overline{\varphi}} = \left(\frac{\varphi^*}{\varphi(\varphi^*)}\right)\left[(1-\rho)\frac{E}{n} - wl_m - l_s\right] \tag{7-31}$$

将上式代入式(7-16),有:

$$\overline{T} = \beta^{**}\frac{\eta\lambda}{\overline{\varphi}} = \beta^{**}\frac{\varphi^*}{\varphi(\varphi^*)}\left[(1-\rho)\frac{E}{n} - wl_m - l_s\right] \tag{7-32}$$

假设跨国公司获得零利润,那么可以求解得到均衡时的平均联合利润[2]为:

$$\overline{\Pi} = \overline{\Pi}_s = \pi_s(\overline{\varphi}) - l_s = r_s + \overline{T} - \frac{\eta\lambda}{\overline{\varphi}} - l_s = \left[(1-\rho)\frac{E}{n} - wl_m - l_s\right]\psi(\varphi^*)$$

$$\tag{7-33}$$

其中:

$$\psi(\varphi^*) = 1 - \frac{\varphi^*}{\overline{\varphi}(\varphi^*)} \tag{7-34}$$

式(7-33)即为稳态均衡的第一个决定式。从式(7-33)以及式(7-34)可以看出,临界生产率水平 $\varphi^*$ 的上升会直接增加平均联合利润,此为技术进步的正效应;但与此同时,竞争对手的生产技术也获得增长而使自身联合利润下

---

[1] 假设合约中某一方的利润份额(谈判力)为零时求解另一方所赚取的利润,即为联合利润。如假设跨国公司利润等于零来求解供应商利润水平 $\overline{\Pi}_s = \pi_s - l_s$;抑或假设供应商利润等于零来求解跨国公司利润水平 $\overline{\Pi}_m = \pi_m - wl_m$。

[2] 具体推导过程参见本章附录。

降,此为技术进步的负效应。如果 $G(\varphi^*)$ 具有较长的右尾,使 $\psi'(\varphi^*) < 0$[①],那么负效应将占主导,使以式(7-33)表示的零利润临界条件随 $\varphi^*$ 的上升而下降。

根据生产率分布 $G(\varphi)$ ,供应商成功进入的事前概率是:

$$Pr_e(\varphi^*) = 1 - G(\varphi^*) \tag{7-35}$$

显然,$Pr'_e(\varphi^*) < 0$。由于合约双方进入生产前在预期能获取一个正的利润后才选择是否支付沉没成本再开始生产,因此根据式(7-25),每一期各类产品生产的平均利润现值为:

$$\overline{V} = \frac{1}{\theta}\overline{\Pi} \tag{7-36}$$

进入生产的净收益可以表示为:

$$V_e = Pr_e(\varphi^*)\overline{V} - F_e = \frac{1 - G(\varphi^*)}{\theta}\overline{\Pi} - F_e \tag{7-37}$$

这样,根据自由进入条件可以得到稳态均衡的第二个决定式:

$$\overline{\Pi} = \frac{\theta F_e}{1 - G(\varphi^*)} = \frac{\theta F_e}{Pr_e(\varphi^*)} \tag{7-38}$$

**4. 知识产权保护对稳态均衡的影响**

根据式(7-33)及式(7-38)可解得均衡时的产品种类数 $n$ 以及临界生产率水平 $\varphi^*$ :

$$n^* = \frac{E(1 - \rho)}{\dfrac{\theta F_e}{Pr_e(\varphi^*)\psi(\varphi^*)} + wl_m + l_s} \tag{7-39}$$

由于 $\psi'(\varphi^*) < 0$ 以及 $Pr'_e(\varphi^*) < 0$,易知 $\dfrac{\partial n^*}{\partial \varphi^*} < 0$。进一步可以求得零利润临界生产率水平的最终表达式:

---

① 具体证明过程参见本章附录。

$$\frac{\varphi^*}{\psi(\varphi^*)Pr_e(\varphi^*)} = \frac{\eta\lambda}{\theta F_e} \tag{7-40}$$

由上式可知,在给定 $\psi'(\varphi^*) < 0$ 以及 $Pr'_e(\varphi^*) < 0$ 的情况下, $\eta$ 增大或 $F_e$ 变小会要求等式左边临界生产率 $\varphi^*$ 的提升才能继续满足平衡关系。因此可以得到命题1:

命题1:供应商临界技术水平随南方国家知识产权保护程度( $\eta$ )的上升而增加(即 $\frac{\partial \varphi^*(\eta)}{\partial \eta} > 0$ )。即知识产权保护水平上升会对南方国家低技术水平(进而低外部选择权)的全球价值链参与企业产生"分工挤出效应",只有技术水平相对更高的供应商才能参与全球价值链分工(即 $\overline{\varphi}'(\varphi^*) > 0$ )。

命题1的前半部分可以由式(7-40)直接得到,而后半部分则可以通过对式(7-30)进行求导得到:

$$\overline{\varphi}'(\varphi^*) = \frac{g(\varphi^*)(\overline{\varphi}(\varphi^*) - \varphi^*)}{1 - G(\varphi^*)} \tag{7-41}$$

由上式可知,当 $\overline{\varphi}(\varphi^*) > \varphi^*$ 时 $\overline{\varphi}'(\varphi^*) > 0$ 总是成立。也即南方国家知识产权制度的加强在提升供应商进入接包生产的临界生产率的同时,也降低了低技术供应商的外部选择权,最终只有较高技术水平的供应商能够参与全球生产网络[1]。

遵循纳加维等(2017)的研究思路,由于最终品消费发生在北方国家,因此给定供应商所获得的正的利润份额,且这一利润份额优于退出市场后合约关系外的回报,那么可以使用行业内发生的经济活动所获总收益来衡量南方

---

① 联合国贸易和发展会议(2013)认为,对全球生产网络内的分工参与国而言,实现全球价值链分工地位的提升以及贸易竞争力的精进,其最优政策应是在提升分工参与度的同时增进在价值链上的价值俘获能力。全球价值链参与和全球价值链分工收益间的内在权衡关系是通过降低出口的国内增加值来提升价值链的参与程度,而一国主要通过提升出口产品中的进口成分以及向第三国出口中间产品和服务来实现价值链参与程度的提升。因此,如果该国能够从向第三国提供更多中间产品和服务中创造更多价值,那么其价值链地位将获得提升。但对大多数国家而言,提升价值链的参与度可能往往是必要的第一步。对1990—2010年125个发展中国家的研究发现,实行"先嵌入后提升"的价值链升级案例占比达43%。

国家参与全球生产网络的竞争力水平[①]。由 $n$ 类产品生产所得总收益为：

$$n\overline{\Pi} = \frac{(1-\rho)E}{\dfrac{\theta F_e}{Pr_e(\varphi^*)\psi(\varphi^*)} + wl_m + l_s} \times \frac{\theta F_e}{1 - G(\varphi^*)}$$

$$= \frac{(1-\rho)E}{\dfrac{1}{\psi(\varphi^*)} + \dfrac{Pr_e(\varphi^*)(wl_m + l_s)}{\theta F_e}} \tag{7-42}$$

进一步地，对上式求 $\varphi^*$ 的偏导，有：

$$\frac{\partial(n\overline{\Pi})}{\partial\varphi^*} = \frac{E(1-\rho)\left[\dfrac{\psi'(\varphi^*)}{\psi^2(\varphi^*)} - \dfrac{Pr_e'(\varphi^*)(wl_m + l_k)}{\theta F_e}\right]}{\left[\dfrac{1}{\psi(\varphi^*)} + \dfrac{Pr_e(\varphi^*)(wl_m + l_k)}{\theta F_e}\right]^2} \tag{7-43}$$

由上式可知，在给定 $\psi'(\varphi^*) < 0$ 以及 $Pr_e'(\varphi^*) < 0$ 的情况下，知识产权保护加强所致南方国家供应商进入生产的临界生产率 $\varphi^*$ 上升对南方国家在全球生产网络中价值俘获的影响是不确定的，其主要依赖于 $\dfrac{\psi'(\varphi^*)}{\psi^2(\varphi^*)} - $

$\dfrac{Pr_e'(\varphi^*)(wl_m + l_k)}{\theta F_e}$ 的符号。即知识产权保护加强导致临界生产率上升所产生的影响，从集约边际看，若使供应商进入生产的事前概率下降较多［即 $Pr_e'(\varphi^*)$ 较小，进而行业内竞争程度下降较多］，则会使在位供应商所获平均分工利润得到增长，贸易竞争力提升；从广延边际看，若使行业中活跃供应商数量减少较多［即 $\psi'(\varphi^*) < 0$ 较小，进而行业内在位供应商数量较少］，则会使行业整体所获分工收益下降，贸易竞争力随之出现下降。基于上述分析可以得到命题 2：

---

① 实际上，南方国家所获分工收益即为整个外包活动所产生的利润与南方国家供应商利润份额之积。许和连等（2017）认为，通常在全球价值链分工中，拥有更高价值俘获能力的企业，其对应的全球价值链地位也越高，贸易竞争力更强。

命题2:给定 $\varphi^{*\prime}(\eta)$、$\psi'(\varphi^*) < 0$ 以及 $Pr'_e(\varphi^*) < 0$,南方国家加强知识产权保护对自身在全球生产网络中的竞争力具有双重影响:从集约边际看,加强知识产权保护弱化了行业内竞争而增加在位高技术供应商的平均分工收益,进而整体提升了贸易竞争力;从扩展边际看,加强知识产权保护又由于降低了行业内在位供应商的绝对数量而减少了行业整体的价值链分工收益,进而导致贸易竞争力的下降。因此,南方国家提升知识产权保护强度的影响不确定。

由命题2可以看出,南方国家知识产权保护水平的提升有利于跨国公司选择拥有高技术的供应商来参与分工,进而能使跨国公司获取更高的分工收益。这也从全球生产网络视角给出了为何发达国家频频针对发展中国家是否完全履行《与贸易有关的知识产权协定》挑起一系列贸易争端的缘由。

## 二、纳入技术差距的拓展分析

从前文分析可知,一国知识产权保护水平的上升对该国价值俘获的影响不确定。本章将通过纳入南方国家与北方国家的技术距离对上述分析进行进一步拓展。假设作为分工参与国的南方国家在行业整体技术水平上与跨国公司所在的北方国家在初始阶段具有较大差距,从技术分布上看,南方国家供应商主要集中在技术水平较低的分布左侧①,那么此时提升知识产权保护水平可能会使 $\psi'(\varphi^*)$ 变小,而 $Pr'_e(\varphi^*)$ 变得很大②,导致 $\dfrac{\partial(n\overline{\Pi})}{\partial\varphi^*} < 0$ 成立。即当技术差距较大时,加强知识产权保护并不利于南方国家供应商通过参与全球价值链分工进行"全球价值链中学",同时知识产权保护加强的"集约边际效应"使在位供应商所获平均分工收益的上升,难以弥补因"扩展边际效应"

---

① 即南方国家供应商的技术分布呈长右尾状,行业内高技术企业占比很少。

② 知识产权保护越强,使进入全球价值链分工的临界生产率越高,进入的事前概率对技术落后国而言也就越低。

使在位供应商绝对数量减少,所导致的整体分工收益下降,其净效应导致本国整体的分工参与收益下降。当南方国家不断通过引进学习或技术创新等途径提升整体技术水平时,此时提升知识产权保护将使 $\psi'(\varphi^*)$ 逐渐变大,而 $Pr'_e(\varphi^*)$ 逐渐变小,南方国家整体的全球价值链分工收益因此逐渐上升。由此得到以下命题3:

命题3:当南方国家整体的行业技术水平较低时,通过提升知识产权保护水平将难以使全球生产网络分工收益获得增长,进而贸易竞争力的提升效应有限;当南方国家技术水平相对较高时,提升知识产权保护将有助于提升自身全球生产网络的分工收益,进而能快速提升贸易竞争力。

从知识产权保护经典理论及发达国家的实践来看,国际范围内知识产权保护的"竞争性"提升可能导致保护水平的"超调"(尹志锋,2016)。对南方国家而言,初期在参与全球价值链分工过程中,如果本国采取跟随发达国家知识产权保护的竞争性提升策略,而偏离了最优知识产权保护强度所对应的保护水平,那么其产生的经济效应可能并非是最优的,且这一影响在参与全球价值链分工的发展中国家其整体技术水平与世界前沿差距较大时更甚。这是因为,掣肘于自身较低的创新能力以及技术资本积累等因素,这一阶段发展中国家若一味迎合发达国家对本国知识产权保护的单方面需求而采取"竞争性"跟随提升策略,则有可能导致保护水平"超调"而偏离了该技术阶梯的最优值,进而对全球价值链分工地位以及对外贸易竞争力的提升产生显著的负向影响。在以创新为核心驱动力的全球价值链分工体系中,代工初期链主企业会基于东道国知识产权保护强弱向后发国进行"主动"的、"有选择"的技术溢出,以使后发国代工企业能够满足国际市场需求;随着东道国知识产权保护的不断提升,链主企业倾向于外包更多技术生产环节以谋取更大的分工收益,此时一旦部分代工企业通过技术资金的积累试图通过模仿等低成本竞争行为抢占链主企业潜在市场时,链主企业能够通过提前申请专利等方法阻止自身先进技术的扩散,并基于先发优势所形成的产品高市场占有率使代工企业难以获取足够的市场需求支撑其转型升级，而后发国较高的知识产权保护制度就成为链主企业这一链条控制手段的外部策略性保障（余骁和郭志芳，2017）。

结合本章的分析发现，维持相对低的知识产权保护水平能够使南方国家更多地参与到全球价值链分工中，并通过"全球价值链中学"等途径不断学习积累技术能力。即此时国际生产分割进入的临界生产率门槛不会太高，能够使更多低技术企业进入全球价值链。随南方国家供应商通过技术创新等途径不断提升自身技术使行业整体的技术水平达到一定阶段后，此时实施较为严格的知识产权保护制度，一方面，能够通过优化行业内资源配置使技术水平更高的供应商参与到更为复杂的价值链分工环节中以获得更大分工收益；另一方面，知识产权保护制度的增强会提升进入价值链分工的门槛，此时对处于不同技术阶梯的供应商而言，知识产权保护提升的"动态示范效应"（宋学印，2016）①会使它们更有激励加大研发创新力度，以推动自身技术进步而参与到全球价值链分工中。因此，制定合适的知识产权保护制度可能是一国提升整体创新能力以及全球价值链上竞争力的关键所在。正如戴翔和张二震（2016）所指出的那样，不切实际地一味追求"大跃进"有可能会在"欲速则不达"中起到极大的负面作用，攀升全球价值链应以本国现实比较优势为基础。结合本章的研究，从全球生产网络视角看，如果南方国家知识产权保护制度的提升能够与企业技术水平增长形成良性"耦合"，那么这将有助于切实提升本国在全球生产网络中的竞争力。据此可以得到推论1：

推论1：对技术相对落后的南方国家而言，知识产权保护水平在不同技术阶梯上可能存在不同的最优区间，当知识产权保护强度处于最优区间时，通过与技术进步的"耦合"将能够有效提升其全球生产网络中的竞争力，且这一最

---

①　宋学印（2016）认为，当给予处在接近技术前沿的企业较强的知识产权保护水平时，位于离技术前沿较远的企业有激励加大研发投入以推动技术进步。借鉴这一思路，本书认为，当南方国家技术水平达到一定程度时，提升知识产权保护将有助于激励处于相对落后技术阶梯上的企业提升研发投入以进入全球价值链分工并获取分工收益。

优区间会随行业整体技术能力的升级而协同跃升。

上述推论1可能是对该领域研究的一个有益补充。楚等(2014)最早指出一国的最优知识产权保护制度应与其经济发展水平相适应。陈凤仙和王琛伟(2015)认为最优知识产权应与国家创新能力的阶段性特征相匹配。而本章则从全球生产网络这一开放视角出发,试图从价值链参与国视角出发,得到南方国家最优知识产权制度与全球生产网络中对外贸易竞争力间的动态关联。

命题3以及推论1可以通过一个简单的数值分析来作进一步的说明。假设南方国家整体的技术分布服从齐比夫(Zipf)分布,因此有以下概率密度:

$$g(\varphi) = \gamma\varphi^{-\gamma-1} \tag{7-44}$$

其中,$\gamma$ 越大,说明平均生产率水平越低,即存在大量低技术企业。图7-1分别为 $\gamma = 1$ 以及 $\gamma = 4$ 时的齐比夫分布图,可以看到当 $\gamma$ 越大时低技术企业越密集地分布在左侧。

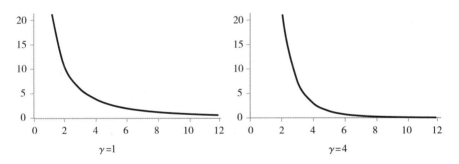

**图7-1　不同 $\gamma$ 取值下的齐比夫(Zipf)分布**

进一步地,根据式(7-28)、式(7-33)以及式(7-34)可以得到:

$$\frac{\partial n\overline{\Pi}}{\partial \varphi^*} = \frac{E(1-\rho)\dfrac{wl_m + l_s}{\theta F_e}\dfrac{\gamma}{\varphi^{*\,\gamma+1}}}{(\gamma + \dfrac{wl_m + l_s}{\theta F_e\varphi^{*\,\gamma}})^2} \tag{7-45}$$

从上式可知,上式恒为正,但当 $\gamma > \dfrac{1}{\ln\varphi^*}$ 成立时会随 $\gamma$ 上升而下降。即如果某一经济体整体的技术水平很低,盲目提升知识产权保护则反而会使分工参与企业的全球价值链收益下降,进而影响贸易竞争力提升。因此,如果后进国能够制定符合自身技术发展水平的知识产权保护制度,即满足 $\gamma \leqslant \dfrac{1}{\ln\varphi^*}$ 时,适宜的知识产权保护强度就能够与技术进步形成良性"耦合",进而提升在全球生产网络中的竞争力。

由于以上分析仅针对某一特定行业,而经济整体通常由许多不同的行业所构成,因此上述分析可以作进一步推广。阿吉翁等(2005)首先发现技术距离会对竞争和创新间的关系产生显著影响。贺贵才和于永达(2011)、许培源和章燕宝(2014)同样发现行业技术差距会显著影响知识产权保护与创新间的关系。如前分析,考虑到不同行业还可能存在对知识产权保护依赖度的巨大差异,这里进一步地将这一维度的异质性纳入拓展分析部分加以考量。科恩等(2000)最早提出了不同行业可能存在的研发强度异质性问题。艾弗斯(2010)则通过对不同知识产权保护敏感度的行业进行分类后,实证论证了不同行业知识产权密集度的差异将显著影响一国出口贸易结构。尹志锋等(2013)则在上述研究基础上,测算了国家—产业层面的实际知识产权保护强度。可见,技术差距异质性会使不同行业存在不同的最优知识产权保护区间,而行业的知识产权保护依赖度差异性同样会对此产生较大影响。不同于现行"平齐型"知识产权保护制度[①],一国尤其是技术相对落后的发展中国家应制定契合本国不同行业特点的"阶梯型"知识产权保护制度,这将有助于自身更好地实现在全球价值链分工中的竞争力提升。由此可得到推论2:

---

[①]　即无差别的知识产权保护制度。伯克和莱姆利(Burk 和 Lemley,2009)就曾指出,"一刀切"的知识产权制度安排由于忽略了不同行业的异质性创新行为以及对知识产权保护强度敏感性的差异,导致部分行业的知识产权保护过强而另一些行业则略显不足。

推论2:不同于"平齐型"知识产权保护制度,技术落后国应基于行业异质性特征(包括技术阶差与知识产权保护依赖度)构建"阶梯型"知识产权保护制度,以对不同行业进行差异化的阶段性最优保护,进而有效提升本国整体的全球价值链分工地位。

推论2可以由图7-2简单地表示。对某一全球价值链分工参与经济体而言,因不同行业具有不同的初始技术水平,因此不同技术水平区间所对应的最优知识产权保护强度也会存在较大差异,其演进路径应是沿各不同技术阶段实现阶梯型递进,而不同行业位置的高低则主要由行业的知识产权保护依赖度所决定。对最优知识产权保护体系设计的详细探讨可参见本书第十三章相关内容。

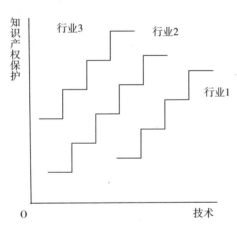

图7-2 "阶梯型"知识产权保护制度

# 第三节 实证结果与分析

## 一、计量模型设定与变量说明

由前述理论模型分析所得的命题2可知,南方国家提升知识产权保护对自身在全球生产网络中的竞争力影响并不确定,因此本章设置以下基准计量模型并结合行业层面数据来实证分析其具体影响方向与程度：

$$comp_{jt} = \alpha_0 + \alpha_1 ipr_{jt} + \beta X + \lambda_t + s_j + \varepsilon_{jt} \qquad (7-46)$$

其中，$comp_{jt}$ 表示 $j$ 行业 $t$ 时期在全球生产网络中的贸易竞争力，在基准回归中采用行业全球价值链地位（$GVC\_pst_{jt}$）作为代理变量，同时使用行业出口国内增加值率（$DVAR$）作稳健性检验，而 $ipr_{jt}$ 指 $j$ 行业在 $t$ 时期的知识产权保护水平，用以反映不同行业的知识产权保护依赖度异质性。上述核心变量具体含义与计算可参见上一章相关内容。$X$ 为一系列控制变量。为控制行业规模的影响，这里纳入各行业的总产值 $y_{jt}$，以各行业样本年份内各年的总产出作为代理，同时为避免价格因素的影响，使用我国工业品出厂价格指数进行平减。基于唐海燕和张慧清（2009）的研究，纳入行业资本密集度 $k_{jt}$ 以及人力资本 $hc_{jt}$，其中行业资本密集度 $k_{jt}$ 参考程时雄等（2016）的做法，采用各行业样本年份内各年的固定资产净值作为代理，同样为避免价格因素的影响，使用我国固定资产投资价格指数进行平减。人力资本（$hc_{jt}$）则使用保永文（2017）所推荐的研发人员实际劳动投入的全时当量来衡量行业人力资本水平。此外，为控制行业外需规模对回归的影响，对行业出口交货值 $ex_{jt}$ 加以控制。由于出口交货值是行业该年实际的出口额，包括通过自身以及贸易中介出口两部分，因此能更精确地反映行业外需规模。进一步地，本章还控制了行业的价值链参与程度（$GVC\_ptcp_{jt}$）。为较好地控制遗漏变量所带来的估计偏误问题，这里进一步纳入年份固定效应 $\lambda_t$ 以及行业固定效应 $s_j$，$\varepsilon_{jt}$ 为随机扰动项。

## 二、数据来源与处理

考虑到《中国科技统计年鉴》从 2003 年才开始统计分行业的大中型工业企业专利申请量，2010 年后则改为规模以上口径工业企业的创新活动数据，因此基于各变量数据的可得性与统计口径的一致性考虑，本章的实证分析将研究区间设定为 2003—2010 年。在删除数据缺失较为严重的废弃资源和废旧材料回收加工业(国民经济行业代码43)后,本章总共选取我国29个制造业行业的数据组成总计8年的面板数据进行实证分析。其中,核心变量的数据来源与处理参见本书第六章,其余变量如工业总产值、固定资产净值以及出口交货值数据来源于各年《中国工业经济统计年鉴》,而工业品出厂价格指数、固定资产投资价格指数则来自各年《中国统计年鉴》。

这里有两个地方需要作简要说明。第一,部分变量数据在部分年份存在缺失。由于这些缺失并非特意的随机性缺失(Missing at Random),因此采用缺失值前后两年数据的平均值进行平滑替代,其他存在数据随机缺失的变量以同样方法插补。第二,由于世界投入产出数据库中的行业分类标准以《国际标准产业分类(第3版)》为基准,因此需要将我国制造业的国民经济行业分类标准(GB—T4754—2002)与之进行匹配对照。本章参考齐俊妍和吕建辉(2016)的研究,将两大行业分类标准在二位码层面进行了匹配,具体的对照结果见本章附表7-1。此外,为了避免规模数据的自身波动所可能导致的计量结果偏误,这里对规模数据取自然对数。经过上述处理,本部分实证所用数据的描述性统计特征见表7-2。

表7-2 各变量描述性统计特征

| 变量 | 类型 | 均值 | 标准误差 | 最小值 | 最大值 | 观测值 |
|------|------|------|---------|--------|--------|--------|
| *GVC_pst* | overall | 0.1217 | 0.1326 | −0.0911 | 0.3775 | N = 232 |
| | between | | 0.1313 | −0.0528 | 0.3312 | n = 29 |
| | within | | 0.0296 | 0.0512 | 0.2025 | T = 8 |
| *DVAR* | overall | 0.7893 | 0.0761 | 0.5722 | 0.9061 | N = 232 |
| | between | | 0.0740 | 0.6325 | 0.8934 | N = 29 |
| | within | | 0.0217 | 0.7290 | 0.8563 | T = 8 |
| *ipr* | overall | 4.0923 | 4.2100 | 0.0939 | 22.3872 | N = 232 |
| | between | | 3.4298 | 0.5580 | 14.6055 | n = 29 |
| | within | | 2.5134 | −3.1851 | 13.4150 | T = 8 |

续表

| 变量 | 类型 | 均值 | 标准误差 | 最小值 | 最大值 | 观测值 |
|------|------|------|----------|--------|--------|--------|
| | overall | 8.8490 | 0.9971 | 6.5565 | 10.8697 | N=232 |
| $y$ | between | | 0.8700 | 7.4868 | 10.3653 | n=29 |
| | within | | 0.5101 | 7.6306 | 9.7792 | T=8 |
| | overall | 7.4591 | 0.9773 | 5.2102 | 9.7236 | N=232 |
| $k$ | between | | 0.9190 | 5.8203 | 9.1406 | n=29 |
| | within | | 0.3689 | 6.6868 | 8.2200 | T=8 |
| | overall | 6.8447 | 1.2956 | 3.0554 | 10.4415 | N=232 |
| $ex$ | between | | 1.2558 | 3.2045 | 9.9162 | n=29 |
| | within | | 0.3864 | 5.5042 | 7.6793 | T=8 |
| | overall | 9.3274 | 1.3399 | 5.9189 | 12.5375 | N=232 |
| $hc$ | between | | 1.3000 | 7.0216 | 11.8771 | n=29 |
| | within | | 0.3956 | 8.2247 | 10.3805 | T=8 |
| | overall | 0.5900 | 0.2386 | 0.1808 | 0.8999 | N=232 |
| $GVC\_ptcp$ | between | | 0.2411 | 0.2071 | 0.8848 | n=29 |
| | within | | 0.0240 | 0.5094 | 0.6722 | T=8 |

## 三、基准结果分析

根据表 7-2,行业层面的计量检验使用的是 $n$ 较大、$T$ 较小的平衡短面板数据,且各变量组间标准误差(between)比组内标准误差(within)大 1 倍,这表明运用该面板数据回归时可能面临的问题之一即组间异方差问题。为此,表 7-3 中各模型结果均在施加异方差稳健标准误差的前提下得到,但此时就难以通过传统豪斯曼(Hausman)检验来对回归模型的设定进行判断①。参照陈强(2014)所推荐的做法,首先运用虚拟变量最小二乘回归法(Least Squares Dummy Variables,LSDV)对个体虚拟变量进行回归,发现多数个体虚拟变量的

---

① 通常聚类稳健标准误差仅约为普通标准误差的一半,故此时 F 检验统计量并不有效。

系数很显著,因此可以认为存在个体效应,个体效应回归结果将优于混合回归。为进一步准确判断,可以使用过度识别条件来进行稳健豪斯曼检验[1],本章的检验结果显示 Sargen-Hansen 统计量的值为 54.708,$p$ 值为 0.0000,可以认为固定效应模型的结果更为可信,因此后续检验主要基于固定效应进行回归。

表 7-3 中列(1)为仅包含核心解释变量的回归结果,可以看出行业知识产权保护 $ipr$ 的系数为正,且在 1% 的水平上显著,表明不同行业知识产权保护强度每提升 1%,将引致行业在全球价值链中的竞争力提升 0.0067%,可见,从平均意义上讲,加强知识产权保护将有助于各行业提升在全球价值链分工中的竞争力。当然,列(1)结果并未包含其他控制变量,也未控制时间与行业固定效应,且 $R^2$ 不到 0.32,整体解释力较低,因此列(2)和列(3)逐步纳入其他控制变量以及年份与行业固定效应。从回归结果中我们发现知识产权保护水平的影响力有所稀释,这可能是因为 $ipr$ 的激励效应还会通过激励竞争等其他间接渠道发挥作用。列(4)为随机效应的极大似然估计(Maximum Likelihood Estimate,MLE)结果,根据对应 $p$ 值可知,模型同样拒绝混合回归,且系数的显著性与符号均未发生明显改变。进一步地,使用行业出口国内增加值率进行稳健性检验,结果列于列(5)。可见,无论是价值链地位指标抑或出口国内增加值率指标,从平均意义上,知识产权保护的加强均有助于提升行业在全球生产网络分工中的竞争力,知识产权保护强度提升的集约边际效应占据主导地位。

表 7-3　全样本基准回归结果

| 变量 | (1) | (2) | (3) | (4) | (5) |
| --- | --- | --- | --- | --- | --- |
| | *GVC_pst* | *GVC_pst* | *GVC_pst* | *GVC_pst* | *DVAR* |
| *ipr* | 0.0067*** | 0.0039*** | 0.0028** | 0.0023*** | 0.0019** |
| | (0.0010) | (0.0010) | (0.0011) | (0.0008) | (0.0008) |

---

[1]　陈强(2014)指出,由于随机效应相对于固定效应来说,多了"个体异质性与解释变量不相关"的约束条件,因此也可以视为过度识别条件。

续表

| 变量 | （1） | （2） | （3） | （4） | （5） |
|---|---|---|---|---|---|
| | GVC_pst | GVC_pst | GVC_pst | GVC_pst | DVAR |
| y | | −0.0191 | −0.0854 *** | −0.1017 *** | −0.0538 *** |
| | | （0.0270） | （0.0251） | （0.0179） | （0.0171） |
| k | | 0.0454 * | 0.0612 ** | 0.0746 *** | 0.0417 ** |
| | | （0.0241） | （0.0273） | （0.0174） | （0.0168） |
| ex | | −0.0304 * | −0.0008 | −0.0012 | 0.0025 |
| | | （0.0160） | （0.0147） | （0.0073） | （0.0098） |
| hc | | 0.0468 *** | 0.0183 | 0.0042 | 0.0144 |
| | | （0.0165） | （0.0157） | （0.0087） | （0.0106） |
| GVC_ptcp | | 0.2057 | 0.4321 *** | 0.4180 *** | −0.2094 ** |
| | | （0.1341） | （0.1312） | （0.0432） | （0.0855） |
| _cons | 0.0945 *** | −0.2017 * | −0.1738 | 0.0896 | 0.9303 *** |
| | （0.0040） | （0.1145） | （0.2588） | （0.0981） | （0.1762） |
| Year/Sector | No | No | Yes | Yes | Yes |
| Pro>Chi2 | 0.0000 | 0.0000 | 0.0000 | 0.0000 | 0.0000 |
| N | 232 | 232 | 232 | 232 | 232 |
| $R^2$ | 0.3176 | 0.5055 | 0.6719 | | 0.7412 |

注:1. Year 和 Sector 分别表示年份和行业固定效应,下同;

2. Pro>Chi2 表示对 FE、MLE 的 Hausman 检验以及 LM 检验统计量的 p 值;

3. 括号内为聚类稳健标准误差, *、**和***分别表示10%、5%和1%的显著性水平。

## 四、稳健性检验与内生性处理

与上一节类似,行业层面的回归结果仍可能因贸易竞争力与知识产权保护间的反向因果关系而产生内生性问题,从而导致上述回归结果有偏。同样上述结论是否稳健也有待验证。首先,遵循刘斌等(2015)的思路,使用各制造业行业的中间品出口国内增加值份额(IVAR)作为行业在全球生产网络中的竞争力代理变量进行稳健性检验。具体的回归结果列于表7-4中的列(1),可以看到核心变量无论系数符号还是显著性水平均未发生明显改变,结果较为稳健。接着本章通过引入滞后变量、工具变量以及运用广义矩估计(Generalized Method of Moments,GMM)方法对可能的内生性问题加以处理。首先遵循杨增珍(2014、2016)的思路,纳入知识产权保护水平变量的一阶滞后项进行内生性处理,结果列于表7-4中的列(2);接着采用余长林(2016)以及魏浩(2016)的建议,选择知识产权保护变量的一阶滞后项以及我国专利申请中外国企业和个人在华申请的数量①作为知识产权保护的工具变量,使用工具变量两阶段最小二乘法进行回归。具体的结果列于表7-4中的列(3)。可以看到,除了部分系数存在极为细微的差异外,基于上述两种内生性处理方法的结果均显示出本章结论的稳健性。但是内生性问题还可能通过遗漏变量问题产生,同时考虑到经济体价值链地位可能存在路径依赖以及积累效应,因此一种较为合适的处理方法是在解释变量中纳入被解释变量的一阶滞后项并使用广义矩估计方法进行检验,具体结果见表7-4中的列(4)。从结果来看,模型的残差项存在一阶自相关,但不存在二阶自相关,Hansen 检验 $p$ 值大于 0.1,说明工具变量设定有效,不存在过度识别问题。广义矩估计的结果同样显著支持本章前述所得结论。基于上述三种内生性处理方法的结果可以证明本章所得结论是较为稳健可靠的。

进一步地,本章还按照不同要素密集度将行业划分为劳动密集型、资本密集型和技术密集型三类②,并分别进行回归检验,结果列于表7-4中的最后三列。基于不同要素密集度的回归结果发现,知识产权保护对劳动密集型以及资本密集型行业的影响均不显著,但对技术密集型行业则具有显著的激励作用。本章认为,由于对知识产权保护的依赖性相对较低,因此加强知识产权保护对劳动密集型和资本密集型行业的影响相对有限;但对技术密集型行业而言,由

----

① 魏浩(2016)认为,外国企业和个人在华专利申请数量反映了外界对中国专利保护的信心,进而在一定程度上反映了知识产权的保护程度,同时该变量与行业的全球价值链分工地位不存在必然联系,因此可以使用外国企业和个人在华专利申请量作为知识产权保护的工具变量对可能的内生性问题进行处理。该数据来源于国家知识产权局所发布的各年专利统计年报。

② 各行业按要素密集度的划分依据参见附表7-1。

于这部分行业通常具有相对更高的研发密集度,因此对知识产权保护的依赖性也更高。我国长期以来知识产权保护制度的相对缺位导致高技术行业难以真正通过技术创新取得升级进步,因此一旦知识产权保护水平得到加强,对高技术行业在全球生产网络中的竞争力促进作用也就较为明显。同时注意到在技术密集型行业下,人力资本变量在1%的水平下显著,说明对技术密集型行业而言,人力资本的正向推动作用更为显著,而这也是实现价值链攀升的重要保障。

表 7-4　稳健性与内生性检验

| 变量 | (1) | (2) | (3) | (4) | (5) | (6) | (7) |
|---|---|---|---|---|---|---|---|
| | IVAR | l.ipr | IV | GMM | 劳动密集 | 资本密集 | 技术密集 |
| ipr | 0.0019** | | 0.0047*** | 0.0034** | 0.0015 | −0.0015 | 0.0064*** |
| | (0.0007) | | (0.0010) | (0.0015) | (0.0012) | (0.0017) | (0.0015) |
| l. ipr | | 0.0036*** | | | | | |
| | | (0.0011) | | | | | |
| y | −0.0557*** | −0.0616** | −0.0564** | −0.0778* | −0.0329 | −0.0206 | −0.0829** |
| | (0.0184) | (0.0234) | (0.0249) | (0.0414) | (0.0326) | (0.0253) | (0.0332) |
| k | 0.0392** | 0.0394 | 0.0480* | 0.1286*** | 0.0396 | 0.0225 | 0.0484 |
| | (0.0173) | (0.0281) | (0.0253) | (0.0315) | (0.0343) | (0.0385) | (0.0523) |
| ex | 0.0019 | 0.0114 | 0.0069 | −0.0549*** | −0.0103 | −0.0105 | 0.0196 |
| | (0.0101) | (0.0134) | (0.0102) | (0.0229) | (0.0120) | (0.0156) | (0.0150) |
| hc | 0.0111 | 0.0168 | 0.0163 | 0.0797 | 0.0033 | 0.0006 | 0.0547*** |
| | (0.0105) | (0.0150) | (0.0105) | (0.0356) | (0.0076) | (0.0073) | (0.0186) |
| GVC_ ptcp | 0.7890*** | 0.3725*** | 0.4109*** | 0.1005 | 0.6636*** | 0.0356 | 0.8542*** |
| | (0.0853) | (0.1261) | (0.0935) | (0.2772) | (0.0741) | (0.0793) | (0.1558) |
| _cons | −0.1062 | −0.2226 | | | −0.2983 | 0.3046 | −1.0718*** |
| | (0.1658) | (0.2780) | | | (0.1661) | (0.1623) | (0.2921) |
| Year/Sec | Yes | Yes | Yes | Yes | Yes | Yes | Yes |
| N | 232 | 203 | 203 | 203 | 64 | 64 | 104 |
| Wald F | | | 125.286 | | | | |
| AR(1) | | | | 0.047 | | | |

续表

| 变量 | (1) | (2) | (3) | (4) | (5) | (6) | (7) |
|---|---|---|---|---|---|---|---|
| | *IVAR* | *l.ipr* | *IV* | *GMM* | 劳动密集 | 资本密集 | 技术密集 |
| *AR*(2) | | | | 0.412 | | | |
| *Hansen P* | | | 0.5733 | 0.274 | | | |
| $R^2$ | 0.7674 | 0.7289 | 0.6831 | | 0.9420 | 0.9064 | 0.8297 |

注:1. *Wald F* 所对应的值为弱工具变量识别检验 *Cragg-Donald Wald F* 统计量的值,其对应 10%水平下的临界值为 19.93,*AR*(1)和 *AR*(2)为残差项的一阶和二阶自相关性检验,*Hansen P* 对应工具变量过度识别检验的 p 值;

2. 括号内为聚类稳健标准误差,*、**和***分别表示 10%、5%和 1%的显著性水平。

## 五、纳入技术距离的门槛效应分析

上一节理论模型的命题 3 指出,当经济体处于不同技术阶梯时,知识产权保护对全球价值链分工地位的影响具有异质性,具体而言,当整体技术水平离世界前沿较远时,掣肘于自身较低的创新能力以及技术资本积累等因素,在这一阶段若为了一味迎合发达国家对本国知识产权保护的要求而采取"竞争性"提升策略,则有可能导致保护水平"超调"而偏离了该技术阶梯的最优值,进而对全球价值链分工地位产生负向影响;随着本国技术水平的提升,当处于相对高的技术阶梯时,知识产权保护水平才能发挥促进全球价值链地位升级的作用。为了初步验证上述结论,本章首先将技术距离纳入计量框架。一种较为简便的检验方法是参考连玉君等(2010)的研究,通过一定的标准对总体样本进行划分并分别进行检验。对技术距离的界定,本章根据阿吉翁等(2009)的做法,以中美两国二位码行业劳动生产率(工业增加值/从业人数)之比作为代理变量[①], $gap_{jt} = \dfrac{cnlp_{jt}}{uslp_{jt}}$ ,其基本含义是将美国对应行业的劳动生

---

① 美国行业生产率数据来源于:http://www.nber.org/data/nberces.html。本章将美国标准产业分类(Standard Industrial Classification,SIC)与中国国民经济行业分类(Chinese Industrial Classification,CIC)进行了对照。

产率($uslp_{jt}$)设定为该行业的国际技术前沿,其值越大,说明中国该行业离技术前沿越近。

本章首先参考连玉君等(2010)的做法,以技术距离的50%分位点作为样本划分的临界点,将高于该临界值的样本点划归为技术距离相对小的子样本,则低于该值的样本点归为技术距离较远的子样本,然后根据回归模型进行分样本回归,具体结果展示在表7-5的列(1)和列(3)中。从结果来看,对距离技术前沿相对较远的行业而言,其回归系数为负且不显著,说明提升知识产权保护水平并不能通过促进产业融入全球生产网络来学习吸收转化前沿技术而提升其贸易竞争力,相反,其影响可能是负面的;对距离技术前沿相对较近的行业来说,随技术距离趋于收敛,此时加强知识产权保护将使行业从追赶导向逐步过渡到创新竞争导向,进而显著促进其在全球生产网络中的竞争力。这里需要注意的一点是,虽然直观上看,子样本回归中核心解释变量 ipr 的系数存在较大差异,但分样本检验的系数并不能直接进行对比,因此参考连玉君(2017)的研究,使用似无相关回归(Seemingly Unrelated Regression,SUR)对子样本 ipr 系数差异的显著性进行了检验。结果表明,这两个系数确实存在显著差异,即对处于不同技术阶梯的行业而言,其知识产权保护的加强对自身在全球生产网络中的竞争力提升效应是不尽相同的。为了避免可能的内生性问题对模型结果所产生的影响,使用广义矩估计分别对子样本进行稳健性回归,结果显示工具变量设置合理,不存在过度识别问题,且回归系数稳健支持上述结论。

表7-5 分样本以及面板门槛回归结果

| 变量 | (1) | (2) | (3) | (4) | (5) |
|---|---|---|---|---|---|
| $GVC\_pst$ | 技术距离远 | GMM | 技术距离近 | GMM | 门槛回归 |
| ipr | −0.0017 | −0.0030 | 0.0044*** | 0.0041* | |
| | (0.0013) | (0.0021) | (0.0014) | (0.0023) | |

续表

| 变量 | (1) | (2) | (3) | (4) | (5) |
|---|---|---|---|---|---|
| $ipr{\times}I$ ($gap{\leqslant}0.0711$) | | | | | $-0.0012$ |
| | | | | | $(0.0016)$ |
| $ipr{\times}I(0.0711 <gap{\leqslant}0.1929)$ | | | | | $0.0031^{***}$ |
| | | | | | $(0.0008)$ |
| $ipr{\times}I$ ($gap>0.1929$) | | | | | $-0.0052^{**}$ |
| | | | | | $(0.0023)$ |
| *Control Variables* | Yes | Yes | Yes | Yes | Yes |
| *Year/Sector* | Yes | Yes | Yes | Yes | Yes |
| *AR*(1) | | 0.095 | | 0.046 | |
| *AR*(2) | | 0.133 | | 0.114 | |
| *Hansen P* | | 1.000 | | 0.761 | |
| $N$ | 104 | 91 | 128 | 112 | 232 |
| $R^2$ | 0.7430 | | 0.8405 | | 0.5092 |
| 经验 $p$ 值 | $0.040^{**}$ | | | | |

注:1. 为结果展示的直观性考虑,这里删除了其他控制变量的回归结果;

2. "经验 $p$ 值"用于检验组间系数差异的显著性,通过自体抽样(Bootstrap)200次得到;

3. 括号内为聚类稳健标准误差,*、**和***分别表示10%、5%和1%的显著性水平。

虽然分样本检验的结果较好地验证了命题3,但是依技术距离对样本进行划分这一处理方式本身就存在较强主观性,因此本章进一步采用面板门槛模型来内生寻找技术阶段的分割点,从而对处于不同技术阶梯的行业,其知识产权保护水平与全球生产网络下的贸易竞争力间相互关系作进一步的科学判断。面板门槛检验的模型设定为:

$$gvc\_pst_{jt} = \alpha_0 + \alpha_1 ipr_{jt}I(dist < \gamma) + \alpha_2 ipr_{jt}I(dist \geqslant \gamma) + \beta X + \varepsilon_{jt}$$

$$(7\text{-}47)$$

其中,$\gamma$ 为技术距离的门槛值,$I$ 为示性函数,当符合相应条件时取值为1,否则取值为0。式(7-47)显示的是单一门槛模型,当然还可能存在两个或两个以上门槛的情况。因此首先需要考察门槛的存在性以及存在数量来最终决定模型的形式。基于李宏和陈圳(2018)的实证思路,本章首先运用式(7-47)分别对是否存在门槛、只存在一个、存在两个以及同时存在三个门槛的设定分别进行了检验,并采用面板数据的固定效应模型来估计对应参数的系数以及残差平方和,然后使用格栅搜索(Grid Search)的方法挑选最小残差平方和所对应的门槛值,并通过检验显著性来考察以门槛值划分样本所对应的变量系数是否呈现显著差异,原假设为不存在门槛值。表7-6展示的是门槛效应检验结果。结果显示可能存在双门槛,其中第一门槛在5%的显著水平下拒绝原假设,第二门槛则在10%的显著水平下拒绝原假设,表明门槛效应较为显著,存在两个门槛阈值的可能性较高,因此本部分决定使用双重门槛模型来进行后续检验。

表7-6　门槛效应检验结果

| 门槛个数 | F 值 | P 值 | 1% | 5% | 10% | 门槛值 | 95%置信区间 |
|---|---|---|---|---|---|---|---|
| 单门槛 | 21.41 | 0.03 | 22.2985 | 17.2460 | 13.0783 | 0.0711 | [0.0672,0.0717] |
| 双门槛 | 15.17 | 0.07 | 49.5064 | 35.9688 | 13.4454 | 0.1929 0.0711 | [0.1793,0.2152] [0.0672,0.0717] |

　　门槛模型的回归结果列于表7-5列(5)。在第一个门槛值处,知识产权保护对贸易竞争力的升级作用为负,但不显著;在跨过第一重门槛后,知识产权保护的系数变为0.0031,且在1%的水平下显著;当过了第二重门槛后,这一系数又变为-0.0052,且在5%的水平下显著。注意到本章定义的技术距离 gap 表明其值越大,则距离前沿越近,结合上述回归结果可以得到以下结论:当远离技术前沿时,受限于自身较低的创新能力以及技术资本积累等因素,在这一技术阶段运用"竞争性"跟随策略提升知识产权保护强度并不能有效地促进行业的贸易竞争力提升;随着整体技术水平的提升,即当越来越多的行业

迈过第一重技术门槛(本章实证所用数据显示在 2003—2010 年,大约 60%的样本点已迈过第一重技术阶梯)时,实行相对高的知识产权保护制度将切实提升行业的贸易竞争力;而当少部分行业的技术水平得到进一步提升时,此时再次提升知识产权保护强度又会对价值链地位的升级产生负向作用。这是因为如果此时只有极少数行业进入更高一级的技术阶梯(本章实证样本中只有极少数行业在样本末尾年份跨入了更高一层的技术阶梯),即表明整体技术水平仍处于低一阶梯时,那么维持前一级技术阶梯所对应的知识产权保护强度是更为合适的,因为此时若设置过高的知识产权保护水平又会因阻碍全球价值链参与(基于命题 1 而得)而限制行业通过"全球价值链中学"等途径获得技术、资本的积累与增长,只有当大部分行业拥有更高一阶的技术水平后,提升知识产权保护才是最优的。通过上述分析可以发现,门槛回归的实证结果较好地验证了由上节理论分析得到的命题 3。

本章首先参考纳加维等(2017)的研究构建了南方国家供应商存在异质性的"蛛型"全球价值链分工理论模型,重点探讨了知识产权保护如何影响企业全球价值链分工地位。研究发现:

在全球生产网络中,南方国家如提升知识产权保护强度将提高进入全球价值链分工的临界技术水平,产生"分工挤出效应"使部分低技术供应商无法参与到全球价值链分工中来。纳入技术距离后的拓展分析发现,若本国行业整体技术水平距离前沿较远,那么提升知识产权保护将对本国的全球价值链分工收益产生负向影响。而随整体技术水平的提升,这一影响将逐渐缩小并转变为正向激励作用。进一步地,在全球价值链分工视角下,南方国家的知识产权保护水平可能存在一个最优区间,当知识产权保护处于最优区间时,通过与适宜技术创新模式的"耦合"将能有效地促进行业价值链地位的升级,同时这一最优区间会随行业整体技术能力的升级而协同跃升。由于经济体通常由多个不同行业所构成,因此不同于现行"平齐型"知识产权保护制度,基于行业技术特征差异较大的特点,南方国家应基于行业异质性技术特征构建"阶梯型"知识产权保护制度,以对不同行业进行差异化的阶段性最优保护,并最终促进全球价值链分工地位的升级。

在理论分析基础上,本章进一步运用我国制造业行业面板数据对本章得到的理论命题进行了实证检验,并通过纳入各行业的技术距离(所处技术阶梯)对上述研究做了进一步的拓展,发现当行业远离技术前沿时,掣肘于自身较低的创新能力以及技术资本积累等因素,此时提升知识产权保护水平将无法产生价值链升级效应;而当技术水平得到不断提升后,此时提升知识产权保护水平将能够显著地提升全球价值链分工地位。本章还使用基于内生选择的面板门槛模型对上述问题做进一步的稳健性检验,成功验证了本章所提出的在全球价值链分工背景下基于技术阶梯考虑的最优知识产权演进路径。

# 本 章 附 录

## 1. 对式(7-33)的推导

$$\overline{\Pi} = \pi_s(\overline{\varphi}) - l_s = r_s + \overline{T} - \frac{\eta\lambda}{\overline{\varphi}} - l_s$$

$$= \beta^{**}(1-\rho)\frac{E}{n} - \beta^{**}\frac{\varphi^*}{\overline{\varphi}(\varphi^*)}\Big[(1-\rho)\frac{E}{n} - wl_m - l_s\Big] - l_s$$

$$= (1 - \frac{wl_m}{(1-\rho)\frac{E}{n} - \frac{\eta\lambda}{\overline{\varphi}}})\Big\{(1-\rho)\frac{E}{n} - \frac{\varphi^*}{\overline{\varphi}(\varphi^*)}\Big[(1-\rho)\frac{E}{n} - wl_m - l_s\Big]\Big\} - l_s$$

$$= (1 - \frac{wl_m}{(1-\rho)\frac{E}{n} - \frac{\varphi^*}{\overline{\varphi}(\varphi^*)}\Big[(1-\rho)\frac{E}{n} - wl_m - l_s\Big]})$$

$$\Big\{(1-\rho)\frac{E}{n} - \frac{\varphi^*}{\overline{\varphi}(\varphi^*)}\Big[(1-\rho)\frac{E}{n} - wl_m - l_s\Big]\Big\} - l_s$$

$$= (1 - \rho) \frac{E}{n} - \frac{\varphi^*}{\overline{\varphi}(\varphi^*)} \left[ (1 - \rho) \frac{E}{n} - wl_m - l_s \right] - wl_m - l_s$$

$$= \left[ (1 - \rho) \frac{E}{n} - wl_m - l_s \right] \left( 1 - \frac{\varphi^*}{\overline{\varphi}(\varphi^*)} \right)$$

$$= \left[ (1 - \rho) \frac{E}{n} - wl_m - l_s \right] \psi(\varphi^*)$$

**2. 对 $\psi(\varphi^*) < 0$ 的推导**

根据 $\psi(\varphi^*)$ 的表达式有:

$$\psi(\varphi^*) = 1 - \frac{\varphi^*}{\overline{\varphi}(\varphi^*)} = 1 - \frac{\varphi^*(1 - G(\varphi^*))}{\int_{\varphi^*}^{\infty} \varphi g(\varphi) d\varphi}$$

对上式求导有:

$$\psi'(\varphi^*) = -\frac{[1 - G(\varphi^*) - \varphi^* g(\varphi^*)] \int_{\varphi^*}^{\infty} \varphi g(\varphi) d\varphi + \varphi^*(1 - G(\varphi^*))\varphi^* g(\varphi^*)}{(\int_{\varphi^*}^{\infty} \varphi g(\varphi) d\varphi)^2}$$

上式分母恒大于零, 对分子进行整理:

$$(1 - G(\varphi^*)) \int_{\varphi^*}^{\infty} \varphi g(\varphi) d\varphi + \varphi^* g(\varphi^*) \left[ \varphi^*(1 - G(\varphi^*)) - \int_{\varphi^*}^{\infty} \varphi g(\varphi) d\varphi \right]$$

上式第一项恒大于零; 而从第二项中可以看到, 当 $\varphi^*(1 - G(\varphi^*)) > \int_{\varphi^*}^{\infty} \varphi g(\varphi) d\varphi$, 即 $\varphi^* > \frac{1}{1 - G(\varphi^*)} \int_{\varphi^*}^{\infty} \varphi g(\varphi) d\varphi = \overline{\varphi}(\varphi^*)$ 成立时分子大于零, 使 $\psi'(\varphi^*) < 0$ 成立。也即如果 $G(\varphi)$ 呈长右尾分布而低技术企业较多时有 $\varphi^* > \overline{\varphi}'(\varphi^*)$ 成立。

附表 7-1　行业分类对照表

| 行业名称 | ISIC rev3 | GB-T4754-2002 | 要素密集类型 |
| --- | --- | --- | --- |
| 食品、饮料和烟草 | 15t16 | 13,14,15,16 | 劳动密集型 |
| 纺织原料和纺织制品 | 17t18 | 17,18 | 劳动密集型 |

续表

| 行业名称 | ISIC rev3 | GB-T4754-2002 | 要素密集类型 |
|---|---|---|---|
| 皮革、皮革制品和鞋类 | 19 | 19 | 劳动密集型 |
| 木材、木材产品和软木 | 20 | 20 | 劳动密集型 |
| 纸浆、纸张、印刷和出版 | 21t22 | 22,23 | 资本密集型 |
| 焦炭、精炼石油及核燃料 | 23 | 25 | 技术密集型 |
| 化学品和化工产品 | 24 | 26,27,28 | 资本密集型 |
| 橡胶和塑料制品 | 25 | 29,30 | 资本密集型 |
| 其他非金属矿产品 | 26 | 31 | 资本密集型 |
| 基本金属和金属制品 | 27t28 | 32,33,34 | 资本密集型 |
| 机械电气产品 | 29 | 35,36 | 技术密集型 |
| 电子和光学设备 | 30t33 | 39,40,41 | 技术密集型 |
| 运输设备 | 34t35 | 37 | 技术密集型 |
| 资源回收 | 36t37 | 21,24,42 | 技术密集型 |

资料来源:作者根据相关研究编制而成。

# 第八章　知识产权保护强贸路径 II：全球生产网络主导下的自主创新

就贸易竞争力的本质而言,其主要源自技术的综合竞争能力,也即自主技术创新水平。因此,产业技术优势与贸易竞争优势在多数时候是广泛联系又显著一致的。深入实施创新驱动发展战略,建立健全以"企业为主体、市场为导向、产学研结合"的技术创新体系,培育区域协同的科技创新动能,优化创新创业生态系统,是全球生产网络下提升我国对外贸易竞争力的核心。而设计构造适宜的外部制度性创新环境,激励市场主体自主参与创新研发行为,则是实现新时代我国贸易竞争优势再造的核心路径。

## 第一节　全球生产网络下中国的自主创新特征

随着全球经济进入知识经济时代,一个显著特征是一旦技术领先经济体研发出新的尖端技术并实现商业化运用,则会对当前全球生产分工的利益格局产生极大冲击,如技术领先国往往会不断增加包含先进技术的产品的生产阶段数,使自己所主导的全球价值链长度不断延伸,同时技术领先国也会借助这一尖端技术建立起较高的技术进入壁垒,以在未来很长一段时间内独占高额的分工收益。可见,在全球贸易不断发展的格局下,无形资产已经成为全球价值链的竞争焦点(朱延福等,2022),相对应地,获得型要素禀赋的核心—技术(知识)也成为后发国掌控价值链主导权、提升全球价值链分工收益的重要因素。

自20世纪90年代到21世纪初,以"三来一补"为特征的加工贸易和外资持续涌入背景下,以工业大进大出、外循环为主要驱动的经济增长模式已经一去不复返。2008年国际金融危机爆发之后,国际市场增长逐步趋缓,经济不确定性显著提升,中美贸易摩擦不断加剧,叠加国内资源、劳动力等要素成本的不断提升,我国经济进入了增速"换挡期",经济增长的动力开始逐渐从过去粗放型的引进模仿发展模式转变为内源型的自主创新发展模式。通常,后发国家在远离技术前沿的情形下,追赶型技术进步可快速推动技术差距收敛,但在准前沿阶段,追赶型技术进步则存在潜在的"技术追赶陷阱"。此时,政府应该激励企业内生地转向竞争导向型技术进步,通过自主创新效应取得更高的技术进步率,加快经济体向国际技术前沿的收敛进程,从而跨越"技术追赶陷阱"。

通常,对创新的衡量可以从创新投入(研究和开发经费支出)和创新产出(专利申请授权数量)两方面加以刻画(见图8-1)。首先,从我国近年来的研究和开发经费支出变动情况看,2022年我国研究和开发经费支出总额达到30870亿元,投入强度首次超过2.5%,近十年平均增速达11.24%。其次,从专利申请量来看,整体上我国专利申请数量同样呈稳步上升态势,2022年我国专利申请总量达5364639件,位居世界第一,近十年平均增速约9.83%,稍低于研发投入额增速。最后,从专利申请结构来看,实用新型专利的申请数量增速明显,而最具有技术含量的发明专利申请量增速则相对较慢。如果以发明专利申请量占总申请量的比重在一定程度上反映某一经济体的自主创新质量的话,那么通过与发达国家对比可以发现,日本的发明专利长期以来在总专利中占有较大比重,特别是自1994年后发明专利所占的比重始终维持在80%以上(龙小宁和王俊,2015),而我国当前虽然在创新的数量上已经具有相当规模,但2022年发明专利所占比重仅约为30.18%,可见创新的质量仍大幅落后。

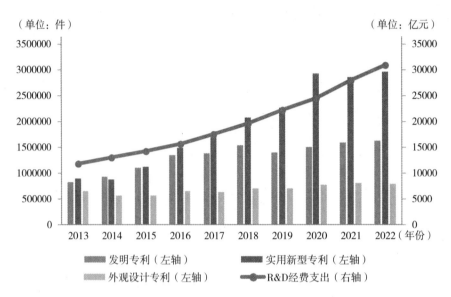

（单位：件）　　　　　　　　　　　　　　　　　　　　　（单位：亿元）

**图8-1　2013—2022年中国研究和开发经费支出与专利申请数量变动**
资料来源:历年《中国统计年鉴》。

通过上述统计数据的分析可知,虽然当前我国呈现出明显"量高质低"的技术创新特征,但不能否认的是,我国已然具备了一定的技术创新水平,处于准前沿经济体阶段,因此竞争导向型技术进步模式是更为合适的。目前,当务之急是在准确定位国内循环中产业链与供应链的瓶颈短板前提下,通过加大自主创新投入强度,突破技术链关键薄弱环节,打造技术创新链"策源地",进而畅通下游产业链与供应链,提升国内自主创新整体效能,推动新兴产业和尖端工艺的持续升级以实现技术赶超,从而建立"以我为主"的全球价值链分工体系,奠定新时代贸易竞争优势的技术基础。在这一过程中,建立健全完善的知识产权保护制度,既是优化国家创新创业生态的一个核心环节,也是激励国内国际创新要素充分集聚和高效整合的重要抓手。

# 第二节　知识产权保护、自主创新与贸易
# 竞争力提升的理论模型构建

本章将在芬斯切和汉森(1995)研究的基础上，构建一个包含知识产权保护的序贯生产模型。假设某一商品是由一系列连续生产环节序贯生产而成，$i \in [0,1]$ 代表各生产环节。假设各生产环节均需要投入劳动力以及资本两种生产要素，其中需要高技能劳动力投入 $a_H(i)$，低技能劳动力投入为 $a_L(i)$，且假设 $a_H(i)/a_H(i)$ 随 $i$ 增加①。此外，资本投入需 $k(i)$。三种投入要素所对应的单位报酬分别为 $w_H$、$w_L$ 以及 $r_k$，$L(i)$、$H(i)$ 以及 $K(i)$ 则分别表示一国低技能劳动力、高技能劳动力以及资本的供给量。世界上存在两类国家，即发达国家 $D$ 以及发展中国家 $U$。发达国家具有较为充裕的资本和高技能劳动力，发展中国家低技能劳动力丰裕而高技能劳动力和资本相对匮乏。因此有 $r_K^D < r_K^U$ 和 $w_H^D/w_L^D < w_H^U/w_L^U$ 成立。

任何资源分配者的行为都处于一定的制度环境中，因此为考察知识产权保护制度对研发创新进而分工地位的影响，本章拓展了芬斯切和汉森(1995)的设定，假设每一环节的生产函数均为柯布—道格拉斯型：

$$x(i) = A(S) \left\{ \min\left[ \frac{L(i)}{a_L(i)}, \frac{H(i)}{a_H(i)} \right] \right\}^{\varepsilon} [K(i)]^{1-\varepsilon} \qquad (8\text{-}1)$$

其中，$A$ 表示一国的生产技术自主创新水平，$\varepsilon \in (0,1)$ 表示各投入要素的产出弹性。为了体现知识产权保护制度的影响，将一国的知识产权保护因素 $S$ 纳入分析框架，假设它会影响本国技术创新水平，即 $A = A(S)$。当各生产环节完成后，最终产品得以生产出来：

$$\ln Y = \int_0^1 b(i) \ln x(i) \, di \qquad (8\text{-}2)$$

---

① 即沿价值链的各生产环节，其生产难度逐渐提升。

$b(i)$ 代表第 $i$ 生产环节的产出占整条价值链产出的比重,因此满足 $\int_0^1 b(i)di = 1$。此时一国生产一单位 $x(i)$ 的最小成本为:

$$c[i, w_H, w_L, r_K, A(S)] = \varepsilon^{-\varepsilon}(1-\varepsilon)^{-(1-\varepsilon)}A^{-1}[w_L a_L(i) + w_H a_H(i)]^{\varepsilon} r_K^{1-\varepsilon}$$

(8-3)

由前述假设可知,发展中国家由于低技能劳动力丰裕,其在低技术要求的工序上(对应的附加值较低)的生产成本较低,而发达国家因高技能劳动力充足,其在高技术要求的工序上(对应的附加值较高)的生产成本较低。在不存在要素密集度逆转的前提下,此时整个生产过程将在两国间分工进行,即存在一个临界生产环节 $i^*$,$0 \leq i \leq i^*$ 的生产环节由发展中国家承担,而 $i^* \leq i \leq 1$ 的生产环节则由发达国家承担,且 $c^U[i^*, w_H, w_L, r_K, A(S)] = c^D[i^*, w_H, w_L, r_K, A(S)]$ 成立,如图 8-2 所示。

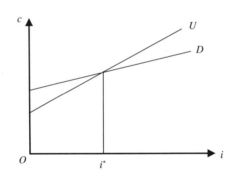

**图 8-2  发达国家与发展中国家的全球价值链生产成本曲线**

为分析生产分割点 $i^*$ 的动态变化,首先需要求得在各国的生产区段内所需的各生产要素数量。这可以通过对式(8-3)求各投入要素的偏导,再进行加总得到。以发展中国家为例,有:

$$L^U = \int_0^{i^*} \varepsilon^{-\varepsilon}(1-\varepsilon)^{-(1-\varepsilon)}[A(S)]^{-1}\varepsilon\left[\frac{r_K^U}{w_L^U a_L(i) + w_H^U a_H(i)}\right]^{1-\varepsilon} a_L(i)x^U(i)di$$

(8-4)

$$H^U = \int_0^{i^*} \varepsilon^{-\varepsilon} (1-\varepsilon)^{-(1-\varepsilon)} [A(S)]^{-1} \varepsilon \left[ \frac{r_K^U}{w_L^U a_L(i) + w_H^U a_H(i)} \right]^{1-\varepsilon} a_H(i) x^U(i) di$$

$$(8-5)$$

假设世界上对最终品 $Y$ 的总支出为 $E$,那么对发展中国家在某一环节的中间投入品需求即为:

$$x^U(i) = b(i)E/c^U(i) \tag{8-6}$$

结合式(8-3),可以进一步改写式(8-4)以及式(8-5):

$$L^U = \int_0^{i^*} \varepsilon \left[ \frac{a_L(i)b(i)E}{w_L^U a_L(i) + w_H^U a_H(i)} \right] di \tag{8-7}$$

$$H^U = \int_0^{i^*} \varepsilon \left[ \frac{a_H(i)b(i)E}{w_L^U a_L(i) + w_H^U a_H(i)} \right] di \tag{8-8}$$

同理可以得到发达国家的高、低技能劳动力需求:

$$L^D = \int_{i^*}^1 \varepsilon \left[ \frac{a_L(i)b(i)E}{w_L^D a_L(i) + w_H^D a_H(i)} \right] di \tag{8-9}$$

$$H^D = \int_{i^*}^1 \varepsilon \left[ \frac{a_H(i)b(i)E}{w_L^D a_L(i) + w_H^D a_H(i)} \right] di \tag{8-10}$$

根据柯布—道格拉斯生产函数的设定,一国的资本与劳动收入之比为 $\frac{1-\varepsilon}{\varepsilon}$,因此可以将对资本的需求量表示为:

$$K^U = \frac{(w_L^U L^U + w_H^U H^U)(1-\varepsilon)}{r_K^U \varepsilon} \tag{8-11}$$

$$K^D = \frac{(w_L^D L^D + w_H^D H^D)(1-\varepsilon)}{r_K^D \varepsilon} \tag{8-12}$$

给定南北双方的要素禀赋条件,竞争市场将在式(8-1)的约束下最大化各国的生产:

$$E(L,H,K) = \max_{x(i)} \int_0^1 p(i)x(i) di \tag{8-13}$$

其中, $p(i) = \min(c^U, c^D)$ 为中间投入的价格。为便于分析,令世界市场对最终品消费的总支出 $E \equiv 1$，则两国总劳动力工资支出可以表示为：

$$w_L^U L^U + w_H^U H^U = \int_0^{i^*} \varepsilon b(i) di = E^U \tag{8-14}$$

$$w_L^D L^D + w_H^D H^D = \int_{i^*}^1 \varepsilon b(i) di = E^D \tag{8-15}$$

$E^U$ 和 $E^D$ 分别表示两国的支出份额。假设生产分割的临界点其瞬时变化可表示为 $\dot{i}^* = \dfrac{di^*}{i^*}$，那么可以证明在两国生产分割临界点 $i^*$ 处有：

$$di^* = \Gamma_{i^*} \left[ \begin{array}{l} (1 - \varepsilon)(\dot{K}^U - \dot{K}^D) + (\dot{A}^U(S^U) - \dot{A}^D(S^D)) \\ + \left( \dfrac{\partial A^U(S^U)}{\partial S^U} \dfrac{S^U}{A^U(S^U)} \dot{S}^U - \dfrac{\partial A^D(S^D)}{\partial S^D} \dfrac{S^D}{A^D(S^D)} \dot{S}^D \right) \end{array} \right] \tag{8-16}$$

其中，$\Gamma_{i^*} > 0$ [1]。基于式(8-16)可以看出，如果发展中国家提升知识产权保护能够使本国技术进步率超过发达国家知识产权保护提升所引致的技术进步率[即能够使 $\dfrac{\partial A^U(S^U)}{\partial S^U} \dfrac{S^U}{A^U(S^U)} \dot{S}^U > \dfrac{\partial A^D(S^D)}{\partial S^D} \dfrac{S^D}{A^D(S^D)} \dot{S}^D$ 成立]，那么相较于发达国家，发展中国家知识产权保护水平的改进将有助于提升其在全球价值链中的分工地位(即临界生产分割点 $i^*$ 将右移至高附加值环节)。由此可以得到以下待检验命题：

命题：发展中国家若能通过制定适宜的知识产权保护制度有效提升自身的创新水平，则将促进本国全球价值链分工地位的提升。

# 第三节　模型设置、变量测度与数据来源

## 一、计量模型设定

参考诸竹君等(2018)的研究，本章设置以下计量检验模型：

---

① 式(8-16)的详细推导过程参见本章附录。

$$comp_{ijft} = \beta_0 + \beta_1 X'_{ijft} + Z'_{ijft} + Z'_{ijt} + \{FE\} + \varepsilon_{ijft} \qquad (8-17)$$

其中,企业层面贸易竞争力 $comp_{ijft}$ 采用企业出口国内增加值率($DVAR$)指标来衡量,并在稳健性检验中使用企业全球生产链位置指数($upstrm$)代理。核心解释变量为以企业专利信息衡量的自主创新行为 $X'_{ijft}$,包括专利申请总量( $num\_FSW$ ),专利引用数量( $num\_fct$ )和创新效率( $pure\_tech\_eff$ ),并纳入企业层面( $Z'_{ijft}$ )和行业层面控制变量( $Z'_{ijt}$ )。基准模型同时控制了年份、省份和企业固定效应: $\{FE\} = \{\varphi_t, \mu_i, \rho_f\}$ 。为控制序列相关性和异方差对参数标准误差估计的影响,随机误差项 $\varepsilon_{ijft}$ 采用聚类稳健标准误差形式。在上述基准回归基础上,本章进一步对知识产权保护 $ipr_{ijt}$ 作用于企业创新行为的渠道开展实证研究。其模型设置为:

$$X'_{ijft} = \beta_0 + \beta_1 ipr_{ijt} + Z'_{ijft} + Z'_{ijt} + \{FE\} + \varepsilon_{ijft} \qquad (8-18)$$

## 二、变量测度与来源

### (一) 贸易竞争力

本章研究使用企业层面的出口国内增加值率($DVAR$)来刻画企业贸易竞争力水平,并进一步采用企业全球生产链位置指数($upstrm$)进行稳健性检验。具体测度方法参考本书第六章相关内容。

### (二) 知识产权保护

在第六章中已详细介绍了总体、行业以及地区层面的知识产权保护水平测度。考虑到企业在生产网络中主要通过中间品的投入产出与上下游企业产生联系,导致技术的溢出效应、链条的关联效应以及中间投入品效应会通过生产网络对企业的创新产生影响,因此本章将进一步对行业层面的知识产权保护水平测度方法加以改进,即进一步测算行业生产网络下的知识产权保护强度。本章借鉴沈国兵和黄铄珺(2019)的做法,运用投入产出表计算得到四位码行业上游（$URD$）和下游的研发密度（$DRD$）：

$$URD_{jt} = \sum_{h \neq j} \frac{input_{hj}}{input_j} \times RD_{jt} \qquad (8-19)$$

$$DRD_{jt} = \sum_{h \neq j} \frac{output_{hj}}{output_j} \times RD_{jt} \qquad (8-20)$$

其中，$input_j$ 表示为制造业 $j$ 行业的总中间投入，$input_{hj}$ 为 $j$ 行业所需制造业 $h$ 行业的中间投入。同理，$output_j$ 表示为 $j$ 行业的总中间产出，$output_{hj}$ 为 $j$ 行业所需 $h$ 行业的中间产出。在此基础上，进一步计算得到上游、水平和下游行业的相对研发密度：

$$R\_URD_{jt} = \frac{URD_{jt}}{mean(URD_{jt})} \qquad (8-21)$$

$$R\_HRD_{jt} = \frac{RD_{jt}}{mean(RD_{jt})} \qquad (8-22)$$

$$R\_DRD_{jt} = \frac{DRD_{jt}}{mean(DRD_{jt})} \qquad (8-23)$$

其中，$mean(URD_{jt})$、$mean(RD_{jt})$ 和 $mean(DRD_{jt})$ 分别表示上游、水平和下游行业的平均研发密度。结合第六章测算得到的省级知识产权保护水平和行业的相对研发密度，最终测算出省级—行业维度的三类行业知识产权保护强度：

$$up\_ipr_{ijt} = ipr_{it} \times R\_URD_{jt} \qquad (8-24)$$

$$hp\_ipr_{ijt} = ipr_{it} \times R\_HRD_{jt} \qquad (8-25)$$

$$dp\_ipr_{ijt} = ipr_{it} \times R\_DRD_{jt} \qquad (8-26)$$

（三）企业创新

本章拟通过创新规模、创新质量和创新效率三个维度来测算企业的自主创新水平。创新规模方面，采用企业当年专利的总申请量（$num\_FSW$），以及发明专利（$num\_ad\_F$）、实用新型专利（$num\_ad\_S$）和外观设计专利（$num\_ad\_W$）

三类细分类型的申请量来代理创新规模。创新质量方面,本章沿用诸竹君等(2020)的设定,采用企业专利年均他引次数( $num\_fct$ )进行刻画,基于数据可得性,为避免右侧"断尾"问题,仅考虑专利申请至授权后三年时间内专利被引量。而在创新效率方面,本章基于数据包络分析法( Data Envelopment Analysis, DEA)测算企业自主创新的效率(诸竹君等,2020),其中产出端数据使用了企业年度总专利被授权数,投入端数据来自中国创新调查数据库,其中研发费用采用了内部研发经费投入与劳务费的差额,研发人员来自中高级技术职称人员数据,模型计算得出企业的创新总效率、纯技术效率和规模效率,本章选取纯技术效率( $pure\_tech\_eff$ )作为企业创新效率的代理变量。

### (四) 其他控制变量

模型控制变量包括劳动生产率( $lp$ ),采用总产值除以从业人数表示;企业规模( $size$ ),以企业资产对数值表示;资本劳动比( $klratio$ ),以企业固定资产存量除以从业人数的对数值代理;出口虚拟变量( $export$ ),如果企业过去五年来出口交货值为正,该值为1,否则为0;企业年龄( $age$ ),以企业存续时间对数值表示;财务杠杆率( $leverage$ ),以企业资本负债率表示;企业利润率( $profit$ ),以企业利润比上企业营业收入代理;企业性质( $soe$ ),如果企业是国有企业,该值为1,否则为0;企业是否使用来自政府部门科技资金( $gov$ ),是,则该值为1,否,则为0;企业是否设立科研机构( $org$ ),是,则该值为1,否,则为0;市场开放程度( $mk$ ),采用行业实际外资占比表示;赫芬达尔指数( $hhi_{jt}$ ),在国民经济四位码行业层面上计算,用以衡量企业所处行业的竞争程度,其越接近于0说明该行业竞争越激烈;省级人均实际国内生产总值增长率( $GDPR_{it}$ ),以各省地区生产总值与年末人口数的比值的逐年增速代理。

此外,在后续的调节效应检验中,调节变量包括行业技术差距( $dis_{jt}$ ),以美中两国四位码行业劳均产出(工业总产值/从业人数)之比作为代理变量(Aghion 等,2018),即 $dis_{jt} = lp_{fjt}/lp_{djt}$ ,其基本含义是将美国的行业劳动生产率

（$lp_{fjt}$）设定为前沿,中国的行业劳动生产率（$lp_{djt}$）越高则其比值越小,说明中国该行业越接近技术前沿。行业外部融资约束（$ex\_fin_{jt}$）,借鉴黄玖立和冼国明（2010）的做法,定义除自筹资金外所有资金来源占全部资金的比值作为四位码制造业行业外部融资约束的代理变量。

## 第四节  实证结果与分析

### 一、研发创新对企业贸易竞争力的影响

由于出口国内增加值率 DVAR 存在明显的范围限制,其取值位于[0,1]区间内,因此,本章参考吕越（2015）的做法,采用 Tobit 模型进行检验。相关结果见表8-1。其中列（1）为企业专利申请总量对 DVAR 的检验结果。结果显示,专利申请数量能显著提升企业的全球生产网络地位。列（2）和列（3）则考察了企业创新质量及创新效率对企业 DVAR 的作用,结果表明专利质量的促进作用并不显著,而效率则存在显著的正向影响。列（4）是自主创新在三种维度上对企业全球价值链地位提升的综合作用效应考察,检验结果与之前单独进行的检验结果具有显著一致性。

表 8-1  企业自主创新与贸易竞争力基准检验结果

| 变量 | （1） | （2） | （3） | （4） |
|---|---|---|---|---|
| | DVAR | DVAR | DVAR | DVAR |
| num_FSW | 0.0158 *** | | | 0.0125 *** |
| | （14.59） | | | （4.53） |
| num_fct | | −0.0002 | | −0.0003 * |
| | | （−1.14） | | （−1.76） |
| pure_tech_eff | | | 0.0328 *** | 0.0308 *** |
| | | | （12.53） | （8.56） |

续表

| 变量 | （1） | （2） | （3） | （4） |
|---|---|---|---|---|
| | DVAR | DVAR | DVAR | DVAR |
| lnage | 0.0039** | 0.0329*** | 0.0343*** | 0.0374*** |
| | （1.98） | （7.48） | （8.85） | （7.64） |
| size | −0.1068*** | −0.0816*** | −0.0659*** | −0.0668*** |
| | （−102.70） | （−35.52） | （−27.04） | （−20.81） |
| lnklratio | 0.0059*** | 0.0055** | 0.0015 | 0.0045* |
| | （6.20） | （2.28） | （0.70） | （1.66） |
| export | −0.0272*** | −0.0244*** | −0.0140** | −0.0195** |
| | （−9.59） | （−3.38） | （−2.15） | （−2.38） |
| profit | 0.0372*** | −0.1104*** | −0.0659*** | −0.0923*** |
| | （3.15） | （−4.80） | （−3.24） | （−3.70） |
| leverage | −0.0255*** | −0.0267*** | −0.0182*** | −0.0230*** |
| | （−27.97） | （−10.87） | （−7.65） | （−7.76） |
| soe | 0.1270*** | 0.0299* | 0.0397** | 0.0476** |
| | （9.44） | （1.71） | （2.34） | （2.57） |
| lnlp | 0.0107*** | −0.0176*** | −0.0145*** | −0.0212*** |
| | （8.80） | （−5.78） | （−5.42） | （−6.25） |
| gov | 0.0651*** | 0.0363*** | 0.0487*** | 0.0452*** |
| | （18.50） | （7.13） | （11.70） | （8.66） |
| org | 0.0798*** | 0.0388*** | 0.0502*** | 0.0514*** |
| | （29.89） | （7.40） | （10.35） | （7.78） |
| mk | −1.4249*** | −1.0755*** | −0.9971*** | −1.0490*** |
| | （−72.68） | （−25.22） | （−25.45） | （−21.01） |
| gdpr | 0.3813*** | 0.0635 | −0.0835 | 0.0065 |
| | （14.96） | （1.00） | （−1.40） | （0.09） |
| hhi | −0.0825* | −0.0825 | −0.1224 | −0.1112 |
| | （−1.70） | （−0.91） | （−1.55） | （−1.14） |
| _cons | 2.2069*** | 2.0659*** | 1.7543*** | 1.7646*** |
| | （182.93） | （77.90） | （50.96） | （38.81） |

续表

| 变量 | （1） | （2） | （3） | （4） |
|------|------|------|------|------|
|      | *DVAR* | *DVAR* | *DVAR* | *DVAR* |
| N | 237139 | 29058 | 36308 | 22702 |
| 边际效应 |||||
| *num_FSW* | 0.0064 *** |  |  | 0.0061 *** |
|           | (14.57) |  |  | (4.52) |
| *num_fct* |  | −0.0008 |  | −0.0014 * |
|           |  | (−1.14) |  | (−1.76) |
| *pure_tech_eff* |  |  | 0.0152 *** | 0.0150 *** |
|                 |  |  | (12.56) | (8.58) |
| N | 237139 | 29058 | 36308 | 22702 |

注:括号内为聚类稳健标准误差;* 、** 和 *** 分别表示 10%、5% 和 1% 的显著性水平。

进一步地,从细分类别的专利来看(见表 8-2),实用新型专利以及外观设计专利对企业 *DVAR* 具有显著的促进作用,而发明专利对企业 *DVAR* 的提升作用不明显。综合基准检验的实证结果,可以发现企业的发明专利和专利质量并不能显著促进价值链地位提升,其中一个较为广泛的解释是中国企业创新存在数量增长和"低质低效"并存的现实困境(诸竹君等,2020)。

**表 8-2　分专利类型的企业自主创新与贸易竞争力检验结果**

| 变量 | （1） | （2） | （3） |
|------|------|------|------|
|      | *DVAR* | *DVAR* | *DVAR* |
| *num_ad_F* | 0.0012 |  |  |
|            | (0.66) |  |  |
| *num_ad_S* |  | 0.0127 *** |  |
|            |  | (9.20) |  |
| *num_ad_W* |  |  | 0.0317 *** |
|            |  |  | (19.16) |
| *Control Variables* | Yes | Yes | Yes |

续表

| 变量 | （1） | （2） | （3） |
|---|---|---|---|
| | *DVAR* | *DVAR* | *DVAR* |
| *Year FE* | Yes | Yes | Yes |
| *Province FE* | Yes | Yes | Yes |
| *Industry FE* | Yes | Yes | Yes |
| *N* | 237139 | 237139 | 237139 |

注:1. 为节约篇幅,这里省略控制变量的回归结果。

2. 括号内为聚类稳健标准误差;*、**和***分别表示 10%、5%和 1%的显著性水平。

## 二、行业生产网络下知识产权保护与企业创新

### （一）知识产权保护与创新数量

表 8-3 进一步汇报了知识产权保护强度对企业专利申请行为的回归结果。根据结果可知,几乎所有专利申请类型下的 *up_ipr*、*hp_ipr*、*dp_ipr* 的回归符号为正且系数高度显著,可见知识产权保护强度提升,能显著促进企业创新数量的增长。横向对比专利申请种类可知,行业知识产权保护对企业实用新型专利的促进作用最大,而外观设计专利的增幅最少。纵向对比不同行业知识产权保护类型可知,上游行业知识产权保护强度对企业创新数量的促进作用最大,而下游冲击带来的创新数量增幅作用最小。

**表 8-3　行业网络下的知识产权保护与企业创新数量回归结果**

| 变量 | （1） | （2） | （3） | （4） |
|---|---|---|---|---|
| | *num_FSW* | *num_ad_F* | *num_ad_S* | *num_ad_W* |
| *up_ipr* | 0.0367 *** | 0.0072 *** | 0.0324 *** | 0.0033 *** |
| | （15.01） | （5.77） | （21.25） | （2.88） |
| *hp_ipr* | 0.0089 *** | 0.0073 *** | 0.0091 *** | 0.0031 *** |
| | （7.97） | （13.54） | （12.92） | （6.37） |

续表

| 变量 | （1）<br>*num_FSW* | （2）<br>*num_ad_F* | （3）<br>*num_ad_S* | （4）<br>*num_ad_W* |
|---|---|---|---|---|
| *dp_ipr* | 0.0025 *** | 0.0021 *** | 0.0045 *** | 0.0001 |
| | （5.52） | （6.95） | （11.46） | （0.88） |
| *Control Variables* | Yes | Yes | Yes | Yes |
| *Year FE* | Yes | Yes | Yes | Yes |
| *Province FE* | Yes | Yes | Yes | Yes |
| *Industry FE* | No | Yes | Yes | Yes |
| *Firm FE* | Yes | No | No | No |
| *N* | 1436196 | 1436196 | 1436196 | 1436196 |

注：1. 为节约篇幅，这里省略控制变量的回归结果。

2. 括号内为聚类稳健标准误差；*、**和***分别表示10%、5%和1%的显著性水平。

## （二）知识产权保护与创新质量

表8-4的列（1）—列（3）汇报了知识产权保护对创新质量的回归结果。通过将这些结果进行横向比较，可以发现特定解释变量的统计系数具有一致性。其中 *up_ipr* 显著为负，显示上游行业知识产权保护强度会对企业的创新质量产生抑制作用，这可能由于企业在获得更高质量的中间投入品之后，降低了企业向上游研发意愿，其研发方向会更偏向于技术改进以及工艺优化等策略性创新，进而降低了对颠覆性和原创性技术的研发。*hp_ipr* 系数显著为正，说明水平行业的知识产权保护会强化企业的创新质量，这是由于知识产权保护降低了水平行业间企业研发溢出的损失，企业可以通过专利授权，降低研发溢出的负向效应，进而提升了企业的专利被引用质量。因此，知识产权保护对企业创新质量的影响取决于以上两种效应的强弱，总体效应并非具有单一偏向性。

**表8-4　行业网络下的知识产权保护对企业创新质量、创新效率回归结果**

| 变量 | （1）num_fct | （2）num_fct | （3）num_fct | （4）pure_tech_eff | （5）pure_tech_eff | （6）pure_tech_eff |
|---|---|---|---|---|---|---|
| up_ipr | −0.2635 | −0.5724*** | −0.7442*** | 0.0029 | 0.0231* | 0.0102 |
| | （−0.90） | （−2.81） | （−5.15） | （0.17） | （1.95） | （1.21） |
| hp_ipr | 1.1070*** | 0.6464*** | 0.6276*** | −0.0078** | −0.0126*** | −0.0095** |
| | （12.91） | （9.04） | （8.97） | （−2.37） | （−3.04） | （−2.22） |
| dp_ipr | −0.0150 | 0.0023 | −0.0005 | 0.0012 | 0.0023 | 0.0034* |
| | （−0.38） | （0.06） | （−0.01） | （0.93） | （1.07） | （1.71） |
| Control Variables | Yes | Yes | Yes | Yes | Yes | Yes |
| Year FE | Yes | Yes | Yes | Yes | Yes | Yes |
| Province FE | Yes | Yes | No | Yes | Yes | No |
| Industry FE | No | Yes | Yes | No | Yes | Yes |
| Firm FE | Yes | No | No | Yes | No | No |
| N | 78555 | 78555 | 78555 | 87232 | 87232 | 87232 |

注:1. 为节约篇幅,这里省略控制变量的回归结果。

2. 括号内为聚类稳健标准误差;*、**和***分别表示10%、5%和1%的显著性水平。

## （三）知识产权保护与创新效率

表8-4 的列(4)—列(6)汇报了知识产权保护对企业创新效率的回归结果。结果显示,$hp\_ipr$ 系数显著为负,而 $up\_ipr$、$dp\_ipr$ 系数并不显著,表明知识产权保护会在水平行业层面上降低企业专利研发的投入效率。随着知识产权保护强度的不断提升,技术水平先进、专利体系健全的企业往往具有较为显著的融资扩张和创新激励效应。一方面,技术要素市场健全激发了企业专利流转授权以及股权融资行为,减缓了自身的融资约束,企业在更充裕的资金支持下,会改变原先的策略性创新行为,继而转向重大技术的研发投入;另一方面,知识产权制度的完善强化了企业的专利收益预期,改变了企业原先技术研

发投入的总体均衡水平,进而表现为更多的研发投入以及相对增加的专利产出。

## 三、稳健性检验

### (一)替换贸易竞争力代理变量

为了进一步验证基准回归结论的稳健性,基于研究数据可得性,本章首先通过使用艾普华等(2013)方法测度得到的企业出口国内增加值率 *DVAR_Upward* 对第一个基准模型中的被解释变量进行替换并重新检验,结果见表 8-5 列(1)—列(3)。接着本章使用企业上游度指数 *upstrm* 替换被解释变量进行稳健性检验,结果见表 8-5 列(4)—列(6)。最终结果均与基准回归结果吻合。

表 8-5　替换贸易竞争力代理指标的稳健性检验

| 变量 | (1) | (2) | (3) | (4) | (5) | (6) |
|---|---|---|---|---|---|---|
| | *DVAR_Upward* | *DVAR_Upward* | *DVAR_Upward* | *upstrm* | *upstrm* | *upstrm* |
| *num_FSW* | 0.0134*** | | | 0.0070*** | | |
| | (11.94) | | | (2.90) | | |
| *num_ fct* | | −0.0002 | | | −0.0001** | |
| | | (−0.97) | | | (−2.47) | |
| *pure_tech_eff* | | | 0.0386*** | | | 0.0162* |
| | | | (13.89) | | | (1.82) |
| *Control Variables* | Yes | Yes | Yes | Yes | Yes | Yes |
| *Year FE* | Yes | Yes | Yes | Yes | Yes | Yes |
| *Province FE* | Yes | Yes | Yes | Yes | Yes | Yes |
| *Industry FE* | Yes | Yes | Yes | Yes | Yes | Yes |
| *Firm FE* | No | No | No | Yes | Yes | Yes |

续表

| 变量 | (1) | (2) | (3) | (4) | (5) | (6) |
|---|---|---|---|---|---|---|
| | *DVAR_ Upward* | *DVAR_ Upward* | *DVAR_ Upward* | *upstrm* | *upstrm* | *upstrm* |
| *N* | 237189 | 29058 | 36308 | 35980 | 3361 | 3805 |

注:1. 为节约篇幅,这里省略控制变量的回归结果。

2. 括号内为聚类稳健标准误差; *、**和***分别表示10%、5%和1%的显著性水平。

## (二) 替换不同计算方法下知识产权保护强度变量

为了进一步验证第二个基准模型回归结论的稳健性,基于研究数据可得性,本章通过对机制检验模型当中关键的解释变量置换后进行稳健性检验,结果列于表8-6中。列(1)—列(3)是尝试将研发支出密度用行业专利密度替换计算得到的上游、水平和下游行业知识产权保护强度 $up\_ipr\_z$、$hp\_ipr\_z$、$dp\_ipr\_z$ 的回归结果。列(4)—列(6)采用以专利未侵权率代理知识产权保护强度计算得到的上游、水平和下游行业知识产权保护强度 $up\_ipr\_wqql$、$hp\_ipr\_wqql$、$dp\_ipr\_wqql$ 的回归结果,最终结果均显示,关于企业创新数量、创新质量以及创新效率的基准回归结果是稳健的。

表8-6 知识产权保护与企业创新数量回归稳健性结果

| 变量 | (1) | (2) | (3) | (4) | (5) | (6) |
|---|---|---|---|---|---|---|
| | *num_FSW* | *num_fct* | *pure_ tech_eff* | *num_ad_W* | *num_fct* | *pure_ tech_eff* |
| *up_ipr_z* | 0.0231*** | -0.8442*** | 0.0083 | | | |
| | (13.72) | (-4.25) | (1.02) | | | |
| *hp_ipr_z* | 0.0096*** | 0.5775*** | -0.0074* | | | |
| | (11.39) | (6.57) | (-1.65) | | | |
| *dp_ipr_z* | 0.0037*** | 0.0148 | 0.0039 | | | |
| | (6.62) | (0.37) | (1.47) | | | |

续表

| 变量 | （1） | （2） | （3） | （4） | （5） | （6） |
| --- | --- | --- | --- | --- | --- | --- |
| | num_FSW | num_fct | pure_tech_eff | num_ad_W | num_fct | pure_tech_eff |
| up_ipr_wqql | | | | 0.0129*** | −0.5598*** | 0.0027 |
| | | | | (7.82) | (−2.80) | (0.29) |
| hp_ipr_wqql | | | | 0.0036*** | 0.5953*** | −0.0054*** |
| | | | | (5.59) | (10.84) | (−2.80) |
| dp_ipr_wqql | | | | 0.0031*** | −0.0062 | 0.0011 |
| | | | | (4.67) | (−0.23) | (0.83) |
| Control Variables | Yes | Yes | Yes | Yes | Yes | Yes |
| Year FE | Yes | Yes | Yes | Yes | Yes | Yes |
| Province FE | Yes | Yes | Yes | Yes | Yes | Yes |
| Industry FE | No | No | No | No | No | No |
| Firm FE | Yes | Yes | Yes | Yes | Yes | Yes |
| N | 1436196 | 78555 | 87232 | 1436196 | 78555 | 87232 |

注:1. 为节约篇幅,这里省略控制变量的回归结果。

2. 括号内为聚类稳健标准误差;*、**和***分别表示10%、5%和1%的显著性水平。

## (三) 内生性处理

企业参与全球价值链可能逆向影响企业的创新研发活动,进而造成估计结果的不一致。因此这里使用企业专利申请相关变量的滞后1期作为工具变量,对原估计模型进行工具变量(IV-Tobit)估计。表8-7中列(1)—列(3)工具变量估计的Wald检验表明,部分模型存在内生性问题。同时,引入工具变量后的F检验表明,模型的工具变量不存在弱工具变量问题。通过对表8-7中的变量估计结果的分析发现,前述基准核心结论仍然稳健成立。

此外,企业国际化决策包括是否国际化以及国际化程度两个阶段,如果忽略两阶段决策受到不同因素或相同因素不同程度影响的可能性,将误估企业自主创新对企业贸易竞争力的影响。因此为了尽可能减少这一样本选择性偏差，本章采用了赫克曼（Heckman）两步法对原模型进行再估计，并借鉴鲍德温和严（2014）的方法将企业是否嵌入全球价值链作为选择模型的被解释变量，通过两阶段回归得到一致估计量。基本思路是：第一阶段，构造企业进入全球价值链的行为方程（下一年是否进入全球价值链的虚拟变量（$\text{expt1}_{ijft}$），采用Probit 模型估计概率；第二阶段，使用第一步回归所得逆米尔斯比率（$\lambda_{ijft}$）作为特定解释变量进行回归，以控制样本选择性偏误。计量模型设定具体为：

$$\text{Probit}(\text{expt1}_{ijft} = 1) = \Phi(M'_{ijft}\varphi_1 + \mu_i + \rho_j + \gamma_t + \varepsilon_{ijft}) \qquad (8\text{-}27)$$

$$DVAR_{ijft} = \beta_0 + \beta_1 X'_{ijft} + \beta_2 Z'_{ijft} + \beta_3 Z'_{ijt} + \mu_i + \lambda_{ijft} + \rho_j + \gamma_t + \varepsilon_{ijft}$$

$$(8\text{-}28)$$

第一阶段回归基于式（8-27），选择影响企业下一年进入全球价值链的变量 $M'_{ijft}$ 作为解释变量，对该模型进行 Probit 回归。第二阶段回归基于式（8-28），其中 $Z'_{ijft}$、$Z'_{ijt}$ 和 $\lambda_{ijft}$ 分别表示企业层面、行业层面控制变量和逆米尔斯比率。结果见表8-7 列（4）—列（6），其中变量 $\lambda$ 正向显著，说明样本选择性偏误显著存在，采用赫克曼模型是有效的。在考虑样本选择性后，关键解释变量的符号与显著程度并未发生改变，上述结论依旧成立。

表8-7　内生性与选择性偏误检验结果

| 变量 | （1） | （2） | （3） | （4） | （5） | （6） |
| --- | --- | --- | --- | --- | --- | --- |
| | IV-Tobit | IV-Tobit | IV-Tobit | Heckman | Heckman | Heckman |
| num_FSW | 0.0241*** | | | 0.0382*** | | |
| | (9.99) | | | (36.88) | | |
| num_ fct | | -0.0004 | | | -0.0001 | |
| | | (-1.34) | | | (-0.89) | |
| pure_tech_eff | | | 0.0282*** | | | 0.0205*** |
| | | | (6.08) | | | (7.86) |

续表

| 变量 | （1） | （2） | （3） | （4） | （5） | （6） |
|---|---|---|---|---|---|---|
| | IV-Tobit | IV-Tobit | IV-Tobit | Heckman | Heckman | Heckman |
| $\lambda$ | | | | 0.2970*** | 0.2499*** | 0.2289*** |
| | | | | （221.17） | （74.88） | （80.41） |
| Control Variables | Yes | Yes | Yes | Yes | Yes | Yes |
| Chi2 | 18.29 | 1.42 | 0.15 | | | |
| Wald_test_p | [0.00] | [0.23] | [0.70] | | | |
| F_test | 131.83 | 9.35 | 104.72 | | | |
| F_p value | [0.00] | [0.00] | [0.00] | | | |
| N | 172137 | 11484 | 18537 | 237139 | 28356 | 35558 |

注:1. 为节约篇幅,这里省略控制变量的回归结果。

  2. 括号内为聚类稳健标准误差;*、**和***分别表示 10%、5% 和 1% 的显著性水平。

# 四、进一步的分析

## （一）异质性检验

为了进一步刻画和分解自主创新对企业 DVAR 的效应,本章基于企业所处地区、所有制以及行业要素密集度特征进行了异质性检验,结果列于表 8-8 中。

### 表 8-8 企业自主创新与贸易竞争力提升的异质性检验结果

| 变量 | （1） | （2） | （3） | （4） | （5） | （6） | （7） | （8） | （9） |
|---|---|---|---|---|---|---|---|---|---|
| | 东部地区 | | | 中部地区 | | | 西部地区 | | |
| num_FSW | 0.0178*** | | | -0.0061 | | | -0.0123** | | |
| | （15.42） | | | （-1.56） | | | （-2.02） | | |
| num_fct | | -0.0001 | | | -0.0024** | | | -0.0089*** | |
| | | （-0.73） | | | （-2.29） | | | （-3.85） | |

248

续表

| 变量 | (1) | (2) | (3) | (4) | (5) | (6) | (7) | (8) | (9) |
|---|---|---|---|---|---|---|---|---|---|
| | 东部地区 | | | 中部地区 | | | 西部地区 | | |
| pure_tech_eff | | | 0.0361*** | | | 0.0443*** | | | 0.0203 |
| | | | (12.94) | | | (4.64) | | | (1.47) |
| Control Variables | Yes | Yes | Yes | Yes | Yes | Yes | Yes | Yes | Yes |
| N | 210677 | 23866 | 30327 | 17582 | 2888 | 3473 | 8880 | 1602 | 1758 |

| 变量 | (1) | (2) | (3) | (4) | (5) | (6) | (7) | (8) | (9) |
|---|---|---|---|---|---|---|---|---|---|
| | 国有企业 | | | 民营企业 | | | 外资企业 | | |
| num_FSW | -0.0404*** | | | -0.0169*** | | | 0.0251*** | | |
| | (-3.52) | | | (-11.40) | | | (14.76) | | |
| num_fct | | -0.0083* | | | -0.0079*** | | | -0.0010** | |
| | | (-1.82) | | | (-3.81) | | | (-2.36) | |
| pure_tech_eff | | | 0.0345 | | | 0.0360*** | | | 0.0292*** |
| | | | (1.28) | | | (9.41) | | | (6.73) |
| Control Variables | Yes | Yes | Yes | Yes | Yes | Yes | Yes | Yes | Yes |
| N | 1171 | 418 | 444 | 89240 | 9940 | 13175 | 109450 | 9733 | 11781 |

| 变量 | (1) | (2) | (3) | (4) | (5) | (6) |
|---|---|---|---|---|---|---|
| | 劳动密集型 | | | 资本密集型 | | |
| num_FSW | 0.0207*** | | | 0.0115*** | | |
| | (12.36) | | | (7.94) | | |
| num_fct | | -0.0003 | | | -0.0001 | |
| | | (-0.19) | | | (-1.09) | |
| pure_tech_eff | | | 0.0429*** | | | 0.0273*** |
| | | | (10.50) | | | (8.13) |
| Control Variables | Yes | Yes | Yes | Yes | Yes | Yes |
| N | 122925 | 9136 | 11869 | 114214 | 19220 | 23689 |

注:1. 为节约篇幅,这里省略控制变量的回归结果。

2. 括号内为聚类稳健标准误差;*、**和***分别表示10%、5%和1%的显著性水平。

在地区分样本检验中,本章通过工业企业注册地所处省份将总样本进行分组。其中表 8-8 第一部分中的列(1)—列(3)、列(4)—列(6)以及列(7)—列(9)分别汇报了东部地区、中部地区和西部地区企业的回归结果。通过对东部、中部以及西部地区企业的回归结果进行横向对比,可以看出,自主创新对全球价值链地位提升的整体效应呈现出阶梯式的区域层级特征。其中自主创新对东部地区企业 *DVAR* 的影响相对稳健,表现为创新数量以及创新效率对 *DVAR* 的正向效应。对中部地区企业而言,代表创新效率的解释变量系数显著为正,然而创新数量的代理变量的回归系数变得不显著,创新质量更是呈现负向联系。在西部地区企业的回归结果当中,区域层级效应更为明显,创新效率促进效应并不显著,并且创新数量以及创新质量的代理变量回归系数显著为负。

分企业所有制的检验结果列于表 8-8 的第二部分。其中列(1)—列(3)、列(4)—列(6)和列(7)—列(9)分别汇报了国有企业、民营企业和外资企业的回归结果。通过关键解释变量的回归系数的横向比较可以看出,外资企业自主创新会显著提升企业全球价值链地位。对民营企业而言,促进效应逐步弱化,仅有创新效率呈现出较为显著的正向作用。而对国有企业而言,所有创新代理变量的正向提升效应皆不显著。

为了区分资本密集型行业和劳动密集型行业,本章首先计算出固定资产净值与从业人员数的比值,并据此将位于前 50% 的行业定义为资本密集型行业,将位于后 50% 的行业定义为劳动密集型行业。其中表 8-8 第三部分的列(1)—列(3)和列(4)—列(6)分别汇报了劳动密集型行业和技术密集型行业内企业的回归结果。两类行业的检验结果与基准模型表现出高度的一致性,而回归系数显示,劳动密集型行业和资本密集型行业自主创新对企业全球价值链地位的提升效应,在数量和效率方面均较为显著,但在质量方面则并不显著。

（二）调节效应检验

**1.竞争程度视域下知识产权保护与自主创新**

表8-9汇报了关于行业层面竞争程度调节效应的回归结果用以反映在不同竞争程度下知识产权保护影响企业研发创新行为的效应。列(1)采用赫芬达尔指数( hhi )作为行业竞争程度的代理变量,结果显示知识产权保护强度提升强化了同行业竞争水准,行业前向关联降低了行业竞争强度,而后向关联提升了行业竞争强度,从总体效应来看,知识产权保护强化了行业的竞争效应。列(2)—列(5)分别是竞争效应对企业专利申请量、发明专利申请量、创新质量、创新效率的回归结果,其中 up_ipr_hhi 、hp_ipr_hhi 、dp_ipr_hhi 是上游、中游和下游行业知识产权保护强度与竞争程度的交互项,实证结果显示,对竞争程度较高的行业,水平知识产权保护强度对企业创新数量起到正向的调节效应,对创新质量起到负向的调节效应,上游知识产权保护对创新质量起到正向影响,而下游知识产权保护则对创新数量起到了正向调节作用。

表8-9　竞争程度视域下知识产权保护与企业研发创新回归结果

| 变量 | （1） | （2） | （3） | （4） | （5） |
| --- | --- | --- | --- | --- | --- |
| | hhi | num_FSW | num_ad_F | num_fct | pure_tech_eff |
| up_ipr | 0.003 *** | 0.034 *** | 0.011 *** | 0.196 | 0.018 |
| | （59.92） | （13.79） | （7.67） | （0.63） | （1.44） |
| hp_ipr | −0.003 *** | 0.013 *** | 0.005 *** | 0.073 | −0.007 |
| | （−147.18） | （9.93） | （6.43） | （0.58） | （−1.48） |
| dp_ipr | −0.000 *** | 0.002 *** | 0.001 *** | −0.014 | 0.001 |
| | （−9.37） | （5.35） | （5.49） | （−0.29） | （0.33） |
| up_ipr_hhi | | 0.033 | 0.063 ** | −9.785 ** | 0.223 |
| | | （0.78） | （2.57） | （−1.97） | （1.46） |
| hp_ipr_hhi | | −0.127 *** | −0.050 *** | 19.003 *** | −0.139 * |
| | | （−6.15） | （−4.23） | （11.51） | （−1.82） |

续表

| 变量 | （1） | （2） | （3） | （4） | （5） |
|---|---|---|---|---|---|
| | *hhi* | *num_FSW* | *num_ad_F* | *num_ fct* | *pure_tech_eff* |
| *dp_ipr_hhi* | | −0.017 | −0.031*** | −0.335 | 0.067 |
| | | （−1.21） | （−3.67） | （−0.27） | （1.50） |
| *hhi* | | 0.301** | 0.097 | −23.687 | −1.282** |
| | | （2.23） | （1.24） | （−1.26） | （−2.39） |
| *Control Variables* | Yes | Yes | Yes | Yes | Yes |
| *Year FE* | Yes | Yes | Yes | Yes | Yes |
| *Province FE* | Yes | Yes | Yes | Yes | Yes |
| *Industry FE* | Yes | No | No | No | Yes |
| *Firm FE* | No | Yes | Yes | Yes | No |
| *N* | 1436196 | 1436196 | 1436196 | 78555 | 87232 |

注：1. 为节约篇幅，这里省略控制变量的回归结果。

　　2. 括号内为聚类稳健标准误差；*、**和***分别表示10%、5%和1%的显著性水平。

### 2. 技术差距视域下知识产权保护与自主创新

表8—10汇报了关于行业技术差距视域下的调节效应回归结果，用以反映在不同技术差距条件下知识产权保护影响企业研发创新行为的效应。这里采用前沿国与我国行业劳均产出的比值（*dis*）作为行业距离技术前沿的代理变量，其值越接近1表明距离技术前沿越近。列（1）显示了知识产权保护与行业技术差距的相关程度，结果显示，我国相对技术前沿行业具有整体偏弱的知识产权保护敏感程度，反映了我国在过去较长一段时间以技术溢出和吸收模仿为特征的后发追赶发展模式。列（2）—列（5）分别为在行业技术差距下知识产权保护对企业每年专利申请量、发明专利申请量、创新质量、创新效率的调节效应回归结果，其中 *up_ipr_dis* 、*hp_ipr_dis* 和 *dp_ipr_dis* 是上游、水平和下游行业知识产权保护强度与行业技术差距的交互项。根据实证检验结果，可以发现知识产权保护仅在水平行业层面对企业创新具有显著调节作用，

而上下游知识产权保护的调节系数不显著,表明并不存在显著的前后项关联。总体而言,知识产权保护强度对企业专利申请量和研发创新效率具有正向调节作用,对企业创新质量具有负向调节作用,随着技术前沿差距的不断接近,知识产权保护提升对企业的创新数量和创新效率具有更大的促进作用,并对创新质量产生更显著的负向影响。

表 8-10　技术差距视域下知识产权保护与企业研发创新回归结果

| 变量 | （1） | （2） | （3） | （4） | （5） |
|---|---|---|---|---|---|
| | dis | num_FSW | num_ad_F | num_fct | pure_tech_eff |
| up_ipr | 0.8733*** | 0.0344*** | 0.0117*** | −0.267 | 0.010 |
| | (96.27) | (12.58) | (7.45) | (−0.80) | (0.73) |
| hp_ipr | 0.4356*** | 0.0111*** | 0.0048*** | 0.351*** | −0.002 |
| | (118.72) | (8.69) | (6.49) | (2.86) | (−0.44) |
| dp_ipr | 0.1154*** | 0.0030*** | 0.0012*** | 0.007 | 0.005 |
| | (75.48) | (5.15) | (3.59) | (0.11) | (1.57) |
| up_ipr_dis | | 0.0003 | 0.0002 | 0.015 | 0.001 |
| | | (1.47) | (1.54) | (0.67) | (1.22) |
| hp_ipr_dis | | −0.0004*** | −0.0002*** | 0.098*** | −0.001** |
| | | (−4.00) | (−4.48) | (7.85) | (−2.00) |
| dp_ipr_dis | | −0.0001* | −0.0000 | −0.005 | −0.000 |
| | | (−1.78) | (−0.84) | (−0.57) | (−1.09) |
| distance | | 0.0005 | 0.0000 | −0.288*** | 0.005* |
| | | (0.96) | (0.06) | (−4.07) | (1.65) |
| Control Variables | Yes | Yes | Yes | Yes | Yes |
| Year FE | Yes | Yes | Yes | Yes | Yes |
| Province FE | Yes | Yes | Yes | Yes | Yes |
| Industry FE | Yes | No | No | No | Yes |
| Firm FE | No | Yes | Yes | Yes | No |
| N | 1436196 | 1436196 | 1436196 | 78555 | 87232 |

注:1. 为节约篇幅,这里省略控制变量的回归结果。

2. 括号内为聚类稳健标准误差;*、**和***分别表示10%、5%和1%的显著性水平。

### 3.外部融资依赖下知识产权保护与自主创新

表8-11汇报了关于行业融资依赖调节效应的回归结果,用以反映不同行业融资约束下知识产权保护对企业研发创新的影响。这里采用行业中外源资金使用占比($ex\_fin$)作为行业的融资依赖的代理变量,其数值越接近1表明该行业企业的自有资金使用比例较低,外部融资依赖较为显著。列(1)显示知识产权保护强度提升总体上提升了行业外部融资依赖程度,其中水平行业知识产权保护强度降低了行业的融资依赖度,前后项产业关联视角下的知识产权保护强化了行业对外部融资的依赖。与上文相同,列(2)—列(5)展示了行业融资依赖下知识产权保护对企业自主创新行为的检验结果,其中$up\_ipr\_fin$、$hp\_ipr\_fin$和$dp\_ipr\_fin$是上游、水平和下游行业知识产权保护强度与行业外部融资依赖的交互项。回归结果表明,对企业创新数量而言,外部融资依赖更高的行业在知识产权保护提升情况下更易受到负向冲击;对创新质量而言,其冲击是分化的,取决于上游端正向的投入品效应与水平行业成本冲击效应大小;而对创新效率而言,检验结果显示并不存在显著的调节效应。

表8-11　行业外部融资依赖下知识产权保护与企业研发创新回归结果

| 变量 | (1) | (2) | (3) | (4) | (5) |
|---|---|---|---|---|---|
| | $ex\_fin$ | $num\_FSW$ | $num\_ad\_F$ | $num\_fct$ | $pure\_tech\_eff$ |
| $up\_ipr$ | 0.007 *** | 0.039 *** | 0.014 *** | −0.927 *** | 0.009 |
| | (41.01) | (14.48) | (9.15) | (−2.84) | (0.83) |
| $hp\_ipr$ | −0.001 *** | 0.010 *** | 0.004 *** | 2.320 *** | −0.006 * |
| | (−15.84) | (7.98) | (5.75) | (20.95) | (−1.76) |
| $dp\_ipr$ | 0.000 *** | 0.007 *** | 0.004 *** | −0.083 | 0.002 |
| | (13.31) | (8.12) | (7.71) | (−1.02) | (0.65) |
| $up\_ipr\_fin$ | | −0.032 *** | −0.017 *** | 5.227 *** | −0.053 * |
| | | (−3.47) | (−3.21) | (5.77) | (−1.91) |

续表

| 变量 | （1） | （2） | （3） | （4） | （5） |
|---|---|---|---|---|---|
| | *ex_fin* | *num_FSW* | *num_ad_F* | *num_fct* | *pure_tech_eff* |
| *hp_ipr_fin* | | −0.018*** | −0.012*** | −8.898*** | 0.004 |
| | | （−2.81） | （−3.29） | （−17.05） | （0.25） |
| *dp_ipr_fin* | | −0.030*** | −0.018*** | 0.437 | −0.002 |
| | | （−6.25） | （−6.51） | （1.01） | （−0.13） |
| *ex_fin* | | 0.271*** | 0.165*** | 11.731*** | 0.179 |
| | | （9.64） | （10.22） | （3.26） | （1.56） |
| Control Variables | Yes | Yes | Yes | Yes | Yes |
| Year FE | Yes | Yes | Yes | Yes | Yes |
| Province FE | Yes | Yes | Yes | Yes | Yes |
| Industry FE | Yes | No | No | No | No |
| Firm FE | No | Yes | Yes | Yes | Yes |
| *N* | 1436196 | 1436196 | 1436196 | 78555 | 87232 |

注:1. 为节约篇幅,这里省略控制变量的回归结果。

2. 括号内为聚类稳健标准误差; *、**和***分别表示10%、5%和1%的显著性水平。

本章首先基于芬斯切和汉森(1995)的研究,构建了全球生产网络分工下知识产权保护、自主创新与对外贸易竞争力三者的理论模型,其次实证分析三者的影响效应及其影响渠道,得到了以下丰富结论:

自主创新会显著影响中国企业贸易竞争力,总体呈现出显著的正向作用。进一步地分析发现,企业自主创新主要通过创新数量和创新效率正向作用于企业对外贸易竞争力,而专利创新质量的提升效应并不明显,呈现出显著的"重数量、轻质量"特征,导致长期以来我国创新规模快速扩张而专利"低质低效"现象并存。

进一步引入行业生产网络下的知识产权保护后发现,知识产权保护强度提升对企业的创新数量与创新质量是显著促进的,但是上游投入品效应会促使企业进行质量较低的协同性渐进式的策略式研发,进而表现为申请数量提升与单位专利引用的下降,然而水平创新研发激励效应则会打破企业现有的研发投入均衡,并专注于重大的原始性创新,进而表现为申请数量提升、单位专利引用提升,但单位专利研发费用投入效率下降的情况。

在拓展分析中,行业竞争效应仅在水平行业层面引发企业自主创新的调节效应,行业竞争水平越高,则企业创新具有明显的策略性倾向,进而表现为数量、效率上的提升以及质量的下降。行业技术差距方面,行业的前沿技术差距缩小会产生"涓滴"效应,创新收益扩张进一步激发前沿企业转向自主创新,进而表现为创新数量和效率的扩张。外部融资依赖表征着企业所处行业的融资约束情况,创新成本飙升情况下,融资约束较强的企业会尽可能地压缩整体研发投入,因而企业创新数量与质量显著恶化。

# 本 章 附 录

**对式(8-16)的推导:**

首先对式(8-3)求全微分,有:

$$
\frac{dc^M}{c^M} = \left[ \begin{array}{l} \dfrac{\varepsilon a_L(i) dw_L^M}{w_L^M a_L(i) + w_H^M a_H(i)} + \dfrac{\varepsilon a_H(i) dw_H^M}{w_L^M a_L(i) + w_H^M a_H(i)} + (1-\varepsilon) \dfrac{dr_K^M}{r_K^M} \\[4mm] + \dfrac{\partial c^M / \partial i}{c^M} di - \dfrac{dA^M(S^M)}{A^M(S^M)} - \dfrac{\partial A^M(S^M)}{\partial S^M} \dfrac{S^M}{A^M(S^M)} \dfrac{dS^M}{S^M} \end{array} \right]
$$

$$
= \varepsilon(\theta_L^M \dot{w}_L^M + \theta_H^M \dot{w}_H^M) + (1-\varepsilon)\dot{r}_K^M + \frac{\partial \ln c^M}{\partial i_z} di_z - \dot{A}^M(S^M)
$$

$$
- \frac{\partial A^M(S^M)}{\partial S^M} \frac{S^M}{A^M(S^M)} \dot{S}^M
$$

其中,$M \in (U,D)$,$\theta_L^M$ 定义为在临界生产分割环节处低技能劳动力的工资支出占该环节总工资支出的比重 $\left[ \theta_L^M = \dfrac{w_L^M a_L^M(i^*)}{w_L^M a_L^M(i^*) + w_H^M a_H^M(i^*)} \right]$,则有

$\theta_H^M = 1 - \theta_L^M$。又由式(8-11)和式(8-12)可推得:

$$\dot{r}_K^M = -\dot{K}^M + \frac{b(i^*)}{E^M}di^*$$

进一步地,设 $\lambda_L^M$ 为 $M$ 国整体低技能劳动力工资支出占总工资支出的比重,那么 $\lambda_H^M = 1 - \lambda_L^M$。对式(8-14)求微分,并结合 $\lambda_H^M + \lambda_L^M = 1$,有:

$$\lambda_L^D \dot{w}_L^D + \lambda_H^D \dot{w}_H^D = -\frac{\varepsilon b(i^*)}{E^D}di^*$$

这样就可以得到:

$$\theta_L^D \dot{w}_L^D + \theta_H^D \dot{w}_H^D = (1 - \theta_H^D)\dot{w}_L^D + \theta_H^D \dot{w}_H^D$$

$$= (\lambda_L^D + \lambda_H^D)\dot{w}_L^D + \theta_H^D(\dot{w}_H^D - \dot{w}_L^D)$$

$$= (\lambda_L^D \dot{w}_L^D + \lambda_H^D \dot{w}_H^D) + (\theta_H^D - \lambda_H^D)(\dot{w}_H^D - \dot{w}_L^D)$$

$$= \left[-\frac{b(i^*)}{E^D} + (\theta_H^D - \lambda_H^D)\frac{\partial \ln(w_H^D/w_L^D)}{\partial i^*}\right]di^*$$

其中, $\dot{w}_H^D - \dot{w}_L^D = \frac{dw_H^D}{w_H^D} - \frac{dw_L^D}{w_L^D} = d\ln(w_H^D/w_L^D) = \frac{\partial \ln(w_H^D/w_L^D)}{\partial i^*}di^*$。同理可得:

$$\theta_L^U \dot{w}_L^U + \theta_H^U \dot{w}_H^U = (\lambda_L^U \dot{w}_L^U + \lambda_H^U \dot{w}_H^U) + (\theta_H^U - \lambda_H^U)\frac{\partial \ln(w_H^U/w_L^U)}{\partial i^*}di^*$$

$$= \left[\frac{b(i^*)}{E^U} + (\theta_H^U - \lambda_H^U)\frac{\partial \ln(w_H^U/w_L^U)}{\partial i^*}\right]di^*$$

在临界分割点 $i^*$ 处,有 $c^U = c^D$ 成立,也即 $\frac{dc^U}{c^U} = \frac{dc^D}{c^D}$,因此可以推出 $\Gamma_{i^*}$ 的表达式:

$$\Gamma_{i^*}^{-1} = \left(\frac{\partial \ln c^U}{\partial i^*} - \frac{\partial \ln c^D}{\partial i^*}\right) + \left(\frac{b(i^*)}{E^U} + \frac{b(i^*)}{E^D}\right) + \varepsilon(\theta_H^U - \lambda_H^U)$$

$$\frac{\partial \ln(w_H^U/w_L^U)}{\partial i^*} - (\theta_H^D - \lambda_H^D)\frac{\partial \ln(w_H^D/w_L^D)}{\partial i^*}$$

上式右边第一项为两国成本曲线的斜率差,因此在临界分割点处这一项大于零。第二项可直观地看出恒大于零。对发展中国家而言,在临界生产分割点 $i^*$ 处高技术劳动力的占比高于整体高技术劳动力占总劳动力的比重($\theta_H^U > \lambda_H^U$),因此 $\theta_H^U - \lambda_H^U > 0$ 成立;而随生产环节的增大,对高技术劳动力的需求也将增大,这会使相对工资上升,有 $\dfrac{\partial \ln(w_H^U/w_L^U)}{\partial i^*} > 0$,这样上式中第三项将大于零;对发达国家而言,在临界生产分割点 $i^*$ 处高技术劳动力的占比低于整体高技术劳动力占总劳动力的比重($\theta_H^D < \lambda_H^D$),因此有 $\theta_H^D - \lambda_H^D < 0$,同时,如前所述 $\dfrac{\partial \ln(w_H^U/w_L^U)}{\partial i^*} > 0$,第四项整体也大于零。最终可得 $\Gamma_{i^*} > 0$。

# 第九章　知识产权保护强贸路径 III：全球生产网络竞争下的投资流动

伴随全球范围内民粹主义、孤立主义、保护主义不断抬头,全球经济陷入深度衰退,国际贸易和国际投资大幅萎缩,我国经济发展面临增速换挡、新旧动能转换的严峻挑战。在当前全球生产网络中,我国亟须由以往的"低端嵌入"模式向"高端主导"模式转变,这就内在地要求资金流动方向应由以往"引进来"为主向"引进来"与"走出去"并重转变。在当前国际贸易保护主义盛行以及国内经济不断发展驱动与倒逼下,对外直接投资正越来越成为一国或地区主动参与全球价值链的关键举措(白光裕和庄芮,2015),也是发展中国家谋求突破全球价值链"低端锁定"风险、改变处于"被俘获"地位困境、构建"以我为主"的全球价值链分工体系的有效途径(余海燕和沈桂龙,2020)。

## 第一节　中国对外直接投资的典型化事实

在 2004 年以前,我国对外直接投资规模一直维持低位。转折点始于2004 年,自该年后我国的对外直接投资迅猛发展。2016 年我国对外直接投资流量实现 1961.5 亿美元,达到峰值,占全球比重连续两年超过 10%,此后开始出现下滑(见图9-1)。联合国贸易和发展会议发布的《2022世界投资报告》显示,2021年全球对外直接投资流量1.7万亿美元,年末存量41.8万亿美元。以此为基数计算,2021年中国对外直接投资分别占全球当年流量、存量的10.5%和6.7%,流量列全球国家(地区)的第一位,存量列第三位。《2023世界投资报告》显示,2022年全球外国直接投资较上年下降12%,为1.3万亿美元。在全球外国直接投资下降的大背景下,据中国商务部、外汇局统计,2022年,中国对外全行业直接投资9853.7亿元人民币,较上年增长5.2%(折合1465亿美元,增长0.9%)。其中,我国境内投资者共对全球160个国家和地区的6430家境外企业进行了非金融类直接投资,累计投资7859.4亿元人民币,增长7.2%(折合1168.5亿美元,增长2.8%)。

(单位:亿美元)

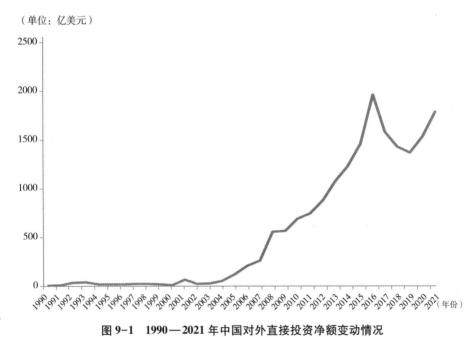

**图9-1 1990—2021年中国对外直接投资净额变动情况**
资料来源:历年《中国对外直接投资统计公报》。

从对外直接投资的东道国分布看(见图9-2),2021年年末,中国对外直接投资存量分布在全球的190个国家(地区),占全球国家(地区)总数的

81.5%。中国对外投资存量的近九成分布在发展中经济体。2021 年年末,中国在发展中经济体的直接投资存量为 24983.8 亿美元,占 89.7%。在发达经济体中的直接投资存量为 2867.7 亿美元,占 10.3%,其中欧盟 959 亿美元,占发达经济体投资存量的 33.5%。

（单位：%）

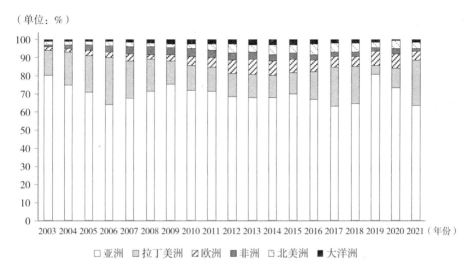

**图 9-2　2003—2021 年中国对外直接投资存量地区分布情况**

资料来源:历年《中国对外直接投资统计公报》。

从中国对外直接投资的行业分布来看(见图 9-3),2021 年中国制造业对外投资流向中,投资最高的是汽车制造业,达 42.7 亿美元;其次是计算机/通信和其他电子设备制造业,投资额为 32.5 亿美元。此外,投资额超过 20 亿美元的制造业行业还有有色金属冶炼和压延加工业、专用设备制造业以及金属制品业。从行业特征看,资本/技术密集型行业仍是当前对外直接投资的重点领域。

从区域层面①对外直接投资流量看(见图 9-4),东部地区的对外直接投

---

　　①　由于部分区域数据存在明显缺失,故图 9-4 中的样本年份从 2016 年开始。此外,东部地区包括北京、天津、河北、上海、江苏、浙江、福建、山东、广东和海南;中部地区包括山西、安徽、江西、河南、湖北和湖南;西部地区包括内蒙古、广西、四川、重庆、贵州、云南、陕西、甘肃、青海、宁夏、新疆和西藏;东北部地区包括黑龙江、吉林和辽宁。

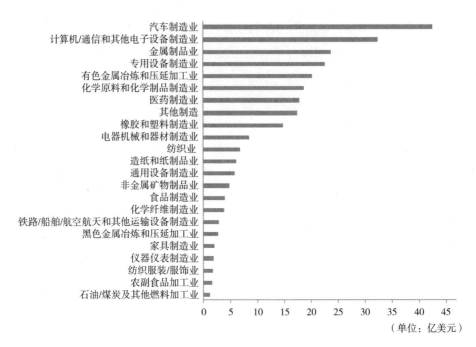

**图9-3 2021年中国制造业分行业对外直接投资流量**

资料来源:历年中国对外直接投资统计公报。

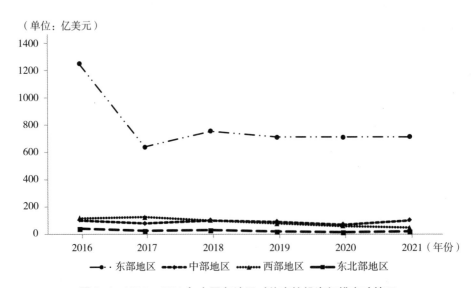

**图9-4 2016—2021年中国各地区对外直接投资规模变动情况**

资料来源:历年中国对外直接投资统计公报。

资流量规模以及增速均显著高于中西部地区及东北部地区。2016—2017 年西部地区的对外直接投资流量略高于中部地区,但是 2018—2021 年中部地区的对外直接投资流量逐渐高于西部地区,且差距呈扩大趋势。东北部地区的对外直接投资流量自 2016 年以来呈现逐渐减少趋势。

# 第二节 知识产权保护、投资流动与贸易竞争力提升的理论模型构建

本章先在赫尔普曼等(2004)的基础上构建一个企业创新行为内生化的基准模型,再将母国知识产权保护程度引入该异质性企业模型,分析其对企业对外投资行为的影响。

## 一、基准模型设定

在需求层面,本章沿用赫尔普曼等(2004)位似偏好的假定,采用不变替代弹性效用函数形式,假定 $i$ 国代表性消费者的具体需求函数为:

$$U_i = \left( \sum_{j \in J} \int_{\omega \in \Omega_j} \left[ x_{ji}(\omega) \right]^{(\sigma-1)/\sigma} d\omega \right)^{\sigma/(\sigma-1)} \tag{9-1}$$

其中, $\omega$ 表示消费者所消费产品多样性种类, $x_{ji}(\omega)$ 表示 $i$ 国消费者所消费的从 $j$ 国进口的产品 $\omega$ 的消费量,当 $i=j$ 时,则表示国内产品的消费量, $\Omega$ 表示商品总集, $J$ 表示国家集合,从而可知需求函数为:

$$x_{ji}(\omega) = E_i \left[ p_{ji}(\omega) \right]^{-\sigma} P_i^{\sigma-1}, \forall \omega \in \Omega_j \tag{9-2}$$

其中, $E_i$ 表示 $i$ 国消费者的收入水平, $P_i$ 表示 $i$ 国的价格指数:

$$P_i = \left( \sum_{j \in J} \int_{\omega \in \Omega_j} \left[ p_{ji}(\omega) \right]^{1-\sigma} d\omega \right)^{1/(1-\sigma)} \tag{9-3}$$

在供给层面,本节将继续沿用赫尔普曼等(2004)单一生产要素的假定,即企业仅使用劳动力一种生产要素,并将其作为计价物,这意味着劳动力的工资率单位化为 1。在生产流程的设定上,本章假定企业在进入市场前仅知道

生产率分布情况 $G_\varphi(\varphi)$，在支付市场进入成本得知其初始生产率水平后，根据其初始生产率水平进行创新活动，提升其生产率，再以该生产率水平为基础进行生产活动，并决定其出口与对外投资行为。为简化分析，本章假定仅存在母国与东道国两个国家，分别以下标 H 和 F 表示，并且两国为镜像国家，即两国相关变量完全一致，假定两国间货物的贸易成本采用冰山贸易成本 $\tau$ 的形式。

首先分析企业的生产行为，由企业生产利润最大化可知：

$$p_{HH} = \frac{\sigma}{\sigma - 1} \frac{1}{\varphi}, p_{HF} = \tau \frac{\sigma}{\sigma - 1} \frac{1}{\varphi} \tag{9-4}$$

其中，$\varphi$ 表示企业的最终生产率水平，即企业单位生产成本的倒数。假定企业的生产固定投入、出口固定投入、对外投资固定投入分别为 $f$、$f_{ex}$ 和 $f_{FDI}$，在三者之间的关系上，本章沿用赫尔普曼等（2004）的假定，即：

$$f_{FDI} > (1 + \tau^{\sigma-1})f_{ex} > (1 + \tau^{1-\sigma})f \tag{9-5}$$

式（9-5）意味着对外投资企业的生产率要高于出口企业，而出口企业的生产率要高于内销企业。

在对外投资的设定，本节假定企业的生产技术在东道国存在技术适应度问题，即不能完全发挥其在母国的生产率水平，在支付对外投资固定成本后，企业得知其技术适应度 $\theta < 1$，而之前仅知道 $\theta$ 的分布情况 $G_\theta(\theta)$。假定企业的初始生产率水平为 $\varphi_0$，从而可知企业不进行创新时的期望利润为：

$$\pi_0(\varphi_0) = \begin{cases} \left(\frac{\sigma - 1}{\sigma}\right)^{\sigma-1} E\varphi_0^{\sigma-1}P^{\sigma-1} - f, & \overline{\varphi_D} < \varphi_0 \leq \overline{\varphi_{ex}} \\[3mm] (1 + \tau^{1-\sigma})\left(\frac{\sigma - 1}{\sigma}\right)^{\sigma-1} E\varphi_0^{\sigma-1}P^{\sigma-1} - f - f_{ex}, & \overline{\varphi_{ex}} < \varphi_0 \leq \overline{\varphi_{FDI}} \\[3mm] \left[1 + \int_0^1 \theta^{\sigma-1}G_\theta(\theta)\right](1 + \tau^{1-\sigma})\left(\frac{\sigma - 1}{\sigma}\right)^{\sigma-1} E\varphi_0^{\sigma-1}P^{\sigma-1} - f \\[3mm] - f_{ex} - f_{FDI}, & \varphi_0 > \overline{\varphi_{FDI}} \end{cases}$$

$$\tag{9-6}$$

其中，$\overline{\varphi}_D$、$\overline{\varphi}_{ex}$、$\overline{\varphi}_{FDI}$ 分别表示企业在国内市场生产、出口以及对外投资的生产率临界值，并且有：

$$\left(\frac{\sigma-1}{\sigma}\right)^{\sigma-1} E(\overline{\varphi}_D)^{\sigma-1} P^{\sigma-1} - f = 0 \tag{9-7}$$

$$(1+\tau^{1-\sigma})\left(\frac{\sigma-1}{\sigma}\right)^{\sigma-1} E(\overline{\varphi}_{ex})^{\sigma-1} P^{\sigma-1} - f - f_{ex} = 0 \tag{9-8}$$

$$\int_0^1 \theta^{\sigma-1} G_\theta(\theta)(1+\tau^{1-\sigma})\left(\frac{\sigma-1}{\sigma}\right)^{\sigma-1} E(\overline{\varphi}_{FDI})^{\sigma-1} P^{\sigma-1} - f_{FDI} = 0 \tag{9-9}$$

接着，本章将企业创新行为内生化。在创新的引入上，借鉴阿吉翁等（2018）的方法刻画企业创新，将企业的生产率提升程度作为企业的创新程度，企业在创新前需要通过外部融资进行创新投入，假定创新固定投入为 $f_{in}$，融资利率为 $r$，$r$ 值越高，意味着融资成本越高。假定企业创新的成本函数为：

$$C_{in}(\rho) = r(f_{in} + a\rho^\alpha) \tag{9-10}$$

其中，$\rho$ 表示企业创新程度，即生产率提升程度，这意味着创新后企业的最终生产率水平为 $\rho\varphi_0$，为确保利润函数的收敛性，本章假定 $\alpha > \sigma - 1$，从而可知内销、出口、对外投资企业的最优创新程度分别为：

$$\rho_D = \left[\frac{\sigma-1}{ar\alpha}\left(\frac{\sigma-1}{\sigma}\right)^{\sigma-1} E\varphi_0^{\sigma-1} P^{\sigma-1}\right] 1/(\alpha+1-\sigma) \tag{9-11}$$

$$\rho_{ex} = \left[\frac{\sigma-1}{ar\alpha}\left(\frac{\sigma-1}{\sigma}\right)^{\sigma-1}(1+\tau^{1-\sigma}) E\varphi_0^{\sigma-1} P^{\sigma-1}\right] 1/(\alpha+1-\sigma)$$

$$\tag{9-12}$$

$$\rho_{FDI} = \left\{\frac{\sigma-1}{ar\alpha}\left(\frac{\sigma-1}{\sigma}\right)^{\sigma-1}\left[1+\int_0^1 \theta^{\sigma-1} G_\theta(\theta)\right]\right.$$

$$\left.(1+\tau^{1-\sigma}) E\varphi_0^{\sigma-1} P^{\sigma-1}\right\} 1/(\alpha+1-\sigma) \tag{9-13}$$

从式（9-11）—式（9-13）中可以看出，初始生产率水平高的企业其创新程度更高，从而可知三类企业创新的收益为：

$$\Delta\pi(\varphi_0) = \begin{cases} \dfrac{\alpha-\sigma+1}{\sigma-1}ar(\rho_D)\alpha - rf_{in}, & \overline{\varphi}_D < \varphi \leqslant \overline{\varphi}_{ex} \\[2ex] \dfrac{\alpha-\sigma+1}{\sigma-1}ar(\rho_{ex})\alpha - rf_{in}, & \overline{\varphi}_{ex} < \varphi \leqslant \overline{\varphi}_{FDI} \\[2ex] \dfrac{\alpha-\sigma+1}{\sigma-1}ar(\rho_{FDI})\alpha - rf_{in}, & \varphi > \overline{\varphi}_{FDI} \end{cases} \quad (9\text{-}14)$$

由式(9-14)可知,三类企业创新的生产率临界点为:

$$\frac{\alpha-\sigma+1}{\sigma-1}a\left[\frac{\sigma-1}{ar\alpha}\left(\frac{\sigma-1}{\sigma}\right)^{\sigma-1}E(\overline{\varphi}_D^{in})^{\sigma-1}P^{\sigma-1}\right]^{\alpha/(\alpha+1-\sigma)}=f_{in} \quad (9\text{-}15)$$

$$\frac{\alpha-\sigma+1}{\sigma-1}a\left[\frac{\sigma-1}{ar\alpha}\left(\frac{\sigma-1}{\sigma}\right)^{\sigma-1}(1+\tau^{1-\sigma})E(\overline{\varphi}_{ex}^{in})^{\sigma-1}P^{\sigma-1}\right]^{\alpha/(\alpha+1-\sigma)}=f_{in}$$

$$(9\text{-}16)$$

$$\frac{\alpha-\sigma+1}{\sigma-1}a\left\{\frac{\sigma-1}{ar\alpha}\left(\frac{\sigma-1}{\sigma}\right)^{\sigma-1}\left[1+\int_0^1\theta^{\sigma-1}G_\theta(\theta)\right](1+\tau^{1-\sigma})E(\overline{\varphi}_{FDI}^{in})^{\sigma-1}P^{\sigma-1}\right\}^{\alpha/(\alpha+1-\sigma)}=f_{in}$$

$$(9\text{-}17)$$

结合式(9-14)可知,式(9-15)—式(9-17)中的三个等式不可能同时成立,而根据相关数据,创新企业数要高于出口企业数,但要低于对外投资企业数,因此本章有以下假定:

$$\frac{\alpha-\sigma+1}{\sigma-1}a\left[\frac{\sigma-1}{ar\alpha}\left(\frac{\sigma-1}{\sigma}\right)^{\sigma-1}+(1+\tau^{1-\sigma})E(\overline{\varphi}_{FDI}^{in})^{\sigma-1}P^{\sigma-1}\right]^{\alpha/(\alpha+1-\sigma)}>f_{in}$$

$$(9\text{-}18)$$

$$\frac{\alpha-\sigma+1}{\sigma-1}a\left[\frac{\sigma-1}{ar\alpha}\left(\frac{\sigma-1}{\sigma}\right)^{\sigma-1}+(1+\tau^{1-\sigma})E(\overline{\varphi}_{ex}^{in})^{\sigma-1}P^{\sigma-1}\right]^{\alpha/(\alpha+1-\sigma)}<f_{in}$$

$$(9\text{-}19)$$

式(9-18)、式(9-19)意味着所有的对外投资企业均将从事创新活动,从而可知企业对外投资的概率为:

$$\Psi(\varphi_0)=\left[1-G_\varphi(\overline{\varphi}_{FDI})\right]\left\{1-G_\theta\left[\frac{\sigma}{(\sigma-1)\rho_{FDI}\varphi_0 P}\left[\frac{f_{FDI}}{(1+\tau^{1-\sigma})E}\right]^{1/(\sigma-1)}\right]\right\}$$

$$(9\text{-}20)$$

## 二、知识产权保护的影响机理

在知识产权保护对企业创新能力的影响上,本章假定知识产权保护主要通过影响企业的技术模仿能力 $\lambda_m$ 和自主创新能力 $\lambda_n$,最终作用于企业创新的边际成本 $a$,知识产权保护越高,企业的技术模仿能力就越低,技术创新能力就越高,并且企业的技术模仿能力和自主创新能力越高,企业创新的边际成本就越低,即 $\partial a/\partial \lambda_m < 0, \partial a/\partial \lambda_n < 0, \partial \lambda_m/\partial ipr < 0, \partial \lambda_n/\partial ipr > 0$。当企业技术模仿能力对企业创新能力、知识产权保护对企业技术模仿能力的相对影响较高时,知识产权保护的提升将不利于企业创新能力的提升,这与胡和马修斯(Hu 和 Mathews,2005)的研究结论一致;反之,则知识产权保护的提升将促进企业创新能力的提升,这与康瓦和埃文森(Kanwar 和 Evenson,2003)的研究结论一致。而根据尹志锋等(2013)、吴超鹏和唐茹(2016)的相关研究,知识产权保护的提升将有利于中国企业的创新,因此这里假定:

$$\frac{\partial a}{\partial ipr} = \frac{\partial a}{\partial \lambda_m}\frac{\partial \lambda_m}{\partial ipr} + \frac{\partial a}{\partial \lambda_n}\frac{\partial \lambda_n}{\partial ipr} < 0 \qquad (9-21)$$

而在融资约束上,根据霍伊斯勒等(Haeussler 等,2009)的研究,一国知识产权保护的提高,有利于充分发挥知识产权对企业增信增贷的作用,利用风险补偿、补贴贴息等各类知识产权质押融资扶持政策降低企业融资成本。同时可以通过完善银行、保险、担保、基金等多方参与的知识产权质押融资风险分担机制分担融资风险。此外,知识产权保护的发展,也有助于企业以及金融机构了解自身企业知识产权融资需求,以项目推介会、银企对接会等形式搭建银企对接平台,畅通融资渠道,这意味着知识产权保护提升可以缓解企业融资约束,因此这里假定:

$$\partial r/\partial ipr < 0 \qquad (9-22)$$

由式(9-20)—式(9-22)可知,知识产权保护对企业对外投资的影响为:

$$\frac{\partial \Psi(\varphi_0)}{\partial ipr} = \underbrace{\left[ -\frac{\partial a}{\partial ipr} \frac{\rho_{FDI}}{a(\alpha + 1 - \sigma)} \frac{\partial \Psi(\varphi_0)}{\partial \rho_{FDI}} \right]}_{\text{融资约束缓解效应}} +$$

$$\underbrace{\left[ -\frac{\partial r}{\partial ipr} \frac{\rho_{FDI}}{r(\alpha + 1 - \sigma)} \frac{\partial \Psi(\varphi_0)}{\partial \rho_{FDI}} \right]}_{\text{创新促进效应}} \tag{9-23}$$

其中：

$$\frac{\partial \Psi(\varphi_0)}{\partial \rho_{FDI}} = g_\theta \left\{ \frac{\sigma}{(\sigma - 1)\rho_{FDI}\varphi_0 P} \left[ \frac{f_{FDI}}{(1 + \tau^{1-\sigma})E} \right]^{1/(\sigma-1)} \right\}$$

$$\times \frac{\sigma[1 - G_\varphi(\overline{\varphi}_{FDI})]}{(\sigma - 1)(\rho_{FDI})^2 \varphi_0 P} \left[ \frac{f_{FDI}}{(1 + \tau^{1-\sigma})E} \right]^{1/(\sigma-1)} \tag{9-24}$$

从而可知：

$$\frac{\partial \Psi(\varphi_0)}{\partial ipr} > 0 \tag{9-25}$$

据此，本章提出第一个研究假说：

假说1：在其他条件不变的情况下，母国知识产权保护对企业对外直接投资行为具有促进作用。

进一步地，有：

$$-\frac{\partial a}{\partial ipr} \frac{\rho_{FDI}}{a(\alpha + 1 - \sigma)} \frac{\partial \Psi(\varphi_0)}{\partial \rho_{FDI}} > 0, \quad -\frac{\partial r}{\partial ipr} \frac{\rho_{FDI}}{r(\alpha + 1 - \sigma)} \frac{\partial \Psi(\varphi_0)}{\partial \rho_{FDI}} > 0$$

$$\tag{9-26}$$

即母国知识产权保护主要通过提升企业创新能力以及缓解企业融资约束，进而对全球生产网络下的对外直接投资行为产生影响。

据此，本章提出第二个研究假说：

假说2：母国知识产权保护可以通过降低企业外部融资成本以及促进企业创新影响企业对外直接投资行为。

# 第三节　实证结果与分析

本章第二节通过构建理论模型阐述了母国知识产权保护对企业对外直接投资的重要作用,即知识产权保护水平的提升通过提高企业技术创新积极性以及降低企业融资难度而提高企业对外直接投资行为。本章将从宏观和微观两个角度,实证检验母国知识产权保护对中国对外直接投资的重要影响,以验证理论部分提出的研究假说。

## 一、基于宏观省际层面数据的实证分析

### (一) 模型设定

根据前文理论分析,本章设定以下计量回归模型:

$$OFDI_{st} = \beta_0 + \beta_1 ipr_{st} + \sum \theta_n X_{st} + \gamma_j + \delta_t + \varepsilon_{st} \qquad (9\text{-}27)$$

式中,$OFDI_{st}$表示 $s$ 省第 $t$ 年的对外直接投资存量,$ipr_{st}$ 为 $s$ 省第 $t$ 年知识产权保护强度,$X_{st}$ 为一系列控制变量,$\gamma_j$ 为地区固定效应,$\delta_t$ 为年份固定效应,$\varepsilon_{st}$ 为随机误差项。

### (二) 数据处理与来源

#### 1. 被解释变量对外直接投资($OFDI_{st}$)

地区对外直接投资通常可以由对外直接投资的流量和存量来加以代理。菲利帕等(2003)认为,在研究一国对外直接投资区位选择时存量数据比流量数据更优,因为流量数据是基于境内投资者投资首个目的国来进行统计的,这不能完全体现企业的投资目的。因此,相比于投资流量,投资的存量更能体现企业的对外直接投资动机。据此,本章选择 2004 — 2016 年中国各省(自治区、直辖市)的对外直接投资存量作为被解释变量,数据由历年《中国对外直

接投资统计公报》整理所得。

**2. 核心解释变量**

历年中国各省(自治区、直辖市)的知识产权保护水平($ipr_{st}$)的构造方法参见第六章相关内容。

**3. 控制变量**

(1)地区经济发展水平($gdp$),采用地区生产总值表示,以控制地区规模效应对回归结果所可能产生的影响;(2)出口依赖度($export$),采用地区出口与生产总值的比例表示,已有研究均表明,贸易与投资之间存在互补关系,贸易的发展有利于促进国际投资行为;(3)工资水平($wage$),采用城镇单位在岗职工平均工资衡量,通常国内劳动力价格的上涨会导致企业生产成本上升,这将促使企业利用对外直接投资方式向外转移失去比较优势的生产环节,有助于企业降低生产成本,提高生产效率;(4)教育水平($edu$),采用大专及高等院校毕业(结业)生数占地区年末总人口比重表示,通常人力资本越充足,地区技术创新发展越蓬勃,企业对外直接投资概率相对越高;(5)能源消耗水平($energy$),采用地区能源消耗总量代理,自然资源是地区经济增长的基石,通过对外直接投资获取廉价自然资源是企业投资决策的重要影响因素之一。

控制变量数据均来自各省(自治区、直辖市)2005—2017年的《统计年鉴》以及对应年份《中国能源统计年鉴》。由于西藏地区的数据存在不同程度的缺失,因此删除西藏地区的样本数据。最终本章选取2004—2016年30个省(自治区、直辖市)共390个样本组成的面板数据作为宏观层面实证分析的样本。

### (三) 实证分析

#### 1. 全样本回归分析

全样本回归结果见表9-1列(1)。从中可以看到,母国知识产权保护的系数为正并且在5%的水平上显著,初步表明中国知识产权保护水平的提升可以显著促进对外直接投资的规模。究其原因,知识产权保护强度的提升显著降低了企业专利被侵权风险,提高了企业技术创新活动的预期收益,进而激发了企业技术创新的积极性。同时,知识产权保护的增强,有利于推动知识产权交易市场的成熟完善,提升知识产权从"知本"到"资本"的转化率,使拥有合法且有效知识产权的创新企业,更容易从金融机构、政府基金等主体获取资金,以进一步缓解其对外直接投资过程中所面临的资本短缺问题,提高企业对外直接投资概率。由此,研究假说 1 得证。

表 9-1　省际层面全样本与分地区回归结果

| 变量 | （1） | （2） | （3） |
|---|---|---|---|
| | 全样本 | 东部地区 | 中西部地区 |
| $ipr$ | 0.601** | 1.014*** | 0.435 |
| | (0.298) | (0.244) | (0.444) |
| $gdp$ | 1.633*** | 1.801*** | 1.444*** |
| | (0.315) | (0.431) | (0.465) |
| $energy$ | −0.238 | −0.540 | 0.387 |
| | (0.326) | (0.348) | (0.602) |
| $export$ | 5.893*** | 6.968*** | 6.888** |
| | (2.013) | (2.678) | (2.423) |
| $edu$ | 9.291 | −72.30 | −75.05 |
| | (95.22) | (75.18) | (186.5) |
| $wage$ | 5.986** | 6.573*** | 5.251* |
| | (2.658) | (2.347) | (2.983) |
| $\_cons$ | −6.164 | −10.28** | 2.841 |
| | (7.576) | (4.126) | (16.01) |
| $Year\ FE$ | 是 | 是 | 是 |
| $Province\ FE$ | 是 | 否 | 否 |
| $N$ | 360 | 144 | 216 |
| $R^2$ | 0.859 | 0.913 | 0.816 |

注:括号内为聚类稳健标准误差; *、**和***分别表示 10%、5% 和 1% 的显著性水平。

## 2. 分地区回归分析

考虑到我国东部地区与中西部地区在各方面差异较大,因此这里将我国30个省(自治区、直辖市)划分为东部地区和中西部地区进行分样本回归。表9-1的列(2)和列(3)分别列示了东部知识产权保护与中西部知识产权保护水平对地区对外直接投资规模的不同影响。在东部地区样本中,地区知识产权保护对地区的对外直接投资规模呈现正向影响,且在1%的水平上显著。中西部地区的知识产权保护对地区对外直接投资的规模影响为正,但是系数明显小于东部地区,而且并不显著。这表明东部地区的知识产权保护水平对地区对外直接投资规模的影响要明显强于中西部地区。首先,相比于东部地区,中西部地区的知识产权保护水平并不高,从而使当地企业面临的专利侵权纠纷风险更大,严重影响自身获取创新的垄断利润,而降低了企业的创新积极性。这也说明中西部地区的知识产权保护水平还没有达到促进企业创新和利用知识产权缓解融资约束的门槛,进而也无法促进当地企业的对外直接投资。其次,东部地区企业的创新水平和融资需求也远高于中西部地区,因此知识产权保护提高对企业创新能力提升的边际效应也大于中西部地区企业,从而对东部地区企业的对外直接投资产生正向推动作用。

## 3. 稳健性检验

本章将进一步采用世界经济论坛发布的知识产权保护指数代替 G-P 指数,对省际层面全样本和分样本进行稳健性检验。表9-2为省际层面总样本和分地区样本的稳健性检验结果。其中,列(1)为省际层面总样本回归结果,列(2)和列(3)分别为东部地区和中西部地区的回归结果。结果显示,在总样本中地区知识产权保护($ipr$)的系数为正,且通过了5%的显著性水平检验。在东部地区样本中,地区知识产权保护的系数也显著为正。从系数大小和显著性水平来看,都明显高于总体样本。而中西部地区的知识产权保护系数未通过显著性水平检验。上述结果表明基准回归结果具有稳健性。

表 9-2 省际全样本和地区分样本稳健性检验

| 变量 | （1） | （2） | （3） |
|---|---|---|---|
| | 总样本 | 东部地区 | 中西部地区 |
| *ipr* | 0.660[**] | 0.990[***] | 0.484 |
| | (0.323) | (0.253) | (0.485) |
| *gdp* | 1.550[***] | 1.727[***] | 1.373[***] |
| | (0.287) | (0.434) | (0.437) |
| *energy* | -0.201 | -0.509 | 0.397 |
| | (0.300) | (0.343) | (0.561) |
| *export* | 5.670[***] | 7.637[***] | 6.526[**] |
| | (2.002) | (2.642) | (2.353) |
| *edu* | 12.28 | -53.92 | -68.24 |
| | (91.10) | (78.43) | (175.2) |
| *wage* | 6.99[**] | 9.44[**] | 5.74[*] |
| | (3.297) | (4.176) | (3.102) |
| *_cons* | -6.053 | -10.31[**] | 2.939 |
| | (7.490) | (4.038) | (15.84) |
| *Year FE* | 是 | 是 | 是 |
| *Province FE* | 是 | 否 | 否 |
| *N* | 390 | 156 | 234 |
| $R^2$ | 0.868 | 0.917 | 0.828 |

注:括号内为聚类稳健标准误差; [*]、[**]和[***]分别表示 10%、5%和 1%的显著性水平。

## 二、基于微观企业层面数据的实证分析

### (一) 模型设定

为了从微观企业层面验证知识产权保护与中国对外直接投资之间的影响,本章建立以下 Probit 模型:

$$OFDI_{ijst} = \beta_0 + \beta_1 ipr_{st} + \sum \theta_n X_{ijst} + \gamma_j + \delta_s + \lambda_t + \varepsilon_{ijst} \qquad (9\text{-}28)$$

式中，$i$、$j$、$s$、$t$分别表示企业个体、所属行业、地区以及时间。$OFDI_{ijst}$表示企业是否进行对外直接投资活动，如果进行对外直接投资为1，不进行则为0。$\gamma_j$、$\delta_s$和$\lambda_t$分别表示行业固定效应、地区固定效应以及时间固定效应。$ipr$表示地区知识产权保护水平；$X$表示控制变量，包括：（1）企业年龄（$age$），采用企业存续时间的对数值表示；（2）企业规模（$size$），采用总资产的自然对数值表示；（3）产权性质（$soe$），采用国有企业虚拟变量表示，国有企业取值为1，非国有企业取值为0；（4）企业出口（$export$），采用企业出口虚拟变量表示，若企业年度出口额为正则企业出口虚拟变量取值为1，否则取值为0；（5）资本密集度（$klratio$），采用企业资本存量除以从业人员数的对数值表示。$\varepsilon_{ijkt}$为聚类到企业的稳健标准误差。

## （二）数据处理与来源

由于数据可得性，中国单家企业对外直接投资的规模（包括流量和存量情况）暂时难以获取。目前，大多数文献只能根据中国商务部公布的《中国境外投资企业（机构）名录》公布的数据，对企业是否进行对外直接投资进行判断。因此，本章首先根据商务部公布的2003—2013年《中国境外投资企业（机构）名录》，统计了这期间不同所有制企业对外直接投资情况。为进一步得到企业层面的其他详细信息，参考已有做法利用企业名称链接了中国工业企业数据库。由于2003年前，中国对外直接投资企业较少，样本缺乏代表性，因此这里选取2003—2013年作为样本观察区间。初步的描述性统计显示，2003—2013年我国共有29378家企业具有对外投资行为，经过匹配获得14445家有对外直接投资的工业企业。

## （三）实证分析

### 1.全样本回归分析

表9-3中列（1）只加入了$ipr$，列（2）则加入了其余控制变量，列（3）进一步

控制了年份固定效应,列(4)在此基础上还控制了地区和行业固定效应。从核心解释变量 ipr 的回归系数来看,知识产权保护的影响在各个模型中都在 1% 的水平上显著。从数值大小看,ipr 系数在各个模型中变化较小,说明结果比较稳健。整体上,知识产权保护的提升显著促进了企业进行对外直接投资活动的积极性。通常母国知识产权保护水平提高,企业进行技术创新获得的垄断利润越高,同时知识产权变现融资也更加容易,有助于企业跨过对外直接投资的资金门槛与生产率门槛,提高对外直接投资的成功率与积极性。假说 1 得到验证。

表 9-3　全样本基本回归结果

| 变量 | （1） | （2） | （3） | （4） |
|---|---|---|---|---|
| | *OFDI* | *OFDI* | *OFDI* | *OFDI* |
| *ipr* | 0. 113 *** | 0. 117 *** | 0. 123 *** | 0. 121 *** |
| | (13. 31) | (13. 18) | (13. 91) | (13. 75) |
| *export* | | 0. 007 | 0. 041 *** | 0. 034 *** |
| | | (0. 68) | (3. 96) | (3. 26) |
| *size* | | 0. 084 *** | 0. 027 *** | 0. 026 *** |
| | | (23. 80) | (6. 63) | (6. 43) |
| *klratio* | | 0. 029 *** | 0. 038 *** | 0. 041 *** |
| | | (6. 69) | (8. 77) | (9. 31) |
| *age* | | 0. 006 *** | 0. 006 *** | 0. 006 *** |
| | | (13. 04) | (11. 57) | (11. 86) |
| *soe* | | −0. 068 *** | 0. 109 *** | 0. 142 *** |
| | | (−2. 97) | (4. 65) | (5. 67) |
| *_cons* | −2. 189 *** | −3. 375 *** | −4. 045 *** | −4. 115 *** |
| | (−100. 98) | (−72. 71) | (−58. 23) | (−54. 99) |
| *Year FE* | No | No | Yes | Yes |
| *Industry FE* | No | No | No | Yes |
| *Province FE* | No | No | No | Yes |
| *N* | 510387 | 460137 | 460137 | 460137 |

注:括号内为聚类稳健标准误差;*、**和***分别表示 10%、5%和 1%的显著性水平。

### 2.异质性分析

#### (1)不同投资目的地回归分析

根据投资目的地的不同,可以将对外直接投资划分为顺梯度对外直接投资(指到发展中国家进行对外直接投资)和逆梯度对外直接投资(指到发达国家进行对外直接投资)。表9-4的回归结果显示,母国知识产权保护提高对顺梯度对外直接投资有显著的正向影响。这是因为,向发展中国家进行投资所要求的资金门槛要远低于发达国家,企业通过这类以效率原则为导向的投资活动,将部分低附加值的环节转移到其他发展中国家,有助于自身集中有限资源投入到附加值更高的环节(如创新)中,这将有效提升企业的技术优势,实现价值链地位的攀升。而向发达国家投资所需的资金门槛较高,同时出于高新技术封锁或者保护的目的,发达国家允许发展中国家企业进行投资的领域往往相对低端,因此很难通过提升本国知识产权保护促进对外投资来获取正向的技术溢出。

表 9-4　顺梯度与逆梯度对外直接投资回归结果

| 变量 | 发展中国家 | | 发达国家 | |
|---|---|---|---|---|
| | (1) | (2) | (3) | (4) |
| | *OFDI* | *OFDI* | *OFDI* | *OFDI* |
| *ipr* | 0. 147 *** | 0. 149 *** | 0. 014 | 0. 021 |
| | (17. 81) | (18. 19) | (0. 89) | (1. 42) |
| *export* | 0. 009 | 0. 037 *** | 0. 002 | 0. 019 |
| | (0. 79) | (3. 23) | (0. 17) | (1. 28) |
| *size* | 0. 086 *** | 0. 030 *** | 0. 058 *** | 0. 012 ** |
| | (22. 20) | (6. 65) | (11. 50) | (2. 03) |
| *klratio* | 0. 018 *** | 0. 029 *** | 0. 051 *** | 0. 059 *** |
| | (3. 76) | (6. 07) | (8. 27) | (9. 61) |
| *age* | 0. 006 *** | 0. 006 *** | 0. 005 *** | 0. 005 *** |
| | (12. 06) | (10. 96) | (6. 52) | (5. 91) |
| *soe* | −0. 024 | 0. 170 *** | −0. 171 *** | 0. 022 |
| | (−0. 98) | (6. 27) | (−4. 78) | (0. 60) |

续表

| 变量 | 发展中国家 | | 发达国家 | |
|---|---|---|---|---|
| | （1） | （2） | （3） | （4） |
| | *OFDI* | *OFDI* | *OFDI* | *OFDI* |
| _*cons* | −3.530*** | −4.246*** | −3.463*** | −4.187*** |
| | （−72.82） | （−50.60） | （−49.15） | （−35.61） |
| *Year FE* | No | Yes | No | Yes |
| *Industry FE* | No | Yes | No | Yes |
| *Province FE* | No | Yes | No | Yes |
| *N* | 456790 | 456790 | 450188 | 450188 |

注:括号内为聚类稳健标准误差;*、**和***分别表示10%、5%和1%的显著性水平。

（2）不同行业回归分析

由于不同行业对知识产权保护的敏感性不同,进而其对企业对外直接投资的影响也不尽相同。从表9-5分行业的回归结果看,知识产权保护对对外直接投资的影响在知识产权密集型行业中呈现显著的正向趋势,而对非知识产权密集型行业的对外直接投资产生了负向影响。显然,对知识产权密集型行业而言,提升知识产权保护强度能够显著提升企业的创新能力,而非知识密集型行业通常属于劳动或资本密集型行业,其离技术前沿较远,增加知识产权保护强度反而可能进一步巩固行业内领先企业的竞争优势,不利于促进竞争而使行业整体技术进步缓慢,进而影响对外直接投资。

表9-5　不同行业回归结果分析

| 变量 | 非知识产权密集型行业 | | 知识产权密集型行业 | |
|---|---|---|---|---|
| | （1） | （2） | （3） | （4） |
| | *OFDI* | *OFDI* | *OFDI* | *OFDI* |
| *ipr* | −0.068*** | −0.072*** | 0.158*** | 0.166*** |
| | （−4.83） | （−4.05） | （16.67） | （17.38） |

| 变量 | 非知识产权密集型行业 | | 知识产权密集型行业 | |
|---|---|---|---|---|
| | （1） | （2） | （3） | （4） |
| | *OFDI* | *OFDI* | *OFDI* | *OFDI* |
| *export* | −0.096*** | −0.127*** | 0.029*** | 0.073*** |
| | （−5.62） | （−6.53） | （2.63） | （6.28） |
| *size* | −0.101*** | −0.012* | 0.129*** | 0.046*** |
| | （−15.86） | （−1.80） | （34.44） | （9.45） |
| *klratio* | 0.055*** | 0.034*** | 0.014*** | 0.035*** |
| | （8.93） | （4.11） | （2.81） | （7.01） |
| *age* | −0.000 | 0.003*** | 0.007*** | 0.007*** |
| | （−0.19） | （2.88） | （14.80） | （11.82） |
| *soe* | 0.142*** | 0.102** | −0.140*** | 0.159*** |
| | （4.12） | （2.48） | （−5.43） | （5.46） |
| _cons | −1.564*** | −1.908*** | −4.013*** | −4.672*** |
| | （−20.14） | （−21.15） | （−80.78） | （−54.54） |
| *Year FE* | No | Yes | No | Yes |
| *Industry FE* | No | Yes | No | Yes |
| *Province FE* | No | Yes | No | Yes |
| *N* | 449242 | 185176 | 457736 | 457736 |

注:括号内为聚类稳健标准误差;*、**和***分别表示10%、5%和1%的显著性水平。

（3）不同地区回归分析

不同地区的知识产权保护水平不同,因此其对企业对外直接投资的影响可能具有地区差异。从表9-6的回归结果看,母国知识产权保护对东部地区企业对外直接投资产生正向影响,而对中西部地区企业对外直接投资产生负向影响。出现这样的结果可能是因为东部地区相较于中西部地区而言,知识产权保护水平较高,不论是政府还是企业,知识产权保护意识都较强,因此对企业对外直接投资的影响具有更强的正向作用,而由于中西部企业整体更远离技术前沿,加强知识产权保护不利于其通过地区研发溢出进行技术创新以提升对外投资。

表 9-6　不同地区回归结果分析

| 变量 | 中西部地区 | | 东部地区 | |
| --- | --- | --- | --- | --- |
| | （1） | （2） | （3） | （4） |
| | *OFDI* | *OFDI* | *OFDI* | *OFDI* |
| *ipr* | −0.256 *** | −0.253 *** | 0.176 *** | 0.181 *** |
| | （−27.37） | （−26.19） | （18.34） | （18.97） |
| *export* | −0.220 *** | −0.208 *** | 0.047 *** | 0.078 *** |
| | （−10.42） | （−9.57） | （4.36） | （7.02） |
| *size* | 0.059 *** | 0.056 *** | 0.085 *** | 0.019 *** |
| | （8.05） | （7.41） | （22.75） | （4.16） |
| *klratio* | 0.081 *** | 0.089 *** | 0.015 *** | 0.029 *** |
| | （11.00） | （11.72） | （3.23） | （6.11） |
| *age* | 0.002 ** | 0.003 *** | 0.007 *** | 0.007 *** |
| | （2.13） | （3.14） | （14.05） | （11.84） |
| *soe* | 0.426 *** | 0.516 *** | −0.297 *** | −0.074 ** |
| | （13.50） | （14.48） | （−10.15） | （−2.37） |
| _cons | −3.139 *** | −3.989 *** | −3.546 *** | −4.515 *** |
| | （−37.96） | （−26.87） | （−70.62） | （−50.60） |
| *Year FE* | No | Yes | No | Yes |
| *Industry FE* | No | Yes | No | Yes |
| *Province FE* | No | Yes | No | Yes |
| *N* | 448944 | 448944 | 458034 | 458034 |

注：括号内为聚类稳健标准误差；*、**和***分别表示 10%、5%和 1%的显著性水平。

## 3.机制检验

为了进一步验证前文理论模型中所提到的技术创新增进与融资约束缓解两个作用渠道，这里参考刘和邱（Liu 和 Qiu，2016）的方法展开机制检验。参考已有研究，这里以企业的专利授权数量（*Patent*）作为企业创新的代理，以 *SA*

指数①作为企业融资约束的代理。表9-7列示了知识产权保护通过增进企业创新以及缓解融资约束进而促进对外直接投资的机制检验结果。从回归结果可以看出,知识产权保护水平对企业专利授权量具有显著正向影响,对企业融资约束具有负向影响,说明母国提高知识产权保护水平能通过提高企业创新水平和缓解企业融资约束从而促进企业对外直接投资。

表 9-7　母国知识产权保护水平对企业对外直接投资的机制分析

| 变量 | （1） | （2） |
|---|---|---|
| | *Patent* | *SA* |
| *ipr* | 3.636 *** | −0.1130 ** |
| | (40.67) | (−2.27) |
| *export* | 0.020 | −0.0012 * |
| | (0.99) | (−1.75) |
| *size* | 0.116 *** | −0.2356 *** |
| | (8.08) | (−433.23) |
| *klratio* | 0.056 *** | −0.0165 *** |
| | (4.95) | (−50.05) |
| *age* | −0.001 | 0.0403 *** |
| | (−0.51) | (636.65) |
| *soe* | 0.105 *** | −0.0005 |
| | (2.71) | (−0.33) |
| *_Cons* | −9.038 *** | 5.9711 *** |
| | (−22.99) | (31.76) |
| *Year FE* | Yes | Yes |
| *Industry FE* | Yes | Yes |
| *Province FE* | Yes | Yes |
| *N* | 51262 | 460137 |

注:括号内为聚类稳健标准误差;*、**和***分别表示10%、5%和1%的显著性水平。

———————

①　$SA = -0737 \times$ 企业规模 $+ 0.043 \times$ 企业规模$^2 - 0.04 \times$ 企业年龄。由此计算得到的 *SA* 指数值为负,绝对值越大表明融资约束越严重。

### 4. 基于知识产权制度距离的进一步检验

通常,若东道国与母国间的知识产权制度距离越大,从顺梯度投资层面看,会增加本土对外投资企业在不确定环境下所面临的模仿风险,因而可能影响对外投资企业的投资意愿(Glass 和 Wu,2007);从逆梯度投资层面看,考虑到东道国是相对母国发展程度更高的国家,这些国家会出于保护自身核心技术产业考量,而仅愿意接受低技术密集度行业的外商直接投资,这同样会影响对外投资企业的投资意愿。基于上述分析,本章进一步构造了中国与不同投资目的地国间的知识产权制度距离,检验知识产权制度距离对东道国企业对外直接投资的影响。知识产权制度距离指标主要根据前文所述的知识产权保护指数来构建,即用投资目的国的知识产权保护指数减去我国的知识产权保护指数得到知识产权保护制度距离指数(ipr_dis)。

（1）全样本分析

表 9-8 是企业对外投资目的国与中国知识产权制度距离对企业对外直接投资影响的实证结果。从表中可以看出,知识产权制度距离对企业对外直接投资有显著负向影响,即母国知识产权保护水平的提升对顺梯度对外直接投资的促进作用更大。

表 9-8　知识产权制度距离对企业对外直接投资影响分析

| 变量 | （1） | （2） | （3） | （4） |
|---|---|---|---|---|
| | *OFDI* | *OFDI* | *OFDI* | *OFDI* |
| *ipr_dis* | −0.879 *** | −0.894 *** | −0.891 *** | −0.890 *** |
| | （−20.57） | （−20.36） | （−20.09） | （−20.09） |
| *export* | | 0.028 *** | 0.061 *** | 0.054 *** |
| | | （2.79） | （6.03） | （5.22） |
| *size* | | 0.079 *** | 0.022 *** | 0.021 *** |
| | | （22.82） | （5.47） | （5.27） |
| *klratio* | | 0.037 *** | 0.045 *** | 0.048 *** |
| | | （8.68） | （10.56） | （11.09） |

| 变量 | (1) | (2) | (3) | (4) |
|------|------|------|------|------|
| | *OFDI* | *OFDI* | *OFDI* | *OFDI* |
| *age* | | 0.006 *** | 0.006 *** | 0.006 *** |
| | | (12.98) | (11.65) | (11.96) |
| *soe* | | −0.085 *** | 0.094 *** | 0.129 *** |
| | | (−3.72) | (4.05) | (5.18) |
| *_cons* | −1.915 *** | −3.090 *** | −3.727 *** | −3.810 *** |
| | (−408.77) | (−77.98) | (−55.93) | (−52.72) |
| *Year FE* | No | No | Yes | Yes |
| *Industry FE* | No | No | No | Yes |
| *Province FE* | No | No | No | Yes |
| *N* | 510387 | 460137 | 460137 | 460137 |

注:括号内为聚类稳健标准误差;*、**和***分别表示10%、5%和1%的显著性水平。

(2)调节效应分析

表9-9分别检验了行业层面异质性:是否为知识产权密集型行业( *cqmj* )以及地区层面异质性:是否为东部地区企业( *east* )。回归结果表明,企业若属于知识产权密集型行业,则在相同的知识产权制度距离下对外投资更少,这可能是因为同等的知识产权制度距离下,知识产权密集型行业对知识产权保护更敏感,因而相对于非知识产权密集型行业而言其投资意愿更小;东部地区企业相对于中西部地区企业在相同的知识产权制度距离下对外投资更少,这可能是由于东部地区相较于中西部地区而言,知识产权保护水平较高,不论是政府还是企业,知识产权保护意识都较强,因而对东道国的知识产权保护需求较高。

表9-9　知识产权制度距离对企业对外直接投资影响异质性分析

| 变量 | (1) | (2) | (3) | (4) |
|------|------|------|------|------|
| | *OFDI* | *OFDI* | *OFDI* | *OFDI* |
| *iprdis* | −1.964 *** | −1.938 *** | −2.559 *** | −2.575 *** |
| | (−12.26) | (−12.16) | (−12.27) | (−12.05) |

续表

| 变量 | （1） | （2） | （3） | （4） |
|---|---|---|---|---|
| | *OFDI* | *OFDI* | *OFDI* | *OFDI* |
| *iprdis#cqmj* | -0.699 *** | -0.683 *** | | |
| | (-16.02) | (-15.65) | | |
| *cqmj* | 0.308 *** | 0.060 *** | | |
| | (30.45) | (2.98) | | |
| *iprdis#east* | | | -0.695 *** | -0.685 *** |
| | | | (-15.82) | (-15.53) |
| *east* | | | 0.336 *** | 0.298 *** |
| | | | (28.91) | (25.12) |
| *size* | 0.050 *** | 0.020 *** | 0.081 *** | 0.027 *** |
| | (13.41) | (4.87) | (22.78) | (6.55) |
| *klratio* | 0.043 *** | 0.047 *** | 0.035 *** | 0.045 *** |
| | (10.20) | (10.94) | (8.03) | (10.46) |
| *age* | 0.005 *** | 0.006 *** | 0.006 *** | 0.006 *** |
| | (10.76) | (12.02) | (12.24) | (11.01) |
| *soe* | -0.044 * | 0.133 *** | 0.022 | 0.212 *** |
| | (-1.92) | (5.35) | (0.96) | (8.37) |
| *_cons* | -2.998 *** | -3.845 *** | -3.334 *** | -3.950 *** |
| | (-73.40) | (-52.37) | (-81.30) | (-54.17) |
| *Year FE* | No | Yes | No | Yes |
| *Industry FE* | No | Yes | No | Yes |
| *Province FE* | No | Yes | No | Yes |
| *N* | 460137 | 460137 | 460137 | 460137 |

注:括号内为聚类稳健标准误差;*、**和***分别表示10%、5%和1%的显著性水平。

# 第四节　对外直接投资倒逼东道国知识产权保护提升的拓展分析

根据前文所述,对外直接投资可以分为顺梯度对外直接投资和逆梯度对外直接投资两种。顺梯度对外直接投资的主要目的是充分利用当地廉价的生产要素和优惠政策从而降低生产成本,即所谓的资源寻求型和效率寻求型;逆梯度对外直接投资则通常以获取先进技术或扩大海外市场份额为目的,即投资动机更倾向于技术寻求型或市场寻求型(陈俊聪和黄繁华,2014)。虽然基于不同动机的两类对外直接投资方式所产生的效果存在差异,但是在全球生产网络的新格局下,都会对本国知识产权保护制度产生冲击,从而倒逼本国提升和完善现有的知识产权保护制度。

## 一、顺梯度对外直接投资与知识产权保护的交互作用分析

顺梯度对外直接投资的投资动机在于资源获取和效率提升(陈俊聪和黄繁华,2014)。由于东道国生产要素价格的相对低廉和母国产业运营成本的日趋增长,出于成本控制、效率提升和市场竞争的考量,当东道国低廉要素价格带来的潜在优势大于母国企业对外投资所面临的外来劣势时,母国企业会将那些资源密集型的产业从本国产业中陆续分离并转移到东道国,用以应对来自国际市场的竞争。这部分转移的母国产业往往居于全球价值链低端,大多依赖着相对密集的自然资源,其制作工艺和生产技术相对低级简单,由于产业可替代性较强的固有特征,其竞争力主要来源于资源要素价格,对东道国低廉要素的获取和当地优惠政策条件的利用,客观上会使成本显著下降和生产效率逐步提升,转移产业的国际竞争力的提升也会为东道国分公司带来更多的利润,从而更多地回哺给母国企业。依据小岛清提出的边际产业扩张理论,劳动相对资本的价格上升会导致密集使用劳动的产品的生产成本提高,因而使密集使用劳动的产业或者产品陷入比较劣势,通过对外直接投资转移国内处于比较劣势的产业或产品可以实现国内产业结构的调整(隋月红,2010)。顺梯度对外直接投资所产生的“边际产业转移效应”使比较劣势产业和资源密集型产业得以成功转移,高运营成本产业比重的下降提升了母国产业的整体竞争力,之前囿于生产劣势部门的要素得以进一步释放,有效地缓解了新兴

产业在要素市场竞争中的高成本压力和市场规模扩张的客观限制（杨连星和罗玉辉，2017）。同时，企业由于产业转移得到了相应的利润回哺，也为其产业逐步升级和高端技术研发提供了必要的资金支持（陈菲琼和虞旭丹，2009）。总体而言，顺梯度对外直接投资会给母国原有产业带来两种效应：一是产业分离重构效应，即顺梯度对外直接投资会将处于比较劣势和价值链低端的产业部门转移出去，从而为具有潜在比较优势和处于价值链高端的产业部门提供所需的成长空间；二是资本反馈效应，顺梯度对外直接投资利用东道国有利的要素和政策条件实现生产效率的提升和利润的增长，并将利润以资本的形式返回国内，用以产业转型和技术研发。

从母国效率提升视角来看，顺梯度对外直接投资虽然在主观上以资源寻求为主，但是在客观上会起到优化本国产业结构、提升生产要素效率的作用，在产业转型重构的过程当中，产业转移所带来的母国生产要素的重新集中以及东道国企业利润回哺所带来的资金支持，使企业具备了产业产品升级和技术研发的资源基础。从母国整体来看，在顺梯度对外直接投资中，从劣势部门解放出来的资本和人力资源会投入到具有潜在优势和位于价值链高端地位的行业中去，激励本国企业寻求产业价值链地位提升的动机，加快国内创新禀赋和智慧资本的形成，在促进国内研发创新的同时，倒逼国内知识产权保护制度不断发展。

从区域合作角度来看，产业转移在满足母国寻求资源的同时，也是东道国技术引进的重要渠道。依据转移产业在产业链条的地位和特征，转移产业往往会在推动国家间经贸发展、发展区域合作和技术交流方面起到桥梁作用。母国在进行产业和技术输出的同时，客观上也会促进东道国相关知识产权技术标准的形成，除此之外，东道国为了给予企业相对优惠的政策条件，也会促进其自身知识产权等相关制度建设，而转移企业从母国带来的相对成熟的产权保护和技术标准也会对其制度建设产生借鉴作用。未来的区域合作方向也对对外直接投资提出了更高水平的诉求。例如，在"一带一路"建设过程中，提出要打造双方跨境投资、生产和贸易网络及跨境产业链条,提升与丝绸之路沿线国家和地区境内外、上下游、产供销、产业内与产业间经济贸易一体化的效率。在未来向高水平区域产业链的发展过程中,尤其是在技术交流、合作创新方面,区域内国家必将面临以知识产权保护为核心的一系列标准和规则的制定问题。此时,母国相对完善的国内知识产权保护制度必将在掌控区域价值链核心地位以及区域知识产权标准制定上取得更为主动的话语权,使母国对外直接投资企业在面临当地企业技术模仿和恶性竞争时能够寻求更为有利的制度法律保障。结合上述推断,顺梯度对外直接投资在促进高水平区域产业链发展的同时,必将对当前国内知识产权制度建设产生倒逼。

以上提升机制可由图 9-5 概括得到。

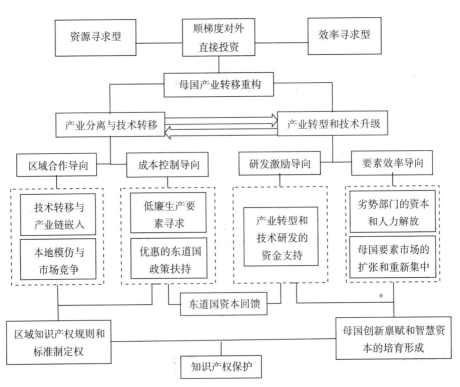

**图 9-5 顺梯度对外直接投资倒逼东道国知识产权保护制度提升的机制**

## 二、逆梯度对外直接投资与知识产权保护的交互作用分析

逆梯度对外直接投资的投资动机在于市场扩张和技术寻求（陈俊聪和黄繁华，2014）。而发展中国家后发产业存在的固有劣势使企业采取逆梯度对外直接投资成为当前的可行选择。首先，后发产业远离国际前沿技术和研发的主要来源地，其周边产业和技术基础设施的先天匮乏，致使企业由于研发技术的薄弱往往陷入技术升级的瓶颈。这时候母国企业往往会通过采取一系列侵略性和冒险性的措施，通过逆梯度对外直接投资在全球舞台上积极收购或购买成熟跨国公司的关键资产和稀缺技术专利，用以弥补自身竞争力的不足，克服后发劣势。其次，后发产业在发展中国家会面临欠发达市场与非成熟用户的困境。产品改进和升级是企业竞争力的重要方面之一，当外部市场的现有缺陷使企业的新兴产品无法在母国市场取得有效的规模经济时，产品运营往往会陷入高成本的泥潭，企业原有利润率的下降、预算约束的不断趋紧会使企业在面临产品研发创新等决策时往往采取保守和回避战略。同时，母国市场用户由于消费习惯、地域偏好的差异和本身收入水平的局限，往往无法成为企业产品的有效需求和目标市场，由于用户与生产者之间的联系集群对产业发展和产品创新具有重要的作用，用户与产品目标市场的偏离使母国企业在产品技术的吸收消化、适应创新方面面临着额外的阻碍。这时候，通过逆梯度对外直接投资战略克服发达国家市场的进入壁垒，建立起东道国成熟用户与母国产业间的联系以促进技术进步成为企业克服劣势的必然手段。总体而言，逆梯度对外直接投资成为母国后发企业应对发展劣势的重要手段，并会对母国产生两种效应：一是市场扩张培育效应，逆梯度对外直接投资能够扩大母国产品在发达国家的市场占有率，促进新兴产业在国外的先行发展，并通过逆进口的方式培育国内市场，随着国内外收入差距的缩小，新兴产业的国内生产规模会日益扩大；二是技术反馈获取效应，逆梯度对外直接投资有助于本国从海外获得包括技术专利在内的稀缺资源，并通过学习、转化和吸收实现在国内新兴产业内的溢出。

显而易见,国内知识产权保护水平会对企业对外直接投资获取高标准、高水平保护技术专利的行为产生影响。过低的知识产权保护水平,会显而易见地降低企业通过逆梯度对外直接投资去获取先进技术的动机,由于从海外并购获得的先进专利技术很容易被竞争对手模仿,或者保护相应的专利技术需要支付高额的维护费用,这会使企业趋向于进行保守的技术引进和创新。而过强的知识产权保护水平,虽然在当期显著保障了技术引进企业的利益,并且对企业逆梯度对外直接投资产生激励,但是从长远来看,过强的产权保护制度会对对外直接投资企业学习模仿先进技术、在原有技术上再创新形成障碍,并且在产业层面降低对外直接投资的逆向技术溢出效应,对国家的产业转型、价值链条升级也许并不是最优的。以上提升机制可由图9-6概括得到。

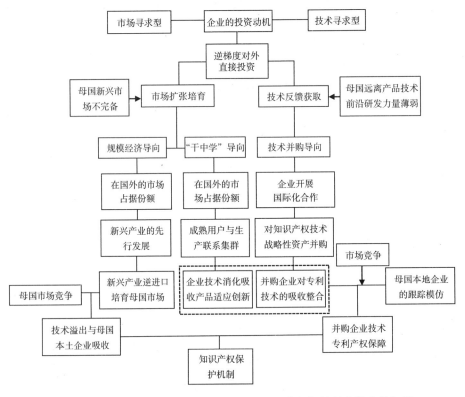

**图 9-6 逆梯度对外直接投资倒逼东道国知识产权保护制度提升的机制**

当然,知识产权对对外直接投资的影响绝非是单一静态的,在现实的演进过程中,两者相互作用、相互影响,作为逆梯度对外直接投资行为主体的企业同样会对国内知识产权保护制度产生新的诉求,从而对国内知识产权保护制度产生倒逼效应。例如处于战略性新兴产业的企业会联合制定在行业或产业内部流通的高标准技术专利标准和规范,从而保护海外并购相关技术专利的企业利益。参与海外并购的龙头企业会努力争夺知识产权保护制定标准的话语权,使特定专利技术的保护得以明确或加强,或者在特定时期放松对局部专利技术的保护,从而使知识产权保护标准倾向于并购企业本身的利益。

本章通过建立理论模型从缓解融资约束和促进技术创新两大渠道分析了知识产权保护对中国企业对外直接投资的作用机制。在此基础上,本章从宏微观两个层面进行了计量检验。首先,运用省际层面数据,验证地区知识产权保护对中国对外直接投资规模的影响,并区分东部和中西部进行分地区检验;其次,结合对外直接投资的二元离散模型数据特征,使用 Probit 模型对母国知识产权保护与企业对外直接投资之间的关系进行了实证检验。其中基本模型验证了母国知识产权保护对企业对外直接投资的促进作用,并区分了投资东道国、行业以及投资目的进行检验;接着构建机制检验模型,检验母国知识产权保护对企业对外直接投资的影响渠道;本章还从知识产权制度距离视角做了进一步的分析,并就不同模式下的对外直接投资倒逼本土知识产权保护制度完善做了理论探讨。

本章的主要结论有以下几个方面:

第一,母国知识产权保护整体上显著地促进了中国对外直接投资。从省际层面看,地区知识产权保护的发展,显著提高了地区对外直接投资规模。但是,这种积极影响具有明显的地区效应。地区知识产权保护的提高,会明显促进东部地区的对外直接投资规模,而对中西部地区的对外投资规模则无显著影响。并且,东部地区知识产权保护的发展对其对外直接投资规模的影响程度要高于整体水平。

第二，从微观企业层面看，母国知识产权保护的提升，对发展中国家的投资具有明显的正向影响。从行业层面来看，母国知识产权保护的提高，对不同行业的影响程度不同，对知识产权密集型行业对外直接投资有显著的促进作用。

第三，从母国知识产权保护对企业对外直接投资的影响机制来看，母国知识产权保护通过促进企业创新能力以及缓解融资约束提升了对外直接投资概率。进一步地，纳入知识产权制度距离的拓展分析结果显示，母国知识产权保护水平的提升对顺梯度对外直接投资的促进作用存在。在此基础上，本章还论证了两种对外直接投资模式对母国知识产权保护的倒逼机制的存在性与具体作用路径。

# 第十章　全球生产网络下知识产权保护影响贸易竞争力的动态仿真模拟

　　知识产权保护制度涉及我国对外开放的各个领域,事关国计民生和国家安全两个大局,是"科教兴国"基本国策的直接衍生和现代表现,是我国平衡严峻国际关系、维护本国利益与安全的重要战略举措,是创新驱动发展战略和国家知识产权战略的重中之重。本章将以波斯纳(1981)法经济学的研究范式为框架,结合全球化背景下的技术扩散特征和我国目前知识产权发展现状,以张维迎(2004)的两方投资博弈模型为基础模拟中国与世界其他地区平等的技术合作与竞争关系,构建技术优势视角下的贸易竞争力测度方法,以实现贸易竞争力最大化为目的,探索我国最优知识产权保护强度的现实性和可能性。通过构建动态随机一般均衡模型论证提升我国知识产权保护水平对贸易竞争力的重要性。

## 第一节　知识产权保护影响贸易竞争力的动态随机一般均衡模型构建

　　知识产权的私利与公利问题是一个规范性问题,在不同的社会背景和道德环境下,各国政府和学界均会产生截然不同的立场和观点,而缺乏实证性也正是政治学、伦理学、法学等社会科学普遍存在的困境。为厘清知识产权保护制度对我国技术进步与贸易竞争力的实际利弊,客观评价知识产权国际保护法律体系下我国在技术与贸易领域的现存优势,综合考虑知识产权保护制度的法学与经济学属性,为我国知识产权保护立法方向提供具有可行性的建议,本章使用波斯纳(1981)法经济学的研究范式,以实证法学作为理论依据,兼顾法律的正义与效率,从成本与收益的角度对知识产权保护强度对我国贸易竞争力的影响构建动态随机一般均衡模型。

## 一、全球生产网络背景下的技术进步

全球生产力与技术水平的不断发展促进了国际分工的细化和世界市场的深化,全球生产网络逐渐形成一种囊括产品的研发、生产、营销、物流等多个环节以跨国公司为核心向外辐射的经济活动,对世界各国的产业结构与贸易环境产生了深远的影响。在讨论全球生产网络中各国彼此间的层级关系时,学者们较多地着眼于以渠道和平台为基础的全球生产网络权力结构(Gereffi等,2005)。2017年度的全球价值链发展报告以技术创新为首个主题,在报告的第四章节重点讨论了创新研发和技术引进的中国经验对发展中国家融入全球生产网络的借鉴意义,为全球生产网络背景下贸易竞争力的构建由要素禀赋优势向技术优势的转变提供了理论基础。

技术进步对一国竞争力的影响一直以来受到学界的认可与关注(Schumpeter,1934;Lucas,1988)。在全球化背景下,一国获取技术进步的途径主要可以分为三类:源于内部的自主创新行为、源于外部的技术引进行为以及通过对外直接投资实现的跨国公司技术转移和技术溢出。其中,从行为特征上来说,自主创新和技术引进均需该国支付一定的技术进步成本,一般而言,自主创新因风险较大,其成本也较技术引进来的高;而技术转移和技术溢出是基于跨国公司对自身利益的考虑,以实现全球化分工管理为目的,局部、分割地将单一技术移植至该国的过程,该过程虽常附以严苛的管理、使用与扩散条件,但往往是自发且无偿的,无须东道国支付成本。从体量上来说,自主创新的份额在世界各国中均占据绝对优势,是技术进步的核心来源;技术引进的份额较少且受限较多,技术转移和技术溢出均需以保证跨国公司对东道国市场的技术垄断与权力行使为前提,其技术内容细碎而份额却微乎其微。一国通过技术引进和技术转移难以实现重大技术突破与革新,在技术方面受制于人,企业处于全球价值链中下游,参与生产的模块附加值较低。所以,为争夺全球贸易利益,世界主要工业国都极端重视科研投资,重点支持高新技术领域内的技术进步,扶持以知识密集、技术密集为特征的经济实体,为本国贸易竞争力的增强累积技术优势。

　　本模型聚焦全球生产网络各参与国间的技术扩散行为,从自主创新、技术引进、技术转移和技术溢出三个途径讨论一国技术进步的主要渠道,以一国相对于世界平均水平的技术优势来模拟该国在全球生产网络中不断向价值链上游移动的过程,讨论一国增强知识产权保护强度对提升技术进步速度的可行性以及对贸易竞争力的影响途径。在下文中,本章将结合知识产权保护强度从三个方面对模型进行构建:(1)内源性技术进步:知识产权保护强度与自主创新;(2)外源性技术进步:知识产权保护强度与技术引进;(3)技术优势视角下的贸易竞争力测度,以期从技术进步来源的角度进行层层分析,构建兼具理论意义和实践价值的知识产权保护对贸易竞争力的影响模型。

## 二、内源性技术进步:知识产权保护强度与自主创新

　　首先,本章尝试从成本和收益的角度对内源性技术进步进行讨论,探究自主创新与知识产权保护强度间的关系。内源性技术进步可由以下函数表示:

$$v_i = \int_0^{x_i} \left[ ir_i(x) - ic_i(x) \right] dx \qquad (10-1)$$

　　其中,$v_i$ 为 $i$ 国的自主创新系数,$x_i$ 为 $i$ 国的知识产权保护强度,$ir_i(x)$ 与

$ic_i(x)$分别为$i$国自主创新的收益与成本的密度函数(见图10-1)。

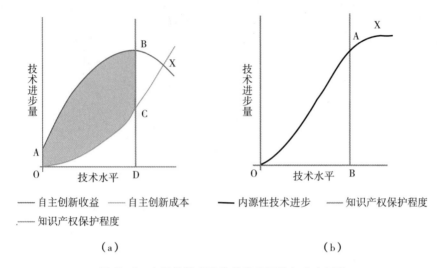

**图 10-1   内源性技术进步的密度函数与分布函数**

注:(a)图中的 ABX 线为自主创新收益密度曲线 $ir_i(x)$,OCX 线为自主创新成本密度曲线 $ic_i(x)$,
BCD 线指代知识产权保护程度。(b)图中的 OAX 线为内源性技术进步分布曲线,AB 线指代知识
产权保护强度。

首先,分析创新收益密度曲线 $ir_i(x)$。随着知识产权保护强度覆盖技术
范围的提升,全社会被保护的技术总量随着技术水平的提高而逐渐增加,体现
了知识产权保护水平增强对社会自主创新的激励和保障作用。又因为,低技
术水平的自主创新数量虽多但所获单位收益较少,高技术水平的自主创新数
量虽少但所获单位收益却多,所以,必然存在位于中等技术水平范围内自主创
新数量与单位收益乘积的极大值点,故我们将创新收益密度曲线 $ir_i(x)$ 描绘
为先增后减的抛物线。

其次,分析自主创新成本密度曲线 $ic_i(x)$。自主创新成本密度函数随技
术水平单调递增,并受到研发成本和保护成本两个方面的影响。在低技术水
平区域,因技术含量低,研发成本也低,且所欲剽窃者少,保护成本也相应较
低,两者相加的总成本低;而高技术水平领域则反之,研发成本高但成功率反
而很低,研发成功后还可能造成其他国家和企业的竞相模仿,从而形成高额的

侵占官司费,这样的案例在世界上屡见不鲜,远者如爱迪生的电灯和电报机专利诉讼案,近者如曾轰动一时且拍成电影的陆勇案。基于上述成本与技术水平的非线性关系,本章将自主创新成本密度曲线 $ic_i(x)$ 描绘为单调递增的凹函数。

故图 10-1(a)图中 OABC 所包裹的阴影部分面积表示自主创新收益高于成本且被知识产权保护强度所覆盖的技术进步量,对应图 10-1(b)图中内源性技术进步分布函数 OAB 点的数值。图 10-1(a)图中 OCD 所围面积为自主创新成本高于收益的部分,表现为无效率或无价值的自主创新行为,无法转变为有效的技术进步。X 点为自主创新收益与成本密度曲线的交点,该点后的自主创新行为在无外力干预情况下是不会发生的或者发生而不为公众所知的,例如:商业秘密或者涉及国家安全的技术机密,均不会公之于众,此类创新或许有助于企业利润或国家综合实力,但对技术传播和贸易竞争力没有直接影响。故 X 点可视为知识产权保护制度对自主创新影响的"终止点",是即使提升了知识产权保护强度也无法进一步激励自主创新行为的点,对应图 10-1(b)图中 X 点后的直线。

由此,本章构建有关知识产权保护强度对自主创新的影响函数:

$$V_i = C_{V,i} v_i(x_i) \qquad (10\text{-}2)$$

其中,$V_i$ 为 $i$ 国的自主创新技术进步量,$C_{V,i}$ 为 $i$ 国的自主创新研发成本,$v_i(x_i)$ 为 $i$ 国的自主创新系数,即自主创新收益与成本之差的密度函数在 $[0, x_i]$ 范围内的积分,是关于知识产权保护强度 $x_i$ 的函数,其具体形式将在后文中依据现实数据回归结果设定。此外,自主创新成本中的保护成本部分因其无法直接作用于技术研发而表现为一种制度运行成本,故在模型构建中被统一归并入知识产权执法成本 $C_{X,i}(x_i)$。

一国内源性技术进步除本国自主创新行为外,也包含着无偿获取自跨国企业对本国外商直接投资的技术转移及技术溢出,其转移率随东道国知识产权保护强度的提高而提高,其函数形态见图 10-2。

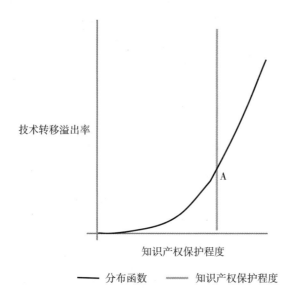

**图 10-2　技术转移溢出率**

设定外商直接投资技术转移溢出率 $\theta_i(x_i)$ 是关于知识产权保护强度 $x_i$ 的增函数,数值范围为 $[0,1]$,然而按世界知识产权组织公布的 2018 年前 25 个专利申请国及来源地数据,$\theta_i(x_i)$ 的数值在主要研发国家都较小,无法成为技术进步的主要来源。由此可得一国内源性技术进步函数:

$$V_i + \theta_i(x_i)V_j \tag{10-3}$$

其中,$V_i$ 和 $V_j$ 分别为 $i$ 国和 $j$ 国的自主创新技术进步量,$\theta_i(x_i)$ 是 $i$ 国的外商直接投资技术转移溢出率。

## 三、外源性技术进步:知识产权保护强度与技术引进

随后,继续讨论外源性技术进步,即技术引进与知识产权保护强度间的关系。外源性技术进步可归纳为以下函数:

$$m_i = \int_0^{x_i} [p_i(x) + tr_i(x) - tc_i(x)]dx \tag{10-4}$$

其中,$m_i$ 为 $i$ 国的技术引进系数,$x_i$ 为 $i$ 国的知识产权保护强度,$p_i(x)$ 为

$i$ 国技术模仿转移的密度函数, $tr_i(x)$ 与 $tc_i(x)$ 分别为 $i$ 国技术引进的收益与成本的密度函数(见图10-3)。

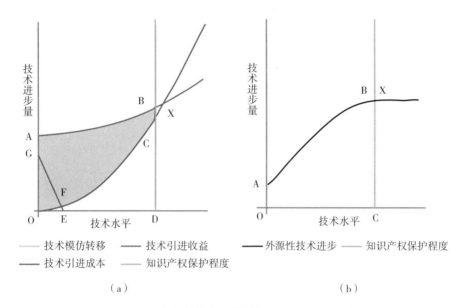

**图 10-3 外源性技术进步的密度函数和分布函数**

注:(a)图中的 ABX 线为技术引进收益密度曲线 $tr_i(x)$ ,OCX 线为技术引进成本密度曲线 $tc_i(x)$ ,GFE 线为技术模仿转移密度曲线 $p_i(x)$ ,BCD 线为知识产权保护强度。(b)图中的 ABX 线为外源性技术进步分布曲线,BC 线指代知识产权保护强度。

首先,分析技术模仿转移密度曲线 $p_i(x)$ 。凡参与国际贸易且技术水平较低的发展中国家均存在以无成本技术模仿实现技术进步的可行性,是落后国家后发优势的主要内容。但随着技术水平的提高,技术复杂度增加了技术模仿的难度,又因为知识产权国际保护法律体系在全球贸易领域的推广,使这种发轫于18世纪工业化早期,流行至第二次世界大战后期六七十年代的技术变迁方式现在已难有成效。如今,通过技术贸易渠道向国外购买和消化技术是获得外源性技术进步的主要方法。故技术模仿转移仅在理论分析中涉及,在模型中不做处理。

其次,分析技术引进收益密度曲线 $tr_i(x)$ 。一方面,一国从境外引进技术的水平越高,所能获得的收益和技术进步量就越多;另一方面,一国知识产权保护强度越强,他国则更有意愿接受该国提出的技术贸易方案。由此,结合上述两点,本章将技术引进收益密度曲线 $tr_i(x)$ 描绘为单调递增的凹函数。

最后,分析技术引进成本密度曲线 $tr_i(x)$。引进技术的水平越高,所需要支付的成本也就越高,且他国会出于维持技术优势的目的刻意抬高高新技术的引进成本,从而导致技术引进的性价比随技术水平的提高大幅下降。由此,本章将技术引进成本密度曲线 $tr_i(x)$ 描绘为起点为 0,但曲率显著高于技术引进收益密度曲线 $tr_i(x)$ 的单调递增的凹函数。

故图 10-3(a)图中 OFE 部分为通过技术模仿获得的少量技术进步量,OABC 框定的阴影部分面积表示技术引进收益高于成本且被知识产权保护强度所覆盖的技术进步量,对应图 10-3(b)图中外源性技术进步分布函数 OABC 点的数值。图 10-3(a)图中 CDEF 所围面积为技术引进成本高于收益的部分,该部分随技术水平的提高陡峭上升,挤压外源性技术进步的可能范围。X 点为技术引进收益与成本密度曲线的交点,该点为知识产权保护制度对技术引进影响的"终止点",即他国为保护自身贸易竞争力而不可能提供技术引进渠道的高新技术,对应图 10-3(b)图中 X 点后的直线。

由此,构建有关知识产权保护强度对技术引进的影响函数:

$$M_i = C_{M,i} \times m_i(x_i) \tag{10-5}$$

其中,$M_i$ 为 $i$ 国的技术引进技术进步量,$C_{M,i}$ 为 $i$ 国的技术引进贸易成本,$m_i(x_i)$ 为 $i$ 国的技术引进系数,即技术引进收益与成本之差的密度函数 $[0,x_i]$ 范围内的积分。与自主创新函数类似,技术引进函数的具体形式也将在后文中依据现实数据回归结果设定,且为规范和保护自他国引进的技术而发生在本国的制度运行成本在模型构建中统一归并入知识产权执法成本 $C_{X,i}(x_i)$。

## 四、技术优势视角下的贸易竞争力测度

完成对技术进步两类主要来源的分析后,本章继续讨论技术优势视角下

的中国贸易竞争力测度。以中国当前的技术水平和贸易总量,常见的南北贸易模型显然无法满足我们的仿真模拟需要。一方面,中国虽然是发展中国家,但技术水平已明显高于世界其他地区主要贸易国家的平均水平,在诸多尖端领域,如5G、高铁、移动支付等占据鳌头,且已成为全球生产网络的重要枢纽,若将中国设定为南方国家,显然会对仿真结果造成极大扭曲。另一方面,将世界其他地区主要贸易国家的平均水平抽象为南方国家,显然也不合适,毕竟其中包括美国、欧盟、日本、韩国、俄罗斯等传统技术强国与地区。因此,本章认为,应当使用更为对等关系的模型来模拟中国与世界,即双方共同实施创新,并彼此进行外商直接投资技术转移、技术溢出以及技术贸易活动,唯一的区别仅在于中国作为单一国家,在知识产权保护制度上更具有灵活性,而世界其他地区则假设以《与贸易有关的知识产权协定》为依据,实施固定的知识产权保护制度。首先,本章以张维迎(2004)的两方投资博弈模型为基础,以柯布—道格拉斯函数形式构建中国与除中国外世界其他地区平均水平的技术进步函数:

$$\Delta T_C = (V_C + \theta_C(x) V_W)^{\alpha_C} M_C^{\beta_C} \tag{10-6}$$

$$\Delta T_W = (V_W + \theta_W(x) V_C)^{\alpha_W} M_C^{\beta_W} \tag{10-7}$$

其中,$\Delta T_C$ 和 $\Delta T_W$ 为当期中国和世界的平均技术进步量,$V_C$ 和 $V_W$ 为中国和世界平均的自主创新技术进步量,$M_C$ 和 $M_W$ 为中国和世界平均的技术引进技术进步量,$\theta_C$ 和 $\theta_W$ 为外商直接投资技术转移溢出率,其中,$\theta_C$ 与 $V_W$ 的乘积即为世界对中国的外商直接投资技术转移溢出量,$\theta_W$ 和 $V_C$ 的乘积则为中国对世界的外商直接投资技术转移溢出量,$\alpha_C$ 和 $\alpha_W$ 为中国和世界平均的内源性技术进步的弹性系数,$\beta_C$ 和 $\beta_W$ 为中国和世界平均的外源性技术进步的弹性系数,且 $\alpha_C + \beta_C = 1, \alpha_W + \beta_W = 1$。

假设中国与世界平均的技术进步均以累加的基数形式实现技术水平的提升,则中国与世界平均在 $t$ 时期的技术水平函数为:

$$T_{C,t} = t\Delta T_C + T_{C,0} \tag{10-8}$$

$$T_{W,t} = t\Delta T_W + T_{W,0} \qquad (10\text{-}9)$$

其中，$T_{C,t}$ 和 $T_{W,t}$ 为 $t$ 期中国和世界平均的技术水平，$T_{C,0}$ 和 $T_{W,0}$ 则为基期中国和世界平均的技术水平。考虑模型稳态条件下，每一期的技术进步量是恒定的，当 $t$ 趋向于无穷大时可计算中国相对于世界平均水平的技术优势：

$$\lim_{t \to \infty} \frac{T_{C,t}}{T_{W,t}} = \lim_{t \to \infty} \frac{t\Delta T_C + T_{C,0}}{t\Delta T_W + T_{W,0}} = \frac{\Delta T_C}{\Delta T_W} = \frac{\eta}{\mu} \qquad (10\text{-}10)$$

正如前文所述，在当前全球生产网络背景下，技术优势是贸易竞争力的主要构成部分，是一国向价值链上游移动的关键依凭。由此，依据中国相对于世界平均水平的技术优势即可测度中国贸易竞争力，其函数形式为：

$$TC_C = \int_{\mu}^{\eta} f(T)\,dT \qquad (10\text{-}11)$$

其中，$TC_C$ 为中国贸易竞争力，$\mu$ 为世界技术水平分布的均值，为世界平均技术水平的代理变量，$\dfrac{\eta}{\mu}$ 为中国相对于世界平均水平的技术优势，$f(T)$ 为世界技术水平密度函数。本章使用世界知识产权组织公布的 2000 年至 2018 年前 24 个《专利合作条约》来源国专利申请量数据来拟合世界技术水平密度函数的形式。为符合模型的标准化设定，首先对各国《专利合作条约》专利申请数量进行对数标准化处理，随后使用偏度/峰度方法逐年对标准化后的数据进行正态分布检验，结果见表 10-1。

表 10-1　前 24 个《专利合作条约》来源国申请量的正态分布检验

| 年份 | 观测值 | 偏度 | 峰度 | 调整的 $x^2(2)$ | 概率 |
|---|---|---|---|---|---|
| 2000 | 24 | 0.6621 | 0.4459 | 0.82 | 0.6631 |
| 2001 | 24 | 0.9433 | 0.4022 | 0.75 | 0.6878 |
| 2002 | 24 | 0.7964 | 0.5296 | 0.48 | 0.7875 |
| 2003 | 24 | 0.5866 | 0.6095 | 0.58 | 0.7474 |
| 2004 | 24 | 0.7296 | 0.5093 | 0.58 | 0.7481 |
| 2005 | 24 | 0.8034 | 0.4104 | 0.79 | 0.6753 |

续表

| 年份 | 观测值 | 偏度 | 峰度 | 调整的 $x^2(2)$ | 概率 |
|------|--------|------|------|-----------------|------|
| 2006 | 24 | 0.7493 | 0.4512 | 0.71 | 0.7021 |
| 2007 | 24 | 0.7671 | 0.4801 | 0.61 | 0.7353 |
| 2008 | 24 | 0.7092 | 0.5664 | 0.48 | 0.7848 |
| 2009 | 24 | 0.4931 | 0.8262 | 0.54 | 0.7635 |
| 2010 | 24 | 0.3791 | 0.9476 | 0.83 | 0.6611 |
| 2011 | 24 | 0.2615 | 0.9115 | 1.38 | 0.5004 |
| 2012 | 24 | 0.2495 | 0.9701 | 1.45 | 0.4852 |
| 2013 | 24 | 0.1381 | 0.9594 | 2.44 | 0.2951 |
| 2014 | 24 | 0.1295 | 0.9990 | 2.55 | 0.2791 |
| 2015 | 24 | 0.1024 | 0.8586 | 3.01 | 0.2220 |
| 2016 | 24 | 0.1218 | 0.8806 | 2.69 | 0.2610 |
| 2017 | 24 | 0.1030 | 0.9863 | 2.96 | 0.2271 |
| 2018 | 24 | 0.1026 | 0.9839 | 2.97 | 0.2262 |

　　由表10-1可知,历年前24个《专利合作条约》来源国申请量均在0.2的显著性上无法拒绝原假设,由此证明标准化后的世界技术水平呈正态分布。同时,检验所示显著性于近年来一再降低(自0.7左右降低至0.2左右),一方面由于抽样量较小( $n < 30$ ),尚不满足大数定理的基本要求;另一方面,因为中国《专利合作条约》申请量逐年大幅递增导致异常值出现。即使如此,检验结果依然满足正态分布要求,故将标准化后的世界技术水平密度函数 $f(T)$ 设定为标准正态分布是稳健的。同时,为保证中国相对于世界平均水平的技术优势 $\dfrac{\eta}{\mu}$ 分母不为0,故对标准正态分布整体向右移动1个单位,使均值 $\mu = 1$ 以方便计算,该变换不会对密度函数的积分值造成影响。

　　在后文中,本章使用贸易竞争力指数(TC指数)来与本模型设定的技术优势视角下的贸易竞争力进行比较,以验证模型模拟结果的准确性。由于贸易竞争力指数的定义域范围为$[-1,1]$,而技术优势视角下的贸易竞争力是自均值$\mu$至比值$\frac{\eta}{\mu}$的积分,其定义域范围为$[-0.5,0.5]$,为实现定义域上的统一,将技术优势视角下的贸易竞争力函数再乘以2,故最终设定技术优势视角下中国贸易竞争力的函数形式为:

$$TC_C = 2\int_{\mu}^{\frac{\eta}{\mu}} \frac{1}{2\pi\sigma} e^{-(\frac{T-\mu}{\sigma})^2/2} dT \tag{10-12}$$

其中,$\mu$和$\sigma$均取值1。函数形式见图10-4,图中阴影部分即为中国贸易竞争力$TC_C$的面积。

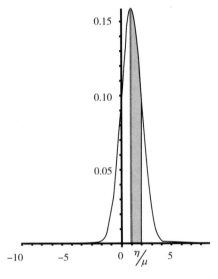

图10-4　世界技术水平密度函数

## 五、知识产权保护对贸易竞争力影响的最优决策模型

在讨论一国技术进步的两类来源——自主创新与技术引进时,本章将因提高知识产权保护强度$x$而增加的制度运行成本与自主创新研发成本$C_{V,i}$以及技术引进贸易成本$C_{M,i}$区分开来,命名为知识产权执法成本$C_{X,i}$,该成本是技术进步的间接成本,不直接参与到自主创新与技术引进的过程中,且该成本

持续作用于全社会层面,无法就技术来源进行分类,仅与知识产权保护强度 $x$ 相关。所以,将 $C_{X,i}$ 设定为知识产权保护强度 $x_i$ 的增函数:

$$C_{X,i} = C_{X,i}(x_i) \tag{10-13}$$

假设自主创新研发成本 $C_{V,i}$、技术引进贸易成本 $C_{M,i}$ 和知识产权执法成本 $C_{X,i}$ 共同构成了一国技术进步成本 $C_i$,由此可得中国与世界平均技术进步成本的约束条件:

$$C_C = C_{V,C} + C_{M,C} + C_{X,C}(x) \tag{10-14}$$

$$C_W = C_{V,W} + C_{M,W} + C_{X,W} \tag{10-15}$$

其中,$C_C$ 和 $C_W$ 分别为中国与世界平均技术进步成本,反映了中国与世界平均水平在技术领域投入的要素禀赋差异。在模型中,本章假设中国知识产权保护强度 $x$ 是一个变量,而世界平均知识产权保护强度则是一个常量(即《与贸易有关的知识产权协定》所规定的知识产权保护强度),这是因为相对于中国对知识产权保护强度的调整(指以《与贸易有关的知识产权协定》为基础向上调整),世界平均知识产权保护强度的调整是困难的,需要国际贸易体系各缔约国的利益权衡与长期磋商。

随后,建立拉格朗日(Lagrange)函数,求中国和世界平均双方的反应函数:

$$L_C = (C_{V,C}v_C(x) + \theta_C(x)C_{V,W}v_W)^{\alpha_C}(C_{M,C} + m_C(x))^{\beta_C}$$
$$+ \lambda_C(C_C - C_{V,C} - C_{M,C} - C_{X,C}(x)) \tag{10-16}$$

$$L_W = (C_{V,W}v_W + \theta_w C_{V,C}v_C(x))^{\alpha_W}(C_{M,W}m_W)^{\beta_W}$$
$$+ \lambda_W(C_W - C_{V,W} - C_{M,W} - C_{X,W}) \tag{10-17}$$

求导并代入条件:$\alpha_C + \beta_C = 1$ 和 $\alpha_W + \beta_W = 1$,可得反应函数:

$$C_{V,C} = -\frac{\theta_C(x)v_W\beta_C}{v_C(x)}C_{V,W} + \alpha_C(C_C - C_{X,C}(x)) \tag{10-18}$$

$$C_{V,W} = -\frac{\theta_W v_C\beta_W}{v_W}C_{V,C} + \alpha_W(C_W - C_{X,W}) \tag{10-19}$$

式(10-18)和式(10-19)中与中国知识产权保护强度 $x$ 相关的 $\theta_C(x)$、$v_C(x)$ 和 $C_{X,C}(x)$ 均为变量,相对地,$\theta_W$、$v_W$ 和 $C_{X,W}$ 则均为常量。由式中变量和常量均大于 0 可以推导出,中国与世界平均自主创新研发成本 $C_{V,C}$ 与 $C_{X,W}$ 是彼此相关且截距为正的单调减函数,其中,中国自主创新研发成本 $C_{V,C}$ 的斜率为 $-\dfrac{\theta_C(x)v_W\beta_c}{v_C(x)}$,截距为 $\alpha_C[C_C - C_{X,C}(x)]$,世界平均自主创新研发成本 $C_{V,W}$ 的斜率为 $-\dfrac{\theta_W v_C\beta_W}{v_W}$,截距为 $\alpha_W(C_W - C_{X,W})$,两者函数关系见图 10-5。

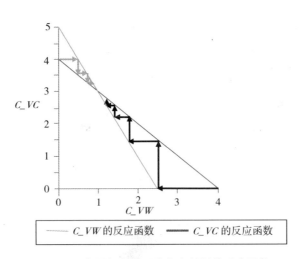

图 10-5　中国与世界平均自主创新的反应函数

由图 10-5 可知,以图中任意点起开始博弈,多轮后中国与世界平均自主创新研发成本的最优解均归于两函数交点,故必然存在唯一纳什均衡解,求解可得:

$$C_{V,C} = \frac{v_C(x)\alpha_C[C_C - C_{X,C}(x)] - \theta_C(x)v_W\beta_c\alpha_W(C_W - C_{X,W})}{v_C(x)(\beta_C\beta_W\theta_C(x)\theta_W - 1)} \quad (10-20)$$

$$C_{V,W} = \frac{\theta_W v_C(x)\beta_W\alpha_C[C_C - C_{X,C}(x)] - v_W\alpha_W(C_W - C_{X,W})}{v_W[\beta_C\beta_W\theta_C(x)\theta_W - 1]} \quad (10-21)$$

由式(10-20)和式(10-21)可知,中国与世界平均自主创新研发成本的

最优解 $C_{V,C*}$ 和 $C_{V,W*}$ 皆随中国知识产权保护强度 $x$ 的变化而变化,由现实数据回归结果确定 $v_C(x)$、$C_{X,C}(x)$ 和 $\theta_C(x)$ 的函数形式后,即可求得不同知识产权保护强度 $x$ 下的中国贸易竞争力 $TC_C$,并可进一步计算得出实现中国贸易竞争力 $TC_C$ 极值的知识产权保护强度 $x$ 的值。此外,由于世界平均知识产权保护强度是不变的,中国知识产权保护强度 $x$ 的最优解由式(10-18)和式(10-19)单独决定,而此时中国与世界平均自主创新研发成本 $C_{V,C}$ 与 $C_{V,W}$ 均实现最优分配,故可知,此时中国和世界平均自主创新 $V_C$ 和 $V_W$,技术引进 $M_C$ 和 $M_W$,中国与世界技术进步 $\Delta T_C$ 和 $\Delta T_W$ 均达到极值。

## 六、知识产权保护对贸易竞争力影响的模型系统

最后,本章对知识产权保护对贸易竞争力影响模型进行系统性整理。模型总计 12 个函数,涉及 12 个未知变量,包括中国贸易竞争力 $TC_C$、中国与世界平均技术水平稳态比值 $\dfrac{\eta}{\mu}$、中国与世界平均的技术进步 $\Delta T_C$ 和 $\Delta T_W$、自主创新 $V_C$ 和 $V_W$、技术引进 $M_C$ 和 $M_W$、自主创新研发成本 $C_{V,C}$ 和 $C_{V,W}$,以及技术引进贸易成本 $C_{M,C}$ 和 $C_{M,W}$。对应函数依次为中国贸易竞争力函数、中国与世界技术水平稳态比值、技术进步函数(2 个)、自主创新函数(2 个)、技术引进函数(2 个)、技术进步成本约束条件(2 个)以及最优自主创新研发成本函数(2 个),函数形式为:

$$TC_C = 2\int_{\mu}^{\frac{\eta}{\mu}} \frac{1}{2\pi\sigma} e^{-(\frac{T-\mu}{\sigma})^2/2} dT \tag{10-22}$$

$$\lim_{t\to\infty} \frac{T_{C,t}}{T_{W,t}} = \lim_{t\to\infty} \frac{t\Delta T_C + T_{C,0}}{t\Delta T_W + T_{W,0}} = \frac{\Delta T_C}{\Delta T_W} = \frac{\eta}{\mu} \tag{10-23}$$

$$\Delta T_C = [V_C + \theta_C(x) V_W]\, \alpha_C M_C^{\beta_C} \tag{10-24}$$

$$\Delta T_W = [V_W + \theta_W(x) V_C]\, \alpha_W M_W^{\beta_W} \tag{10-25}$$

$$V_C = C_{V,C} v_C(x) \tag{10-26}$$

$$V_W = C_{V,W} v_W \tag{10-27}$$

$$M_C = C_{M,C} m_C(x) \tag{10-28}$$

$$M_W = C_{M,W} m_W \tag{10-29}$$

$$C_C = C_{V,C} + C_{M,C} + C_{X,C}(x) \tag{10-30}$$

$$C_W = C_{V,W} + C_{M,W} + C_{X,W} \tag{10-31}$$

$$C_{V,C} = \frac{v_C(x)\alpha_C [C_C - C_{X,C}(x)] - \theta_C(x)v_W\beta_C\alpha_W(C_W - C_{X,W})}{v_C(x)[\beta_C\beta_W\theta_C(x)\theta_W - 1]} \tag{10-32}$$

$$C_{V,W} = \frac{\theta_W v_C(x)\beta_W\alpha_C [C_C - C_{X,C}(x)] - v_W\alpha_W(C_W - C_{X,W})}{v_W[\beta_C\beta_W\theta_C(x)\theta_W - 1]} \tag{10-33}$$

上述 12 个函数构成了知识产权保护对贸易竞争力影响模型的主体部分，对含有 $x$ 的变量 $v_C(x)$、$m_C(x)$、$\theta_C(x)$ 和 $C_{X,C}(x)$ 函数形式，将在下一部分中进行处理。

# 第二节　参数设定与动态仿真模拟

上一部分讨论了知识产权保护强度对自主创新、技术引进、外商直接投资技术转移及技术溢出等技术进步要素的综合影响，构建了知识产权保护强度对贸易竞争力的最优决策模型。接下来，本章将中国与除中国外世界平均水平的实际情况代入模型，使用 2012 年到 2018 年中国和世界知识产权、科研与贸易数据为样本对模型参数进行设定。

## 一、参数设定

### （一）数据来源

本章实证数据包括世界各国国际专利申请数据以及前 25 个专利申请国及来源地数据，来源于世界知识产权组织数据库；世界主要国家研究和开发经费占国内生产总值的比率、中国技术贸易进出口额及高新技术产品进出口额数据,来源于《中国科技统计年鉴》;世界主要国家国内生产总值及人均国内生产总值数据以及基准年恒定对美元汇率现价,来源于世界银行及经济合作与发展组织数据库;国有企业服务业年均工资及律师、公证和调解工作基本情况,来源于《中国第三产业统计年鉴》;中国进出口数据,来源于国家统计局。知识产权保护强度按照前文方法进行测度,这里不做赘述。为使下文回归系数和模型参数的值域较直观,这里将所求知识产权保护强度标准化为均值20、标准误差为 10 的变量。

## (二) 参数设定

上述模型总计涉及 12 个事实性参数,包括 $\{\mu, \sigma, \alpha_c, \beta_c, \alpha_w, \beta_w, v_W, m_W, \theta_W, C_{X,W}, C_C, C_W\}$,其中, $\mu$ 和 $\sigma$ 是世界技术水平密度函数的均值和标准误差。上文阐述了将世界技术水平分布视为服从 $[-1,1]$ 正态分布的缘由,在此,本章进一步设定 $\mu$ 和 $\sigma$ 均为 1。 $\alpha_c$ 、 $\beta_c$ 、 $\alpha_w$ 和 $\beta_w$ 分别为中国和世界技术进步中自主创新与技术引进的弹性系数,以中国与世界 2012 年至 2018 年研究和开发经费与技术引进费用之比的均值作为依据(中国为 0.883,世界其他地区为 0.794),分别设定 $\alpha_c$ 和 $\beta_c$ 为 0.9 和 0.1, $\alpha_w$ 和 $\beta_w$ 为 0.8 和 0.2。 $v_W$ 和 $m_W$ 为世界自主创新系数和技术引进系数,以世界 2012 年至 2018 年《专利合作条约》专利申请数量对研究和开发经费之比的均值作为 $v_W$ 的取值,设定为 14.3156,由于技术引进对技术进步的影响在成本面上体现为购买、消化、改造技术所支出的资产量,在收益面上体现为高新技术产品出口额或销售额的增长,两者均为技术进步的指代,而非技术进步的实际量,在综合考虑收益以及外源性两个方面后,本章选择以高新技术产品出口额对技术引进费用之比的均值作为 $m_W$ 的取值,设定为 87.305。 $\theta_W$ 为世界外商直接投资技术转移溢出率,使用前 25 个专利申请国及来源地数据中除中国外,其他 24 个专利申请国中专利来源地为中国的比率 0.0756 作为 $\theta_W$ 的取值。 $C_{X,W}$ 为世界平均知识产权执法成本。首先,通过律师、公证员和调解员人数与国有企业服务业年均工资的乘积计算出中国各年执法成本,再由中国与主要科研国家(《中国科技统计年鉴》公布除中国外的 33 个国家)人均国内生产总值之比,计算得到世界平均执法成本1222. 957 亿美元,以此作为 $C_{X,W}$ 的取值。这里使用执法人员工资指代知识产权执法成本的理由是:(1)律师、公证员和调解员的工作内容包括知识产权保护和专利纠纷诉讼;(2)专利纠纷案件的诉讼费和律师费较难获得,且无法涵盖知识产权保护的全部要求,故与其以偏概全,不如以全代偏,且执法人员总工资与知识产权保护强度高度相关( $R^2 = 0.99$ ,见下文回归结果),则即使取值较实际值更高也不会对结果产生较大偏误。$C_C$ 和 $C_W$ 分别为中国与世界平均技术进步成本,基于对数据准确性的考虑,这里以 2017 年中国研究和开发经费的实际值 2606. 428 亿美元为 $C_C$ 的取值。一方面,研究和开发经费相比于技术引进费用数额明显较大( $\alpha_c = 0.883$ ),具有代表性;另一方面,研究和开发经费为直接数据,准确性高于执法成本 $C_{X,C}$ 和 $C_{X,W}$ 的测度结果,故取研究和开发经费指代技术进步成本较合意。在考虑 $C_W$ 的设定时,以世界主要国家研究和开发经费总金额数除以总国家数无法恰当代表世界平均技术进步的水平,应选取在技术领域有所贡献且与我国存在技术交流的国家作为代表性样本。所以,这里选择使用 2017 年除中国外世界四大知识产权局(欧盟、美国、日本、韩国)及俄罗斯的研究和开发经费的均值作为 $C_W$ 的取值。同时,为了避免欧盟研究和开发经费体量过大,造成模拟结果的偏误,择取欧盟研究和开发经费总额前十名的国家作为代表,分别为德国、法国、英国、意大利、瑞士、瑞典、土耳其、荷兰、西班牙和比利时,故最终确定 $C_W$ 的值为 2452. 673 亿美元。

（三） 基于带约束条件最小二乘回归的参数设定

此外,模型中还包含 4 项随中国知识产权保护强度 $x$ 变化的参数:$v_c(x)$、$m_c(x)$、$\theta_c(x)$ 和 $C_{X,C}(x)$。基于上文的理论分析,自主创新系数 $v_c(x)$、技术引进系数 $m_c(x)$、外商直接投资技术转移溢出率 $\theta_c(x)$ 和执法成

本系数 $C_{X,C}(x)$ 均为关于知识产权保护强度 $x$ 的单调递增函数,其函数形式受到收益、成本等多个方面的影响,但其整体趋势是向上倾斜的。为简化模型,这里使用带约束条件的最小二乘回归(Ordinary Least Squares,OLS)方法来对上述四个参数进行设定,回归模型设定为:

$$y = \gamma x + \varepsilon \qquad (10\text{-}34)$$

其中,$y$ 为上述四项系数的年度值,计算方式与上一小节中世界平均水平各项系数的计算方式一致,$x$ 为中国知识产权保护强度的年度值,$\varepsilon$ 为误差项。假设回归函数不存在常数项,以观察知识产权保护强度对中国技术进步的直接效果。回归变量的描述性统计和相关系数表见表 10-2 和表 10-3,所得回归结果见表 10-4。

表 10-2 描述性统计

| 变量 | 观测值 | 均值 | 标准差 | 5% | 25% | 50% | 75% | 95% |
|---|---|---|---|---|---|---|---|---|
| 知识产权保护强度 | 7 | 10.700 | 1.7410 | 8.7150 | 8.9850 | 10.240 | 12.550 | 13.060 |
| 自主创新系数 | 6 | 14.900 | 3.0180 | 12.250 | 12.280 | 13.750 | 18.600 | 18.760 |
| 技术引进系数 | 6 | 20.380 | 2.8420 | 15.230 | 19.660 | 20.840 | 22.420 | 23.280 |
| 外商直接投资技术转移溢出率 | 4 | 0.0417 | 0.0015 | 0.0403 | 0.0404 | 0.0416 | 0.0429 | 0.0431 |
| 执法成本系数 | 7 | 584.10 | 53.920 | 496.20 | 550.60 | 575.50 | 618.00 | 661.90 |

表 10-3 相关系数表

| 变量 | 知识产权保护程度 | 自主创新系数 | 技术引进系数 | 外商直接投资技术转移率 | 执法成本系数 |
|---|---|---|---|---|---|
| 知识产权保护强度 | 1.000 | | | | |
| 自主创新系数 | 0.979*** | 1.000 | | | |
| 技术引进系数 | 0.462 | 0.243 | 1.000 | | |
| 外商直接投资技术转移溢出率 | 0.855 | 0.544 | -0.062 | 1.000 | |
| 执法成本系数 | 0.770** | 0.602 | 0.669 | -0.054 | 1.000 |

由描述性统计可知,中国自主创新系数均值为 14.9,略高于世界平均自主创新系数 14.3156,即中国技术进步的自主创新效率更高。相反,中国技术引进系数均值为 20.38,显著低于世界平均技术引进系数 87.3050,上述特征与世界自主创新与技术引进的弹性系数高于中国的特征一致,即世界对中国的技术引进更效率,故其占技术进步的份额也越大。该事实反映了,一方面,中国已初步完成从低端至高端产业链的构建,技术水平在多数产业中位居前列,通过技术引进所能获得的改良较少;另一方面,世界先进国家出于国家安全的考虑,在尖端科技领域对中国的技术贸易存在政策限制,进一步遏制了中国的技术引进效率。中国外商直接投资技术转移溢出率均值 0.0417,即前 24 个专利申请国家在中国申请专利的比率,较之世界外商直接投资技术转移溢出率 0.0756,中国的外商直接投资技术转移溢出率较低,这也符合目前中国技术水平较之世界平均水平更高,且中国对外直接投资逐年递增的事实。

由相关系数表可知,知识产权保护强度对上述四项系数的影响皆为正,且对自主创新系数和执法成本系数尤为显著,反映了随着中国知识产权保护强度的提高,以自主创新为主要动力的技术进步收益与执法成本同步升高,符合模型设定。

表 10-4　知识产权保护强度影响的带约束条件回归结果

| 变量 | 自主创新系数 $V_c(x)$ | 技术引进系数 $m_c(x)$ | 外商直接投资技术转移率 $\theta_c(x)$ | 执法成本系数 $C_x, c(X)$ |
|---|---|---|---|---|
| 知识产权保护强度 | 1.453*** | 1.828*** | 0.00348*** | 53.58*** |
| | (0.0325) | (0.1120) | (0.0001) | (1.9910) |
| $N$ | 6 | 6 | 4 | 7 |
| $R^2$ | 0.997 | 0.982 | 0.996 | 0.990 |

注:括号内为 $t$ 值,***、**、* 分别表示 1%、5% 和 10% 的显著性水平。

表 10-4 汇报了 4 项随中国知识产权保护强度 $x$ 变化的参数:$v_c(x)$、

$m_C(x)$、$\theta_C(x)$ 和 $C_{X,C}(x)$ 的回归结果。结果显示,4 个系数与中国知识产权保护强度 $x$ 高度相关,$R^2$ 均在 90% 以上,具有较强的解释力。值得注意的是,技术引进系数高于自主创新系数恰当地反映了自主创新的高风险性,较高的研发投入成本导致研发效率比直接引进成熟技术低,但这并不能证明中国应以技术引进为主。若在全球背景下考虑,中国自主创新效率高于世界自主创新效率,而技术引进效率显著低于世界技术引进效率,从而形成了我国在自主创新上的比较优势,即使在国内自主创新效率低于技术引进效率,为整体提升技术进步,我国也应以自主创新为主,以技术引进为辅。由此,得到上述 4 个变量的函数形式:

$$v_C(x) = 1.453x \tag{10-35}$$

$$m_C(x) = 1.828x \tag{10-36}$$

$$\theta_C(x) = 0.00348x \tag{10-37}$$

$$C_{X,C}(x) = 53.38x \tag{10-38}$$

为模拟知识产权保护强度变化的动态过程,进一步对 $x$ 进行拆分和解析。由于目前我国知识产权保护立法水平与《与贸易有关的知识产权协定》要求在 G-P 指数范畴内基本一致,因此需要将关注点更多地集中在执法程度上。按 2018 年世界公正项目对我国执法强度的测评,执法强度系数为 0.5,在假定《专利合作条约》专利申请数量不变的条件下,我国知识产权保护强度 $x$ 可以转化为一个关于执法强度 $s$ 的函数:

$$x = \frac{12.5549}{s_0}s \tag{10-39}$$

其中,$s_0$ 为执法强度基数 0.5。同时,比例变化应用于标准化后的数据并不会产生偏误。由此,切实地将提高知识产权保护强度转变为提高知识产权执法强度,使之具有行政上的可操作性,并在模型中直观地反映提高知识产权执法强度对中国与世界技术进步的客观影响。

## （四）参数设定

最后整理上文，通过两种方式计算所得总计 18 个模型参数，见表 10-5。

### 表 10-5　参数设定

| 参数 | 设定值 | 参数 | 设定值 |
|---|---|---|---|
| $\mu$ | 1 | $C_C$ | 2606.428 |
| $\sigma$ | 1 | $C_W$ | 2452.673 |
| $\alpha_C$ | 0.9 | $C_{X,W}$ | 1222.957 |
| $\beta_C$ | 0.1 | $v_C(x)$ | 1.453x |
| $\alpha_W$ | 0.8 | $m_C(x)$ | 1.828x |
| $\beta_W$ | 0.2 | $\theta_C(x)$ | 0.00348x |
| $v_W$ | 14.3156 | $C_{X,C}(x)$ | 53.58x |
| $m_W$ | 87.305 | $x$ | $12.5549/s_0 s$ |
| $\theta_W$ | 0.0756 | $s_0$ | 0.5 |

其中，中国与世界平均技术进步成本 $C_C$ 和 $C_W$，执法成本 $C_{X,W}$ 和 $C_{X,C}(x)$ 单位均为亿美元，自主创新系数 $v_W$ 和 $v_C(x)$ 单位为每亿美元《专利合作条约》专利申请数量，技术引进系数 $m_W$ 和 $m_C(x)$ 中技术贸易进口额与高技术出口额单位均为亿美元，相除为无单位变量，中国和世界技术进步中自主创新与技术引进的弹性系数 $\alpha_C$、$\beta_C$、$\alpha_W$、$\beta_W$ 和外商直接投资技术转移溢出率 $\theta_W$ 和 $\theta_C(x)$ 以及知识产权保护强度 $x$ 均为无单位变量。因此，本模型在各参数单位标准上基本实现统一，以使模拟结果具有较高的可信度。

## 二、动态仿真模拟

随后，将参数代入模型，使用 Dynare 软件进行模拟，使执法强度在取值范围 0.00 到 1.50 内按 0.1 的步长循环计算模型各变量在不同执法强度下的稳态值。其中,由于当执法强度 $s=0$ 时,模型不存在稳态值,故使用 $s=0.001$ 替代 $s=0$ 的状态,作为不存在知识产权执法情况下的各变量截距的参考值。模拟计算结果见本章附表 10-1,百分比变化见附表 10-2,各变量趋势变化见图 10-6。

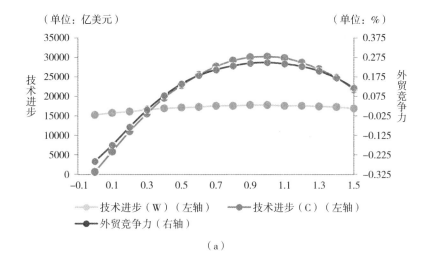

（a）

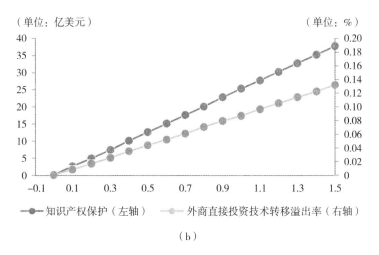

（b）

**全球生产网络下的知识产权保护与贸易竞争力提升**

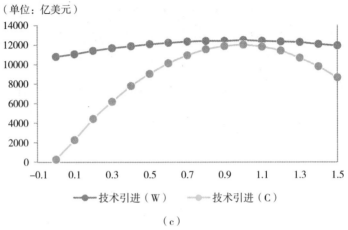

（c）

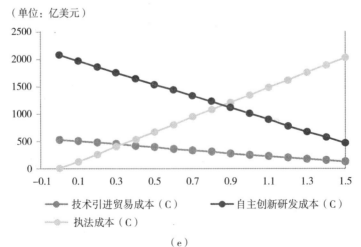

（d）

（单位：亿美元）

技术引进贸易成本（C）　　自主创新研发成本（C）

执法成本（C）

（e）

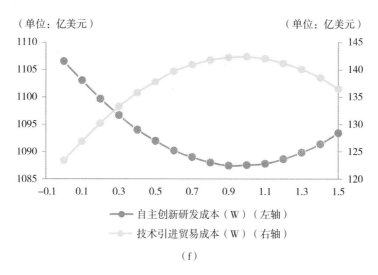

（f）

**图 10-6　模型各变量随执法强度变动趋势**

　　附表 10-1 和附表 10-2 首列括号内字母指代了该变量所属区域,其中,$C$ 代表中国,$W$ 代表除中国外世界其他地区,无标识的变量属于中国。由参数设定可知,模型各参数均以 $s = s_0 = 0.5$ 为基准状态。从模拟结果看,在 $s = 0.5$ 的基准稳态值处,我国贸易竞争力 $TC_C$ 为 0.1052,按国家统计局 2017 年中国进出口额计算 $TC$ 指数为 0.1026,即贸易顺差占进出口总额 10% 左右,由此证明以本模拟为基础对应现实情况的可行性。此外,由于一般均衡涉及变量的有限性和有界性,模型无法模拟出结构性变化,即令弹性系数与世界知识产权保护水平相关系数也随时间及中方行为的变化而作出调整。为弥补这一缺憾,将执法强度 $s$ 的区间范围从理论所规定的 $[0, 1]$ 扩大为 $[0, 1.5]$,用以模拟如果知识产权保护范围扩张,世界知识产权保护要求提升或技术瓶颈下弹性系数变动等长期结构性变化带来的影响。另外,由于我国制度在西方话语环境中容易受到偏见,导致对我国执法强度的测度值应该是偏低的,故适当扩大执法强度 $s$ 的取值范围也可避免该问题所引起的模拟偏误。

　　综合比较图 10-6 的各变量变动情况,我们得到以下观测结果:

　　（1）执法成本 $C_{X,C}(x)$,知识产权保护强度 $x$ 及外商直接投资技术转移溢

出率 $\theta_C(x)$ 与执法强度 $s$ 呈线性关系,随执法强度等比例上升,表现为稳态值的单调递增及百分比变动的等比率增长,如图 10-6(b)图与(e)图所示。

(2)中国自主创新研发成本 $C_{V,C}$ 与技术引进贸易成本 $C_{M,C}$ 随执法强度 $s$ 单调递减,如图 10-6(e)图所示。在模型约束条件下,中国技术进步成本 $C_C$ 是一个常数项,随着执法成本 $C_{X,C}(x)$ 不断提升,中国自主创新研发成本 $C_{V,C}$ 与技术引进贸易成本 $C_{M,C}$ 因受其挤出而不断降低。在数值上,中国自主创新研发成本 $C_{V,C}$ 的减值显著高于技术引进贸易成本 $C_{M,C}$ ,但在百分比上,两者是相近的。

(3)中国和世界自主创新 $V_C$ 和 $V_W$ 随执法强度 $s$ 呈此消彼长关系,如图 10-6(d)图所示。在当前结构下,当 $s = 0.9892$ 时,各变量达到极值,变化幅度越接近极值越小,越偏离极值越大。下述变量取极值时皆为 $s = 0.9892$,其理由在模型构建时已进行了说明。当 $s < 0.9892$ 时,中国自主创新 $V_C$ 随 $s$ 单调递增;当 $s > 0.9892$ 时,$V_C$ 则随 $s$ 单调递减,世界自主创新 $V_W$ 则反之。在数值和百分比上,中国自主创新 $V_C$ 显著高于世界自主创新 $V_W$ ,这反映了中国自主创新 $V_C$ 对世界自主创新 $V_W$ 的替代作用,其渠道为世界外商直接投资技术转移溢出率 $\theta_W$ 。当中国自主创新 $V_C$ 提高时,世界无偿获得了少量来自中国的技术转移和技术溢出,为优化技术进步,世界将更多研发资源移入技术引进部门,由此导致世界自主创新的小幅减少,反之亦然。由于世界外商直接投资技术转移溢出率 $\theta_W$ 是一个常量,故世界自主创新 $V_W$ 极值两侧的变动率是对称的。对中国自主创新 $V_C$ 而言,当执法强度 $s$ 较低时,自主创新系数 $v_C(x)$ 低而执法成本 $C_{X,C}(x)$ 也低,自主创新系数 $v_C(x)$ 的提高是中国自主创新 $V_C$ 提高的主因;当执法强度 $s$ 过高后,执法成本 $C_{X,C}(x)$ 对自主创新研发成本 $C_{V,C}$ 的挤压表现为主要矛盾,故中国自主创新 $V_C$ 走低,该规律符合知识产权法律的立法原则与现实矛盾。

(4)中国和世界技术引进 $M_C$ 和 $M_W$ 与执法强度 $s$ 均呈先增后减关系,如图 10-6(c)图所示。中国技术引进 $M_C$ 变化趋势的理由与中国自主创新 $V_C$ 类似,即由执法强度 $s$ 对技术引进系数 $m_c(x)$ 的提高向执法成本 $C_{X,C}(x)$ 对技术引进贸易成本 $C_{M,C}$ 的挤出的转变过程。世界技术引进 $M_W$ 的先增后减则是由世界自主创新 $V_W$ 的结构优化引起的,属于中国自主创新 $V_C$ 变化的连带效应。故在数值增减和百分比变化上,中国技术引进 $M_C$ 显著高于世界技术引进 $M_W$。

（5）世界自主创新研发成本 $C_{V,W}$ 与技术引进贸易成本 $C_{M,W}$ 随执法强度 $s$ 呈此消彼长关系,如图 10-6(f)图所示。由于世界执法成本 $C_{X,W}$ 是一个常数,所以两个变量的增减数值完全相等,但由于基数不同,故技术引进贸易成本 $C_{M,W}$ 的百分比变动率高于自主创新研发成本 $C_{V,W}$。两者的变动关系反映了因中国自主创新 $V_C$ 变化而引起的世界技术进步两个部门之间的优化。

（6）中国贸易竞争力 $TC_C$ 与执法强度 $s$ 均呈先增后减关系。从中国和世界两方技术进步 $\Delta T_C$ 和 $\Delta T_W$ 变化趋势看,中国作为主动方,在数值变化及百分比变化方面均显著高于世界平均水平,从图 10-6(a)图也可观察到这一结果。中国技术进步 $\Delta T_C$ 受到中国自主创新 $V_C$ 和技术引进 $M_C$ 两个方面的影响,由于两者皆表现为随执法强度 $s$ 先增后减的关系,且极值相同,故中国技术进步 $\Delta T_C$ 在 $s = 0.9892$ 时达到极值,而此刻世界技术进步 $\Delta T_W$ 也同步实现了最优结构下的极值。中国贸易竞争力 $TC_C$ 基本随中国技术进步同步增减,但由于受到世界技术进步 $\Delta T_W$ 的基数影响,百分比增幅较中国技术进步更高。

## 三、基于模拟结果的结论

基于上述模型稳态值的模拟结果,我们可以得到以下结论:

结论 1:提升知识产权保护强度能有效增强一国贸易竞争力

知识产权保护强度与一国贸易竞争力的关系是本模型的核心关注点。模拟计算所得中国贸易竞争力 $TC_C$ 是 $t$ 趋于无穷大时的稳态值,若仅以一期的中国与世界技术进步为观察对象,当 $\Delta T_C > \Delta T_W$ 时,中国的技术水平是相对进步的,反之则是相对退步的。在当前技术结构下,当执法强度 $s < 0.3327$ 时,中国将会出现技术退步的情况,此时表现为中国与世界技术水平稳态比值 $\frac{\eta}{\mu} < 1$,而 $TC_C < 0$。目前,我国《专利合作条约》的专利申请数量居全球第一,执法强度 $s = 0.5$,这为我国在全球生产网络下贸易竞争力的不断增强提供了一个持续的技术优势。从长期趋势看,为进一步提高我国自主创新的积极性和降低技术引进的外部壁垒,我国知识产权保护强度尚有很大的提升空间,例如在外部环境不变的条件下,若我国将执法强度提升至世界先进国家的平均水平 $s = 0.7$,我国技术进步将增长 20.88%,贸易竞争力提升 66.44%,贸易顺差占进出口总额将达 17.5% 左右。当然,该结果建立在提升知识产权保护强度的成本提升呈线性的基础上,若两者是指数关系,那么提升知识产权保护强度的最优终点将更早到来,这可能也是世界各发达国家未能不断强化知识产权保护立法的原因。

结论 2:不同技术水平下自主创新与技术引进的替代关系

模型稳态值证明了中国技术水平已在全球位居前列,是世界平均技术水平的 1.3366 倍,故可将模型中的中国视为技术先进国家,而将世界平均水平视为技术相对落后国家。在参数设定时,本章初步分析了中国在自主创新方面的比较优势,即中国的自主创新系数 $v_C(x)$ 高于世界的自主创新系数 $v_W$,而技术引进系数则反之,且中国外商直接投资技术转移溢出率低于世界外商直接投资技术转移溢出率。从模拟结果看,中国技术进步中自主创新的份额始终保持在 75% 左右,而世界技术进步中自主创新的份额仅为 56.5%,且该比率随着中国技术进步的提高而降低,最低时为 55.6%。可见,目前中国主要扮演着世界技术的创新者而非模仿者,符合《国家中长期科学和技术发展规划纲要(2006—2020 年)》中对外技术依存度低于 30% 的基本要求,而世界平均技术进步中自主创新和技术引进各占一半的比率也十分恰当地契合平均水平的概念。由此可见,技术先进国家自主创新更有效,且技术水平越高越需要提高自主创新在技术进步中的比重,而技术落后国家则较依赖技术引进,符合第二次世界大战后发展中国家技术进步"后发优势"理论(林毅夫和张鹏飞,2005)。

结论3:中国知识产权保护强度对外商直接投资技术转移和技术溢出的促进作用

在模型中,中国知识产权保护强度对中国和世界外商直接投资技术转移溢出率具有双向促进作用。一方面,世界其他国家的高技术企业基于投资优质市场的动机对中国的营商环境,尤其是知识产权保护强度提出了较高的要求,在模型中表现为中国知识产权保护强度的提高增加了中国外商直接投资技术转移溢出率,克莱(Klein,2018)对此做了实证分析。另一方面,中国知识产权保护强度提高了自主创新技术进步,并通过世界外商直接投资技术转移溢出率增加了世界的技术进步,表现为中国高技术企业更好地尝试外向型经济战略,对拓展世界市场,获取全球技术、经济、社会资源和突破关税壁垒产生了积极的推动作用。由此可见,中国提高知识产权保护强度对我国坚持对外开放政策、深化大规模"引进来"和大踏步"走出去"战略具有至关重要的作用,有利于双向投资格局的逐步形成。

结论4:提高我国知识产权保护强度有利于世界技术进步

当世界知识产权保护强度不变时,中国在适当范围内提高知识产权保护强度不仅能大幅度提高我国自身的技术进步,还能连带优化世界研发成本投资结构,提高世界整体技术进步水平,彼此间表现出互利共赢的博弈关系。国际知识产权保护法律体系也是秉持着这样一个良好的初衷,不断调和着技术先进国家对自有知识产权的保护与知识产权国际贸易需求的重重矛盾而逐渐发展起来的。在模型中,当知识产权保护强度超过极值后,中国和世界技术进步结构、总量均呈现出劣化和倒退的态势。这体现为一国通过知识产权保护手段实施贸易壁垒时可能产生的效果,即该国与世界其他国家从合作关系转变为竞争关系,而知识产权贸易壁垒的主动国自身的技术退步将更严重,符合

"闭关锁国"导致国家落后的科学论断。模型反映出我国当前知识产权保护强度距离最优值较远,提高知识产权保护强度能够较大程度地提高我国的技术增速,也同样有利于世界技术进步。

结论5:全球知识产权保护强度提升倒逼中国知识产权保护制度改革

由结论1和结论4可以推理得:若世界知识产权保护强度处在缓升通道中,我国自主创新虽然能够通过外商直接投资渠道获得世界技术进步红利,但从贸易竞争力角度看,我国对世界的贸易顺差是建立在我国全产业链以及较高的制造业生产效率的基础上的,而该基础转化是我国长期在技术领域增速高于世界平均水平而积淀下来的技术优势。正如模型设定,中国贸易竞争力的积分上限 $\frac{\eta}{\mu}$ 是中国与世界技术进步的比值,而下限则是世界技术进步的均值 $\mu$ ,由此,中国贸易竞争力是一个关于世界平均技术进步的相对值,不进则退。所以,若世界知识产权保护强度不断提高,为保持我国技术水平在全球的领先地位,需要同步甚至更快地提高我国知识产权保护强度。从国际知识产权保护体系的构建历程看,世界知识产权保护强度恰是一个从《保护工业产权巴黎公约》到世界知识产权组织再到《与贸易有关的知识产权协定》逐渐阶段性提升的过程,故预计将来随着自由贸易主义与贸易保护主义的持续冲突和反复,国际知识产权保护体系也将会有新的发展,我国不断提高知识产权保护强度对预防失去技术优势具有必要性。

# 第三节　知识产权保护对中国贸易 竞争力的外生冲击模拟

本章提供中国3种知识产权保护强度下的4种随机性外生冲击的动态模拟,用以分析不同知识产权保护强度下中国技术进步及贸易竞争力受外部环境变动影响的变化趋势。在知识产权保护强度的选择上,本章模拟了执法强

度 $s$ 分别为 0.5、0.7 和 1.0 这三种情景。其中，$s = 0.5$ 代表中国知识产权保护强度的现状，即基准状态；$s = 0.7$ 代表中国知识产权保护强度提高至发达国家水平的状态；$s = 1.0$ 代表中国知识产权保护强度已超过当前结构下的最优水平，呈现为过度保护的状态。在后文中，本章将上述三种情况分别称为情景 1、情景 2 和情景 3。模拟的 4 种随机性外生冲击可归为两个主要内容：一是从成本角度出发，分为技术进步成本的随机外生冲击和执法成本的随机外生冲击；二是从知识产权保护角度出发，分为中国知识产权保护强度的随机外生冲击和世界知识产权保护强度的随机外生冲击。在模型所涉及的 12 个变量中，重点汇报了关键的 7 个变量，包括中国与世界平均的技术进步 $\Delta T_c$ 和 $\Delta T_w$、自主创新 $V_C$ 和 $V_W$、技术引进 $M_C$ 和 $M_W$，以及中国与世界平均技术水平稳态比值 $\eta$ 用以指代中国贸易竞争力的变动。

## 一、技术进步成本的随机外生冲击

对技术进步成本的随机外生冲击，本章设定中国和世界平均技术进步成本 $C_{C,t}$ 和 $C_{W,t}$ 服从 $AR(1)$ 过程，并假设两者同时受到一个同方向、同大小的随机性外生冲击。该模拟反映了中国和世界其他地区为争夺某一技术领域的领先地位或产业标准，同步增加对技术进步的投入所造成的双方技术进步行为上的短暂偏离，其函数形式为：

$$\ln(C_{C,t}) = (1 - \rho)\ln(C_C) + \rho\ln(C_{C,t-1}) + \varepsilon \qquad (10\text{-}40)$$

$$\ln(C_{W,t}) = (1 - \rho)\ln(C_W) + \rho\ln(C_{W,t-1}) + \varepsilon \qquad (10\text{-}41)$$

其中，$\rho$ 为自回归系数，取值 0.95，$\varepsilon$ 为均值等于 0、标准误差等于 0.01 的白噪声过程，$C_C$ 和 $C_W$ 分别为中国与世界平均技术进步成本参数。模拟结果见图 10-7，图中实线代表了情景 1，线段虚线代表情景 2，点线虚线代表情景 3。

在图 10-7 中，基于世界知识产权保护强度的不变性，世界平均技术进步 $\Delta T_W$、自主创新 $V_W$ 和技术引进 $M_W$ 在三次模拟中的动态曲线是重叠的，变化

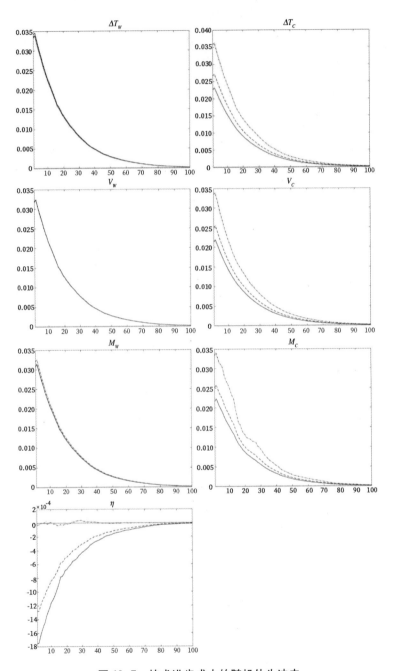

图 10-7　技术进步成本的随机外生冲击

趋势是一致的,即因技术进步成本的突然提高而提高,达到峰值后缓缓降至稳态值。同样,由于三次模拟的中国知识产权保护强度是不同的,中国技术进步$\Delta T_c$、自主创新$V_c$和技术引进$M_c$变化趋势虽与对应的世界变量一致,但曲线的曲率随情景1至情景3依次递增,波动幅度逐渐增大。此外,观察中国与世界平均技术水平稳态比值$\eta$的变化趋势,情景1和情景2时,$\eta$值均表现为先大幅下挫,而后缓慢上升,而情景3则表现为围绕0点的上下波动。中国和世界其他地区同时强化技术进步投入时,双方自主创新和技术引进均有提高并最终表现为技术进步的提高,但在情景1和情景2时,世界平均技术进步的效率是高于我国的,这在参数设定部分已表现出来,虽然中国在自主创新方面具有比较优势,但世界其他地区在技术引进方面的优势更为明显,且在单位统一化的前提下比较参数大小,世界平均的技术引进参数远高于中国,而中国的自主创新参数优势并不多,综合起来,中国技术进步的整体效率则不如世界平均水平,这是技术优势国家普遍存在的"先动劣势"。进一步分析情景3,在中国实施过度知识产权保护条件下,$\eta$值表现为围绕稳态值的波动,即技术进步效率与世界平均基本持平,这说明过度的知识产权保护能充分保证自主创新的收益,并增加他国消化本国技术的成本,从而降低了世界其他地区技术引进的效率,也弥补了本国自主创新的风险,这也是世界各技术先进国家不断提高知识产权保护强度以维持自身技术优势和贸易竞争力的根本逻辑。由此可得:

结论6:中国知识产权保护强度须高于世界平均水平才能弥补自身"先动劣势"

## 二、执法成本的随机外生冲击

对执法成本的随机外生冲击,本章设定中国和世界平均执法成本$C_{X,C,t}$和$C_{X,W,t}$服从$AR(1)$过程,并假设两者同时受到一个同方向同大小的随机性外生冲击。该模拟反映了"去全球化"趋势影响下,保护主义与冷战思维抬头导致全球贸易环境恶化,中国与世界其他地区专利维权难度增大,知识产权纠纷频

发导致双方执法成本同时增加的情况,其函数形式为:

$$\ln(C_{X,C,t}) = (1 - \rho) \times \ln(C_{X,C}) + \rho \times \ln(C_{X,C,t-1}) + \varepsilon \quad (10\text{-}42)$$

$$\ln(C_{X,W,t}) = (1 - \rho) \times \ln(C_{W,C}) + \rho \times \ln(C_{X,W,t-1}) + \varepsilon \quad (10\text{-}43)$$

其中,$\rho$ 为自回归系数,取值 0.95,$\varepsilon$ 为均值等于 0,标准误差等于 0.01 的白噪声过程,$C_{X,C}$ 和 $C_{X,W}$ 分别为中国与世界平均执法成本参数。模拟结果见图 10-8,图中实线代表了情景 1,线段虚线代表情景 2,点线虚线代表情景 3。

在图 10-8 中,基于与上一节相同的理由,世界平均技术进步 $\Delta T_W$、自主创新 $V_W$ 和技术引进 $M_W$ 在三次模拟中的动态曲线是重叠的,变化趋势是一致的,即因执法成本的突然提高而降低,至最低点后缓慢提升至稳态值。另外,中国技术进步 $\Delta T_C$ 和技术引进 $M_C$ 随着执法成本 $C_{X,C}$ 的提高而降低,由于执法成本与知识产权保护强度正相关,故中国技术进步与技术引进的跌幅也依次自情景 1 至情景 3 不断扩大。值得注意的是,中国自主创新 $V_C$ 表现为正向波动,说明当执法成本挤占总成本时,技术进步资源被更多地分配到了具有比较优势的自主创新部分,是系统自发的资源分配优化过程。从 $\eta$ 值的变化趋势看,情景 1 和情景 2 表现为正向波动,而情景 3 则反之。当中国应对来自世界其他地区在知识产权方面的倾轧时,双方技术进步均会遭受损失,由于中国在知识产权执法成本和自主创新两方面具有优势,其技术进步降速小于世界其他地区,中国的相对技术优势是扩大的,但若中国实施了过度的知识产权保护,则可能会在处置国际专利纠纷时,受制于自身知识产权政策的限制,从而导致全社会技术进步资源的浪费。所以,在国际竞争环境下,我国需时刻保持政策自主性,不可因他国要求而过度提高知识产权保护强度,导致制度运行成本的骤增,降低我国技术进步效率。由此可得:

结论 7:过高的知识产权保护执法强度会抬高制度运行成本,不利本国技术进步

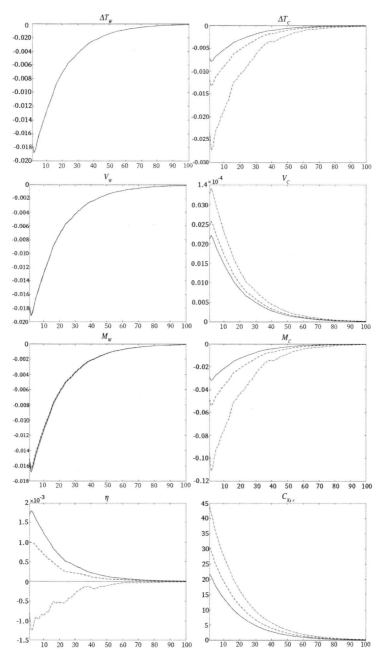

图 10-8　执法成本的随机外生冲击

### 三、中国知识产权保护强度的随机外生冲击

对中国知识产权保护强度的随机外生冲击,本章设定中国知识产权保护强度 $x_t$ 为服从 $AR(1)$ 过程的随机性外生冲击,用以模拟中国通过立法或行政手段进一步提高全社会知识产权保护强度所可能导致的效果,其函数形式为:

$$\ln(x_t) = (1 - \rho) \times \ln(x) + \rho \times \ln(x_{t-1}) + \varepsilon \qquad (10-44)$$

其中, $\rho$ 为自回归系数,取值 0.95, $\varepsilon$ 为白噪声过程,均值为 0,标准误差为 0.01, $x$ 为中国知识产权保护强度。模拟结果见图 10-9,图中实线代表了情景 1,线段虚线代表情景 2,点线虚线代表情景 3。

在图 10-9 中,中国技术进步 $\Delta T_C$ 、技术引进 $M_C$ 、执法成本 $C_{X,C}$ 以及技术水平稳态比值 $\eta$ 在三个情景下的变化趋势是一致的,即先增后减,其中, $\Delta T_C$ 、 $M_C$ 和 $\eta$ 在情景 3 中出现了超调现象。而世界技术进步 $\Delta T_W$ 、技术引进 $M_W$ 以及中国与世界自主创新 $V_C$ 和 $V_W$ 在情景 3 中则表现出与情景 1、情景 2 截然不同的变化趋势。当中国采取适当的知识产权保护强度时(情景 1 和情景 2),知识产权保护强度的进一步提高对我国和世界其他地区的技术进步都是有利的,在中国表现为自主创新和技术引进两方面的增长,在世界表现为技术引进的单项增长。但是,当中国对知识产权实施过度保护后,中国自主创新反而降低了,一方面是因为过度保护提高了研发和执法成本,降低了知识产权在全社会的正向传播,同时降低了自主创新效率;另一方面是因为过度保护下的自主创新行为可以获得更高的垄断利益,良好的温室环境削弱了我国自主创新竞争力,在现实中表现为企业骗取国家高新技术补贴的不法行为。反观世界其他国家,由于我国知识产权保护水平过高,反而倒逼其积极采取自主创新行为,虽然在短期内降低了世界平均技术进步,提高了我国的技术优势和贸易竞争力,但从长期来看,对我国的不利影响较多,在图中表现为情景 3 下的超调现象。由此可得:

结论 8:过高的知识产权保护执法强度会降低本国自主创新效率,倒逼他

国自主创新

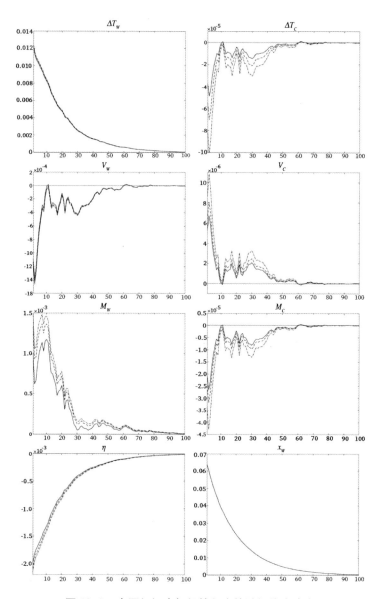

**图 10-9 中国知识产权保护程度的随机外生冲击**

## 四、世界知识产权保护强度的随机外生冲击

对世界知识产权保护强度的随机外生冲击,本章设定世界知识产权保护强度 $x_{W,t}$ 为服从 $AR(1)$ 过程的随机性外生冲击,该模拟描述了中国在短时间内对调整后的知识产权保护国际法律体系的反应过程,该调整可能是由于全球高新技术产业发展为当前世界知识产权保护体系增添了新的内容和要求所导致的,其函数形式为:

$$\ln(x_{W,t}) = (1 - \rho) \times \ln(x_W) + \rho \times \ln(x_{W,t-1}) + \varepsilon \qquad (10\text{-}45)$$

其中, $\rho$ 为自回归系数,取值 0.95 , $\varepsilon$ 为白噪声过程,均值为 0,标准误差为 0.01, $x_W$ 为世界知识产权保护强度。由于在原模型中,本章假设世界知识产权保护强度是一个常量,而在该模拟中则被设定为变量,故需要对模型中关于世界知识产权保护强度的诸多常量进行等比调整,需调整变量包括世界自主创新系数 $v_W(x_W)$ 、技术引进系数 $m_W(x_W)$ 、外商直接投资技术转移溢出率 $\theta_W(x_W)$ 和执法成本 $C_{X,W}(x_W)$ 。基于中国知识产权保护相关变量的回归经验,设定上述变量与世界知识产权保护强度 $x_W$ 为线性关系,故可调整为以下函数形式:

$$Var_t = Var \times \frac{x_{W,t}}{x_W} \qquad (10\text{-}46)$$

其中, $Var_t$ 即为 $v_W(x_W)$ 、$m_W(x_W)$ 、$\theta_W(x_W)$ 和 $C_{X,W}(x_W)$ 的当期值。模拟结果见图 10-10,图中实线代表了情景 1,线段虚线代表情景 2,点线虚线代表情景 3。

在图 10-10 中,世界平均技术进步 $\Delta T_W$ 随世界知识产权保护强度提高而提高,中国技术进步 $\Delta T_C$ 则反之,并导致中国与世界平均技术水平稳态比值 $\eta$ 的降低,这一模拟结果与上文推测的结论一致,即中国贸易竞争力建立在对世界其他地区的相对技术优势基础上,若世界其他地区提高知识产权保护强度以强化技术进步则会有损于我国。具体来看,世界技术进步增速的主要动力

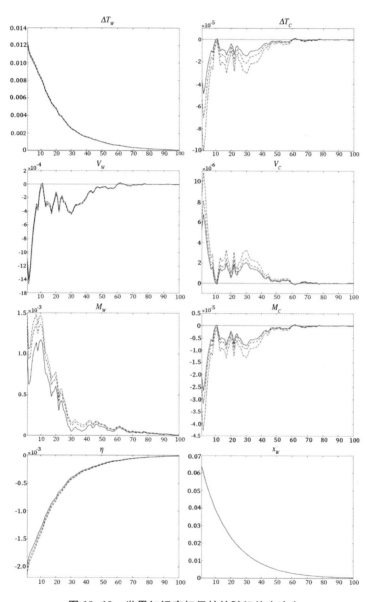

**图 10-10　世界知识产权保护的随机外生冲击**

来源依然是技术引进,故图中 $M_W$ 的曲线波动增幅明显且数量级上也高出世界自主创新 $V_W$。与此相对,受世界知识产权保护强度提高影响,中国通过技术引进 $M_C$ 渠道获得技术进步的成本增加,故将更多的资源分配给自主创新

$V_C$。与前三种随机性外生冲击不同,世界知识产权保护强度的外生冲击动态模拟图像波动频率更大,效果即时性更强,如中国技术进步 $\Delta T_C$ 的图像,虽然在冲击开始时降幅明显,但收缩也较剧烈,之后的波动就不断趋于缓和,其他变量的图像也有此特征。这是因为在假设世界知识产权保护强度可变后,中国与世界其他地区的博弈均衡点发生了偏离,调整在双方同时进行而非仅中方单独调整,所以在图像上表现为更快速的变化趋势。该模拟从双方同步动态博弈的角度,强化了结论5的立论依据。

此外,随着中国知识产权保护强度的提高,双方应对外生冲击的敏感性均有所增加,在前三种随机性外生冲击模拟中也表现出了类似的特征,由此可见,知识产权保护强度作为创新激励机制与制度运行成本的两面性,越高的知识产权保护强度下供中国在技术贸易领域进行调控的弹性区间就越小,而政策实施的成本就越高。

本章运用波斯纳(1981)法经济学的研究范式,构建了知识产权保护强度对我国贸易竞争力影响的博弈模型,通过稳态值的比较与随机性外生冲击的动态仿真模拟得到相关结论,并由此提出以下建议:

一、持续加强我国知识产权保护强度,促进贸易竞争力发展

我国技术优势与知识产权保护强度正相关,通过技术优势的累积能有效提升我国在全球贸易网络中的地位。当全球同步提高研发创新强度时,为弥补我国因技术优势而导致的"先动劣势"问题,我国需保持高于世界平均的知识产权保护水平才能维持我国贸易竞争力。知识产权保护制度从根本上保证了我国的技术进步,持续加强知识产权保护强度,做到知识产权量质齐升,实现技术优势与贸易竞争力的有效转换,是我国贸易保持中高速增长的关键举措。

二、以政府引导为主,市场机制为辅,扩大我国自主创新优势

模型基于现实数据的参数设定证明在自主创新方面,我国较世界平均水

平更具优势。在技术进步成本约束下，自主创新与技术引进呈彼此替代关系，且自主创新相对于技术引进存在风险高、收益低的特点。由此，我国政府需在技术领域积极引导，有所作为，重点支持战略性新兴产业和未来产业，实施高新技术产业财政补贴和政策扶持，调节市场竞争机制，有机融合"创新链+产业链"，扩大自主创新比较优势，优化技术进步结构，实现我国贸易竞争力的可持续发展。

三、坚持立法原则，强化执法效率，降低知识产权制度运行成本

知识产权保护强度的提高会急剧增加执法成本，减少自主创新研发成本与技术引进贸易成本的份额，降低我国技术进步效率。因此，在构建和实施知识产权法律体系时，要始终坚持符合社会主义核心价值观的立法原则，从立法、司法、执法、守法多个环节发力，全面提高我国知识产权从申请到授权，从行使到保护的依法治理能力和行政执法效率，建立涉外知识产权纠纷援助平台，推动市场组成高效快速的知识产权服务主体，精减不必要的法务开支，降低知识产权保护的制度运行成本。

四、从收益与成本出发，动态调整我国最优知识产权保护强度

本章从成本和收益两个方面探讨中国最优知识产权保护强度，体现了知识产权保护制度作为技术进步激励机制和社会法制运行成本的两面。且知识产权保护程度越强，中国在技术贸易领域进行调控的弹性区间就越小，施政成本也越高。在对我国知识产权保护制度进行修正时，其一要参考国际知识产权法律体系的演化趋势，其二要聚焦本国经济发展与产业结构的优化需求，其三要契合国际宏观环境与专利纠纷的处置机制，其四要避免知识产权过度保护对社会进步带来的非必要负荷，时刻关注我国最优知识产权保护强度的相对性，实现在法律允许范围内对个别法条的灵活处理与执法强度的动态调整。

# 本 章 附 录

附表 10-1　随执法强度变化的模型稳态值

| 执法强度 | 0.00 | 0.10 | 0.20 | 0.30 | 0.40 | 0.50 | 0.60 | 0.70 |
|---|---|---|---|---|---|---|---|---|
| 技术进步($W$) | 15288.3 | 15709.3 | 16128.3 | 16495.9 | 16812.1 | 17076.9 | 17290.3 | 17452.3 |
| 技术进步($C$) | 609.305 | 5812.35 | 11001 | 15566 | 19507.6 | 22825.7 | 25520.5 | 27592.1 |
| $\eta/\mu$ | 0.0399 | 0.3700 | 0.6821 | 0.9436 | 1.1603 | 1.3366 | 1.4760 | 1.5810 |
| 自主创新($W$) | 15838 | 15789.4 | 15741 | 15698.5 | 15662 | 15631.4 | 15606.7 | 15588 |
| 自主创新($C$) | 754.06 | 7187.27 | 13589.3 | 19206.2 | 24037.7 | 28084 | 31344.9 | 33820.5 |
| 技术引进($W$) | 10770.8 | 11067.4 | 11362.6 | 11621.5 | 11844.3 | 12030.9 | 12181.2 | 12295.3 |
| 技术引进($C$) | 241.521 | 2303.95 | 4360.66 | 6170.19 | 7732.57 | 9047.83 | 10116 | 10937.2 |
| 自主创新研发成本($W$) | 1106.35 | 1102.95 | 1099.57 | 1096.6 | 1094.05 | 1091.91 | 1090.19 | 1088.88 |
| 自主创新研发成本($C$) | 2066.79 | 1969.95 | 1862.34 | 1754.73 | 1647.12 | 1539.5 | 1431.88 | 1324.26 |
| 技术引进贸易成本($W$) | 123.37 | 126.767 | 130.148 | 133.114 | 135.666 | 137.803 | 139.525 | 140.832 |
| 技术引进贸易成本($C$) | 526.181 | 501.941 | 475.01 | 448.082 | 421.157 | 394.235 | 367.315 | 340.399 |
| 执法成本($C$) | 13.4538 | 134.538 | 269.077 | 403.615 | 538.153 | 672.692 | 807.23 | 941.768 |
| 知识产权保护 | 0.251098 | 2.51098 | 5.02196 | 7.53294 | 10.0439 | 12.5549 | 15.0659 | 17.5769 |
| 外商直接投资技术转移溢出率 | 0.0009 | 0.0087 | 0.0175 | 0.0262 | 0.0350 | 0.0437 | 0.0524 | 0.0612 |
| 贸易竞争力 | -0.2645 | -0.1880 | -0.0995 | -0.0179 | 0.0508 | 0.1052 | 0.1460 | 0.1750 |
| 执法强度 | 0.80 | 0.90 | 1.00 | 1.10 | 1.20 | 1.30 | 1.40 | 1.50 |
| 技术进步($W$) | 17562.9 | 17622.1 | 17629.9 | 17586.3 | 17491.3 | 17344.9 | 17147.1 | 16897.9 |
| 技术进步($C$) | 29040.6 | 29866.1 | 30068.7 | 29648.4 | 28605.4 | 26939.9 | 24651.8 | 21741.2 |
| $\eta/\mu$ | 1.6535 | 1.6948 | 1.7056 | 1.6859 | 1.6354 | 1.5532 | 1.4377 | 1.2866 |
| 自主创新($W$) | 15575.2 | 15568.4 | 15567.5 | 15572.5 | 15583.5 | 15600.4 | 15623.3 | 15652.1 |
| 自主创新($C$) | 35510.7 | 36415.5 | 36534.9 | 35868.7 | 34417 | 32179.8 | 29157 | 25348.6 |
| 技术引进($W$) | 12373.3 | 12415 | 12420.5 | 12389.8 | 12322.3 | 12219.7 | 12080.3 | 11904.7 |
| 技术引进($C$) | 11511.3 | 11838.6 | 11918.9 | 11752.3 | 11338.9 | 10678.6 | 9771.66 | 8617.96 |

续表

| 自主创新研发成本($W$) | 1087.99 | 1087.51 | 1087.45 | 1087.8 | 1088.57 | 1089.75 | 1091.35 | 1093.36 |
|---|---|---|---|---|---|---|---|---|
| 自主创新研发成本($C$) | 1216.64 | 1109.01 | 1001.38 | 893.746 | 786.11 | 678.471 | 570.83 | 463.185 |
| 技术引进贸易成本($W$) | 141.725 | 142.202 | 142.265 | 141.914 | 141.147 | 139.966 | 138.369 | 136.358 |
| 技术引进贸易成本($C$) | 313.485 | 286.574 | 259.666 | 232.761 | 205.858 | 178.959 | 152.062 | 125.168 |
| 执法成本($C$) | 1076.31 | 1210.84 | 1345.38 | 1479.92 | 1614.46 | 1749 | 1883.54 | 2018.07 |
| 知识产权保护 | 20.0878 | 22.5988 | 25.1098 | 27.6208 | 30.1318 | 32.6427 | 35.1537 | 37.6647 |
| 外商直接投资技术转移溢出率 | 0.0699 | 0.0786 | 0.0874 | 0.0961 | 0.1049 | 0.1136 | 0.1223 | 0.1311 |
| 贸易竞争力 | 0.1941 | 0.2046 | 0.2073 | 0.2023 | 0.1894 | 0.1675 | 0.1350 | 0.0900 |

**附表 10-2  随执法强度变化的模型稳态值变化率**

| 执法强度 | 0.00 | 0.10 | 0.20 | 0.30 | 0.40 | 0.50 | 0.60 | 0.70 |
|---|---|---|---|---|---|---|---|---|
| 技术进步($W$) | −10.47% | −8.01% | −5.55% | −3.40% | −1.55% | 0 | 1.25% | 2.20% |
| 技术进步($C$) | −97.33% | −74.54% | −51.80% | −31.80% | −14.54% | 0 | 11.81% | 20.88% |
| $\eta/\mu$ | −97.02% | −72.32% | −48.97% | −29.40% | −13.19% | 0 | 10.43% | 18.28% |
| 自主创新($W$) | 1.32% | 1.01% | 0.70% | 0.43% | 0.20% | 0 | −0.16% | −0.28% |
| 自主创新($C$) | −97.31% | −74.41% | −51.61% | −31.61% | −14.41% | 0 | 11.61% | 20.43% |
| 技术引进($W$) | −10.47% | −8.01% | −5.55% | −3.40% | −1.55% | 0 | 1.25% | 2.20% |
| 技术引进($C$) | −97.33% | −74.54% | −51.80% | −31.80% | −14.54% | 0 | 11.81% | 20.88% |
| 自主创新研发成本($W$) | 1.32% | 1.01% | 0.70% | 0.43% | 0.20% | 0 | −0.16% | −0.28% |
| 自主创新研发成本($C$) | 34.25% | 27.96% | 20.97% | 13.98% | 6.99% | 0 | −6.99% | −13.98% |
| 技术引进贸易成本($W$) | −10.47% | −8.01% | −5.56% | −3.40% | −1.55% | 0 | 1.25% | 2.20% |
| 技术引进贸易成本($C$) | 33.47% | 27.32% | 20.49% | 13.66% | 6.83% | 0 | −6.83% | −13.66% |
| 执法成本($C$) | −98.00% | −80.00% | −60.00% | −40.00% | −20.00% | 0 | 20.00% | 40.00% |
| 知识产权保护 | −98.00% | −80.00% | −60.00% | −40.00% | −20.00% | 0 | 20.00% | 40.00% |

续表

| | | | | | | | | |
|---|---|---|---|---|---|---|---|---|
| 外商直接投资技术转移溢出率 | −98.00% | −80.00% | −60.00% | −40.00% | −20.00% | 0 | 20.00% | 40.00% |
| 贸易竞争力 | −351.51% | −278.79% | −194.63% | −117.05% | −51.68% | 0 | 38.81% | 66.44% |
| 执法强度 | 0.80 | 0.90 | 1.00 | 1.10 | 1.20 | 1.30 | 1.40 | 1.50 |
| 技术进步($W$) | 2.85% | 3.19% | 3.24% | 2.98% | 2.43% | 1.57% | 0.41% | −1.05% |
| 技术进步($C$) | 27.23% | 30.84% | 31.73% | 29.89% | 25.32% | 18.02% | 8.00% | −4.75% |
| $\eta/\mu$ | 23.71% | 26.80% | 27.60% | 26.13% | 22.35% | 16.20% | 7.56% | −3.74% |
| 自主创新($W$) | −0.36% | −0.40% | −0.41% | −0.38% | −0.31% | −0.20% | −0.05% | 0.13% |
| 自主创新($C$) | 26.44% | 29.67% | 30.09% | 27.72% | 22.55% | 14.58% | 3.82% | −9.74% |
| 技术引进($W$) | 2.85% | 3.19% | 3.24% | 2.98% | 2.43% | 1.57% | 0.41% | −1.05% |
| 技术引进($C$) | 27.23% | 30.84% | 31.73% | 29.89% | 25.32% | 18.02% | 8.00% | −4.75% |
| 自主创新研发成本($W$) | −0.36% | −0.40% | −0.41% | −0.38% | −0.31% | −0.20% | −0.05% | 0.13% |
| 自主创新研发成本($C$) | −20.97% | −27.96% | −34.95% | −41.95% | −48.94% | −55.93% | −62.92% | −69.91% |
| 技术引进贸易成本($W$) | 2.85% | 3.19% | 3.24% | 2.98% | 2.43% | 1.57% | 0.41% | −1.05% |
| 技术引进贸易成本($C$) | −20.48% | −27.31% | −34.13% | −40.96% | −47.78% | −54.61% | −61.43% | −68.25% |
| 执法成本($C$) | 60.00% | 80.00% | 100.00% | 120.00% | 140.00% | 160.00% | 180.00% | 200.00% |
| 知识产权保护 | 60.00% | 80.00% | 100.00% | 120.00% | 140.00% | 160.00% | 180.00% | 200.00% |
| 外商直接投资技术转移溢出率 | 60.00% | 80.00% | 100.00% | 120.00% | 140.00% | 160.00% | 180.00% | 200.00% |
| 贸易竞争力 | 84.58% | 94.54% | 97.08% | 92.41% | 80.13% | 59.27% | 28.36% | −14.42% |

政策篇

# 第十一章　促进贸易竞争力提升的"双循环"分工网络重构与产业链布局

新冠疫情暴发导致全球产业链出现了严重的"断链"状况,各国开始重新审视支撑全球产业链的最基本逻辑——国际分工主义。国际分工主义面临着深刻反思,安全与风险变量作为一种底线思维将被深度嵌入其中,由此驱动产业链形态出现新的重大分化,全球分工网络也因此出现了明显重构的趋势。那么,全球分工网络呈现出了什么样的重构趋势?效率、安全与风险变量又是如何嵌入全球分工网络?"双循环"新发展格局下中国又该如何应对这一重构趋势?这些是本章试图回答的核心内容。

## 第一节　全球产业链与分工网络面临的挑战与发展趋势

从 20 世纪 80 年代开始,经济全球化日渐深入发展,其以生产要素的跨国流动为主要特征。其中,以产品内分工为主要表现形式的全球产业链,逐步成为推动全球经济增长的关键因素。然而,自 2008 年国际金融危机爆发以来,逆全球化趋势愈演愈烈,中美、欧美、日韩之间的经贸摩擦层出不穷,全球产业链重构的序幕就此拉开。

## 一、全球产业链布局的历史演进与时代挑战

产业链可以表现为生产分工体系在时间和空间上的分布及协作关系,分工带来的效率提升,促使各国参与生产分工协作,全球产业链由此诞生。20世纪上半叶,全球产业链第一次发生了大范围的重构,第一次世界大战为美国制造业成为全球产业链中心创造了机会,这段时期内以钢铁、煤炭为代表的上游重工业成为全球产业链重构和整合的中坚力量。第二次世界大战后的头20年内,日本、拉美等新兴工业化国家和地区的制造业逐步走上世界舞台,此时发生了第二次范围较广的全球产业链重构,亚太、拉美等周边国家逐步参与全球产业链分工,并成为不可或缺的一部分,轻工消费品和电子产品成为产业链重构的主要载体。20世纪80年代,发生了第三次比较大范围的全球产业链重构,这一时期恰逢中国进行改革开放,全球产业重心开始逐步向中国转移。尤其是在2001年12月11日中国正式加入世界贸易组织之后,进一步强化了产业转移和产业链重塑过程,当前的全球产业链分工格局由此得以奠定基础。可以观察到的是,先前的三次全球产业链重构,主要是为了实现更为低成本、高效率的分工和生产协作体系,进而实现共赢。一方面,价值链的分配基本上以发达国家的少数产业中心为主导,发达国家进而能腾笼换鸟,利用这些资源更有效率地实现产业创新和产业链升级;另一方面,新兴经济体能够凭借着资源、劳动力等禀赋优势承接全球产业链中的某些分工环节,实现其工业化和经济的快速增长。

虽然各国潜在比较优势促使全球产业链的形成并显著提高了分工效率,但由于各国在不同产品的生产过程中形成了日趋复杂的生产网络关系,全球产业链面临的风险也因此升级。根据全球价值链研究中普遍应用的出口增加值分解方法(王直等,2015),本章绘制了各国增加值的流动网络以反映全球生产网络关系。如图11-1所示,以德国、中国、美国为代表的少数国家连接

了欧洲、亚太与美洲等地区,共同构成了全球生产网络中的核心,呈现出"中心化"的网络格局。这种网络格局为外生冲击对全球产业链体系带来放大式的负面影响提供了条件。随着全球经济形势的不断变化,全球产业链分工网络面临着极大挑战。

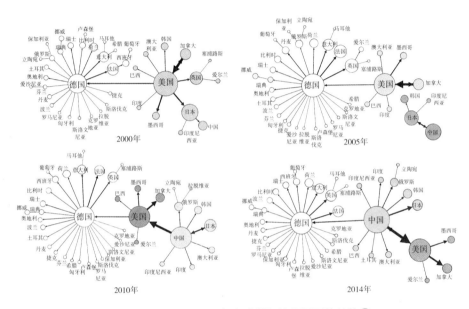

**图 11-1 2000—2014 年全球增加值贸易网络结构①**

资料来源:世界投入产出数据库。

自 2008 年国际金融危机以来,全球价值链的调整和重构已经表现出强烈的现实需求,随着国际贸易保护主义抬头,经济效率不再是各国追求的主要目标之一,安全利益的考量尤为加重,尤其以美国为代表的发达国家对中国的战略遏制意图日益明显,中美经贸摩擦的愈演愈烈即是明证。美国贸易代表办公室于 2018 年 3 月发布的"301 条款"报告中认为,美国企业与其中国合资企

---

① 每一个节点代表一个国家(地区),节点的大小与该年国家(地区)总增加值出口规模成正比,不同的灰度代表网络中不同群体的划分情况,边的粗细与该年国家(地区)之间的增加值流动规模成正比。此外,为反映全球生产网络中的核心部分,这里仅绘制出了每个国家与其最大增加值进口来源国之间的贸易关系。

业伙伴间存在强制技术转让,因此加征关税刻不容缓;同年6月和9月公布的两份加征关税清单中,航空航天、新材料、信息通信技术、机器人技术、工业设备等与《中国制造2025》密切相关的行业成为重点加征对象,而上述行业正是与经济安全和国家安全密切相关的行业。由此可见,全球生产网络中的少数大国有动机以安全为考量挑起经贸摩擦,全球产业链的分工布局受到极大挑战。

2020年新冠疫情的暴发和全球性蔓延严重阻碍了国际贸易秩序的正常运转,如图11-2所示,2020年1月至2月,无论是全球出口规模还是进口规模,均出现断崖式下降,虽然在2020年3月有所恢复,但各国关于新冠疫情对全球经济影响的全局性、严重性和非短期性上基本达成了共识。基于全球产业链的分工模式虽然在过去很长一段时间内提升了全球经济效率、降低了生产成本,但在治理能力不足的情况下,某些社会成本可能反而会上升,产业链安全性会遭受破坏。因为即便一国对其他国家在某些生产环节和阶段上存在"过度"依赖,贸易自由化仍然能保证产业链的安全性与稳定性,但是一旦发

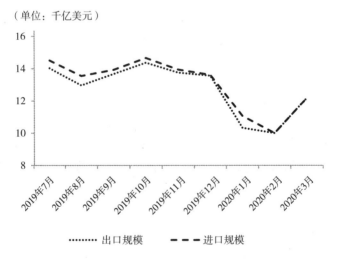

**图11-2 新冠疫情前后的全球贸易规模变化趋势**

资料来源:国际贸易中心(International Trade Centre)数据库。

生"断供",就可能对本国产业带来严重冲击,此种依赖也可能导致下游国家对贸易品技术安全的担忧和疑虑。因此,以往以效率为导向的全球产业链分工模式不适宜应对上述挑战,全球产业链重构趋势明显加快。

## 二、由效率导向转向安全与效率兼顾的全球产业链分工模式

随着国际分工不断演进,传统的国际产业转移演变为产业链条和产品工序的分解与全球化配置。基于效率优先的原则,国际产业转移也由原先产业梯度转移转向增值环节梯度转移,产业链条冗长化、零碎化特征越发突出。而新冠疫情后,各国深刻反思基于传统李嘉图比较优势与唯效率导向的国际产业链分工逻辑,针对安全与风险的考量一定需要包含在未来国际分工形式当中。基于安全与效率兼顾的产业分工导向使全球产业链、供应链面临新的重构,具体而言包含以下几点特征:

第一,本次全球产业链重构明显带有安全考量的特征。在经济安全上,疫情对全球产业链的冲击造成了物资短缺等严重后果,供应环节全球性分散抑或集中在某一国家或地区的潜在风险被充分揭示,各大国将会加快弥补与完善各自产业链的短板与缺口。在政治利益上,全球产业链分工给各国带来经济上的互利共赢不再成为某些国家考虑的重点,政治利益反而成为某些国家强行阻断产业链的借口。例如在传统工业领域,某些国家刻意无视比较优势,在大量企业存在反对声音的情况下,强制推行制造业回流政策;在高技术产业领域,中国企业遭受了无端制裁,加剧了全球产业链的"断链"风险。这些无视经济规律的举措揭示出经济效率已不再是各国参与分工的唯一考量因素,产业链安全的重要性获得了空前提升。

第二,"反雁型"特征是此次全球产业链重构的主要特征。如前文所述,在以往三次全球产业链重构的过程中,先发国家或地区逐步将低效率产业链转移至更具成本优势的后发国家或地区,这种转移被日本经济学家小岛清称为"雁型模式"。在这种趋势下,先发国家或地区的产业与消费结果被不断改

善,并由此保持全球产业链的核心地位。但就目前而言,以美国为代表的少数发达国家保护主义盛行,采取的制造业回流政策在高技术产业中体现得尤为明显,严重阻碍了产业链的梯度转移与重构,产业链也因此难以扩散到后发国家或地区。

第三,支撑现有全球产业链秩序的全球经济治理框架遭遇极大挑战。作为全球产业链格局的推动者与维护者,世界贸易组织与国际货币基金组织(International Monetary Fund,IMF)在国际经济体系治理中的话语权被逐渐削弱,各国逐渐将两大国际经济组织视为政治利益的较量舞台,世界贸易组织与国际货币基金组织协调与治理全球产业链的功能被逐步限制。与此同时,以《区域全面经济伙伴关系协定》(Regional Comprehensive Economic Partnership,RCEP)、《美墨加三国协议》(U. S. -Mexico-Canada Agreement,USMCA)为代表的区域性经济协定的重要性日益增强,在一定程度上也削弱了产业链的全球化水平,使之逐步局部化与碎片化。

第四,跨国公司在全球产业链中的正常分工布局受到政治因素干扰。跨国公司一直以来都是全球产业链分工的推动者与组织者,但目前其在全球产业链布局中的自主权被进一步削弱,部分跨国公司受东道国或母国的政治压力被迫重组产业链,成为国际政治较量的牺牲品。

## 三、全球产业链分工模式的三大新动向:区域化、链群化与备份化

2020年新冠疫情在全球范围内蔓延,全球产业链分工安全问题成为市场的关注焦点,全球供应链过度分散或过度集中在某一地区成为潜在风险,安全及风险意识被深度融入当前的国际分工逻辑中①(宋学印和黄先海,2020)。兼顾效率与安全双重逻辑的国际分工新导向将取代单纯的成本效率分工导

---

① 宋学印、黄先海:《在促进双循环新发展格局中走在前列》,《浙江日报》2020年8月24日。

向,呈现出区域化、链群化与备份化的新动向,以大国为节点的国内国际双循环成为全球化新常态。

## (一) 宏观空间形态上发生区域化转变

由于受到全球性新冠疫情的冲击,全球供应链出现了"阻塞"甚至"断链"现象,在医药及医疗设备、电子信息等关键行业尤为突出。一方面,如何加快弥补、完善各自产业链的短板与缺口成为各主要国家的首要选择。在 2009 年后全球经济复苏期间,以美国、英国为代表的发达国家,纷纷以相对较低的税率以及诸多扶持政策吸引外国直接投资。如图 11-3 所示,2014—2016 年,流入美国与英国的外商直接投资规模占比呈现出明显的上升趋势,而流入中国的外商直接投资呈现出下降趋势,由此可以看出,美国和英国的"制造业回流"政策一定程度上取得了进展,并对中国吸引外资的能力产生了一定影响。在 2020 年新冠疫情暴发期间,美国、日本、德国等国已经明确制定了相关政策,支持产业特别是高新技术产业回流本国。4 月初,美国国家经济委员会主任库德洛表示,美国政府已经准备好帮助美国企业迁出中国返回美国,搬迁支

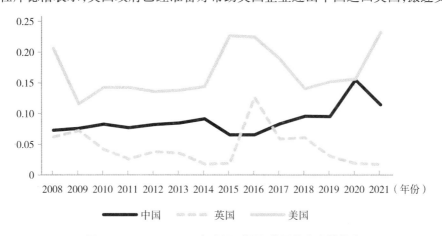

**图 11-3　2008—2021 年中国、美国、英国外商直接投资规模占全球外商直接投资规模比重变动趋势**

资料来源:联合国贸易和发展会议。

出能够抵扣相关费用成本;4 月 7 日,日本政府也追加预算方案,将会使用 2200 亿日元预算资助企业把生产地点迁回日本,235 亿日元资助企业将生产转移到除中国以外的其他国家;4 月 8 日,德国政府宣布修改《对外经济法》,旨在对非欧盟国家投资实施更加严格的审核,执行更加严格有效的审核标准,限制对外投资的目的在很大程度上是为了让本国投资返回本国。

另一方面,尽管独立构建完整的产业链对所有国家而言并不可行,但优先选择在国内或与地理位置邻近的国家或地区联合构建更加安全的区域化供应链成为各主要经济体的可行方案。如 2020 年 7 月 1 日,旨在替代北美自由贸易协定的《美墨加三国协议》正式生效,新协定涵盖了知识产权、数字贸易、金融服务、农产品、汽车制造、劳工权益等领域,包括商品贸易关税减让、原产地规则变化、服务贸易开放和加强对生产者的保护等内容。美国正试图通过《美墨加三国协议》减少区域内贸易壁垒和加强对外贸易壁垒,以实现巩固以美国为中心的北美区域价值链的战略目标。

### (二) 中观产业形态上发生链群化转变

在新冠疫情的影响下,企业为了尽量降低全球采购中的运输风险,产业的上下游密集区域将成为生产、投资、并购等决策的优先考虑。某一区域一旦吸引了产业中的核心环节或龙头企业的落地,将会通过连锁效应吸引上下游企业聚集,产业链集群也因此成型。在产业链集群内部,纵向来看企业分工密切,具备上下游协同优势,横向来看企业密集成群,具备产业集群的规模效应与成本优势。

从国内来看,长三角地区经济总量庞大,消费潜力与城市化水平高,产业分工体系较为完善,既有《长江三角洲区域一体化发展规划纲要》国家级战略的指导,又具备长江经济带和共建"一带一路"倡议叠加的经济地缘优势。因此长三角地区作为战略依托,存在市场容量、要素结构、产业分工等方面的明显优势,能够在国内率先构建具备全球竞争力的关键产业链大区。从欧洲来看,自 20 世纪 80 年代新一轮全球分工网络重构(经济全球化)开启以来,欧洲的制造业中心已逐步由西欧"蓝香蕉"地带(由意大利北部经瑞士、西德、比利时、荷兰到英国西北部)向以德国为中心的中欧地区转移,诸多西欧国家(特别是德国)与中东欧国家之间形成了复杂而紧密的产业链网络。尤其值得关注的是,自 2004 年欧盟实现东扩后,借助欧洲统一大市场内商品、劳动力、资本、服务的自由流动,西欧国家制造业产业链向中东欧延伸的潜力已得到相当充分的释放。

### (三) 微观生产形态上发生备份化转变

新冠疫情冲击使企业认识到安全、可控的供应链系统对持续发展的极端重要性。出于提升话语权和规避风险的考虑,企业尤其是产业链中的龙头企业将积极发展上下游尤其是上游第二来源、备份供应商或设立额外的安全库存,形成一种常用与备用双轨运行的产业链结构。以华为公司为例,在美国以国家安全为由,将其列入出口管制实体名单,限制美企向华为出售技术产品之后,华为公司迅速启用"备用计划",短时间内将零部件供应商转移到国内,通过产业链系统的备份化维护供应链安全,分散不确定性风险。

在区域化、链群化及备份化三大动力推动下,全球产业链或将在分工与整合、效率与风险之间取得新均衡,并逐渐生成一些以主要大国为核心、邻近经济体为协同的产业链大区节点。大区内部各城市间上下分工密集,供应链相对完备,构成成熟的产业链内循环,同时与全球其他节点组建外部循环,最终使全球产业链由当前的碎片化形态转向多节点、大集成、内外双循环新常态。

# 第二节　基于"双循环"新发展
# 格局的分工模式

面对全球产业链新一轮重构趋势的挑战与机遇,为保障国内产业链稳定、培育国际竞争新优势,习近平总书记于 2020 年 5 月提出"加快形成以国内大循环为主体、国内国际双循环相互促进的新发展格局"的重大战略,为新时期我国持续提升全球生产网络分工地位建立了坚实基础。

## 一、"双循环"新发展格局的战略选择

### (一)"双循环"新发展格局的提出背景

改革开放以来,参与国际循环曾经是中国拉动经济增长的重要途径,并且取得了巨大成功。尤其是在沿海发展战略的指引下,通过中国的劳动力禀赋优势,发展劳动密集型制造业,吸引外商直接投资。在沿海以"三来一补"为特征的加工贸易和外资持续涌入的带动下,一度形成了以工业制成品大进大出为特征、以外循环为主要驱动的经济增长模式。中国也得以从全球价值链、国际规则体系、全球金融市场等维度,深度参与到全球经济体系之中。根据世界贸易组织统计(见图 11-4),中国出口规模从 1979 年的 13.61 万亿美元增长至 2022 年的 3593.60 万亿美元,占世界出口比重从 0.82% 上升至 14.43%;中国进口规模从 1979 年的 15.62 万亿美元增长至 2022 年的 2716.00 万亿美元,占世界进口比重从 0.92% 上升至 10.60%。可以看出,中国从全球生产网络的边缘角色,迅速变为世界货物贸易第一大出口国和第二大进口国,一跃成为世界制造业的中心与名副其实的世界工厂。

但是,在促进形成国际循环的过程中,"两头在外"、出口与投资双驱动所带来的弊端也逐渐显现:经济过于依赖投资和出口,这不仅使中国面临严重的国际收支失衡和国际经济不确定性等外部压力,而且也面临收入分配的地区性差距扩大、资源、劳动力要素成本提升、产业升级瓶颈制约、生态环境恶化等国内压力。尤其是在 2006 年之前,中国贸易依存度不断攀升,峰值一度达到64%(见图 11-5),国际循环处于主导地位,传统以外循环拉动为主的增长模式暴露出诸多问题。因此,1997 年东南亚金融危机、2008 年国际金融危机、

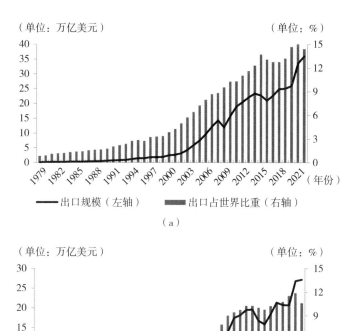

图 11-4　1979—2021 年中国进出口规模及其占比变动趋势

资料来源:联合国贸易和发展会议数据库。

2020 年新冠疫情暴发这三次冲击均以国际大循环的方式严重影响了中国产业链和供应链的安全,给中国消费者和企业带来了巨大的危害。

其实,自东南亚金融危机之后,中国曾多次强调国内循环的重要意义。在1998 年,中央就曾指出要"立足扩大国内需求,加快基础设施建设",源自泰国的东南亚金融危机使中国意识到如果完全依赖国际市场和国外需求,将会产生巨大的风险。进入 21 世纪以来的多次五年规划,均将"内需"摆在突出位置。在 2006 年发布的"十一五"规划中,中央认为应"立足扩大国内需求推动

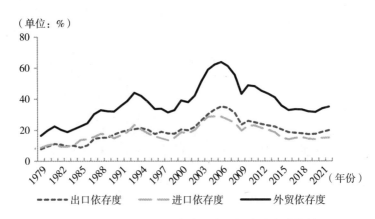

**图 11-5　1979—2021 年中国贸易依存度变动趋势**

资料来源:联合国贸易与发展会议数据库。

发展,把扩大国内需求特别是消费需求作为基本立足点,促使经济增长由主要依靠投资和出口拉动向消费与投资、内需与外需协调拉动转变"。在 2011 年发布的"十二五"规划则进一步提出,"构建扩大内需长效机制,促进经济增长向依靠消费、投资、出口协调拉动转变"。我国经济发展的驱动力已发生改变,需要将经济政策的侧重点从以国际循环为中心,转向国内国外循环相协调。2014 年年底,在中央经济工作会议提出的新常态的特征中,有两大要点指出了我国面临的经济形势变化:第一,在生产要素方面,老龄化人口日益增长,农业剩余人口减少,要素驱动力亟待转换;第二,在出口和国际收支方面,全球总需求疲软,但中国的出口竞争优势仍然存在。在 2015 年年末提出供给侧结构性改革方案之后,2016 年和 2017 年中央经济的工作重心主要以去产能为主。到了 2018 年下半年,供给侧结构性改革在去产能、去杠杆领域取得了重大的进展,但我国投资增速却持续下降,外部需求增速也显著放缓,加之面对中美贸易摩擦的不确定性,我国的经济政策思路需要进一步调整。因此 2018 年 12 月,"畅通国民经济循环""促进形成强大国内市场"这两种理念被中央明确提出。

　　2020 年年初的新冠疫情暴发,使世界百年未有之大变局加速变化。一方面,面对世界经济严重衰退、疫情蔓延趋势持续增强、国际贸易和投资急剧收缩、国际金融市场动荡等一系列不确定因素,不少国家采取了贸易限制性措施,保护主义和单边主义不断上升,中国发展逆风逆水的外部环境日益增多,不稳定性不确定性较大。另一方面,中国已进入高质量发展阶段,多方面优势和条件更加凸显,国内需求潜力充足。中国经济潜力足、韧性强、回旋空间大、政策工具多的基本特点没有变。比如说,中国是唯一拥有联合国认证的所有工业门类的国家,具有规模庞大的工业体系与配套能力,在此背景下是支撑产业发展的1亿多市场主体、1.7亿多受过高等教育或拥有各类专业技能的人才以及14多亿人口所形成的超大规模内需市场,面对着新型工业化、信息化、城镇化、农业现代化快速发展的机遇,中国吸收国内外投资的需求潜力巨大。国际大循环动能明显减弱,国内大循环活力日益强劲意味着中国要作出新的战略抉择。2020年5月14日召开的中央政治局常委会会议便首次提出了"双循环"概念:"要深化供给侧结构性改革,充分发挥中国超大规模市场优势和内需潜力,构建国内国际双循环相互促进的新发展格局。"

### (二)"双循环"新发展格局的重要内涵

"双循环"新发展格局要求"以国内大循环为主体",其拥有深刻的理论与现实依据。原因在于,从改革开放至今,中国拥有了全球最完整和规模最为庞大的工业体系,在具有14多亿人口的庞大国内消费市场的带动下,具备了以国内循环为主的经济发展模式的基本条件。在外部环境中,随着逆全球化声音甚嚣尘上,叠加新冠疫情的全球性蔓延,全球分工网络与产业链受到了严重的冲击和破坏,这对中国在全球分工网络中的地位带来了不利影响,完全以国外循环驱动经济发展不再可行。因此,通过扩大内需规模、提高内需质量和提升内需多样性,一方面可以减少外需周期性和结构性风险,进而对冲国际大循环的波动性风险。另一方面也有利于推进供给侧结构性改革,大力提倡通过创新促进经济发展,通过发展高新技术产业确保生产链与供应链的安全稳定性。

　　"双循环"新发展格局中既有"国内大循环",又有"国内国际双循环",后者需要与前者相互促进。由于中国在世界经济中地位的不断提高以及同世界经济的联系越来越紧密,为其他国家提供的市场机会将越来越大,成为吸引国际商品和要素资源的巨大引力场。这决定了新发展格局绝不是封闭的国内循环,而是开放的国内国际双循环。"双循环"新发展格局可以这样形象地描述:在国内循环与国际循环各自同时形成一个小循环的同时,两者之间也必须形成一个大循环,共同构成"∞"字双循环,其中小循环保障大循环的运行,大循环推动小循环的发展。一方面,以国内大循环为主体,就是要求我国要重点关注国内经济的运行情况,努力发挥好国内巨大的内需潜力与市场优势,在供给侧结构性改革的基础上,积极优化经济结构,争取以科技创新带动经济高质量发展。通过畅通国内大循环为实现中国经济的可持续发展乃至复苏世界经济提供保障。另一方面,进一步提升对外开放水平仍然是我国发展经济的重要抓手,通过利用国内国外两种资源、国内国际两个市场,形成国内大循环推动国际大循环、国际大循环促进国内大循环的"双循环"发展模式。从国内大循环带动国际大循环的方向看,提高国内产业链的供给能力可以通过增加国内需求实现,而增加国内需求又可以持续扩大国际优质产品及零部件的进口,进口规模的扩大又是提升出口规模的必要条件,因此国内循环最终能够带动国际大循环的发展。从国际大循环促进国内大循环的方向看,国际循环拉动了国内生产投资规模中的很大一部分,可以减轻居民就业压力,提高居民收入水平,进而提振国内需求,随之而来的是中国企业可以通过学习、吸收国际循环中技术水平较高的部分增强国内产业链的供给能力,提升国内产业链质量,进而促使国内循环结构性升级。可以看出,国内大循环与国际循环的相互促进将共同为中国乃至世界经济稳定与繁荣提供安全保障。

## 二、"双循环"新发展格局下的四大层次分工网络

　　在"双循环"新发展格局下,分工网络与生产链布局需要进一步进行刻

画。由于新发展格局中包括"国内大循环"与"国际循环"两个方面,并且两者之间存在相互促进的作用。本章认为国际中的生产链布局可分为全球分工网络与国际区域性分工网络两个层次,国内的生产链布局可分为国内大循环分工网络与国内区域性分工网络两个层次。四大层次分工网络之间层层嵌套,相互递进,构成了当下安全与效率兼顾的全球产业链分工模式,并且体现出区域化、链群化与备份化的分工模式新动向。

### (一) 全球分工网络

随着信息通讯技术与交通运输技术的发展,中间品贸易逐渐成为国际贸易的主流,各国能够凭借其比较优势参与产品内不同环节的分工过程。以跨国公司为载体,传统的中间品贸易转移演变为跨国公司的产业链条和产品工序的分解与全球化配置,大大提升了产品的生产效率,也为后发国家参与全球分工创造了条件,在一段时期内是推动世界经济增长的关键因素,中国也因此获益良多。虽然当前全球分工网络受到贸易保护主义的冲击较为明显,但常规状态下进行自由分工组合的全球产业链仍可正常运行。

当前中国在全球产业链处于承上启下的中间位置,从中亚、南美进口原材料,从日本、韩国、美国进口中间品,最后再出口成品到欧美,其中部分产业,欧美几乎不生产,完全依赖中国。在中短期内中国这一分工地位难以扭转,但中长期内可能将逐步改变。随着中国劳动力等生产要素成本的提升,全球产业链在东南亚的建链、补链过程预期将快速成长,某些产业中分工环节将有可能由中国转向东南亚等国家。因此,中国利用其长期在参与全球分工网络中积累的获得型要素禀赋,提升其在全球产业链中的地位。

### (二) 国际区域性分工网络

自 2008 年国际金融危机以来,作为支撑全球产业链的最基本逻辑的国际分工主义,面临深刻反思。特别是新冠疫情暴发以来,安全与风险变量,驱动产业链形态出现新的重大分化。在政治、文化、地理等层面联系紧密的国家之间，会打造一个隶属于本集团的产业链，即形成国际区域性分工网络。其具有两大优势：第一，区域内的各国仍可以获得国际分工红利，并且更加紧密。第二，一个国家既密切参与区域化的产业链，又自由参加全球化的产业链，形成备择、备份产业链，从而大幅缓解全球不确定导致"非常规"状态下的经济安全。近年来，《区域全面经济伙伴关系协定》《美墨加三国协议》等区域经济与贸易协定的先后达成即印证了这一趋势。除此之外，可以预计的是，西欧会加速自主完整构建多国联合的区域化产业链，并加速与中东欧、南欧等相对落后地区联合，完成产业链优势重组。

其中，中国参与的《区域全面经济伙伴关系协定》有助于中国推进国际循环，引领国内大循环。一方面，根据《区域全面经济伙伴关系协定》相关规则，各国关税及非关税壁垒将逐步取消，产品能够在区域内国家间更加自由流动，在进出口方面体现出贸易创造作用。同时也由于《区域全面经济伙伴关系协定》在投资方面采用负面清单模式，中国企业可以顺利地进入区域合作内的14个国家进行投资。另一方面，中国也根据《区域全面经济伙伴关系协定》的范例和规则出台了有利于贸易自由化、投资便利化的政策，以帮助中国进一步形成一个统一的国内大市场。

（三）国内大循环分工网络

面对日益复杂的国内国际经济形势，中国提出了"国内大循环为主体、国内国际双循环相互促进"的新发展格局，构建国内大循环中的分工网络成为中国降低国际分工依赖的重要途径。因此，中国必须摆脱现有资源禀赋的束缚，寻求新技术在西部大开发、东北振兴中的应用突破，进而让西部地区与东部地区的优势互补，在国内形成高质量发展的区域经济布局与分工网络。

以西部大开发为例，虽然进入21世纪以来西部地区在东部地区的支援下，在经济社会领域的发展中取得了长足进步，但东部地区与西部地区之间发展不平衡的问题仍然显著存在。实际上,简单地将城市化、工业化、农业精细化的经验从东部移植到西部,并不能从根本上解决西部的可持续发展问题。新发展格局下构建国内大循环分工网络需采取新思路,应该根据当地条件利用好西部优势要素禀赋,采用现代高科技、工程化、数字化、企业化和系统推进的策略推进与东部地区的协同分工,进而构建持续稳定的分工网络。例如,西部地区地广人稀,因此不宜采用东部沿海地区劳务密集型的模式发展农业,而应发展高技术、数字化、企业型的新模式为东部提供原材料;西部水、光、风、电资源丰富,因此需要加大特高压电网投资,将新能源改造成稳定可持续的电力资源并将电力输送给东部,为实现我国"碳中和"的目标提前布局。

### (四) 国内区域性分工网络

面对全球产业链区域化的变动趋势,中国通过构建国内区域性分工网络将会是最优战略选择。基于中国超大经济规模体量与经济空间尺度,应在国内构建数个介于产业上下游联系紧密、地理邻近、市场容量足够大、空间范围介于全国与个别省份之间的经济大区产业链与分工网络。从目前来看,在长三角高质量一体化的国家战略框架下,长三角三省一市相对具有足够条件,构建形成一个可相对稳健运行的中国经济大区产业链与分工网络。主要基于以下两点考虑:第一,经济体量为粤港澳与京津冀之和,具有足够的内需市场规模,为世界第五;第二,产业链相对密集,已有构建区域性分工网络的良好基础。

一方面,长三角大区分工网络具有以下基本特征:核心技术自创、关键供应链安全可控、具备充足内需市场规模支撑的区域化新型产业链,可确保在面临未来诸如外需剧烈震荡、传染性疫情冲击下,区内经济仍然可以强劲、可持续发展,为保障全国经济稳中求进提供强有力的支撑。另一方面,长三角大区产业链可构建三层嵌套结构,进一步提升产业链安全性与可持续性。第一层为次区域产业链,如浙江省在杭州湾地区、江苏省在长江沿岸构建相对完整的国产化区域性产业链;第二层为区域产业链,即长三角三省一市,面向重大前沿新兴产业,充分整合优势,构建跨省联合的区域性产业链;第三层为跨国产业链,即针对产业部分环节,长三角与海外国家如"一带一路"沿线经济体,组建密切联动的跨国产业链,与过往路径不同的是,长三角为产业链主动建构者和价值链的主导者,确保产业链的海外部分稳健可控。

## 三、新发展格局下的分工网络重构——以新材料产业为例

在全球分工网络逐步由效率导向转向安全与效率并重导向的过程中,全球生产网络重构特征呈现出区域化、链群化、备份化的趋势,形成了全球分工网络、国际区域性分工网络、国内大循环分工网络与国内区域性分工网络四大层次。在"以国内大循环为主体、国内国际双循环相互促进"的新发展格局中,中国应如何布局高新技术产业链呢?本章接下来以新材料产业为例进行分析。

### (一) 国际新材料领域的发展态势和未来方向

"新材料产业"包括新材料及其相关产品和技术装备。与传统材料产业相比,新材料产业具有技术密集度高、研究与开发投入高、产品增加值高、生产与市场的国际性强、应用范围广、发展前景好等特点,其研究发展水平以及产业化规模已成为一个国家经济、社会发展、科技水平和国防实力的重要衡量标准。当前来看,新材料产业的前沿可分为先进结构材料、先进功能材料和变革性材料三大方向九大领域。其中,先进结构材料方向包括高性能工程塑料、高性能纤维及复合材料与高端合金材料三大领域;先进功能材料包括半导体材料、新型显示材料、新型高分子材料、新型生物医用材料与纳米材料五大领域;变革性材料方向主要为柔性电子材料。

世界各国都高度重视材料领域的研究和发展,将发展材料领域作为科技发展战略的重要组成部分,纷纷将材料技术列为 21 世纪优先发展的关键之

一。美国、欧盟、日本、英国、韩国等国家和地区均制订了相应的新材料发展战略和研究计划。如美国启动了"国家纳米技术计划""关键材料战略""先进制造业国家战略计划""材料基因组计划""国家制造创新网络战略计划"等;欧盟启动了"地平线 2020 科研规划""欧洲先进工程材料与技术平台计划";德国先后颁布实行了"材料研究(MatFo)""材料技术(Matech)"以及"为工业和社会而进行材料创新(WING)"三个材料规划,制定了"纳米行动计划 2015",2019 年颁布了"国家工业 2030 战略计划";韩国推出"纳米融合 2020 项目""3D 打印产业振兴计划""未来增长动力计划",在"中长期科技发展规划——2025 年构想"中将材料科技作为确保 2025 年国家竞争力的 6 项核心技术之一;日本提出"超级钢材料开发计划""科学技术基本计划""先进材料技术计划"等,相关部门也一直持续关注美国、日本、韩国、德国等国家的新材料战略布局和重点支持方向。

## (二) 中国与前沿国家在代表性新材料领域上的比较

高性能工程塑料:高性能工程塑料具有诸如高温耐受性好、力学性能强悍、稳定性良好等性能优势,广泛运用于现代高科技行业中,如航空航天、武器装备、精密机械及电子、医疗设备等领域。随着现代科学技术的发展,各国对新材料的需求日益增长,聚醚醚酮树脂的高性能工程塑料产业进入了快速增长阶段,产销量年均增长超过 10%。就目前而言,英国威格斯、德国赢创和比利时苏威公司,垄断了聚醚醚酮树脂 90% 以上的产值和销售额。此外,聚酰亚胺是品种最多的一类高性能工程塑料,其 80% 以上的生产集中在美国、欧盟和日本等发达国家和地区。虽然我国在高性能工程塑料的基础研究方面与国外基本同步,也掌握了大量具有自主知识产权的生产技术,形成了一定的产业规模。但是,我国该产业的总体发展水平仍与发达国家存在较大差距,主要反映在较小的产业规模、较少的工业化品种,甚至部分高增加值的高端产品至今无法生产,产品应用技术开发缺乏独创性等。

高性能纤维及复合材料:高性能纤维具有高抗拉强度、高杨氏模量、耐高温、耐辐射、耐化学品特性,被广泛应用于航空航天、国防军工、交通运输、建筑、电子产业等领域。高性能纤维复合材料是以高性能纤维作为增强材料,树脂作为基体,通过加工成型得到的复合材料,具有质轻、高强高模、抗疲劳、耐腐蚀、可设计性强、易加工成型等优异性能。目前,高性能纤维及复合材料的全球产业以日本、美国、欧盟为优势主体。其中日本在碳纤维领域拥有绝对优势,东丽、帝人以及三菱丽阳(现三菱化学)三家公司贡献了全球碳纤维产能的一半;美国则拥有在芳纶产业的制霸企业杜邦公司,垄断高端产品技术的同时还能对低端产品形成价格控制;欧洲则在超高分子量聚乙烯纤维领域拥有处于优势地位的荷兰帝斯曼公司,到目前为止仍然是全球超高分子量聚乙烯纤维的最主要供应商,产能倍超其他优势企业。

高端合金材料:合金材料处于钢铁材料中的金字塔尖,主要用于航天、电力、汽车等领域。在航空领域中,合金材料的用量占发动机总重量的40%—60%,主要用于四大热端部件:燃烧室、导向器、涡轮叶片和涡轮盘。全球合金材料的年产量在30万吨左右,2018年产值约121亿美元。合金材料的主产地为美国、欧洲、日本等国家和地区。以高温合金为例,全球著名的高温合金材料公司包括美国海恩斯公司、超合金材料公司、蒙特镍公司等。我国高端合金材料发展较慢,制造成本过高,且合金材料冶炼过程中容易出现碳化物聚集等缺陷,组织均匀度和杂质控制尚未成熟,这使我国合金材料自给率较低,合金材料的进口依赖程度很高。

先进半导体材料:半导体材料是支撑信息、能源、交通等发展的重点材料,是半导体产业的基石,处于上游环节。半导体材料一般具有技术门槛高、客户认证周期长、供应链上下游联系紧密、行业集中度高、技术门槛高和产品更新换代快的特点,目前高端产品市场份额多为海外企业垄断,国产化率较低,寡头垄断格局一定程度上制约了国内企业快速发展。例如,硅片是制造半导体芯片最重要的基本材料,日本、韩国的12英寸硅片占据国际市场的60%以上,其中日本信越、胜高占据 53%。国内金瑞泓科技(衢州)已经建成 12 英寸硅片生产线,杭州中芯晶圆目前已建成 8 寸抛光片,未来会涉及 12 寸抛光片和外延片,嘉兴中晶正在建设。目前,12 英寸硅片尚未实现大规模化生产和进入市场,12 英寸硅片的技术攻关还需要加强。第三代半导体材料以氮化镓和碳化硅为代表。全球碳化硅产业格局呈现美国、欧洲、日本三足鼎立态势。其中美国全球独大,全球碳化硅产量的 70%—80% 来自美国公司,典型公司是科锐、二六;欧洲拥有完整的碳化硅衬底、外延、器件以及应用产业链,典型公司是英飞凌、意法半导体等;日本是设备和模块开发方面的领先者,典型公司是罗姆半导体、三菱电机、富士电机等。

新型显示材料:新型显示技术已成为引领国民经济发展的变革性技术之一。新型显示材料是显示技术发展的基础。新型显示材料主要包括显示面板、有机发光二极(OLED)材料、液晶显示材料、高性能显示薄膜等,国内主要依赖进口解决。例如,目前有机发光二极终端材料生产和有机材料技术掌握在韩国三星显像管生产部门、LG 化学、德山金属、斗山、日本出光兴产、堡土谷化学、美国环球显示器、德国默克等国外公司。国内有机发光二极有机材料产品主要是技术含量低的中间体和单体粗品,高纯度升华品较少,仅有北京鼎材科技有限公司、广东阿格蕾雅光电材料有限公司和吉林奥来德光电材料股份有限公司等几家厂商进行生产。液晶材料作为液晶平板显示行业重要的基础材料,目前,全球高性能混合液晶材料核心技术和专利主要被德国默克及日本捷恩智、迪爱生这三家企业垄断。国内高性能液晶材料作为产业链的重要组成部分,却一直依赖进口,国产率长期以来一直处于较低的水平,尤其对于快速响应、高可靠性和高穿透性液晶材料这类高端产品,基础研究和专利布局始终与国外先进水平存在明显的差距。

新型高分子材料:高分子材料已经成为国民经济建设与人民日常生活必不可少的重要材料。现代工程技术的发展,则向高分子材料提出了更高的要求,因而推动了高分子材料向高性能化、功能化和生物化方向发展。新型高分子材料主要包括光功能高分子材料、电磁功能高分子材料、绿色精细功能高分子材料、生物质及生物基高分子材料等。目前,新型高分子材料技术和产品主要被德国赢创、荷兰科碧恩、帝斯曼,美国杜邦、自然工坊等国际公司垄断。我国在高分子材料方面取得快速发展,从传统精细化工向高端专用化学品调整、从基础通用化学品向高档先进高分子材料转型已基本完成,氟硅高分子材料、特种橡胶、工程塑料、复合膜材料、高端电子化学品、热塑性聚氨酯、节能环保新材料、高性能聚烯烃新材料等先进高分子材料产业发展迅速,优势和特色显现。然而,我国高端功能高分子材料品种和产业规模仍偏小,部分产品仍依赖进口,急需加快核心技术攻关和产业化突破。

生物医用材料:生物医用材料是用于对人体进行诊断、治疗、修复或替换其病损组织、器官或增进其功能的新型高技术材料。世界各国对新型生物材料高度关注,国际上发展较快、技术水平较高的国家是美国、德国、日本、荷兰等发达国家。在产业竞争方面,生物材料产业高度垄断,全球70%以上的市场份额由排名前30的公司占领(如德国的贝朗、拜耳,美国的强生、美敦力、雅培、史赛克等)。经过近十年的发展,我国生物医用材料产业已具雏形,并进入高速发展阶段,国际市场地位不断提高。一批国际生物医用材料前沿产品,如组织诱导骨和软骨、组织工程制品、植入性生物芯片、脑刺激电极、生物人工肝等几乎与国际研发同步或领先作出了样品,为进一步实施产业化、发展新的产业奠定了基础,一些原为进口品垄断市场的中高端产品近年来逐步实现国产替代。然而,我国生物医用材料产业和竞争力仍与美国、德国、日本等国家存在较大差距。

纳米材料:21世纪的纳米科学技术正在成为推动世界各国经济发展的主要驱动力之一。未来20—30年,纳米科学技术有望广泛应用于信息、能源、环保、生物医学、制造、国防等领域,产生新技术变革,促进传统产业改造和升级,并形成基于纳米技术的新兴产业。美国、欧洲、日本、韩国、俄罗斯等国家和地区纳米材料研究及产业化走在世界前列,主要的研究和产业化机构有美国的加州纳米技术研究院、劳伦斯伯克利国家实验室、宾夕法尼亚大学、康奈尔大学、斯坦福大学、哈佛大学、应用纳米技术集团公司、俄罗斯的纳米技术集团等,纳米电子、纳米生物、纳米技术在能源、环境、信息、提升传统产业等领域应用方面取得重大进展,形成垄断性产品。尽管我国在纳米技术相关研究方面取得了快速发展,但在部分领域与方向与美国、欧洲、日本、韩国等纳米技术先进国家和地区仍存在较大差距,特别在纳米效应、纳米粉体规模化制备、纳米电子、纳米生物和医药等方面的研究有待进一步加强。

柔性电子材料:柔性电子是在学科高度交叉融合基础上产生的颠覆性科学技术,能够突破经典硅基电子学的本征局限,可为后摩尔时代器件设计集成、能源革命、医疗技术变革等更新换代提供创新引领。柔性电子材料是柔性电子器件设计与制备的核心。柔性电子材料主要包括柔性衬底、柔性电路材料、柔性传感材料、柔性储能与驱动材料、柔性电极材料等。美国、日本、韩国、欧洲等国家在柔性电子材料研究及产业化处于国际领先地位,主要研究和产业化机构包括美国佐治亚理工学院、宾州州立大学、罗杰斯和泰康利公司、日本川崎株式会社和日立公司、韩国三星公司等,柔性显示器、柔性照明、柔性太阳能电池、柔性传感器等产品已经逐渐从实验室走向市场。我国在柔性传感材料、柔性电极材料等柔性电子材料基础方面的研究已取得较大进展。然而,柔性电子材料仍局限在实验室,尚未形成产业规模。

综上,在上述新材料产业的三大方向九大领域中,美国、日本、欧洲等发达国家和地区仍占据价值链高端地位,中国虽在部分领域取得了突破,但整体而言,无论是基础研究还是专利布局与国外先进水平仍有明显差距。在产业分工中仍以参与国际循环为主,且位于产业链分工的下游位置,进口依赖程度较高。

（三）新发展格局下推动我国新材料产业链重构的路径

目前我国新材料产业发展主要存在四大问题,制约了其在新发展格局下的产业链重构。一是高能级创新平台较为缺乏。我国在先进结构材料、先进功能材料、变革性材料三大领域的"国字号"创新平台还不多。现有创新平台较为分散，创新资源聚集度不够，国内高校和院所各自为政、研究重复，在研究方向、组织机构等方面缺乏互补与协同，难以发挥"集中力量办大事"的优势。二是关键核心技术有待突破。国内电子信息、高端装备等材料领域关键技术仍掌握在美国、日本、德国等大企业手中，我国重点骨干企业急需的关键新材料，大部分也主要依赖日本和美国企业，核心技术受制于人。大部分新材料企业的创新集中在模仿和逆向开发阶段，技术吸收消化再创新和工程集成创新能力较弱，导致我国新材料产业中"高、新、尖"产品占比少，现有产品与国际同类产品相比差距大。三是领军型人才团队还不多。新材料领域世界顶级的学术大师还不多，基础性、原创性、标志性的研究成果较为缺乏。既有基础研究、产业创新背景，又能实现进口产品替代的领军型企业家更是凤毛麟角，整个材料领域的科技成果转化产业化能力还不强。四是产业集群效应有待加强，相比于美国硅谷半导体材料、西雅图航天材料等产业集群基地，整体规模仍偏小。针对我国新材料产业在新发展格局下的不足，本章提出了以下几点政策建议：

第一，提升新材料核心研发能力。围绕先进结构材料技术、先进功能材料技术、变革性材料技术三大方向九大领域，突出新材料与数字经济、生命健康深度融合发展，在数字经济需求材料、生物医用材料等领域进行精细布局，聚焦前沿技术和颠覆性技术创新，促进学科交叉融合，解决新材料国际重大前沿问题，提升原始创新供给能力；围绕服务国家重大战略及产业发展提升需要，以突破国际技术垄断、封锁、实现重要设备和产品安全自主可控为目标，重点攻克一批先进功能材料、提升一批先进结构材料、提前布局一批变革性材料，在新材料领域加快布局一批科技重大专项，加强应用基础研究与技术积累，加快实现重大原创性突破，解决关键核心技术"卡脖子"问题，着力开发一批填补空白的重大成果和产品，有效降低技术对外依存度。

第二,打造一批标志性产业链。聚焦关键核心技术和短板技术,实施新材料产业链协同创新工程,瞄准先进结构材料技术、先进功能材料技术、变革性材料技术三大方向打造一批标志性特色产业链。在先进结构材料技术方面,重点加强在高性能工程塑料、高性能纤维及复合材料、高端合金材料等领域打造标志性产业链;在先进功能材料技术方面,重点加强在半导体材料、新型显示材料、高端磁性材料、新型高分子材料、新型生物医用材料、纳米材料等领域打造标志性产业链;在变革性材料技术方面,重点加强在柔性电子、增材制造材料、功能与智能材料等领域打造标志性产业链。

第三,不断提升企业创新能力。完善企业梯次培育机制,在磁性材料、氟硅新材料、高性能纤维及复合材料、电子信息材料、功能膜材料、新能源材料、高端合金材料、高性能工程塑料等优势材料领域,加快培育若干家年产值超100亿元的新材料大企业大集团,新增一批掌握国际话语权的创新型领军企业、高新技术企业、科技型中小企业,培育一批细分领域"单打冠军"和"隐形冠军"。引导新材料龙头骨干企业积极申报国家技术创新中心、省(重点)企业研究院、高新技术企业研发中心、产业创新中心和制造业创新中心等企业研发机构。

第四,推动产业协同创新。提高新材料产业紧密度,引导产业集群间互通有无、优势互补,推动产业布局优化,实现特色产业协作共赢;引导新材料产业间加强横纵向协同度,加强新材料基础研究、应用开发和产业化统筹衔接,强化产业链上下游加强协同攻关,提高创新效率,缩短新材料研发应用周期,实现企业竞争力提升。推动新材料产业与其他高新产业融合发展,搭建"新材料+"多学科协同攻关平台,拓展"新材料+"人工智能、"新材料+"互联网、"新材料+"高端装备、"新材料+"生命健康等领域融合应用的广度和深度。对"新材料+"多学科交叉项目,予以倾斜支持。

第五,加强国际与区域科技合作。加强与新材料特色国家及地区的交流与合作,学习和借鉴成功经验,拓宽发展思路,在新材料关键领域、"卡脖子"

核心技术、重大科学装置等方面进行突破,共建新材料技术转移体系,打造技术创新共同体。支持"一带一路"、东盟、非洲等国家在新材料领域的合作,提升新材料产品出口比重,提高我国新材料产业的国际知名度和影响力。加强国内各区域间协作,部署新材料协同创新平台,推动科技创新资源开放共享,围绕新材料行业关键共性技术难题,合力开展技术攻关,提升我国新材料协同创新能力。

# 第三节 "双循环"分工网络建设的战略重点

在"双循环"新发展格局下,强化国内经济大循环,加强产业链和供应链的纵向整合,有利于提高经济发展的稳定性,也有助于拉动国际经济循环,进而实现国内循环和国际循环相互促进。因此,我国需要形成"以内带外、以外促内、内外良性循环"战略抉择,主动利用数字经济先行者优势地位与庞大的民营企业家数量,培育全球产业链"链主",构筑全球产业链"大脑",形成技术链"策源地",并构建国际投资与贸易"避风港",结合上述四个方面构建双循环的核心战略枢纽,走在支撑新发展格局中的前列。

## 一、实施"链主"战略

实施"链主"战略,在长三角地区构建产业链大区,主动扶持若干全球新一代产业链"链主",增强在产业链与供应链中的主导地位。

世界性新冠疫情冲击危中带机,倒逼数字经济、智能制造、生命健康等战略性新兴产业加速崛起,我国已在新一代互联网、数字安防、云计算等部分领域处于领先地位。应利用当前疫情冲击下海外资产贬值、市场行情低迷等因素,以数字安防、云健康医疗、新一代互联网等新兴高技术产业为重要突破口,鼓励我国领袖型企业、平台型企业主动进行国内、国外资源的并购与兼并,积极整合产业链,主动补齐产业链与供应链的薄弱环节,努力构建全球产业链的新一代"链主"集群,提高我国在内外双循环中的产业链安全性、价值链地位与市场话语权,全方位增强供需循环的统筹整合能力。

## 二、实施"大脑"战略

实施"大脑"战略,即创建世界数字贸易中心,建立健全链接双边市场信息的数字处理中枢,提升"双循环"的智能匹配运行能力。

在近年来数字经济不断发展的过程中,人们越发认识到数据经济发展的高级阶段应当是全产业链数字化。例如在新冠疫情防控与复工复产过程中,工业互联网所体现出的产业链数字化技术在其中发挥着巨大的作用。为了加快我国的全产业链数字化进程,一方面,要推动阿里巴巴、京东、拼多多等消费互联网平台走向全球市场,深度连通国内市场与国际市场,形成双边消费者与双边出口商的信息搜寻、交流与交易枢纽。另一方面,加快推动我国消费互联网优势向工业互联网优势升级。在接下来一段时期内,首先需要在企业层面推广数字化技术,通过建设一批提质增效的"数字工厂",作为微观基础实现全产业链智能运行的良好示范,以推动实现微观数字变革。其次,需要进一步培育区域层面的工业互联网平台,完善不同平台在跨区域、跨行业领域的垂直聚集与横向协同作用,通过价格、生产、库存、物流等市场信息的及时更新,形成全产业链数字化"大脑",节约全产业链的生产、运输与交易成本,在提升国内国际双循环效率的同时,提升全产业链的抗隔离性与抗冲击性。

## 三、实施"策源地"战略

实施"策源地"战略,依靠国家实验室、国家综合科学中心、科创基地等科研中心,紧紧围绕技术链短板清单,以突破关键知识供给的方式提升"双循环"安全可控的发展能力。

原始技术创新与技术可控性是国内国际"双循环"的"堵点",也是短板。国内部分地区如长三角地区有条件率先创造有利于新技术成果孵化、快速大规模应用和迭代升级的生态环境。一是要更高水平发挥政府"牵头人"角色，聚焦战略性优势新兴产业，紧扣技术链短板"清单"，完善重大实验室基础设施部署，协调高校、院所、企业等多方科技力量，打通研发、转化、应用等全周期体制衔接"堵点"。二是要构建更高效的市场激励生态，打造真正具有国际"等高"水平的"创新特区"，加快构建以增强知识价值为导向的分配机制，建成国际一流的知识产权保护规则，赋予高层次人才国际无差异甚至更优越的创新、工作、生活环境，形成高效、活跃、开放的区域创新生态。

## 四、实施"避风港"战略

实施"避风港"战略。促进长三角自由贸易试验区一体化新发展，争取创建自由贸易港，加快沿海沿江港口集群的整合升级，努力构筑全球贸易与投资的"避风港"，为世界级外资外企的汇聚提供便利，增强国内国际"双循环"的对外开放辐射能力。

后疫情时期，可以预期的是，国际资本、跨国公司将会向营商环境良好、工业体系齐全、产业链相对完整的地区转移投资及生产布局。为了抓住这一机遇，以长三角为代表的各地自由贸易试验区应该主动加快扩容提质进程，通过浙江、江苏、上海等地的自由贸易试验区的联动，共同组成世界级的长三角自由贸易区，作为国内国际双循环的重要枢纽。第一，自由贸易试验区内要以扩大制度型开放为重点，对标建设国际最高水平自由贸易规则体系，率先在服务贸易与投资便利化领域取得突破，争创自由贸易港，激励国际资本、跨国公司、国际人才的落户集聚，形成稳定国际供应链的新锚地、重振国际投资与贸易新起点。第二，需要加强宁波—舟山港、洋山港等港口的国内国际两个市场的物流资源配置力，对内加强整合长江中上游内河港口，对外"走出去"配置全球航运资源，打通港口、船务、公路、铁路等信息系统，提升与长江经济带、"一带一路"港口节点互联互通水平，形成一个辐射广泛、信息互联、联运发达、通关便捷的"大港口"，为内外"双循环"提供低成本、安全、畅通、高速的集散枢纽。

# 第十二章 增进贸易竞争力提升的
## "蛙跳型"技术创新道路
## 选择

世界生产体系于20世纪90年代发生重大变化,制造业大规模转移进程加快,生产活动开始在区域和全球范围内组织和展开(刘民权,2018),逐渐形成以掌握核心技术的先发国家为中心、依赖技术模式引进的后发国家为边缘状态的世界生产体系结构。伴随信息技术革命下技术创新速度的不断加快,工业化后发国家累积的技术、经验和信息"过时",难以追赶和应用于新技术,陷入不断重复引进的困境(张建忠和刘志彪,2011)。如果从动态视角分析世界经济演变历程,可以发现存在特定的科技赶超模式致使后发国家完成技术追赶,本章重点探讨转型经济背景下后发国家企业"跳板行为"的内部机制和路径选择。

## 第一节 后发国家"蛙跳型"
## 技术创新赶超模式

杜特尔尼特(Dutrenit,2004)认为,后发国家创新追赶主要包括三个阶段,分别是构建知识能力、具备战略能力以及形成技术应用能力。诸多学者认为,完成技术追赶的关键在于进行创造性学习,该过程总体表现为关键性技术突破与创造性制度的适应融合,具体表现在文化思想、社会合作、政府政策、经济发展等各个层面。在此情况下,党的十八大提出实施创新驱动发展战略,并将其摆在突出位置,强调全党全社会应紧紧抓住和利用好新一轮科技革命和产业变革的机遇,把创新驱动发展作为新时代背景下的一项重大战略实施。

后发国家能够进行原始关键创新,实现技术追赶,提高在世界生产体系中地位的关键在于发挥其在特定领域的先发优势。罗和董(Luo 和 Tung,2007)开创性地提出"跳板行为"理论,具体指后发企业采取更为激进的竞争模式以弥补在国际市场上的后发劣势,实现技术创新跨越追赶,获取战略资源,提高在国际分工体系中的位置,与先发企业展开新一轮市场竞争。有鉴于此,之后的学者从不同的角度逐渐形成并完善了"蛙跳模型"。"蛙跳模型"的应用场景为当技术出现跨越式发展时,新兴技术提供的初始发展机会和方向为后来者提供了进入市场的机会,后发者可以基于自身优势选择重点领域进行突破,争夺科技创新与经济发展的主导权,从而建立先发优势,实现技术追赶甚至超越。因此,先发者和后发者的角色在动态演进过程中是不断变化的,后发者可以基于自身科技经济实践,选择某处技术生命周期成熟阶段,或者是技术生命周期初始阶段,并将优势资源集中在局部产业及地区,以此实现技术跨越式发展,摆脱技术锁定状态,提高世界生产体系当中的分工位置。

"蛙跳"效应的作用主要体现在边界跨越、研发网络重构、战略性组织学习和创新追赶四个方面。后发企业选择进行技术追赶的原因在于内部需要和外部激励,其中缺乏核心竞争优势、技术能力成熟、融资约束减轻等内部因素促使企业加大研发投入,积极学习和创新关键技术。而产品竞争加剧、政策激励、市场前景变化等因素改变企业经营的外部环境,致使企业采取相应手段实现技术追赶,其中技术追赶效应和市场开拓效应是最为重要的驱动因素(吴先明等,2018)。在"蛙跳模型"和"跳板行为"的基础上,后发国家可以实现技术追赶甚至赶超,完成技术跨越式发展,形成"蛙跳型"技术创新道路。基于这一主要思想,不同学者从不同角度对相关理论进行了补充和完善,其中代表性理论研究主要有颠覆式创新、开放式创新和逆向式创新,内在机理是一种"资本积累—效率增进—技术创新"的升级路径,通过企业行为和政府制度的有机结合,后发国家可以基于自身需求和优势形成独特的增长方式和增长过程,在较短的时间内接近其至赶超先发国家,在全球生产网络中不断向中心区域靠近,实现非均衡、超常规发展。

## 一、颠覆式创新赶超模式

### (一) 内涵及特征

克里斯滕森(Christensen)于 1997 年在 *The Innovator's Dilemma* 一书中率先提出颠覆式创新(Disruptive Innovation)的概念和内涵,他在书中指出,后发企业可以通过构建新的产品概念和价值主张满足消费者的个性化长尾需求,占领被领先企业所忽视的非主流市场,以低成本模式帮助企业进入市场,获取市场地位,改变市场竞争格局,创造新的价值网络。该理论提出之后迅速成为后发企业扭转竞争劣势、实现技术追赶的重要方式,对具有市场优势的后发国家具有重要的理论指导意义。之后,国内外学者从顾客视角(张枢盛和陈继祥,2013)、技术与产品视角(Phillips 等,2006)、市场视角(Segerstrom,2010)等角度对颠覆式创新进行了相应的补充和完善。阿德纳(Adner,2006)从市场需求角度出发,指出颠覆式创新模式下,企业更加注重产品体验和用户导向,能够更好地按照消费者偏好,开辟新的市场需求。张春辉和陈继祥(2011)认为,颠覆式创新不仅是一种非连续的技术创新,也表现为商业模式创新,后发企业可以通过供给差异化低价产品满足低端用户需求,形成产品和价格竞争优势,并在这一思路模式的基础上颠覆行业既有规则,扩大市场影响力。李平和臧树伟(2015)则从市场竞争视角认为,颠覆式创新是不具有技术优势的后发企业构造竞争优势的过程。

戈文达拉扬和特林布(Govindarajan 和 Trimble,2012)进一步明确颠覆式创新的特点,主要包括:(1)创造新的市场价值,在现有市场的基础上完成细分或者是拓展;(2)采取低成本模式,利用利基市场对主流市场进行渗透。李平和臧树伟(2015)认为颠覆性创新模式下的产品拥有简单易用(便于产品进行快速升级和改进)、价格低廉(便于吸引使用者)等特点,主要目的是可以根据市场需求变化快速进行产品改进和升级,吸引消费者,更好地满足非主流市场消费者的差异性长尾需求。就技术特点而言,该模式不强调实现技术从零到一的突破,而在于对已有关键成熟技术加以简化和改造,更好地适应生产需求,形成企业所需的新技术。综上可知,颠覆式创新是通过创新改造已有技术,差异化提供产品和服务,以低成本进入市场,通过不断侵蚀主流市场改变竞争规则,颠覆生产网络的创新过程。

## (二) 实现路径

颠覆式创新为后发企业完成市场进入、扩大市场竞争力、提升价值网络地位提供了一条新路径,但其实施后续追赶存在一定的前提条件。哈斯特巴卡(Hastbacka,2004)认为,后发企业能够成功进入市场的关键在于技术的过度供给和产品性能过剩。库马拉斯瓦米等(Kumaraswamy 等,2012)指出,后发企业在选择进入市场之前需要先对市场前景进行分析,保障目标市场具备一定的需求蓝海。臧树伟和李平(2016)在研究中发现,庞大的定制化和长尾需求,以及多层次的生产价值网络是后发企业成功进入市场的前提条件,市场中容易获取的成熟技术可以大幅提高企业的成功率,新兴产业价值链的形成以及成熟的市场制度环境也在很大程度上影响着企业决策行为,而产业政策扶持和融资政策则为后发企业的市场进入提供了更多的保障。

就具体实现过程来看,领先企业需要通过不断更新技术、改进产品性能以巩固市场地位,获取超额利润,但技术和产品研发成本的持续增加一方面推高了企业的成本结构,增加了企业生产成本和压力,另一方面又使领先企业不断被主流市场消费者需求锁定。领先企业对高性能产品、高利润市场的追逐会不断加大技术的供应速度,降低技术的获取难度,扩大产品性能的过剩程度,这时会出现低成本、低性能的竞争真空空间。后发企业可以根据市场需求和自身生产经验,调整生产方向,增加低价或者个性化定制产品供给,避开主流市场的激烈竞争,为企业生存发展争取空间。而市场中易获取的技术也为企业改进产品性能、优化生产结构提供机会,低价高质产品生产成为可能,从而迅速占领那些被领先企业忽视的低端市场和边缘市场。随着后发企业的市场份额不断扩大,他们可以将前期的市场优势转变为成本优势,提高企业在生产网络中的地位,而对已有成熟技术的改造可以促使技术追赶超越快速实现。有鉴于此,后发企业逐渐具备和领先企业竞争的能力,从而使颠覆传统市场结构成为可能。

颠覆性创新强调后发企业先从市场的角度而非技术的角度出发构建竞争优势,其路径遵循"非主流市场—技术积累—主流市场"的流程。与逐步改进产品性能、满足既有需求的渐进式创新相比,颠覆式创新具有以下优势:一是资源投入少,技术风险低。企业在创新过程中并不涉及先进的技术、复杂的产品和昂贵的推广费用等问题,可以通过对已有的成熟技术进行相应的简化和重组,接触人员、技术、资金、设备等资源的限制,确保后发企业早期的生存盈利,并为后期的技术追赶积累基础;二是竞争压力小,成长速度快。后发企业相对于在位企业,其目标市场定位是低端市场和边缘市场,而且后发企业的成本结构较低,因此对新市场开拓具备强烈动机。颠覆式创新下的产品特点决定了其很难对在位企业发起正面竞争,只能通过创造新的市场价值空间以获取市场力,市场定位的差异使后发企业成功避开了与领先企业的激烈竞争。颠覆式创新需要通过各种途径,整合多方资源识别潜在市场的需求方向,引入全新的产品服务用户(Zhou,2006),具有高风险高回报的特点。而渐进式创新被动跟随市场变动方向,容易陷入"追赶—落后—追赶"的恶性循环,不利于企业基于自身特点构建竞争优势,难以完成对主导企业的追赶和超越。

（三）企业选择

由于颠覆式创新是一个持续时间较长、影响力较广的过程,国内外学者针对其具体实施过程展开了研究。企业主要通过技术、产品或服务变革,显著改变产品性能指标、市场规范和竞争形式(付玉秀和张洪石,2004),经历市场辨别、用户价值重构、渠道整合和组织升级等阶段(Christensen,1997)优化利基市场绩效,占领主流市场。吴佩等(2016)研究发现,与在位企业提供的产品相比,新兴企业的产品需要为主流市场消费者提供更高的消费者剩余。由于新兴企业在主流市场中实现产品创新将付出巨额成本,且研发风险较大,难以构建起一定的品牌效应和市场影响力,在市场竞争中将处于弱势地位,因此选择主流市场作为切入点将难以成功,而低端市场和边缘市场将会是新兴企业的最优选择。针对需要高性价比或者高定制化产品的消费者,企业的产品创新可以更加注重用户体验和简单性能,以此换取市场和品牌优势。此外,在数字经济时代背景下,企业可以基于互联网平台,利用大数据、机器学习、人工智能等技术进行需求分析,完成商业模式创新,摆脱已有市场限制,重新定义产品功能,重新构建用户价值。针对具体的实施过程,冯立杰等(2019)将整个过程划分为三个阶段:识别组建(识别市场机会、改善用户痛点和探寻合作伙伴)、迭代更新(明确市场定位、提升产品价值和稳固合作关系)以及拓展深化(挑战高端市场、形成技术优势和融合合作网络)。后发企业通过市场机会识别细分现有市场,进行低端市场选择,确定合作伙伴;利用成熟技术分析用户需求,完成产品创新,降低研发风险,提高产品市场价值;在获取一定的市场力之后挑战高端市场,结合企业自身技术基础开展技术改造,持续推出快速迭代升级的高性价比、多元化差异化产品与在位企业展开竞争,完成技术的追赶和超越,提高在生产价值网络当中的地位;最后,企业通过破坏原有市场结构,构筑技术或市场壁垒对主流企业发起正面攻击,实现市场颠覆。

## 二、开放式创新赶超模式

### (一) 内涵及特征

数字经济时代背景下世界生产网络和全球信息网络的搭建促进了全球创新资源的优化配置。随着技术信息密度增加,技术复杂度不断提高,单个企业很难在其中筛选和处理相关信息,同时,之前高强度的技术研发和资本投入也难以满足企业的创新需求。在这种情况下,企业对市场环境、制度背景的依赖程度会不断增加(周密等,2013)。与此同时,社会学习周期加速,知识价值悖论和信息披露悖论成为创新企业所面临的更大威胁。学者将这种现象称为"技术的市场不相容性"(傅瑜等,2014),该特性旨在说明,在技术快速更新迭代的背景下,技术市场竞争的激烈程度不断加大,随着技术专利保护市场标准和规则的不断优化和完善,获取最新前沿技术所需付出的价格会呈现周期性下降趋势,质优价廉的新兴技术会以更快的速度加以更新和应用,难以确保其稀缺性,加快了知识的贬值。在此情况下,企业所面临的关键任务和核心挑战在于如何获取与运用分散在组织外部的创新资源,实现内外部资源的优化配置,以实现商业价值并获得竞争优势。

切斯堡(Chesbrough,2003)提出的开放式创新理论为该问题提供了可能的解决方案,他在研究中指出,企业应在技术研发过程中同时整合配置内外部创新资源,提高研发效率,利用外部渠道将内部技术引进市场,实现商业化。在此基础上,哈斯特巴卡(2004)进一步指出,在技术实现市场化和商业化的过程中,企业可以获得有关投资、转让、交易价格等信息反馈,从而进一步指导企业的研发过程,优化资源配置。而皮勒等(Piller 等,2004)则将外部创新来源特指于消费者,认为开放式创新是企业系统地从消费者和使用者处收集和整合信息来产生创新、修正或规范产品与服务的过程。开放式创新价值网络创造了多种渠道,便于用户和企业实时互动和交换信息,共创价值,不仅提高了用户参与度和用户体验,还能为企业生产创新活动提供指引,共创体验进一步得到加强。通过对用户行为沉淀出的大量数据进行提取分析处理,可以更好地理解用户需求,明确产品应用方向和价值,实现从增加供给数量到提高供给质量的转变。此外,开放式创新网络还为企业和消费者提供了信息交换平台,消费者的需求可以以更直接的方式呈现在企业面前,同时他们也有机会参与到产品研发设计环节当中,企业可以通过在线平台收集消费者的体验评价和优化建议,不断地快速迭代优化产品,这种方式在很大程度上降低了产品的研发风险和市场风险。克里斯滕森和奥森(Christensen 和 Olesen,2005)基于资源流动角度,将开放式创新过程界定为创新资产在整体市场创新价值网络中的流动与整合,而网络中多元化的利益相关者会积极吸纳创新要素以提高其市场地位(陈钰芬和陈劲,2008)。

由此可见,开放式创新的关键在于企业可以基于市场创新网络,同时整合和配置内外部资源并及时获取市场反馈,建立相应的创新获利机制,修正和优化研发过程,同时开放式创新网络为市场主体提供了实时互动和交换信息的平台,能够精准匹配供需信息,加快创新要素的流动性,降低企业研发风险,提高技术的市场应用价值。开放式创新并非单纯的技术创新,它包含技术研发和市场商业化的全过程,他强调企业可以像利用内部资源一样调动和配置外部资源,具备统筹协调内外部资源的能力,在技术创新的基础上实现商业化价值之后能够分享创新价值,促进创新资源在整个创新价值网络中的流动。作为一种全新的技术创新范式,王雎和曾涛(2011)认为,开放式创新的本质是基于创新资源流动与交换而嵌入在组织间层面的价值创新,不仅包含着开放式的价值创造,还涉及初期的价值识别与最终的价值获取,最终高质高效地实现技术和商业价值。

(二) 实现路径

基于开放式创新动态化、协作化、共享化的特征,学者将其实现过程视为一系列活动的集合体。开放式创新价值网络的参与主体呈现多元化特点,不仅包括企业和消费者,还包括高校、科研机构、政府、行业专家等诸多合作伙伴。企业倾向于联合各个创新主体共同组建能够实现实时互动和信息交换的合作团体,他们可以通过嵌套在创新网络中的不同层级进行知识信息共享,促进内部技术创新和应用,扩大市场范围。各个创新参与者既在价值创造中相互合作,也在价值获取中相互竞争,形成有效竞争、高效合作的局面。开放式创新相较于封闭式创新更加强调优化企业对内外部创新资源的获取和重新配置能力,而非强调企业拥有对研发要素的所有权和控制权;创新研发活动不再仅局限于企业内部,企业可以通过和多元创新参与主体的实时互动和信息交换,扩大有效信息获取和技术市场应用范围;企业的创新收入不再仅依靠积累内部研发要素,也同时通过组织间创新资源的交换与创新收益的分享而获取竞争优势,争取形成主体共存、价值共享的高效合作共赢局面。

开放式创新作为一种开放的价值网络,强调信息交换和创新价值共享,其开放性在扩大企业研发资源获取范围、提高技术创新学习能力的同时,也影响着企业的成本结构和经营风险。而这种因为高度开放所带来的风险被学者们总结为开放式创新悖论和竞合问题。开放式创新悖论指出,企业需要与多种合作伙伴进行跨组织边界的合作来获取有价值的外部资源和知识(应瑛等,2018),而这一过程不可避免地会在合作过程中出现知识产权泄露的风险(Baker等,2015)、提高企业的搜索成本和协调成本,容易形成对外部技术源的过度依赖。有鉴于此,开放式创新也会对企业研发过程产生一定的负向影响,具备局限性:一是由于开放式创新网络中强调价值共享,企业在交互过程中可能面临关键技术泄露的风险,这在一定程度上会削弱市场竞争优势,增加信息保护成本。二是开放式创新加大了企业信息搜寻成本。数据和信息已经同劳动力、资本一样,成为关键的创新资源,企业需要收集处理分析各个环节的数据以对生产效率、组织结构、运输管理等环节加以改造和优化,为企业技术研发提供方向。而开放式创新网络的发展在满足企业获取数据和信息需求的同时,也对企业在繁杂冗余信息中筛选有效信息的能力提出了更高的要求。在高度开放的市场环境下,企业为获取最有效匹配的资源信息,会有一个不断试错的过程,直到公开信息与自身需求实现匹配,但试错成本会随着开放度的不断增加呈现出指数级增长。三是开放式创新网络中包含诸多多元化参与主体,各自有不同的目标和诉求,他们的价值获取和共享带来了更高的协调成本。在这一网络下,各个主体不仅需要解决自身需求与公开资源的匹配问题,还需控制价值观、利益诉求等差异性带来的合作摩擦。因此,企业为了提高合作效率,减少差异冲突,需要协调创新主体间的关系,价值观和企业文化的磨合增加了协调成本(Bianchi 等,2010)。因此,如何开放并选择何种开放程度成为企业在实施开放式创新战略所需直面的决策问题。

竞合问题主要体现在开放式创新网络参与主体中存在的对立统一的竞争与合作关系,两者间是动态博弈的存在(Fernandez 等,2014)。企业倾向于联合各个创新主体共同组建能够实现实时互动和信息交换的价值创造共同体,他们可以通过嵌套在创新网络中的不同层级进行知识信息共享,促进内部技术创新和应用,扩大市场范围。各个创新参与者既在价值创造中相互合作,也在价值获取中相互竞争,形成有效竞争、高效合作的局面。但创新价值网络中企业的嵌入行为是复杂且动态变化的,相互间具有基于短期利益考虑而建立的"快速信任"的合作关系,又有基于长期经营战略考虑而建立的"长期联盟"的合作关系。但企业的经营目标和经济利益是在不断变化的,这会对企业的合作模式产生影响,存在潜在的机会主义行为和竞争风险。因此,竞合关系会影响企业在创新价值网络中获取的实际效应,甚至进一步加剧开放式创新悖论。企业如何有效处理与其他参与主体的竞争合作关系,进行利益分配和价值共享,降低潜在的创新风险,提高创新绩效值得深入探索。

## (三) 企业选择

学者在理论研究的基础上,进一步对后发企业实施开放式创新过程进行了探讨。第一,明确开放式创新的外部知识搜索广度。如果仅关注企业内部资源,研发机会和范围会大幅缩减,容易导致企业短视。然而,过度追求开放性也会增加企业的搜索成本,降低企业综合收益水平。马文甲和高良谋(2016)在研究中指出就开放式创新广度而言,最佳开放点的确存在。因此,后发企业在选择开放式创新策略后,需要结合自身实际情况确定合适的搜索广度,提高信息搜集的效率和有效性,避免将有限的成本分散到繁杂冗余的信息当中,针对生产经营实践,有目的性地搜索外部知识资源,发挥开放式创新知识网络对企业创新绩效的正向影响。第二,把握开放式创新的科学研究合作深度。对后发国家来说,企业的技术市场经验积累有限,在关键前沿技术上的创新能力相对薄弱,因此企业综合利用内外部信息资源,加强与其他参与主体合作,弥补自身特定领域知识缺失,在日益成熟的技术市场环境中是至关重要的。有鉴于此,企业在开放式创新过程中需要合理把握与外部主体的合作深度,在加强实时互动和信息交换的同时,避免出现过度亲密和过度依赖的合作关系,规避知识泄露的知识主义风险,扩大创新网络带来的合作价值。第三,加强开放式创新的组织协调力度。传统封闭状态下的技术创新环境通常会受到时空限制,难以从外部获取有效资源,信息不对称问题突出,供需信息难以及时传递。而开放式创新网络的连通性能够方便快捷地连接各个参与主体,形成一个打破时空限制、高度一体化的经济社会。在这种背景下,用户和企业以及企业之间可以实时互动和交换信息,共创价值,为企业生产创新活动提供指引,共创体验进一步得到加强。通过对外部环境提供的大量数据进行提取分析处理,可以更好地理解用户需求,明确产品应用方向和价值,降低不同主体间的协作成本,很大程度上降低了企业的研发风险和市场风险。此外,开放式创新网络作为一种开放式公共平台,在帮助企业引进创新资源的同时,可以进一步增强企业对不同组织机构和管理文化的理解,规避差异性经营带来的协作摩擦,增强企业对创新资源的吸收和整合能力。

## 三、逆向型创新赶超模式

### （一）内涵及特征

逆向创新最早由通用电气总裁伊梅尔特（Jeffrey R.Immelt,2009）以及两位美国塔克商学院教授戈文达拉扬和特林布共同提出,他们在通用电气的便携式超声产品生产过程中发现,不同于传统创新过程,该产品的创新主要源自发展中国家市场,而非由跨国企业率先完成产品创新改进后再推广至其他市场。他们将在新兴市场完成产品创新并推广至其他市场的过程称为逆向型创新。在前期阶段,逆向型创新产品的目标消费者是新兴市场中低收入群体,通过准确识别市场中的需求以及完成已有技术的市场应用改造,加强生产要素与生产技术的结合,促进产品供给和市场需求的匹配,强调实现技术的应用性创新。在后期阶段,企业可以基于在新兴国家市场中的实战经验,以发达国家市场需求为指导,通过积累的技术不断完善产品性能,使创新过程逆向扩展至发达国家市场,提高产品的市场价值,开发高端市场,实现价值创新。简言之,逆向型创新是源于发展中国家中低端市场,通过整合和改造已有技术提高其应用价值完成产品性能改造和产品创新,在积累一定的技术和市场经验后再推广至高端主流市场。

### （二）实现路径

逆向型创新构建后发企业相对创新优势,促使其完成技术改造和应用的机制主要体现在以下几方面:第一,发达国家跨国企业为加强信息流动、优化资源配置、降低市场研发风险开发了基于全球维度的信息网络,后发企业可以通过学习、吸收和转化技术和生产有关知识实现技术创新追赶,克服技术劣势,高效整合信息和生产要素,有效融合内外部资源,为后续创新研发奠定物质条件。第二,新兴国家的广阔市场有助于为后发企业构建市场优势,相比于跨国企业,它们能够迅速准确地获取本土市场的有关信息,使其产品性能、特点、价格等诸多方面能够更好地适应本国消费者需求。有学者指出,后发企业基于本土市场需求特性不断改进和升级产品会逐渐削弱跨国企业的研发价值独占性,在具有较大市场优势的条件下,产品适应改进相比新技术研发更为重要。第三,后发企业能够利用改造后的技术生产更加符合消费者需求的产品,提高技术的市场应用程度,有针对性地对利基市场产品进行技术创新,获得局部市场竞争优势。进一步地,相较于跨国企业,后发企业可以敏锐地把握其忽视的市场规模小、技术迭代慢、产品成本低的边缘市场,避免与其展开正面竞争,规避了自身初始资源短缺、技术研发落后的劣势,有利于市场经验积累和技术能力提升。综合来看,在资源能力和自主研发能力相对不足的情况下,后发企业借助全球创新网络高效整合信息,提高需求分析能力,基于及时的适应性战略调整放大市场优势,结合本国消费者需求的快速准确解读,加强现有技术应用性改造,提高研发的应用价值,降低整体市场风险,为成熟产品寻找新的需求发展空间,促使逆向型创新的持续突破。

## (三) 企业选择

企业因不同发展阶段所拥有的资源能力以及由此建立的创新网络不同,其逆向创新实现路径呈现多元性,需要根据具体实际情况选择恰当的创新路径。在初始阶段,企业可以低成本进入全球创新网络进行习得性学习,利用本土市场潜在发展空间广阔的特点,加强消费者需求信息的搜集和分析能力,通过改造现有技术以更好地适应企业生产,实现满足本土消费偏好的产品创新,积累相应的产品技术和市场经验。在发展阶段,结合已有的技术和市场经验积累,后发企业能够提高技术的生产应用能力和市场适应能力。同时,企业基于全球信息网络可以获取海外市场的需求信息,降低市场进入难度。此外,海外多层次、差异化的需求特点形成了一定数量的边缘市场,企业可以基于提出新产品概念并利用现有技术进行产品开发,以性价比优势开拓利基市场,构建品牌和市场优势。在成熟阶段,领先企业受制于高成本路径依赖,难以完成方向转换和战略调整,只能相对保守地参与新市场竞争,被动地完成产品边际改造,而后发企业可以基于产品资源和市场优势,建立自主创新平台,获得创新资源,构建核心技术能力,协调实现技术商业化活动。此时,企业能够基于创新网络和经验积累与在位企业展开正面市场竞争,化解技术创新壁垒和市场进入壁垒,实现技术追赶甚至超越,不断提高集成式自主创新能力,引领主流市场需求。

## 四、制度型创新赶超模式

在 2018 年的亚洲博鳌论坛中,习近平总书记特别强调:中国未来在扩大改革开放方面,加强知识产权保护是"完善产权保护制度最重要的内容,也是提高中国经济竞争力最大的激励"[①]。在中国经济进入新常态的大背景下,加强知识产权保护以正向激励企业加大科技研发费用投入、提高技术创新能力、降低产品研发风险、培育品牌和市场竞争优势等方面具有重要的战略意义。已有研究表明,发展中国家的技术市场环境会显著地影响发达国家企业的跨国经营决策,国家知识产权保护制度的完善程度也是跨国企业转移产品和技术的关键考量因素(Ivus,2015)。而高技术企业技术的出口意愿与进口国知识产权保护强度正相关,主要原因在于制度层面的保障可以降低企业所面临的契约成本和风险成本,而良好的技术市场环境可以促使跨国公司在目的国开展创新活动,实现有效的技术扩散,提高市场技术创新的活跃度(Glass 和 Wu,2007),促进先发国家的跨国企业将主要制造业环节和配套技术转移到后发国家(Dahlander 和 Gann,2010)。理论上,知识产权保护可能会基于市场扩张效应、技术溢出效应、市场竞争效应等渠道影响企业创新能力(Liu 和 Rosell,2013;Liu 和 Qiu,2016)。其中市场扩张效应表现为当进口国知识产权

---

① 习近平:《开放共创繁荣,创新引领未来——在博鳌亚洲论坛 2018 年年会开幕式上的主旨演讲》(2018 年 4 月 10 日),人民出版社 2018 年版,第 12 页。

保护程度加强时,当地企业出于监管压力会减少对高质量、高创新进口产品的模仿行为,从而降低高科技企业的维权费用,进而增加企业利润(Stefan 等,2005)。而市场竞争效应表现为,当进口国完善知识产权保护制度之后,拥有专利保护的企业可以构建较高的市场技术门槛,获取垄断优势,降低市场竞争强度,拥有超额利润。

有鉴于此,中国正在积极加强知识产权保护,以期更大程度上发挥其技术溢出和扩散的正外部性,增强市场创新竞争活力,提高企业的学习能力和研发水平。从 2002 年开始,中国政府陆续对《中华人民共和国专利法》及其实施条例、《中华人民共和国商标法》及其实施条例、《中华人民共和国著作权法》及其实施条例、《中华人民共和国知识产权海关保护条例》进行了多次修正和修订。此外,中国政府还颁布了一系列文件,例如 2008 年的《国家知识产权战略纲要》、2014 年的《深入实施国家知识产权战略行动计划(2014 — 2020年)》、2015 年的《关于新形势下加快知识产权强国建设的若干意见》以及2017 年的《深入实施国家知识产权战略加快建设知识产权强国推进计划》。这些政策和文件明确指出,要实行更加严格的知识产权保护,促进新技术、新产业和新业态蓬勃发展,为市场主体参与国际竞争创造有利条件,实现"优进优出"和"互利共赢"。

# 第二节　后发国家"蛙跳型"技术创新演进机理

在全球化的背景下,各个产业生产过程呈现出网络化、协作化的发展态势,后发企业在与领先企业竞争的过程中如何实现追赶以提高在全球价值链中的地位一直是理论界与实践界高度关注的问题之一(Giachetti 和 Marchi,2017),大量学者对后发企业技术进步演进机理展开研究,形成了丰富的知识体系。李和林(Lee 和 Lim,2001)指出,后发企业的技术追赶不是单纯的模仿复制,而是需要在原有路径的基础上实现创造性改造和创新。因此,后发优势理论解释了企业通过技术追赶创造竞争优势的机制,其技术追赶一定程度上可以视作后发国家缩短与先发国家技术差距的过程。他们基于不断增长的新兴本土市场需求、日益成熟的已有技术条件、逐渐完善的资本市场结构构建势能优势,加快实现技术改造和创新,使后发国家技术进程具备更高的时间效率成为可能。

## 一、逆向三段式技术学习理论

金麟洙(Linsu Kim,1998)在其《从模仿到创新:韩国技术学习的动力学》一书中,以韩国的汽车业、电子业、半导体业为例,最早提出了发展中国家逆向技术发展的三阶段学习模式,该模式被认为是后发企业在相对封闭环境下的技术创新能力追赶过程,遵循"引进学习—消化吸收—改造提升"的路径。相对封闭环境指早期全球化背景下,企业间通过技术投资方式进行合作。后发企业由于缺乏自建生产过程的能力,需要引进先发企业技术启动生产。一旦生产技术完成本土化消化吸收,产品实现市场应用价值和经济价值,大量后来者会开展技术学习以提高经济效益并结合自身发展优势和生产实践对技术加以适应性改造。进一步地,后发企业利用积累的技术研发和市场应用经验,在技术过渡或者是成熟阶段不断加以总结,沿袭或者拓展原有技术路径,实现技术追赶甚至超越。全麟洙的逆向三段式技术学习模式被认为是发展中国家技术发展的经典模式,在文献中被不断引用,是迄今为止应用最为广泛的模式。然而对发展中国家来说,经济和技术的不断发展使逆向三段式技术学习模型中的追赶方式并非总是有效的追赶路径,他们不一定直接引进成熟的技术,也可以选择直接进行研发而非先消化吸收,技术跨越式发展战略也成为企业的重要选择。为此,后来学者基于这一思路从不同角度对技术赶超模式进行研究。

## 二、后发优势：机会窗口理论

佩雷兹和索特（Perez 和 Soete，1988）从价值链低端进入和新技术率先应用两个角度解释了后发国家利用技术经济范式实现追赶和超越的路径，率先提出了"机会窗口"理论。后发者可以基于以下两个方面进行技术追赶：第一，后发企业利用市场优势和要素价格优势选择从全球价值链低端进入国际分工体系，引进先发国家成熟的技术，集中发展加工制造业以实现科技追赶；第二，在新技术诞生且有广阔的市场应用前景之后，后发者也有机会利用积累的市场和技术经验与先发国家共同开始技术研发，甚至早于先发国家进入新技术领域，掌握关键核心技术，拥有专利知识产权，之后利用技术创新能力和广阔的市场需求不断改进和优化新兴技术，确立技术优势，建立新技术生产体系，发挥创新生产力，进入高端制造环节。

机会窗口两种发展模式的提出得到了学界的广泛关注，学者们从影响因素、发生顺序、演进机制等方面对后发国家利用机会窗口实现技术赶超进行了深入研究（Lee 和 Malerba，2016；Giachetti 和 Marchi，2017）。戈文达拉扬和特林布（2012）认为，除技术范式转型变革以外，市场需求变化、商业模式创新、政府政策调整等因素也为后发企业实现追赶提供了机会窗口。苏亚雷斯等（Suarez 等，2015）进一步从主导范畴和主导设计对机会窗口范围加以界定，其中主导范畴主要指满足相似需求、争夺市场空间的产品概念模式，主导设计为在某一产品类中确立主导地位的单一架构，机会窗口则是介于两者之间的区域。李和马莱巴（Lee 和 Malerba，2016）从行业层面的创新系统角度进一步补充了机会窗口的影响因素，分别为需求、制度和技术。郝凤霞（2011）认为本土市场需求扩张且消费者购买力上升可以为后发国家实现技术追赶和超越提供需求拉动效应。徐雨森等（2014）明确了机会窗口发挥对技术追赶促进作用的条件，后发企业需要有效把握企业内部资源和能力优势，选择合适的机会窗口类型进入市场，减少可能存在的技术和市场摩擦，建立企业竞争优势。郑江淮和郑玉(2020)指出,机会窗口开启具有一定的时间限制,当关键技术标准和技术范式已经确立之后,新兴技术市场需求逐渐显现,后发者和在位者都需要投入时间和精力进行学习研发,技术的初始差距得以缩小。而且由于路径依赖的存在,部分先发者会存在在位者惰性,缺乏动机开展新兴技术研究。而后发国家企业在该阶段可以通过"搭便车"和二次创新以低成本掌握新兴产业主导技术,从而实现技术"蛙跳"。此外,如果考虑到资本边际收益递减效应,先发国家新兴技术的投资成本收益逐渐减少,驱使资本逐渐向后发国家转移,为企业技术研发创新提供了一定的资金储备。

因此,在新一轮科技革命与产业变革孕育兴起的背景下,后发企业如何提升自身技术创新能力,把握机会窗口成为当前的重要课题。后发企业创新战略的选择与所处阶段和窗口类型有关。当新兴技术处于初始状态时,行业关键技术标准有待确定,主导技术范式还未形成,市场分工格局尚需形成,且技术具备相当的市场应用前景,机会窗口逐渐开启,世界各国几乎面临同等的新一轮科技革命机会(杨传社,2012)。具有较强技术和市场经验积累,学习研发创新能力较强,拥有赶超潜力的后发企业可以借助此时的机会窗口实现弯道超越,缩小与先发国家的技术差距。与此同时,后发国家可以选择集中优势资源发展特定产业和地区,在局部关键核心前沿技术取得重大突破(王利政,2011)。

## 三、价值网络理论

随着数字经济的不断发展,市场竞争的激烈程度和动态特征不断增强,企业所处的外部环境对决策能力提出了更高的要求。部分学者指出快速获取和使用新技术是保持市场活力的重要方式。但由于技术创新的复杂性,企业自身的知识储备无法满足创新需求,企业需要积极发展与其他市场参与主体的协作关系。通过创新资源在创新主体之间的流动和配置,生产要素得以重新组合最终实现技术创新目标。有鉴于此,针对创新活动和知识流动而产生的多方合作、互帮互助的网络组织形态——价值网络系统应运而生。

企业边界体现为企业组织形态终止,外部环境开始,它阻碍了企业内外部的资源动态置换,具有"屏蔽效应"。如果企业处于开放环境下,其在发展过程中需要且能够与外部环境产生交互,这有助于激发企业跨越边界并适应外部环境。企业跨越边界行为主要表现为企业突破原有组织界限,改变仅依赖内部资源的既有方式,提高外部创新资源利用能力,与其他主体积极交互和合作,构建知识流动通道,降低企业内外部的信息不对称性,打破创新壁垒。企业与外部环境之间的信息双向流通强化了自身同知识网络中各节点的联系,借助信息的即时流动可以构建企业主体之间的竞合关系。价值网络由多条相互影响、相互作用的价值链整合而成,是由企业、消费者、政府等利益相关者组成的价值创造与分配的网络系统(Simmie 和 Sennett,1999)。随着价值网络的不断发展,企业由产品规模导向向用户体验导向转变,注重利用公开网络平台从技术和市场两个角度重点突破关键领域,整合企业经营战略优势,提高研发技术的市场经济价值和用户使用价值。这个过程需要提高各个参与者的合作效率,动态平衡彼此之间的竞合关系,联合各个创新主体共同组建能够实现实时互动和信息交换的价值创造共同体,强调相互的资源置换,提高价值创造结果,完善价值分配规则。

价值网络理论提出后,国内外学者着重探讨了价值网络的构成要素、主体结构和经济效应。科赞达拉曼和威尔森(Kothandaraman 和 Wilson,2001)指出价值创造主要受到企业核心资源、客户资源以及外部交互能力影响,其中核心资源的效应最为直接,它既能作用于企业的外部交互范围,又能影响其在价值网络中的地位。就价值网络结构而言,企业具备的基础资源要素禀赋决定其在网络中的初始位置,并与企业获取利用外部资源能力共同构成其核心竞争力。通常资源优势明显的先发企业处于网络中心位置,能够在很大程度上整合和调配市场要素流动,维系与其他主体的网络关系,集聚创新资源信息。而后发企业的初始资源禀赋及市场影响力处于劣势,难以挖掘价值网络中的创新资源,处于网络边缘位置。有鉴于此,汉弗莱和史米茨(2002)认为,位于价值网络中心地位的企业拥有更多核心资源,而处于边缘位置的企业则相对弱势,容易陷入技术依赖困境。因此,企业的初始资源禀赋和外部交互能力决定了最初的网络位置,影响其与其他参与主体的连接点以及调动资源能力,这是后续创新行为开展的基础。在这种条件下,后发企业需要高效整合内外部资源,不断进行产品和技术变革,逐渐向网络中心位置拓展,提高市场分工地位和综合竞争力,获取更高的网络价值。

价值网络的经济效应主要受到企业所处位置、赶超时机、赶超战略选择等因素影响。位于价值网络中心位置的企业应该以关键前沿技术突破作为战略选择,通过与其他市场参与主体联动有效整合网络中的创新资源,积极推动主导技术标准和技术范式形成,引领市场创新方向,巩固其在价值网络的核心地位。而处于价值网络外围的企业应以低端市场和边缘市场突破作为战略选择,通过用户需求分析和体验优化确立自身产品优势,明确产品市场定位和应用方向,在利基市场中实现资源、经验和能力的积累,快速迭代优化生产技术,创新商业模式,避免与主导企业发生正面竞争,采取边缘赶超战略。此外,新兴技术发展阶段以及市场需求变化也会对企业选择赶超时机产生影响。当新兴技术处于发展阶段时,主导技术标准和技术范式尚未形成,广泛的市场应用尚未展开,存在大量潜在市场。此外,主导企业由于受路径依赖的影响,可能缺乏新兴技术研发诉求,后发企业可以借此机会缩短与在位企业的技术差距,实现技术追赶甚至超越。后发企业在研发阶段早期可以获得经验曲线、技术专利等创新优势,快速实现技术突破和迭代,构建创新研发壁垒,引领新兴技术发展。此外,后发企业可以率先发现消费者潜在需求,改变消费者固有认知,侵蚀高端主流市场,提高其在价值网络中的市场地位。当新兴技术处于成熟阶段时,消费者需求的差异性日益凸显,后发企业适合选择市场突破路径,在细分市场上进行二次创新以实现技术追赶。

# 第三节 准技术前沿条件下竞争
# 导向型"蛙跳"路径

技术进步不仅是推动发展中国家经济增长的根本动力,而且是跨越潜在"中等收入陷阱"的基本路径。但纵观当今绝大部分发展中国家的经济发展现实可以看到,发展中经济体普遍难以真正实现对发达经济体的技术赶超,其中一个深层原因是在其技术差距基本面发生阶段性变化后,技术进步动力未能适时转换而陷入"技术追赶陷阱"。对远离前沿的经济体,追赶型技术进步可推动最快技术差距收敛,过度扩大市场竞争可能导致经济体陷入低水平竞争困境。但在准前沿阶段,追赶型技术进步存在潜在的"技术追赶陷阱"。此时扩大市场竞争,不仅可以激励企业内生地转向竞争导向型技术进步,跨越"技术追赶陷阱",而且竞争引发的创新效应能取得更高的技术进步率,加快经济体向国际技术前沿的收敛进程。在这一过程中,大国市场诱致、知识产权保护制度等环境变量的宏观调节,可在规避"技术赶超陷阱"、推动技术进步动力转换中发挥重要的组织外功能(黄先海和宋学印,2017)。

## 一、从远离前沿到准前沿的最优技术进步机制分析

本章将在多部门熊彼特竞争增长框架下,从技术差距动态视角,刻画出非前沿经济体到准前沿的技术收敛过程。

### (一) 基本经济环境设置

模型中存在 M 个国家,不失一般性,可划分为两种国家:一种为技术前沿国家;另一种为非前沿国家,技术前沿国家已处于收敛状态,以固定增长率长期稳定增长。在国家间产品或要素不流动,但知识及技术信息可以跨国流动。各国存在人口总数固定、风险呈中性的世代交替(Over Lapping Generation,

OLG)型个体。每期出生的个体存在三种类型：企业所有者、企业家和工人。企业所有者拥有企业所有产权且代际传递。企业家和工人在生存第 1 期，均无弹性地供给其劳动。经济生产过程存在最终品部门和中间品部门。

关于最终品部门，经济体存在唯一的最终产品 Z，且为计价物。最终品可用于生产中间品或可用于研发。最终品生产函数为：

$$Z_t = L_t^{1-\alpha} \int_0^1 A_t^{1-\alpha}(i) x_t^{\alpha}(i) di, 0 < \alpha < 1 \tag{12-1}$$

其中，$L_t$ 为 $t$ 时投入到最终品生产部门的劳动数量，将其标准化为 1。$x_t(i)$、$A_t(i)$ 分别为 $t$ 时中间品 $i$ 的投入量及其技术水平。

最终品市场为完全竞争市场，可得到中间品 $i$ 的反需求函数：

$$p_t(i) = \alpha L_t^{1-\alpha} \left(\frac{A_t(i)}{x_t(i)}\right)^{1-\alpha} \times P_Z = \alpha \left(\frac{A_t(i)}{x_t(i)}\right)^{1-\alpha} \tag{12-2}$$

中间品部门为领先—边缘企业组织结构。任意中间品市场均存在一个在位垄断者和众多边缘企业。中间品生产实行以最终品为唯一投入要素的转换式生产。在位垄断者的生产技术，以最终品投入的 1 : 1 型转换生产。边缘企业的生产技术水平较为落后，为 $\chi$ : 1 型转换生产。中间品市场施行伯川德竞争（Bertrand Competition）。

自然地，垄断生产者的最优定价为略低于 $\chi$，从而取得整个市场，即有：

$$p_t(i) \equiv p = \chi \tag{12-3}$$

其中，$1 < \chi < \alpha^{-1}$。可见，$\chi$ 是刻画市场竞争程度的代理变量，$\chi$ 越小，市场竞争程度越强。利用式（12-2），得到中间品 $i$ 生产商的均衡产量、均衡利润，并利用式（12-1）得到经济体均衡总产出：

$$x_t(i) = \left(\frac{\alpha}{\chi}\right)^{\frac{1}{1-\alpha}} A_t(i) \tag{12-4}$$

$$\pi_t(i) = (\chi - 1) x_t(i) = (\chi - 1)\left(\frac{\alpha}{\chi}\right)^{\frac{1}{1-\alpha}} A_t(i) = \overline{\pi} A_t(i) \tag{12-5}$$

$$Z_t = \left(\frac{\alpha}{\chi}\right)^{\frac{\alpha}{1-\alpha}} A_t = \overline{z} A_t \tag{12-6}$$

其中，$\bar{\pi} = (\chi - 1)\left(\dfrac{\alpha}{\chi}\right)^{1/(1-\alpha)}$，简单求导可知 $\bar{\pi}$ 是市场竞争程度 $\chi$ 的严格

递增函数。$\chi$ 越大，$\bar{\pi}$ 越大，式(12-5)衡量的伯川德垄断利润就越大。

### （二）技术差距动态、技术进步路径与"技术追赶陷阱"

非前沿经济体的在位企业可以雇佣企业家，同时利用技术差距吸收模仿
国际前沿技术和自主创新两种方式推进技术进步。相比吸收模仿的确定性，
自主创新存在失败可能。在不导致混淆的情况下，中间品部门 $i$ 的在位垄断
企业编号为 $i$，则在 $t-1$ 时技术水平为 $A_{t-1}(i)$ 的企业 $i$，$t$ 时的技术水平为：

$$A_t(i) = \begin{cases} \eta \bar{A}_{t-1}，概率为 1 - \mu_t(i) \\ \eta \bar{A}_{t-1} + \lambda A_{t-1}，概率为 \mu_t(i) \end{cases} \qquad (12-7)$$

得到 $t$ 时企业 $i$ 的预期技术水平为：

$$E[A_t(i)] = \eta \bar{A}_{t-1} + \mu_t(i)\lambda A_{t-1}(i) \qquad (12-8)$$

其中，$\eta$ 表示企业家对上一期世界前沿技术的模仿吸收能力，$\lambda$ 则表示企
业家立足于国内全部行业现存技术水平的自主创新能力。

企业在 $t$ 时期初，需要在继续雇佣 $t-1$ 时期的年老企业家和雇佣 $t$ 时期
新出生的年轻企业家之间进行选择。年老企业家在 $t$ 时对上一期的世界技术
知识具有较强的吸收模仿能力，但是通过原始创新推出 $t$ 时的新知识，需要付
出的研发支出更大。为模型化这一经验事实，假设年老企业家的能力类型为
$[\bar{\eta}, \lambda, \bar{\gamma}]$，年轻企业家为 $[\underline{\eta}, \lambda, \underline{\gamma}]$，可知有 $\bar{\eta} > \underline{\eta}$，$\bar{\gamma} > \underline{\gamma}$，$\gamma$ 表示不同类型企
业家研发成本参数①。

对式(12-8)左边积分，并简单变形，得到非前沿经济体 $t$ 时的技术进步
速率：

---

① 也有研究将企业家的自主创新能力参数 $\lambda$ 进行了区分，但这会使模型分析更加复杂，且
不能得出更多新的洞察。

$$g_t = \frac{\int_0^1 E[A_t(i)]\, di}{A_{t-1}} = \frac{\eta \overline{A}_{t-1} + \mu_t \lambda A_{t-1}}{A_{t-1}} = \frac{\eta}{a_{t-1}} + \mu_t \lambda \qquad (12\text{-}9)$$

其中，$a_{t-1} = \dfrac{A_{t-1}}{\overline{A}_{t-1}}$，表示 $t-1$ 时非前沿经济体与前沿经济体的技术差距。

上式右边第一项表明，技术差距存在追赶效应，第二项则表示创新效应。

企业无论雇佣何种类型的企业家，$t$ 时研发成功概率 $\mu_t(i)$ 取决于当期的研发支出 $R_t(i)$。但区别在于，获得同样大小的研发成功概率，雇佣年老企业家和年轻企业家的研发支出不同。即有：

$$R_t(i) = \begin{cases} \dfrac{1}{2}\overline{\gamma} \times [\mu_t(i)]^2 \times \overline{\pi} A_{t-1}(i)，雇佣年老企业家 \\[3mm] \dfrac{1}{2}\underline{\gamma} \times [\mu_t(i)]^2 \times \overline{\pi} A_{t-1}(i)，雇佣年轻企业家 \end{cases} \qquad (12\text{-}10)$$

式（12-10）与已有研究存在一个重要不同，即已有文献直接外生假设年老和年轻企业家的自主创新能力存在差异。本章则吸收内生增长理论的研发支出思想，认为企业研发成功概率与其研发支出紧密相关，从而将企业在技术差距条件下的研发行为内生化。企业在 $t$ 时如果选择雇佣年老企业家，由于年老企业家具有较强的吸收模仿能力，式（12-9）反映了在技术差距较大条件下，雇佣年老企业家将具有更快的经济增长和技术进步速度。本章将企业雇佣年老企业家，利用技术差距吸收前沿技术溢出为动力的技术进步，定义为追赶导向型技术进步。企业雇佣年老企业家的最优研发支出 $\mu_t^o(i)$，将满足下式：

$$\max_{\mu_t^o(i)} \overline{\pi}[\overline{\eta}\,\overline{A}_{t-1} + \mu_t^o(i)\lambda A_{t-1}(i)] - \frac{1}{2}\overline{\gamma} \times [\mu_t^o(i)]^2 \times \overline{\pi} A_{t-1}(i)$$

$$(12\text{-}11)$$

对上式进行最优化求解，不难得到 $\mu_t^o(i) = \dfrac{\lambda}{\overline{\gamma}}$，代入式（12-8），运算推出

本章的重要方程——追赶导向型的技术差距收敛动态方程：

$$a_t^o = \frac{\overline{\eta}}{1 + g^{world}} + \frac{\lambda^2 / \overline{\gamma}}{1 + g^{world}} a_{t-1} \tag{12-12}$$

相应地，企业在 $t$ 时如果选择雇佣年轻企业家替代上一期企业家，意味着市场竞争扩大。本章将企业在市场竞争环境下，以激励年轻企业家竞争创新为动力的技术进步，定义为竞争导向型技术进步。企业雇佣年轻企业家的最优研发支出 $\mu_t^Y(i)$ 满足：

$$\max_{\mu_t^Y(i)} \overline{\pi}[\underline{\eta}\overline{A}_{t-1} + \mu_t^Y(i)\lambda A_{t-1}(i)] - \frac{1}{2}\underline{\gamma} \times [\mu_t^Y(i)]^2 \times \overline{\pi}A_{t-1}(i) - k\overline{\pi}^2 A_{t-1}(i) \tag{12-13}$$

其中，$k\overline{\pi}^2 A_{t-1}(i)$ 表示，企业为雇佣年轻企业家，需要支付一定额外的年轻企业家搜寻与匹配成本[1]。假定该费用与上期企业利润规模 $\overline{\pi}A_{t-1}(i)$ 成固定比例，比例因子为 $k\overline{\pi}$。雇佣年老企业家则不需要这一成本。

对上式进行最优化求解，得到 $\mu_t^Y(i) = \dfrac{\lambda}{\underline{\gamma}}$，代入式（12-8），运算推出竞争导向型的技术差距收敛动态方程：

$$a_t^Y = \frac{\overline{\eta}}{1 + g^{world}} + \frac{\lambda^2 / \underline{\gamma}}{1 + g^{world}} a_{t-1} \tag{12-14}$$

两者相交于：

$$a^* = \frac{\overline{\eta} - \underline{\eta}}{\left(\dfrac{1}{\underline{\gamma}} \dfrac{1}{\overline{\gamma}}\right)\lambda^2} \tag{12-15}$$

追赶导向型和竞争导向型两种技术差距收敛曲线，可如图 12-1 直观所

---

[1]　企业所有者在 $t$ 期初，基于利润最大化决策考虑企业家的更换，如果解雇在位年老企业家而雇佣年轻企业家，虽然新雇佣的年轻企业家创新成本参数更低，但雇佣过程会产生如企业家搜寻、企业家对本企业创新环境及其异质性的适应"学习"等。本章将之定义为企业家搜寻匹配成本，该成本也可以理解为，对企业家供给市场竞争情况的一个反映。

示。在发展中经济体远离国际技术前沿的情景下,即当 $a_{t-1} \leqslant a^*$ 时,技术差距驱动的技术进步率和经济增速都更迅速,但追赶型技术进步曲线与45度斜线交叉点更低,一旦出现交叉,技术进步便出现过早收敛状态。可将该交叉点所对应的技术差距,定义为"技术追赶陷阱"值 $a_{trap}$,解析得到 $a_{trap}$ 的代数式:

$$a_{trap} = \frac{\overline{\eta}}{1 + g^{world} - \lambda^2 / \overline{\gamma}} \tag{12-16}$$

由此推出命题:

命题1:非技术前沿经济体在其技术差距满足 $a_{t-1} \leqslant a^*$ 时,追赶导向型技术进步比竞争导向型技术进步可推动更快的技术差距收敛,反之则反。追赶导向型技术进步存在潜在的"技术追赶陷阱"值 $a_{trap}$ 。

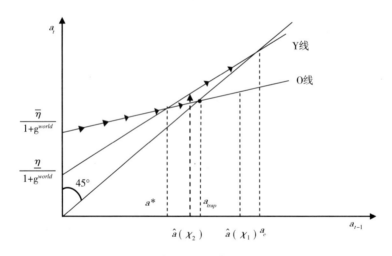

**图 12-1　准前沿经济体的技术进步动力与"技术追赶陷阱"**

注:Y线、O线分别表示竞争型或追赶型的技术差距收敛曲线, $a_{trap}$ 表示追赶型收敛曲线可能面临的收敛陷阱。 $\hat{a}(x_1)$ 、 $\hat{a}(x_2)$ 分别表示市场竞争程度 $x_1$ 降低为 $x_2$ 的内生转型点, $a_c$ 表示实现收敛状态下的技术差距。

资料来源:黄先海和宋学印:《准前沿经济体的技术进步路径及动力转换——从"追赶导向"到"竞争导向"》,《中国社会科学》2017年第6期。

根据图12-1,最优的技术进步路径,应该根据技术差距条件变化而转换动力。当 $a_{t-1} \leqslant a^*$ 时,经济体仍处于远离技术前沿阶段,扩大市场竞争,导致企业在技术差距更大的条件下,随即转向竞争导向型技术进步。由于此时技术差距引致的追赶效应,仍然在推进技术进步中发挥主导作用,技术进步动力的转换导致技术进步速度下降,这实际上导致经济体面临一种低水平竞争困境。而当$a_{t-1} > a^*$,即经济体处于准技术前沿阶段,如果经济体的市场竞争水平,在其技术差距缩小至$a_{trap}$之前仍然没有超过,那么经济体将会陷入"技术追赶陷阱",无法最终赶上世界技术前沿。技术增进的停滞,导致各要素投入不可避免地面临边际报酬回报率下降,进而出现"中等收入陷阱"。因此,当经济体远离技术前沿时,竞争引致的创新效应小于技术差距引致的追赶效应,扩大市场竞争将降低技术进步率;当经济体处于准技术前沿时,竞争引致的创新效应大于技术差距引致的追赶效应,扩大市场竞争将提高技术进步率。对那些远离技术前沿的经济体,因市场竞争过早过度扩大,无法充分利用追赶效应,容易陷入低水平竞争困境的状态;而那些位于准技术前沿的经济体,因竞争引致的创新效应逐渐增强,扩大市场竞争有助于促进技术进步动力转换,推动技术水平向国际技术前沿收敛,支持国民经济转向高速高质发展。

## 二、准技术前沿条件下竞争导向型"蛙跳"路径揭示

纵观包括中国在内的新兴工业化经济体在其高速增长时期的发展特征和经验,从技术维度看,可归结为一个共同的技术发展模式——追赶导向型技术进步模式,即通过有导向的大规模投资(物质体现型技术进步)、有意识维持较弱的市场竞争、较弱的知识产权保护、较密集的外资引进、较集中的政府补贴,实现资本维度的快速积累和技术维度的快速模仿吸收,从而推进国民经济高速增长。然而,根据本章的分析框架和实证研究结果,追赶导向型技术进步模式的有效条件依赖于技术差距的阶段性,当本国处于国际准前沿阶段时,追赶导向型模式具有陷入技术"追赶陷阱"进而跌入"中等收入陷阱"的潜在风险。因此,应当在技术差距缩小并处于准技术前沿阶段时,加快转向竞争导向型技术进步模式以及相应的技术进步激励体系,即以扩大竞争促进创新为核

心,施行更强的知识产权保护、更宽松的外资进入以促进国际竞争、覆盖率更高的补贴发放以诱导更多潜在企业进入准前沿甚至前沿产业。在基于研究结论提出正式的政策性启示之前,应强调技术差距的动态变化是最优技术进步模式转换时机以及政府对市场竞争变量调节绩效的判断基础,过早扩大市场竞争可能导致陷入低水平竞争困境,过晚则可能陷入"技术追赶陷阱"。

对技术差距已处于国际准前沿阶段的发展中经济体,应适时有序扩大市场竞争,加快转向竞争导向型技术进步模式,并建立竞争导向的技术进步激励体系。据此,本章提出以下政策性建议:

## (一) 扩大产品市场的进入端、供给侧和跨领域竞争

降低产品跨区域流动成本,建立国内统一的大市场格局,扩大市场规模效应,提升行业内、区域内企业竞争程度,激励企业不断开发新技术、推出新产品,加快产品质量和技术换代升级。推动产业投资进入端改革,激励新的高效率企业进入替代在位的低效率"僵尸"企业,释放熊彼特"破坏性创新"效应。构建"开放式创新"模式下的价值研发网络,发挥"逆向创新"优势。

## (二) 保障创新要素的跨企业、跨区域和跨国界流动

推动创新要素自由流动,提高高级要素培育供给能力,扩大要素公平竞争。推进劳动力跨区域跨国界有序流动,适度放松海外技术、管理、服务人才等高级人力资本向本国移民限制。依据技术阶梯提升趋势,动态调整知识产权保护程度,在国内各行业和省区层面,依据各行业与国际技术前沿的距离以及技术产权保护的依赖性,实施阶梯递进的知识产权保护政策,强化竞争激励,激活技术专利供给市场,保障"头部"创新要素发挥溢出效应。

## (三) 转变外资外企的低税收、低利率和高保护待遇

加快由原来通过"超国民待遇"政策吸引外资,转向以"同国民待遇",同

时选择具有更高世界技术领先地位的外资企业,从而构建一个支撑溢出效应发挥的适度差距空间。促进原来的"边境开放"转向"境内全面开放",构建对外资、国资、民资同等对待的要素配置和产品市场自由竞争环境,通过竞争效应机制,加速国内企业的技术水平提升和产业升级换代速度。进一步放松并激励具有国际前沿技术水平的外资外企进入国内市场,在吸收国际前沿知识溢出效应的同时,更加侧重利用外企进入引致的竞争创新效应,建立逐步统一的内企、外企负面投资清单名录,激励国企、民企和外企在国内、国际市场上公平竞争。

## 第四节 大国市场诱致下需求 牵引型"蛙跳"路径

中国经济的飞速发展和国内巨大的市场规模为新兴科技产业提供了良好的生存和发展环境以及产业关联优势,总体的经济规模优势为科技产业实现赶超提供了产业链分工优势、成本降低优势和支柱产业优势。已有研究表明,市场规模的扩大有利于企业生产率水平和创新能力的提升(Melitz 和 Ottaviano,2008),庞大的内需市场对全球优势资源产生"虹吸效应",优质生产要素在中国的集聚为产业技术进步和创新发展提供了条件,助力高科技含量产品发展和产业结构优化,支撑后发大国实现赶超。

因此,大国市场诱致理论可以从另外一个角度解释后发国家实现技术赶超的演进机理,该理论主要基于需求创新效应和本土市场效应。需求创新效应认为,企业的研发创新行为同企业的其他生产行为一样,受企业产品价格和利润最大化的驱动。市场规模的扩大会促进企业增加生产要素投入,激励企业进行研发创新,市场需求冲击会影响企业研发行为的方向和速度。本土市场效应认为,大国市场诱致国内外企业进入到规模经济部门中,从而呈现出明显的本土市场效应,且市场规模越大,劳动分工越精细,规模经济越显著

（Krugman，1980）。克鲁格曼和维纳布尔斯（1995）进一步深入探讨了本土市场效应，认为大国市场能够吸引更多的国外企业加入本国市场，"本土市场效应"进一步扩大了大国市场优势。内生增长理论也认为外生的需求冲击会影响企业在研发创新方面的投入和生产要素积累（Romer，1986；Lucas，1988），新技术主要是在较大市场规模和利益驱动下产生的（Romer，1990；Aghion 和 Howitt，1992）。根据库姆斯等（Combes 等，2012）的观点，大国市场下的企业集聚效应增强了企业之间的技术和研发合作，降低企业的研发成本；企业选择效应则是通过产业进入退出条件筛选出技术或者生产率更高的企业。

## 一、大国市场诱致技术赶超的"蛙跳型"机制分析

根据上述分析可知，相比于小国，大国经济能够集中优势资源进入到资本密集度较高的行业，缩短产业升级的时间，实现技术追赶；而且凭借国内的市场规模和生产资源条件，大国经济即使在贸易比重较低的条件下也能进行专业化生产，实现规模经济。本章将基于克鲁格曼（1980）、克鲁格曼和维纳布尔斯（1995）和阿吉翁等（2018）的研究构建理论模型，并进一步纳入市场扩张和竞争弱化因子以解释后发大国企业加强研发创新、实现技术追赶的作用机制。

### （一）消费者行为

考虑到代表性消费者的效应函数为：

$$u(x_i) = \alpha x_i - \beta x_i{}^2, \alpha > 0, \beta > 0 \qquad (12\text{--}17)$$

其中，$x_i$ 表示消费者购买产品 $i$ 的数量，参数 $i$ 表示产品种类，消费者效用函数满足边际效应递减定律。将消费者的收入标准化为 1，消费者结合效用最大化函数和预算约束条件进行购买决策。消费者最优选择问题为：

$$\max_{x_i}\left\{\int_0^N u(x_i)\, di + \lambda\left(\int_0^N p(x_i)\, di - 1\right)\right\} \qquad (12\text{--}18)$$

其中,$di$ 表示对产品种类 $i$ 进行微分,$N$ 表示产品种类集合,$p(x_i)$ 表示产品 $i$ 的价格水平,求解一阶条件可得:

$$p(x_i) = (\alpha - \beta x_i)/\lambda \tag{12-19}$$

其中,$\lambda = \int_0^N u'(x_i)di$ 为拉格朗日乘数,表示收入的边际效应。

## (二) 企业生产行为

考虑到一个典型的新兴产业厂商边际生产成本为 $c$[①],企业的边际生产成本 $c$ 越低,代表企业的生产率水平越高,因此本章将企业边际成本的降低等同于企业生产率的提高(Aghion 等,2018)。$L$ 表示市场中消费者个数,厂商的利润最大化函数为:

$$\max_{x_i} L[p(x_i)x_i di - cx_i] \tag{12-20}$$

将价格函数式(12-19)代入,求出一阶条件:

$$x_i(c,\lambda) = \frac{\alpha - c\lambda}{2\beta}, \alpha - c\lambda > 0 \tag{12-21}$$

设定企业的利润函数为 $\pi(c,\lambda)$:

$$\partial\pi(c,\lambda)/\partial c = -\frac{\alpha - c\lambda}{2\beta} < 0 \tag{12-22}$$

上式表明,企业的生产率水平越高,企业的利润水平越高;企业面临的市场竞争越激烈,其利润水平越低(Melitz 和 Ottaviano,2008)。式中,$\lambda$ 既可以表示为收入的边际效应,也可以衡量产品市场竞争强度。考虑到可分离偏好的假设,在特定的市场规模 $L$ 下收入的边际效应 $\lambda$ 是唯一的需求转移变量。较高的 $\lambda$ 将使潜在进入者的剩余需求曲线向下移动,故本章将 $\lambda$ 的增加解释为在特定的市场规模 $L$ 下企业之间的竞争加强。

---

① 式(12-20)对战略性新兴产业生产者利润函数的设定,未考虑企业生产的固定成本,是为了简化模型的分析。

## （三）企业创新行为选择

假定企业初始的边际生产成本为 $c_0$，企业在进行研发投入之后，边际生产成本下降：

$$c = c_0 - \delta k, \delta > 0 \qquad (12-23)$$

其中，$\delta$ 为企业研发成功的概率，且企业每投入资本 $k$，企业的生产成本增加 $\dfrac{1}{2\varphi k^2}$。企业进行研究与开发投入后利润函数为：

$$\max_k L[(1 - \delta)\pi(c_0, \lambda) + \delta\pi(c_0 - \delta k)] - \frac{1}{2\varphi k^2} \qquad (12-24)$$

最优的研究与开发投入为：

$$k^* = \frac{\alpha - c\lambda}{2\beta\varphi/\delta^2 L - \delta\lambda} \qquad (12-25)$$

假定当 $\lambda$ 保持不变时，$\dfrac{\partial k^*}{\partial L} > 0$，即当面临正向的需求冲击时，企业研发的收益和利润水平上升，正向的市场需求冲击降低了企业的研发风险，所以企业有激励投入更多的研究与开发费用，此为市场扩张效应，如图 12-2 所示。同时 $\dfrac{\partial^2 k^*}{\partial L^2} > 0$，即当新兴产业的市场规模 $L$ 越大，市场扩张效应越显著。由此得到：

命题 1：市场规模扩张诱发市场扩张效应，激励企业增加研发投入，且市场规模 $L$ 越大，市场扩张效应越显著。

同理可得 $\dfrac{\partial^2 k^*}{\partial L \partial c} < 0$，市场规模 $L$ 提升后，企业越接近技术前沿，其盈利能力越强（Melitz 和 Ottaviano，2008），最优的研究和开发投入 $k^*$ 增幅越大。由此得到：

命题 2：相同条件下，企业的生产率越高，市场扩张效应越强。

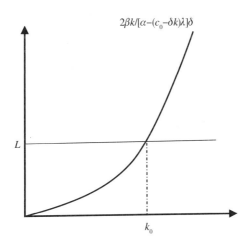

**图 12-2　均衡时的研究和开发投入**

资料来源:黄先海和张胜利:《中国战略性新兴产业的发展路径选择大国市场诱致》,《中国工业经济》2019 年第 11 期。

企业自由进出市场的门槛为:

$$L\pi\big[c(\hat{c}_0,\lambda),\lambda\big] = F \tag{12-26}$$

其中,$F$ 为企业的进入成本。只有当企业的边际生产成本 $c$ 低于或者等于 $\hat{c}_0$ 时,企业才会进入市场。预算约束条件为:

$$M\int_0^{c_0} r(c(\hat{c}_0,\lambda),\lambda)\,d\Gamma(c_0) = 1 \tag{12-27}$$

其中,$M$ 表示出口到某一目的地国的国家总数,$\Gamma(c_0)$ 为初始边际生产成本的概率分布,市场中企业的数量由企业的边际生产成本 $\hat{c}_0$ 和其概率分布 $\Gamma(c_0)$ 决定。因此,当市场规模 $L$ 扩大时,由式(12-23)、$\dfrac{\partial\pi(\hat{c}_0,\lambda)}{\partial\hat{c}_0} < 0$ 和 $\dfrac{\partial\pi(\hat{c}_0,\lambda)}{\partial\lambda} < 0$ 可得,$\hat{c}_0$ 上升,新兴产业进入标准降低,或者 $\lambda$ 上升,企业之间的竞争水平加剧,或者 $\hat{c}_0$、$\lambda$ 同时上升。假设 $c_0$ 上升,对某一特定 $c_0$,若企业增加研究与开发投入 $k$ 则 $c_0$ 下降,$\dfrac{\partial r(c_0,\lambda)}{\partial k} > 0$。而式(12-24)成立要求 $\lambda$

必定上升,新兴产业的竞争强度加剧,企业进行研究和开发投入的风险增加,

$\dfrac{\partial k^*}{\partial \lambda} < 0$,企业的研究和开发投入降低,此为竞争弱化效应,如图 12-3 所示。

$\dfrac{\partial^2 k^*}{\partial \lambda \partial L}$ 可能大于、小于或者等于 0,竞争弱化效应的变动存在不确定性。由此

得到:

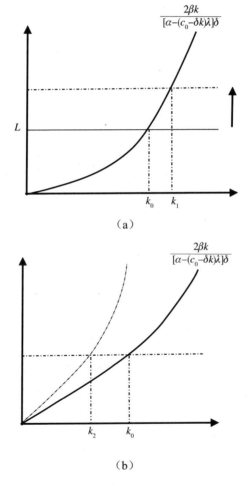

（a）

（b）

**图 12-3　市场扩张效应和竞争弱化效应**

资料来源:黄先海和张胜利:《中国战略性新兴产业的发展路径选择:大国市场诱致》,《中国工业经济》
　　　　2019 年第 11 期。

命题3:市场规模扩大诱发竞争弱化效应,企业减少研发投入,但当市场规模 $L$ 扩张时,竞争弱化效应变化方向不确定。

又 $\dfrac{\partial^2 k^*}{\partial \lambda \partial c_0} < 0$,新兴产业的竞争程度 $\lambda$ 提升后,随着关键技术和领域取得重大进展,越接近技术前沿的企业,其最优的研究和开发投入 $k^*$ 降幅越小,企业生产的产品数量 $x_i(c,\lambda)$ 逐渐下降,在市场竞争达到一定程度之后,多产品企业开发的新产品种类增加,因此,企业的生产率水平是影响竞争弱化效应的重要因素。由此得到:

命题4:相同条件下,企业的生产率水平越高,竞争弱化效应越弱。

## 二、大国市场诱致技术赶超型"蛙跳"路径揭示

上述理论模型揭示了大国市场诱致技术赶超的市场扩张效应和竞争弱化效应。其中市场扩张效应表现为市场规模扩大后,企业基于利润最大化投入更多的研发资源以赚取短期的垄断利润。而竞争弱化效应表现为市场规模扩大后,产业进入壁垒降低,新进入企业增加,企业间竞争强度加剧,企业研发创新的风险增加,竞争弱化效应降低了企业的盈利水平和研发投入强度。对接近技术前沿的企业,其市场份额占比较大,而且具备较强的研发能力,市场冲击的市场扩张效应更强;技术前沿企业的市场竞争力较强,能够通过"逃离竞争效应"有效规避市场竞争,市场冲击的竞争弱化效应较弱,所以,相对于远离技术前沿的企业来讲,接近技术前沿的企业总体的创新意愿更强。

对市场扩张效应,由于新技术、新产品和新产业只有被消费者认可,企业前期的研发和生产投入才能得到补偿,因此市场需求导向是诱致产业技术创新方向和创新速度的重要因素。研发创新行为具有风险高、周期长和回报高的特点,尤其是前沿技术的研发,其研发风险更高,研发周期更长。而相对于小国市场,大国市场下的市场规模相对较大,即使企业研发失败,仍然能够通过原有市场获取较高的利润来支撑企业进一步的研发创新,大国市场给予企

业更多的研发试错机会。因此,大国市场下的企业能够承受更高的研发风险,制订长期的研发投入计划,进而获得研发创新优势。中国巨大的市场规模诱致新兴产业在国际市场中拥有更高比例的研发投入占比,研发创新优势与本国比较优势相结合,有利于中国新兴产业的转型升级和实现技术追赶。

对竞争弱化效应,通常大国市场的规模经济效应降低了企业的生产成本,使中国企业在国际市场竞争中具有成本优势,因此,基于规模经济效应和相关政策扶持,产业进入门槛降低,市场新进入者数量增多,企业之间的竞争加剧,研发风险增加。大国市场在为企业提供生存和发展优势的同时,也在一定程度上抑制了企业的研发创新行为。然而进一步分析发现,对高生产率企业而言,企业的市场竞争力比低生产率企业更强,能够通过"逃避竞争效应"获得较弱的竞争弱化效应。因此,实现技术赶超的一个关键因素是引导企业加快自主创新体系建设和先导科技布局,提升企业的生产率水平和创新效率,重点突破关键领域和技术瓶颈。

对此,大国市场诱致技术赶超的政策路径设计思路为:

## (一)打破国内市场分割,形成高度一体化大市场

打破国内市场分割,形成高度一体化大市场是大国市场诱致新兴产业发展的基础性工程。本章研究发现,打破区域市场壁垒,构建国内统一的要素市场和商品市场,实现资本、劳动力等生产要素在全国范围内的自由流动,是发挥好"大国市场诱致"路径的应有之义。由于历史的原因和地方保护主义,区域之间的生产要素不能自由流动,区域市场分割导致要素价格非均等化,资源配置效率较低,区域产业结构转型升级缺乏内生动力。中国战略性新兴产业在导入期的商业模式创新中,要充分发挥大国大市场效应,建立一体化市场,大力培育新兴产业市场需求,以突破规模经济效应门槛值,同时要引导各地区形成特色优势产业集群,避免过度竞争。

## （二）　充分发挥大国市场的创新激励作用

充分发挥大国市场的创新激励作用是大国市场诱致新兴产业发展的强劲动能。本章研究发现，大国市场通过市场扩张效应和竞争弱化效应激励企业的研发行为。在新兴产业发展初期，企业研发面临技术风险、市场风险和政策风险，创新激励不足。而大国市场的存在则显著降低了市场准入门槛，鼓励更多潜在企业进入市场并进行模仿创新和自主创新，促进新兴产业集群的形成和创新发展。大国市场降低了产业技术创新门槛，诱致企业研发创新，是新兴产业创新发展的强劲动能。

## （三）　建立大国市场的竞争筛选机制

建立大国市场的竞争筛选机制是大国市场诱致新兴产业发展的重要路径。根据产业周期理论，新兴产业在成熟期的企业数量最多，企业之间竞争激烈，大国市场的竞争筛选机制倒逼低效率的企业退出市场；竞争优胜者能够获得更大的市场份额，诱致企业进行更高质量的研发创新，促进新兴产业的整体技术水平得到进一步提升。竞争筛选机制和产业政策的结合能够精准识别出中国具有比较优势和将来具有新的比较优势的产业并重点扶持，加速比较优势转变成竞争优势的进程。大国市场的竞争筛选机制精细培育新兴产业的创新发展环境，高效率配置研发创新资源，是提升新兴产业研发创新水平的重要路径。

# 第五节　技术同发条件下换道
# 超车型"蛙跳"路径

新一轮科技革命和产业变革为后发国家技术追赶和超越提供了重要的机会窗口。中国作为后发国家，目前处在经济转型、实现高质量跨越式发展的关键时期,充分利用当前技术关键赶超机遇期,把握前沿技术和新兴技术的发展动向,加大整体研发资源投入和改善市场技术创新环境是新时代背景下构建先发优势的必然选择。新一轮科技革命和产业变革的到来将会给世界各国带来新的发展机遇,作为后发大国的中国,充分利用好这一赶超机遇期,抢抓产业技术革命的先机,是新时代后发大国构建先发优势的必然选择。当新兴技术处于初始状态时,行业关键技术标准有待确定,主导技术范式还未建立,市场分工格局尚需形成,且技术具备相当的市场应用前景,机会窗口逐渐开启,世界各国几乎处于技术同发时刻,已经具有一定的技术和市场经验,学习研发创新能力较强,拥有赶超潜力的后发企业可以借助此时的机会窗口,选择集中优势资源发展特定产业和地区,在局部关键核心前沿技术取得重大突破,实现弯道超越,缩小与先发国家的技术差距。

在新技术和新产业发展的初期,掌握关键核心技术尤为重要。由于其发展方向不明确,后发国家和先发国家基本上处在同一条起跑线上,后发大国可充分利用后发优势和大国市场,突破新兴产业前期市场培育的瓶颈,增加研发投入和开发更多的新产品并进行商业化应用,从而实现赶超。

## 一、技术同发条件下换道超车的技术赶超机制

现有研究表明,在技术同发条件下主要有三种方式可以实现换道超车型技术追赶。一是通过模仿创新的方式实现换道超车。后发企业可以通过引进和模仿市场上已有的技术形成产品雏形,之后结合自身在工艺设计、生产管理、质量把控等方面的实践经验,对产品加以迭代优化以获得一定的市场地位,提高整体竞争力。这一路径实现的前提是已有技术完成了标准化和模块化过程,非核心技术得以剥离和扩散。二是通过自主创新的方式实现换道超车。后发企业凭借自身努力攻克关键技术并取得相应的专利产权,依靠产品性能优势在市场竞争中获得领先地位。因为先发企业为了获取垄断利润通常会构建技术壁垒,这使后发企业难以依赖原有的技术轨道实现追赶,只能通过

创新研发打开机会窗口,从而主导新的技术轨道。三是通过创造破坏性的方式实现换道超车。后发企业可以通过攻克非主流市场为自己争取市场和成本优势,并构建起区分于主流市场的价值网络,之后利用产品和服务创新吸引主流市场客户并最终实现对在位企业的超越。这主要基于市场导向,在后发企业前期资源短缺,难以承担较大的创新风险且需要时间成长时,可以作为一个部署追赶战略的重要方案。

在技术同发条件下,后发企业在构建先发创新优势、完成技术改造和应用方面的主要表现为:第一,全球维度的信息网络使后发企业可以通过学习、吸收、转化和生产有关知识技术实现技术创新追赶,克服技术劣势,高效整合信息和生产要素,有效融合内外部资源,为后续创新研发奠定前提物质条件;第二,新兴国家的广阔市场有助于为后发企业构建市场优势,相比于跨国企业,它们能够迅速准确地获取本土市场的有关信息,使其产品性能、特点、价格等诸多方面能够更好地适应本国消费者需求;第三,后发企业能够利用改造后的技术生产更加符合消费者需求的产品,提高技术的市场应用程度,有针对性地对利基市场产品进行技术创新,获得局部市场竞争优势。因此,后发企业可以敏锐把握本国市场规模小、技术迭代慢、产品成本低的边缘市场,避免与跨国企业展开正面竞争,规避了自身初始资源短缺、技术研发落后的劣势,有利于市场经验积累和技术能力提升。综合来看,后发企业一方面可以利用已有的技术研发、产品生产、市场营销等方面的经验优化配置生产要素,实现生产规模经济,另一方面可以借助对本土市场的需求分析提高市场认可度,降低研发风险,充分利用大国市场效应,实现需求规模经济。

企业因不同发展阶段所面临的市场环境和拥有的资源能力不同,需要根据具体实际情况选择恰当的技术创新路径。在初始阶段,企业研发同时面临技术风险和市场风险,此时可以通过维持较低的市场准入条件和较弱的知识产权保护制度提高市场创新活力,高效结合有效市场和有为政府,实现研发资源优化配置,发挥大国市场优势。企业可以利用本土市场潜在发展空间广阔的特点,加强消费者需求信息的搜集和分析能力,通过改造现有技术以更好地适应企业生产,实现满足本土消费偏好的产品创新,积累相应的产品技术和市场经验。在发展阶段,整个产业需要以较为严格的知识产权保护制度作为技术创新内在的支撑。接近技术前沿的企业结合已有的技术和市场经验积累,能够提高技术的生产应用能力和市场适应能力,而低研发效率的企业会自动退出市场,行业整体研发资源配置水平和效率得到优化。因此,在技术进入成熟阶段后,需要构建和完善知识产权保护制度,技术持续有序高效发展进步,在保护企业创新成果的同时,也建立符合市场规律和市场要求的技术标准和范式以激发企业创新活力,提升新兴技术竞争力。

## 二、技术同发条件下换道超车型"蛙跳"路径揭示

科技革命和产业变革催生了新的经济增长点,为后发企业实现换道超车提供了难得的机会窗口。后发企业应该充分认识到在技术没有落入定式发展的前提下,其可以依托广阔市场完成机会识别、资源整合、创新协同以实现跨越式发展,重新构建新的国际竞争范式,实现价值链地位攀升。此外,政府在扶持本土企业快速成长的过程中也扮演着至关重要的角色。在世界生产体系和全球生产网络当中,政府需要构建一整套适应技术同发、发挥大国优势的战略性政策集合,在新的时代背景下,以竞争兼容、激化创新为导向,综合运用政府和市场特性,在需求端、生产端、知识端三方面协同构建无壁垒、弱补贴、强知识产权保护的竞争兼容型发展模式,推动国内企业以高于市场自发状态下的速度先发增长和创新进步,在新兴技术革命前提下获取技术先发优势,提高国际综合竞争力和国际分工地位,完成后发追赶和超越。

### (一) 需求端的竞争兼容型政策

中国作为世界上最大的发展中大国,发挥大国市场优势在技术发展背景下具有重要的战略意义。市场需求在激励企业完成产品和技术创新的同时,

也检验企业及其产品的市场应用价值。市场机制的主要功能在于通过信息甄选与优胜劣汰,内生演进出具有未来竞争力的技术与产品方向。企业可以基于提出新产品概念并利用现有技术进行产品开发,建立自主创新平台获得创新资源,构建核心技术能力,以性价比优势开拓利基市场,协调实现技术商业化活动,构建品牌和市场优势。此时,企业能够基于创新网络和经验积累与在位企业展开正面市场竞争,化解技术创新壁垒和市场进入壁垒,实现技术追赶甚至超越,不断提高集成式自主创新能力,引领主流市场需求。

第一,制定竞争兼容型政府采购政策。政府采购是营造市场需求、辅助市场发展的有效环节,通过设计政府采购政策,完善产品采购计划,可以有针对性地提高对高标准、高质量、高创新技术产品的采购比例,形成市场统一的技术采购标准,构建公平统一的市场竞争环境。第二,制定竞争兼容型终端消费政策。从市场终端即从消费者端进行市场培育,可以有效规避从生产端进行补贴培育引致的负面效应。针对需要高性价比或者高定制化产品的消费者,企业的产品创新可以更加注重用户体验和简单性能,以此换取市场和品牌优势。此外,在数字经济时代背景下,企业可以基于互联网平台,利用大数据、机器学习、人工智能等技术进行需求分析,完成商业模式创新,摆脱已有市场限制,重新定义产品功能,重新构建用户价值。后发企业通过市场机会识别细分现有市场,进行低端市场选择,确定合作伙伴;利用成熟技术分析用户需求,完成产品创新,降低研发风险,提高产品市场价值;在获取一定的市场力之后挑战高端市场,结合企业自身技术基础开展技术改造,持续推出快速迭代升级的高性价比、多元化差异化产品与在位企业展开竞争,完成技术的追赶和超越,提高在生产价值网络当中的地位;最后,企业通过破坏原有市场结构,构筑技术或市场壁垒对主流企业发起正面攻击,实现市场颠覆。

## (二) 生产端的竞争兼容型政策

现有研究表明,如果后发企业进入市场的时机较早,可积累大量产业技术经验并建立知识目录,参与主导技术的设计与产品标准的建立,确立技术先发优势,提高市场竞争力,但同时也面临动态市场、成本风险、技术不确定性等威胁(Lee 和 Malerba,2016)。如果后发企业赶超的时机较迟,虽可以通过资源利用和模仿学习降低赶超风险,并降低赶超成本,但却面临较高的技术壁垒,遭受市场份额被抢占的劣势。因此,选择合适的赶超时机对后发企业至关重要。

在技术发展阶段,后发企业通过同行和跨界搜索,深度挖掘市场信息、先进运营模式和相关主流技术,与本地顾客建立良好合作关系。由于价值网络中数据和信息具有不确定性,需要企业通过与外部环境互动的过程中解读潜在信息,企业间逐渐从契约关系向协同创新关系转变。然而过度搜索也会增加企业成本,后发企业需要结合自身实际情况确定合适的搜索广度,提高信息搜集的效率和有效性,避免将有限的成本分散到繁杂冗余的信息当中,针对生产经营实践有目的性地搜索外部知识资源。后发企业在创新过程中应识别市场机会,分析用户需求,以低成本改造既有成熟技术,以低端市场和边缘市场作为市场切入点。同时善于利用开放的价值网络获取有效信息,深化外部合作,拓展创新范围。对后发企业来说,其技术市场经验积累有限,在关键前沿技术上的创新能力相对薄弱,因此企业需要综合利用内外部信息资源,加强与其他参与主体合作,弥补自身特定领域知识缺失。但企业在合作过程中需要合理地把握与外部主体的合作深度,在加强实时互动和信息交换的同时,避免出现过度亲密和过度依赖的合作关系,规避知识泄露的知识主义风险。

在技术创新阶段,企业应注重产品性能和用户体验,建立以产品迭代优化为核心的技术创新发展体系,提高市场影响力和竞争力。为了避免与在位企业产生正面竞争,后发企业可以通过简化已有技术研发高创新、高性价比产品,把握被主流市场所忽视的消费者,理解用户需求,明确产品应用方向和价值,降低企业的研发风险和市场风险。后发企业可以根据市场地位情况和用户需求分析,精准预测用户需求,建立以用户为中心的产品研发机制和以产品优化为核心的技术创新体系。在技术创新阶段,诸多长尾需求、定制化需求被发现,技术创新可以为用户和企业实时互动和交换信息提供多种渠道,不仅提高了用户参与度和用户体验,还能为企业生产创新活动提供指引,共创体验进一步得到加强。企业可以通过在线平台收集消费者的体验评价和优化建议,对用户行为沉淀出的大量数据进行提取分析处理,不断地快速迭代优化产品。

在技术颠覆阶段,企业倾向于联合各个创新主体共同组建能够实现实时互动和信息交换的价值网络向高端市场发出挑战,他们可以通过嵌套在创新网络中的不同层级进行知识信息共享,促进内部技术研究和应用,引领创新方向,改变市场竞争格局。在这一阶段,创新研发活动不再仅局限于企业内部,强调企业拥有对研发要素的所有权和控制权,而是通过组织间创新资源的交换与创新收益的分享而获取整体竞争优势,形成主体共存。企业和创新参与者在价值创造中相互合作,也在价值获取中相互竞争,形成高效竞争、合作共赢的局面。但企业所嵌入的组织网络是复杂的,存在潜在的竞争关系及机会主义行为,各主体相互之间具有基于短期利益需要建立的"快速信任"的短暂合作关系,也有基于企业长期战略考虑而建立的联盟或者合资公司等合作模式。各自不同的目标和诉求为价值获取和共享带来了更高的协调成本。因此,各个主体不仅需要解决自身需求与公开资源的匹配问题,还需控制价值观、利益诉求等差异性带来的合作摩擦。

（三）知识端的竞争兼容型政策

在中国进入新发展格局背景下,加强知识产权保护以正向激励企业加大科技研发费用投入、提高技术创新能力、降低产品研发风险、培育品牌和市场竞争优势等方面具有重要的战略意义。技术赶超与技术追赶的本质区别在于是否能够探索推进与新兴技术相关的共性知识,是否能够结合生产和市场需求将前沿新知识和商业模式加以应用,企业在此过程中涉及原始创新和自主创新可以对其他市场参与者产生重要的参考价值。有鉴于此,中国正在积极加强知识产权保护,以期更大程度上发挥其技术溢出和扩散的正外部性,增强市场创新竞争活力,提高企业的学习能力和研发水平。

知识产权保护政策在制定时需要统筹考虑创新激励、知识扩散与竞争垄断之间的关系,在增强企业创新专利成果保护的同时,也会改变市场竞争结构和知识扩散难度。因此,基于技术同发条件下的创新模式特征设计知识产权保护政策,有助于化解"诺德豪斯困境",实现开放价值网络下的知识链分工。知识链包括公共基础知识、行业共性关键知识以及产品功能专用知识三个阶段,随着知识公共效应逐步降低,市场窃取程度不断提高,因此可根据新兴技术所处的不同阶段,判断共性技术和专利技术的扩散难度和窃取难度,实现创新激励、市场竞争与知识扩散三者关系的平衡。在新兴技术处于公共基础知识和行业关键共性知识扩散时期,企业自身难以应对研发难度大、研发周期长的问题,而且此时离技术的市场应用和商业化发展还有较长距离,但一旦研发成功便会形成产业共性知识池。因此,在此阶段,更多应由重点高校、科研院所、行业领头企业开展联合试验研究,政府提供相应的财政补贴和政策激励。此时可以执行较弱的知识产权保护政策,可降低企业基于共性知识池开展后期商业化技术研发创新成本,强化新兴技术的企业应用和市场竞争。随着技术进入成熟期,产品性能专用知识不断增加,在此阶段应执行较强的知识产权保护政策。鉴于其知识性质具备专有性和应用性特征,容易被市场其他企业窃取,威胁到企业的核心竞争力,形成对在位企业的替代风险,对技术研发企业的创新激励和利润预期形成抑制效应。而执行较强的知识产权保护政策,可以激励企业进行研发创新,利用公共知识进行新方向、新路线、新产品的自主创新探索,结合生产和市场需求将前沿新知识和商业模式加以应用,推动新兴技术的快速进步,构建技术先发优势,激发市场技术创新活力,实现技术跨越式发展。

# 第十三章　推进贸易竞争力提升的"阶梯型"知识产权保护体系设计与策略组合

　　随着国际分工模式的变革与全球生产网络的重构,各国纷纷抢占贸易竞争制高点,试图通过占据全球价值链的有利位置来促进本国产业结构与贸易结构的优化升级,助推本国经济的进一步发展。然而当前国际贸易竞争的核心与本质已演变为知识产权的数量与质量竞争,知识产权保护制度也已成为发达国家参与贸易竞争、掌控国际贸易规则的主要手段之一。与此同时,《国家知识产权战略纲要》收官在即,虽然已基本完成了"把我国建设成为知识产权创造、运用、保护和管理水平较高的国家"的战略目标,但是在当前国际竞争的紧张形势与多边格局下,知识产权保护制度的建设仍任重道远。知识产权保护体系不仅是提升我国创新发展水平的关键机制,也是破解我国在全球生产网络中贸易竞争力不足的重要突破口。

## 第一节　全球生产网络下的知识产权保护:变化与挑战

　　20 世纪 90 年代以来,各种关于知识产权保护的制度安排不仅将保护范围从国内延伸到了国际,还把国际组织之间的知识产权保护条约与贸易规则体系融合在一起,这使各国进行知识产权保护的战略意义不仅仅在于推动本国的技术进步,还与一国在全球生产网络中的地位提升紧密相关。在全球生产网络下,国际贸易中的知识产权保护问题不断被赋予新的内容和变化,这也给各国在知识产权保护规则的制定和实施带来了挑战。

## 一、国际知识产权保护的不平衡性日益凸显

20世纪末期,《与贸易有关的知识产权协定》正式对知识产权保护的范围进行了界定,并且直接将知识产权纳入国际贸易的管理体系之下,这一举措标志着国际知识产权保护高标准的初步实现。随着全球化进程的加快,拥有大量先进技术的发达国家在全球生产网络中保护其上游优势产业的需求进一步扩大,在这种强烈需求的驱动下,《与贸易有关的知识产权协定》在经过长达8年的多轮谈判后最终落地,这不仅标志着在当今的国际经贸格局中,科学技术、国际贸易与知识产权三者之间的关系正在发生有史以来最为深刻的变化,同时也意味着知识产权成为当今世界贸易不可或缺的组成部分之一。

进入21世纪以来,受到国际金融危机影响,逆全球化思潮下的贸易保护主义和单边主义重新抬头,以美国为首的发达国家为维护自身在全球价值链中的地位而不断向发展中国家施压。此外,随着中美贸易摩擦的进一步发酵,国际社会关于知识产权保护标准的争议日益突出。西方发达国家在寻求一个更高的知识产权保护标准,并致力于把这种自行制定的高标准推行至其他国家,从而绕开原有的知识产权保护标准,实现国际知识产权保护的"超《与贸易有关的知识产权协定》标准"。其目的在于发达国家通过与发展中国家订立"双边条约"等方式,规避了原来《与贸易有关的知识产权协定》中保护发展中国家利益的规定,以此来实现其在实质上采取更高保护标准、获取更大利益的目的,以巩固自身在全球价值链分工体系中的绝对主导地位,这使发达国家主导下的知识产权保护多边协议谈判常规性地将发展中国家排除在外,进而

使发展中国家逐渐被边缘化。同时,发展中国家在先进技术引进方面一直遭到美欧日等发达国家十分严苛的出口管制。根据美国的《出口管理法》,其出口管制制度具有一定的境外管辖效力,凡是在国际市场违反美国《出口管理法》的国外企业,就有可能被美国政府列入所谓的"实体清单"①。国际知识产权保护不断加强之后,由于存在市场分割,创新要素不断在拥有高质量知识产权的国家集聚,而技术垄断导致的后果却要由没有自主创新能力的国家来承担,由此进一步加剧了发达国家与发展中国家之间的经济和贸易发展不平衡。

此外,保护规则也越来越呈现出一种所谓的"表面合法性"特征。通常,知识产权保护对本国贸易利益的保障作用是通过建立各类知识产权贸易壁垒来实现的。一般来说,传统的贸易壁垒都是采用事先订立的法律条文等形式,在数量限制、价格规范等方面相对较为公开透明,并且在具体实施过程中依法严格执行,比较容易被掌握和应对。而与知识产权相关的贸易壁垒涉及的则大多是产品以外的内容,融合了大量的技术标准或者行业标准,并且这些纷繁复杂的规则和措施在实践中不断改变,还巧妙地规避了传统贸易壁垒存在的分配不合理、歧视性等分歧。由于知识产权壁垒存在限制垄断或者妨碍贸易的可能性,大多数国家会在法律层面明文禁止,因此发达国家跨国公司的知识产权壁垒往往会以一种更为隐蔽的形式出现,也就是说这些壁垒的设定存在表面上的合理、合法性,或者说可以从法律的角度找到依据,由此为其披上一层"合法的外衣"。

## 二、国内知识产权保护的激励效应发挥不足

众多学者研究认为,知识产权保护增强能够显著促进企业创新(Aghion等,2005;尹志峰等,2013)。增强知识产权保护通常能够有效避免竞争对手

---

① 即 Entity List,指参与违背美国国家安全或外交利益活动的企业或者机构。

对其创新成果的模仿与窃取,保护企业技术的专有权,确保企业能够利用创新成果获取垄断收益,激励企业的创新积极性;但是,对处于特定发展阶段的经济体来说,较弱的知识产权保护才可能促进企业在模仿基础上的再创新,降低企业的专利使用费、技术许可费等创新成本,最终以技术正外部性与企业间溢出效应带动行业整体技术水平的提升。但是在当前对不同产业、不同行业的创新成果几乎无差别的保护制度中,一味地增强或减弱知识产权保护强度很可能与创新发展的目标背道而驰。

例如在技术水平差距较大的行业中,过强的知识产权保护会大幅提升技术水平较低的下游企业的创新成本,部分中小型企业还会面临融资难度过高的问题,导致这些企业缺乏创新的积极性,即使企业愿意创新,也会面临创新成果市场竞争力不足、创新成本无法收回的风险,使企业"不敢"创新;而对那些技术水平较高的领头企业,较大的行业技术差距加上强力的知识产权保护使企业稳居行业的技术垄断地位,获取稳定的高额垄断利润,而企业投入人力、财力进行进一步创新的边际成本显然高于维持当前技术水平的生产成本,因此没有动机进行创新成果的更新,制约了行业整体技术水平的提高。

相反,对那些技术水平差异化较低或是技术竞争激烈的行业,较弱的知识产权保护水平会使技术追赶企业以很低的成本获得技术领先企业的创新成果,在学习模仿的基础上对技术进行再创新,进而抢占市场份额,而之前投入大量创新成本的领先企业无法获得足够的市场垄断利润来弥补创新支出,导致企业入不敷出,最终丧失创新的积极性而转向模仿创新,并进一步恶化了市场的低端竞争环境,整个行业的技术水平也会阻滞不前。因此,知识产权保护制度的改革方向不仅仅是单方面地加强或减弱保护力度,而是要权衡知识产权保护的创新激励收益与市场竞争成本,在充分考虑到产业异质性、企业异质性和技术差异性等多方面因素下,形成具有适应性、针对性、多层次差异性的知识产权保护体系。

同时,我国作为技术创新后发国,如果仍依赖于以往模仿创新的技术差距追赶模式,很难在当前的国际紧张局势中获得技术领先地位,一味地模仿很容易掉进"技术落后—模仿创新—技术差距缩小—技术落后"的循环中,无法突破先发国垄断先进技术的固有技术竞争格局,因此,知识产权保护体系应以增强我国前沿技术的国际竞争力为主要目标,推动我国技术创新模式从模仿创新向自主创新转变。

## 三、第三产业发展凸显立法与执法体系不完备

知识产权立法与执法体系作为知识产权保护的落脚点,两者的发展反映了我国知识产权制度整体的发展历程。随着产业转型升级进程的推进以及第三产业的发展,传统的知识产权立法体系已无法对新兴领域中的新技术、新服务、新商业模式提供全面的保护,并且由于缺乏实践经验,即使涉及这些领域,也普遍存在立法不够细致、无法实际执行等问题。执法层面的主要问题则表现在各层级执法机构的不协调、执法不精确并且效率低下,缺乏灵活高效的知识产权保护工作规范,并且在实际执法过程中缺少行为监督机制,使执法疏漏甚至腐败现象时有发生。

当前我国第三产业的快速发展与传统知识产权保护制度的不匹配是现行立法体系面临的关键问题。2013—2022年,第三产业国内生产总值占我国总的国内生产总值比重从46.1%增长至52.8%,与第二产业的占比差距从2.2%扩大到12.9%。但是,当前知识产权保护的重点仍集中于第二产业,并没有实现与产业发展相匹配的转型。其中最主要的原因是第三产业对传统知识产权保护的依赖性较弱。与农业、工业类似,服务业在信息技术、通信技术、软件开发、数据库等领域中也涉及大量的技术创新,这部分技术创新能够被现行的知识产权制度充分保护;而在零售、金融、设计等行业中,企业生产的产品或服务大部分是基于智力活动的无形创新成果,虽然能够依赖商标权、著作权对部分成果加以保护,但另一部分,如产销策略、商业方法、服务模式等,它们同样也是智力劳动创造的成果,由于缺乏相应的评价标准,企业无法确保对这

些成果的专有权。同时,这部分创新成果的开发同样需要企业投入高额的成本或承担巨大的风险,并且创新成果的市场推广也需要投入大量的资源,但策略、模式等创新相较于传统的技术创新更容易被竞争对手模仿,模仿成本也更低,因此率先进行创新的服务业企业很难通过服务的独有性获取额外的市场收益,这非但不能弥补企业在研发、推广过程中付出的高额成本,更有可能抑制企业的创新积极性,进而抑制行业整体的发展水平。因此,立法体系急需基于第三产业的知识产权保护特点进行适应性调整。

## 第二节　全球生产网络下的知识产权保护策略

从国家(地区)以及企业层面来说,知识产权保护策略大体上可以根据不同的动机分为两大类:进攻型知识产权保护策略和防守型知识产权保护策略①。在全球生产网络的视角下,研究知识产权或技术创新的相关文献也通常把世界上的国家一分为二:发达国家(北方国家)创新、发展中国家(南方国家)模仿,很少有研究会考虑后者进行自主创新的情况。一般认为,有能力进行自主创新的发达国家大多数采取进攻型知识产权保护战略,而只能依靠技术引进或模仿创新的发展中国家大多数采取防守型知识产权保护战略。然而,现实中不乏技术落后的国家成功赶超为自主创新国家的例子(如日本和韩国),同时还有众多的发展中国家正在致力于从引进模仿向自主创新转型(如中国和印度)。2007年,发展中国家的研发支出数额就已经接近世界研发支出总额的25%;2019年,亚洲国家申请国际专利数量占全球的52.4%,其中

---

① 《国际化过程中知识产权事务处理指南》,中国科学院知识产权网,http://www.casip.ac.cn/website/ipr/iprnewsview/873。

中国专利申请数量首次超过美国,位列世界第一①。由此可见,发展中国家的自主创新已经不容忽视,如何制定科学合理的知识产权保护制度是发展中国家实现经济赶超的重要动力。

## 一、全球生产网络下的"进攻型"知识产权保护策略

进攻型知识产权保护策略指权利人以竞争为目的,积极主动获取知识产权,并利用知识产权的垄断性争夺市场,阻碍现实或潜在的竞争对手生产、经营,具有非常强的攻击性和针对性。这一保护策略的主要代表国家为以美国为首的西方发达国家。美国是当今世界范围内的第一大经济强国、科技强国,在以知识产权保护推进贸易竞争力的战略运用方面有着深厚的历史渊源,并积累了丰富的经验。在"最大化利己"原则的推动之下,美国通过不断强化知识产权保护与对外贸易发展的关系,推动知识产权政策逐渐演化成为贸易政策与产业政策,并在双边和多边关系中反复加以运用,从而实现美国知识产权保护政策在全球价值链上的延伸。对美国而言,知识产权就是其核心竞争力,"除了对信息和娱乐等方面知识产权的保护,美国再没有什么东西可以卖给世界的"(朱颖,2006)。美国十分注重维护自身在知识产权保护方面的世界影响力和主导能力,其目的在于充分地运用知识产权保护巩固其在全球价值链中的绝对优势地位,从而在世界市场上攫取巨大的经济利益,同时美国又十分注重遏制其他竞争对手在技术和知识方面的赶超。"进攻型"知识产权保护具有以下几个方面的特征:

第一,在国家战略层面将知识产权视为本国巩固全球价值链地位的基石。西方发达国家高度重视知识产权保护的传统与本国的发展战略和经济结构的相关性。随着知识经济时代的到来,政府对知识产权保护的强度也呈现出螺

---

① 资料来源:*Briefing for Member States and Other Stakeholders*,World Intellectual Property Organization,2020。

旋式上升的趋势,并且在世界范围内始终处于领先水平。《乌拉圭回合协议法》的签订就在于推动世界贸易组织其他成员全面履行《与贸易有关的知识产权协定》中的各项义务。2006 年 6 月,欧盟与美国联合出台了"欧盟—美国关于加强知识产权保护的联合行动战略",该项行动战略主要是对欧美双方在加强知识产权国际保护方面提出多项要求,同时,这也是欧美在国际知识产权保护领域采取的首次联合行动。此外,西方发达国家还特别注重维护本国在知识产权领域的国际领导地位。美国知识产权执法协调机构在 2018 年度向国会提交的知识产权报告中宣称,"美国的创造者和创新者必须能够在国外市场运营,我们要为他们提供安全和使用知识产权的明确途径"①。因此自 2018 年以来,以美国政府为主导的发达国家为了进一步提高知识产权保护的国际影响力,联合各国的行政部门机构以及驻外大使馆敦促其他国家的知识产权保护应更加符合美国标准,在国际知识产权保护的规则和标准化制定过程中发挥主导作用。

第二,将知识产权战略融于贸易政策之中以控制他国市场。美国极力将知识产权制度纳入关税及贸易总协定体制中,其修订的《综合贸易与竞争法》使知识产权保护成为美国贸易政策核心问题之一,为保护本国企业的自主创新创造有利条件。此外,美国在衡量贸易伙伴对美国的知识产权是否给予足够保护时,一般是以本国国内知识产权法为标准的。美国通过运用关税法中的"337 条款"将知识产权与国际贸易挂钩,根据该条款,一旦进口商品侵害了美国的知识产权(商标权、专利权、版权和集成电路布图设计权),受害人有权向美国国际贸易委员会提出控告,经美国国际贸易委员会调查核实后,会发出禁止进口令或者强制排除令,由海关直接扣押侵权产品。美国贸易法中的"特别 301 条款"是专门考察贸易伙伴是否给予美国知识产权足够的保护而设立的一种新的贸易制裁措施,从而正式将知识产权保护与美国的国际贸易

---

① 资料来源:*Annual Intellectual Property Report To Congress*,U.S.Intellectual Property Enforcement Coordinator,2019。

政策直接产生联系。根据"特别301条款"的规定,美国贸易代表每年会出具一份年度调查报告,对美国在世界各国的知识产权保护和准入状况进行评估,并将所有贸易伙伴国大致分为"重点国家""重点观察名单"和"观察名单"三类。如果某个国家被划分为"重点国家",美国将会采取各种贸易制裁手段(如终止贸易优惠条件、限制进口以及征收高额关税等)迫使该国加强对美国知识产权的保护。综上所述,关税法"337条款"和贸易法"特别301条款"都是美国将知识产权保护融于本国国际贸易政策的典型表现,前者阻止了其他国家的竞争对手进入美国国内市场,后者则为美国产品出口到其他国家扫清了障碍。

第三,将知识产权保护作为遏制他国全球价值链地位提升的重要工具之一。相对于世界上的其他国家,美国的核心竞争优势就是技术优势(也可以说是知识产权优势),凭借这种绝对优势,美国一直处于全球价值链分工的上游,通过攫取更多的贸易利益,将先进技术与资本结合起来,进一步转化成知识产权优势,从而形成良性循环,不断强化这种利益分配的格局。20世纪50年代中期,战后日本经济成功崛起,高新技术产业蓬勃发展,给美国国内的高技术产业发展带来了较大的竞争压力。随着日美矛盾加剧,美国将知识产权议题作为打压日本技术进步的重要工具,由此,两国的争端也逐步从围绕制造业议题的"产品贸易战"转变为以知识产权为核心议题的"技术贸易战"。相关数据显示,从1980年到1990年的10年,日本企业受到"301条款"调查的案件共计24起,这其中的绝大多数案件与知识产权议题相关,涉及的领域也大部分是知识经济相关领域,如电信、医药、半导体等。而特朗普政府时期的中美贸易摩擦实质上也是基于知识产权议题的争端,自2018年3月23日以来,美方对中方提出的各项诉求就是基于此前美国单方面对中国发起的"301调查"。在此项报告中,知识产权也成为美国对中国进行攻击的最关键议题。可见,为了维持自身在全球价值链中的绝对优势地位、最大化攫取贸易利益以及打压后发国家的技术赶超,知识产权保护和"301调查"是作为美国发动贸易摩擦重要工具的一体两面。

## 二、全球生产网络下的"防守型"知识产权保护策略

"防守型"知识产权保护策略指权利人为了保护自己研发的技术,以知识产权保护为手段,使自己不受损失或者使损失降到最低,一般来说不具有针对性。相对于发达国家具有进攻性特点的知识产权保护策略,大多数发展中国家的知识产权保护一般是以防守为导向。长期以来,依靠廉价劳动力优势带来的强劲出口销售额以及薄弱的知识产权持有状况使这些国家在全球价值链中一直处在较为低端的位置,不得不受制于那些拥有强大知识产权并采取"进攻型"知识产权策略的欧美发达国家,在这种情况下,发展中国家不得不采取恰当的防御性策略来维护本国的合理利益。其中,巴西是发展中国家以"防守型"知识产权保护推进贸易竞争力提升的典型代表。这一保护策略有以下几方面特征:

第一,重视改造性发明,鼓励国内企业模仿创新。由于发展中国家在改造性或模仿性的科技创新活动上相对而言更有优势,所以发展中国家都倾向于将改造性发明作为知识产权制度中的重要组成要素。作为一个农业大国,巴西的农业科技创新一直以来采取开放式的创新模式,通过吸收外资、外国技术和引进外国研究机构参与农业科技创新,从"绿色革命"开始,充分利用美国、加拿大等国家的农业产业先进研究成果,在模仿、吸收的基础上加以改进和创新,不断加大对本国农业科技的自主研究,现在已建立起一套完整的科研与推广体系,形成了教学、科研和生产"三位一体"的成熟模式。

第二,为绿色专利开通"绿色通道"的灵活审查制度。作为世界上第一个推行绿色专利快速审查制度的发展中国家,巴西政府在2012年推出加快绿色专利申请的试点项目,将涵盖了可替代能源、交通运输、能源节约、废物处理等领域的专利申请纳入优先审查。一般巴西的专利申请审查期限长达五年,而快速审查制度则能在两年内完成授权审定。除此之外,巴西国家工业产权局

也规定了以下三种情况可以得到优先受理和审查：一是美国—巴西专利审查"高速公路"项目：美国当事人到巴西申请专利仅限于石油、天然气技术领域的专利，巴西当事人到美国申请专利则不限领域。二是绿色技术，包括能源、交通、农业、可替代能源和资源管理等技术。2016 年，巴西专利商标局通过的175 号决议进一步不限数量、无终止期限地延长了绿色技术的优先审查政策。三是制药产业。与社会公共健康有关的药品、制药工艺、相关设备与材料可以获得优先审批，例如对癌症、艾滋病以及被忽视疾病等的诊断、预防和治疗技术。

第三，结合国情适当加大知识产权执法力度，改善国内知识产权保护环境。相较于发达国家来说，巴西在知识产权保护方面的执法力度是比较弱的，盗版现象十分猖獗，因此在国际社会上饱受诟病。在日常活动中，大约有50%的巴西公民承认自己会购买盗版的产品，如影视作品和音乐作品等，巴西盗版产品网络下载量一度位居全球第二；在商业活动中，巴西社会也存在较为严重的盗版现象，例如未经授权的医疗产品、汽车零部件等在公开市场上出售。近年来，巴西政府提高了执法严格程度，对侵权的惩罚力度也有所加强。政府多次通过大规模联合行动来打击国际市场上侵犯知识产权的违法行为，重点对走私、假冒和盗版制品的源头（如贸易港口、边境城市、批发市场）进行了严格的缉查。同时，巴西政府也十分强调保护知识产权的相关法律一定要具备适当的灵活性，从而能够与本国的经济和社会发展水平相适应，让普通民众也有机会分享知识创新的最新成果。

## 三、全球生产网络下的"攻守兼备型"知识产权保护策略

在传统的贸易保护框架下，贸易保护的动机是防守性的，因此防守是知识产权保护的基本功能。但是在某些国家或地区的经济战略中，知识产权保护也具有一定的进攻性。作为成为全球范围内仅次于美国的知识产权强国，日本的知识产权政策发展起步较早，而且会根据本国的现实情况不断对知识产

权政策进行更新与修订(李志军,2015)。20世纪70年代以前,作为赶超国和技术的净进口国,日本在其工业化早期阶段利用弱的知识产权保护制度吸收了大量的技术和知识,因此受到了欧美先发国家的攻击,于是主动采取防守型的知识产权保护策略;到了20世纪80年代以后,随着经济和科技实力的增强,日本成功转型为发达国家和技术输出国,因此也在本国的知识产权保护策略上增强了进攻性,并逐渐演化成为"攻守兼备型"的典型代表国家。"攻守兼备型"知识产权策略有以下几个方面的特点:

第一,在防御为主的阶段,采用"以小制大"的专利网战略,充分保护本国工业。20世纪70年代以前,日本一直是一个赶超型的国家,在先进技术方面并不具备优势。第二次世界大战以后,日本开始走上工业复兴的道路,需要大量引进欧美国家的高新技术,并向这些国家支付巨额的专利使用费。在这个阶段,拥有知识产权的先发国可以通过不同的方式,利用自己的知识产权"进攻"作为赶超国的日本,因此在此阶段的日本以及日本企业都非常脆弱,极易受到外部冲击,也就是处于所谓的"箭靶"位置(指出口销售额非常高,但缺乏足够的知识产权来防御的国家或者企业)①,面对欧美国家在知识产权上的垄断地位,日本在改进现有创新成果的基础上,实施"以小制大"的专利网战略,即以欧美的关键性"大专利"为基础,在相关领域抢先申请各种类型的"小专利",由此构筑起严密的外围专利网②,使欧美的基础性关键专利在外围专利网之内失灵,从而避免了国外竞争对手在同一产品及类似产品中对本国企业的直接威胁。数量众多、各具特色的"小专利"对欧美基础性"大专利"起到了很好的钳制作用,保护了日本国内处于成长初期的工业体系。

第二,在转型关键阶段,明确"知识产权立国"的战略导向,激励自主创新,向全球价值链高端攀升。20世纪80年代以来,日本先后确立"教育立国"

---

① 白柯:《新兴经济体的知识产权路线图》,《中国企业家》2006年第9期。
② 所谓专利网指以主导技术申请的基本专利为核心,各种应用改进型的外围专利纵横交错所形成的对某一产品领域的保护网。

和"科技立国"的战略思想,通过大量引进国外先进技术发展本国工业,形成了"引进→吸收→创新→输出"的良性循环局面。到21世纪以后,经济实力得到大幅度提升的日本更加重视技术和知识的作用,并且进一步将知识产权保护提升到了国家战略层面上。2002年,日本政府召开本国的第一次知识产权战略会议,并在此次会议上首次提出"知识产权立国"的战略。从2002年到2003年,日本政府先后召开了8次关于本国知识产权战略的会议,这些会议不仅确立了"知识产权立国"的基本国策,还提出了更为详尽和细致的知识产权战略推动计划。为了更好地实现从"科技立国"到"知识产权立国"的战略转型,日本政府提出了"创新、保护、应用、人才"的知识产权战略"四大支柱",希望通过推行先进的知识产权战略来提高国家综合实力。由于国家对知识产权保护战略的高度关注,2003年日本企业所收到的专利费第一次超出了其所支付的专利费(白柯,2006),这不仅意味着日本已经从前期巨额的知识产权投资中获得了回报,也意味着日本在知识产权战略上由被动的防御开始转向主动获取利益的进攻。在"知识产权立国"的指导思想下,日本原有的专利网战略逐渐向以自主创新为导向的基本专利战略转型。政府出台相关政策激励本国的企业和研发机构进行创造性的科研活动,并始终为科研人员申请专利提供良好的环境和优质的服务。

第三,在全球化深化发展阶段,主导与发展中国家之间的合作,提升知识产权保护国际话语权。经过不同发展阶段的探索与实践,日本成功地将知识产权从本国的劣势转变为优势,知识产权贸易出口额从2005年的176.18亿美元增长到2021年的481.74亿美元①,跻身世界知识产权贸易强国的行列。面对知识经济和全球化时代的到来,日本各界认为,日本在对知识产权保护与管理方面仍然落后于美国,尽管日本的专利申请在数量上大大超过美国,但其技术贸易收入却远远低于以美国为首的西方发达国家,因此有必要进一步加

---

① 资料来源:世界银行统计数据库。

强知识产权的保护与管理,并且在知识产权保护规则制定和立法上不断和国际社会接轨。一方面,日本政府在订立或修改其知识产权相关法律时,都非常强调与国际条约的规定保持一致,注重吸收德国或西欧等国家和地区的先进经验。此外,迫于来自美国的压力,日本也十分注意在保护水平上与美国持平。另一方面,日本非常注重与亚洲广大发展中国家开展合作,以提升自身的国际影响力。日本政府认为,尽管亚洲的发展中国家都采取了积极的知识产权保护政策,在短期内一些亚洲国家模仿日本企业商标等负面事件仍会继续存在,而且伴随经济的全球化,这些模仿品将在世界范围内流通。因此,为加强与亚洲发展中国家之间在贸易投资方面的联系,促进技术的流通与转让,日本向亚洲发展中国家知识产权保护体制的建立提供适当援助,主要包括人才培养、信息交流、专利审查等方面的支援与合作。同时,日本政府通过与亚太经济合作组织(Asia-Pacific Economic Cooperation,APEC)合作,进一步推动与中国、韩国和东盟各国的双边关系。此外,日本政府对亚洲发展中国家有关知识产权法规适用情况和侵权状况进行调查,保护本国企业的知识产权,并敦促亚洲的发展中国家加强对模仿品等侵权行为进行监督和打击。

# 第三节　多层次"阶梯型"知识产权 保护策略的中国选择

在经济和贸易发展的不同阶段,拥有特定特征的国家或地区应该追求不同的知识产权政策,以平衡国内国际市场上的竞争需要(Ostergard,2003)。通过前述分析可以看出,高强度的知识产权保护并不是实现经济增长和贸易发展的必要条件。相反地,在发展的初级阶段,较弱的知识产权保护可能更为适合。对我国而言,现阶段是知识产权在多领域同时交叠变革的新时期(杜宏巍,2020),原有规则和制度存在一定的滞后性,无法应对新形势的不确定性,为知识产权的形成、保护和使用带来了较大冲击与挑战,同时也给我国知识产权战略的重构提供了良好的契机。为了进一步适应全球生产网络深化发展,提升全球价值链地位,中国的知识产权保护战略定位正由在发达国家施压下的被动防守转变为主动适应(范超,2011)。与此同时,我国的原始创新成果、自主创新成果以及拥有自主知识产权的成果明显增多,越来越多的国内企业正在走向自主创新的转型升级之路。然而,与发达国家和先进地区相比,我国在知识产权保护上仍存在很大的进步空间。因此本书认为,构建以我国现阶段技术发展水平为基准的、具有多层次"阶梯型"差异特征的、"攻守兼备型"知识产权保护策略是可行的选择,即应以提升企业自主创新能力、推动国家创新驱动发展作为根本出发点,立足于产业、技术、产品等多层次知识产权保护差异,兼顾知识产权保护效率提升,聚焦于新业态背景下知识产权保护新特点,构建一套合理有效、完善全面的知识产权保护体系。

随着我国产业转型升级的进程逐渐加快,产业异质性也在不断增大,各产业技术发展水平参差不齐,以往"一刀切"的知识产权保护制度已无法满足产业异质性、产业技术水平差异、区域发展差距等因素对知识产权保护的依赖。因此,知识产权保护的改革应在考虑国内、国际双层面,以及产业、行业、企业多层次异质性的基础上,形成更具适应性、针对性、能够更有效地促进自主创新能力提升的"阶梯型"知识产权保护体系(见图13-1)。

## 一、知识产权保护的"产业阶梯"

知识产权保护体系在产业异质性层面的"阶梯型"主要反映在两方面:一是产业间异质性,不同产业的创新成果对知识产权制度的需求各异,知识产权保护应根据产业特点采取相应的保护策略;二是同一产业在不同发展阶段的异质性,知识产权保护策略应随着产业的发展而不断调整。

第一,在产业间异质性方面,第一、第二产业对知识产权保护的需求主要来自企业核心技术创新,企业通过将技术创新转化或融入产品中来获取创新带来的额外收益,因此对核心技术的知识产权保护能够有效确保企业产品在

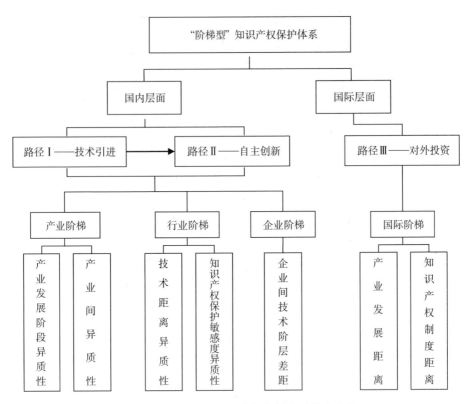

图 13-1 "阶梯型"知识产权保护体系构建路径

市场竞争中一段时间内的专有性。同时,由于技术的复杂性与高额的研发、生产、分销固定成本,使技术创新的模仿成本也很高,即使被模仿,技术的转化应用也无法轻易实现,因此,传统以专利保护为主的制度能够很好地满足第一、第二产业的知识产权保护需求,知识产权保护体系的建设重点应着眼于依据行业、企业特点调整保护的最优力度。

第三产业对知识产权保护的需求不仅仅来自企业技术,更多地来自企业独创的产销策略、商业方法、服务模式等无形的智力活动创新成果,这些成果中大部分不具有我国专利审查标准中的"技术"特征,主要解决的是商业活动问题而不是技术问题,因此不能受到专利法的保护,而商标虽然能够帮助消费者区分不同企业的产品与服务,通过消费者黏性在一定程度上维护企业的市场份额,但也无法从根本上排除其他企业对本企业专有创新成果的模仿行为。在现有知识产权制度失效的情况下,企业大多采用非知识产权保护方法进行补充,例如通过与企业员工、合作方签订合同,以合同保密条款、商业秘密等规定防止企业核心商业方法与产销策略的泄露;通过加大宣传力度,维护客户关系,提高竞争企业的进入成本以及对服务模式创新成果的模仿成本。因此,知识产权保护体系对第三产业角度的适应性改革应着力于两方面:一方面,应拓展现有的专利评价标准,使其针对缺乏"技术"特征的服务业创新成果提供特有的评价体系,或是在知识产权立法中增设新的知识产权类型,弥补现有专利、商标等保护方式在服务业部分创新成果中的失效问题;另一方面,要鼓励企业利用非知识产权保护方法,积极建设知识产权保护与非知识产权保护相结合的创新成果自我保护机制。

第二,在产业发展阶段异质性方面,产业发展的初级阶段总体目标是实现技术水平的快速提高或追赶,此时应采取较低的知识产权保护标准,以模仿创新为主要方式快速提升产业发展水平;当产业进入成长阶段,技术水平处于产业领先地位时,应适当加强知识产权保护强度,以激励自主创新为主要任务进一步实现技术水平的追赶与超越。我国的第二产业发展较早,目前已形成较大的体量,在某些行业已接近或达到世界前沿水平;而第三产业相对来说起步较晚,目前的发展水平与发达国家仍有较大差距。因此,知识产权保护应以促进第二产业技术赶超、提升第三产业发展水平为目标,构建产业有别的知识产权保护策略。对技术较为成熟的制造业以及重点发展的战略性新兴产业,实行力度较强的知识产权保护,促进产业整体自主创新能力的提升,营造公平、健康的产业发展环境,推动产业技术向世界先进水平靠拢;对发展相对缓慢的服务业,采取整体上较为宽松的知识产权保护制度,增强服务业企业对世界前沿技术的模仿学习,促进企业对国外先进技术的吸收与再创新,推动服务业整体发展质量的提高,加快产业结构转型升级的进程。对其中交通运输业、信息技术服务业等国民经济核心产业,应适当提高知识产权保护水平,鼓励核心技术的自主研发,增强第三产业的国际影响力与竞争力。总之,知识产权保护标准总体上应随着产业发展阶段动态演进,产业的发展水平越高,就需要越严格的知识产权保护制度作为支撑。

综上,知识产权保护在产业异质性层面应从产业间知识产权保护需求差异出发,秉持"以强保护鼓励先进产业、核心产业自主创新,以弱保护推动后发产业模仿创新与快速追赶"为原则,提升产业发展质量,推动产业转型升级,构建知识产权保护与产业整体发展水平动态协同的"产业阶梯"演进体系。

## 二、知识产权保护的"行业阶梯"

在行业异质性层面,知识产权保护首先需要关注行业间的技术水平异质性。对国内行业来说,技术水平的异质性主要表现为不同行业的技术与国外同行业先进技术之间距离的不同。当行业的国内外技术距离较大时,国内的强知识产权保护会强化国外先进技术在我国的垄断势力,不利于国内企业的技术追赶与市场竞争,此时应适当降低知识产权保护强度,通过参与国际分工、引进外商投资、引进高技术人才等方式提升行业的总体技术水平,充分发挥技术的行业溢出效应以及参与全球生产分工的学习效应,带动行业中国内企业的技术进步;当我国行业的技术水平与国外先进技术的差距很小,或者说没有差距时,便可以适当提升知识产权保护强度,保证我国行业的竞争优势,以适当的市场竞争激励该行业提升自主创新水平,维护行业在全球价值链中的领先地位,促进我国贸易竞争力的提升。

其次,知识产权保护应基于行业的知识产权保护敏感度异质性采取有差异的最优保护力度。行业知识产权保护敏感度的差异一部分来自行业要素密集度的差异,对技术密集型的行业来说,行业内的企业市场收益很大程度上取决于其核心技术水平,因此对知识产权保护的强度也更加敏感,较弱的知识产权保护可能会恶化市场竞争环境,企业利益会受到严重侵害,而维权过程又会消耗企业大量的时间与资本,不利于行业技术比较优势的发挥,因此要采取强力的知识产权保护措施,提高知识产权保护效率,降低侵权行为产生的负面影响;相反,对劳动密集型行业来说,行业生产活动大多涉及的是低技能水平的重复性劳动,技术在生产过程中的参与较少,因此行业中侵权行为发生的次数与频率也会较低,相对较弱的知识产权保护标准便可以满足企业日常的知识产权保护需求。此外,对那些随着产业转型升级过程发生要素密集度转换的行业,应根据行业要素驱动力的转换进程,及时调整知识产权保护强度与宽度。同时,行业知识产权保护敏感度的异质性也会受到行业内部市场竞争结构的影响,例如,在集中度较高的行业中,大部分市场份额被一家或几家大型企业所掌控,此时如果提高知识产权保护强度,会进一步强化这些企业的市场垄断势力,使市场竞争失衡,大部分中小型企业失去发展的可能性,导致市场价格的扭曲与资源的不合理配置,对行业发展与社会福利都会造成严重的损害。

因此,在知识产权保护体系的"行业阶梯"构建中,最关键的是根据各行业与国外先进技术之间的技术距离以及各行业的知识产权保护敏感度来分别制定行业的最优知识产权保护标准,以促进行业整体水平发展、维护健康的市场竞争环境为出发点,总体上对交通运输设备制造、电器机械及器材制造等国内外技术距离更近、知识产权保护敏感度更高的行业实行更为强力的知识产权保护,发挥市场竞争机制与知识产权保护制度激励行业整体自主创新水平提升的协同作用;而对食品制造、纺织服装等国内外技术距离远、知识产权保护敏感度低的行业实行相对较弱的知识产权保护,依靠参与全球生产网络的学习效应与技术引进的行业溢出效应,带动行业整体价值链地位提升,形成阶梯递进、行业有别的"阶梯型"知识产权保护体系,推动我国贸易竞争力的跨越式提升。

## 三、知识产权保护的"企业阶梯"

企业作为技术创新的主要推动者,同时也是知识产权保护中最关键的主体,对企业知识产权的保护成效直接决定了我国创新驱动发展的方向。而企业在知识产权保护体系的适用性方面也存在显著的异质性,其中最应关注的是同行业企业间的技术差距。对行业间技术差距的不同,本章在行业异质性中已做讨论,认为各行业应采取阶梯有别的知识产权保护策略。而在企业异质性方面,本章进一步认为,对同行业中处于不同技术水平的企业,也应实行阶梯递进的知识产权保护策略。

首先,对企业间技术差距较大的行业,可以根据该行业技术发展的特点、不同技术水平企业的分布情况将行业技术由低技术到前沿技术分类为不同的阶层,对距离前沿技术较远的企业阶层实行较弱的知识产权保护,对接近前沿技术水平的企业阶层实行较强的知识产权保护,构建由低到高逐层递进的"阶梯型"知识产权保护体系。这种"阶梯型"的知识产权保护策略能够在很大程度上激发企业技术创新动力,对远离技术前沿的企业来说,提升技术水平的成本会相对较低,因此企业通过较少的研发投入便能够进入更高的知识产权保护阶层,而更高的知识产权保护水平意味着企业能够更稳定、更高效地获取技术进步带来的额外市场收益,较低的研发成本和较高的额外收益会使企业积极进行技术创新,提升企业所处的知识产权保护阶层以获取更好的知识产权保护,在企业进入更高的技术阶层后,仍有继续进行技术创新、进一步提升知识产权保护阶层的动力,从长期来看有利于行业内技术差距的缩小与行业整体技术水平的进步。对接近技术前沿的企业来说,虽然技术研发的边际成本很高,但由于"超越竞争效应"的存在,高标准的知识产权政策实际上能够放大企业创新成功的事后利润,从而将激励企业进一步加大创新(Aghion等,2013),同时技术前沿激烈的市场竞争使企业如果不积极进行研发创新便很快会被追赶企业赶超,失去现有的技术优势,因此会间接放大知识产权保护的创新激励效应。这是因为技术越接近前沿,企业能够模仿创新的技术集越小,再加上严格的知识产权保护标准,企业很难通过技术模仿与再创新来提升技术水平,因此不得不加大研发投入、引入创新人才来强化企业的自主创新能力,有利于行业的可持续发展与技术竞争优势的提升。

而对企业间技术差距较小的行业来说,阶梯递进的知识产权保护体系适用性需要由行业整体的技术水平来决定。如果行业整体的技术水平较高,且企业间技术差距较小,那么"阶梯型"知识产权保护体系仍会优于"平齐型"的保护体系,并且由于接近技术前沿的企业数量增多,技术竞争也会更加激烈,因此知识产权保护对自主创新的激励效应也会更加明显。相反地,对整体技术水平较低的行业来说,阶梯递进的知识产权保护的有效性可能会缺失,这是因为整体较低的技术水平进行技术阶层划分较为困难,效果也并不一定明显,且实施阶梯保护需要消耗大量的资源,知识产权保护的成本会高于其带来的技术进步效益,此时应以提升行业整体技术水平为首要目标。结合上节行业异质性的观点,采取一致较低的知识产权保护标准,注重对国外先进技术的引进、吸收与模仿,通过技术的溢出效应快速提升行业技术水平,逐步由一致的保护策略向阶梯递进的保护策略动态调整。

由此,知识产权保护在企业异质性方面应以激励企业技术发展为目标、以提升企业自主创新能力为导向,通过技术阶层划分与阶梯递进的知识产权保护体系,充分发挥知识产权保护的动态效应,激励不同技术阶梯上的企业加大研发创新力度,积极向更高的技术阶层进步,由此带动行业整体的技术水平与自主创新能力提高,强化行业技术在国际市场中的竞争优势,提升我国行业在全球生产网络中的分工地位。

综上所述,我国知识产权保护体系在国内层面的构建应综合考量产业、行业、企业多个层次的异质性,根据不同层面上技术水平等方面的差异,分别实行不同标准的知识产权保护,最终呈现出知识产权保护强度从落后产业向先进产业递进、从滞后行业向前沿行业递进、从低敏感度行业向高敏感度行业递进、从低技术水平企业向高技术水平企业递进的"阶梯型"知识产权保护结构,充分发挥知识产权保护的创新激励效应,最大限度地激发企业自主创新的活力,以提升企业技术水平为出发点,带动行业、产业整体技术水平发展,促进产业结构的转型升级与我国价值链地位的攀升,推动我国贸易竞争力实现新的跨越式增长。

## 四、知识产权保护的"国际阶梯"

随着全球生产网络和国际分工体系的复杂化,我国在全球治理体系中的参与度直接决定了我国产业在全球价值链中的分工地位。习近平总书记在中共中央政治局第二十七次集体学习时也强调,随着全球性挑战增多,加强全球治理、推进全球治理体制变革已是大势所趋。因此,我国应在构建完善国内知识产权保护体系的同时,促进知识产权国内治理与知识产权国际治理之间的深度融合,参与并主导知识产权区域规则,甚至国际规则的制定。

国际知识产权保护的直接目的是保证我国海外投资、生产活动的顺利进行,因此在知识产权的海外保护体系构建中,首先应关注我国与合作国家之间的产业发展距离。对产业发展水平较我国差且距离较远的国家来说,我国进行对外直接投资主要是为了寻求资源与开拓市场,在此过程中知识产权保护的作用,一是防止我国产业先进技术在海外生产过程中的泄露,保证我国技术的领先地位;二是强化我国产业在国外市场中的竞争优势。此时,我国可以采取偏"进攻型"的知识产权保护模式,将我国的知识产权保护理念和诉求融入投资协定或知识产权合作规则中,例如在与"一带一路"沿线国家和地区的合作中,我国可以从自身知识产权保护需求出发,积极推动沿线各国和地区之间知识产权合作平台的建立,签订平等、互利的知识产权区域性治理协议。而对产业发展水平与我国相近或优于我国的合作国来说,我国进行逆梯度对外直接投资主要是为了学习、吸收国外先进技术,其中知识产权保护的目的也更多是为了实现与合作国的互利共赢,避免海外知识产权纠纷的产生。此时,我国的知识产权保护模式应偏向于"防守型"或"攻守兼备型",在实现技术海外保护的同时加深我国与合作国之间知识产权规则的交流,积极学习借鉴其他国家先进的知识产权治理经验,引导我国技术水平与知识产权保护水平相互促进、协同发展。

其次，知识产权的海外保护应充分考量各国之间的知识产权制度距离。各国之间或区域内部的知识产权规则差异会直接影响我国企业海外活动的风险与效率，例如对知识产权制度欠缺或不完善的国家进行对外直接投资时，我国企业可能面临当地商业环境、市场、文化等多方面潜在的不确定性，甚至可能与国外市场价值观念及知识产权制度存在冲突，导致投资风险与知识产权侵权风险大幅增加；相反地，对与我国知识产权制度距离更近、保护规则更健全的国家进行对外投资能够显著减少知识产权保护规则协调与适应成本，提高技术的学习吸收与转移转化效率。《区域全面经济伙伴关系协定》的正式签署为我国协调区域间知识产权制度差异提供了新的契机，区域性贸易规则与治理体系的建设能够有效消除区域内各国以往存在的制度差异，在此过程中，我国应积极主动地将自身知识产权治理理念融入区域性合作协定中，以区域内部共同发展、共同繁荣为出发点推动区域知识产权治理体系的构建。

由此，我国在进行知识产权海外保护时应兼顾各国之间产业发展距离与知识产权制度距离，针对海外活动目标市场的不同采取差异化的知识产权保护策略，积极推进并参与区域性知识产权治理规则的制定，实现知识产权保护国内治理与国际治理的相互融合与相互平衡，为我国贸易竞争力的重构营造稳定、高效的制度支撑。

# 第四节　增进贸易竞争力提升的知识产权保护策略创新

合理有效的知识产权保护政策是知识产权保护体系建设的重要支撑和必要保障。知识的非竞争性和非排他性使知识产权保护无法通过市场机制、社会自治自发地实现，因此需要相应的政策制度进行强制性约束。我国国家知识产权局近年来通过逐年颁布《国家知识产权战略实施推进计划》《深入实施国家知识产权战略加快建设知识产权强国推进计划》等文件不断引导知识产权保护相关政策与工作的落实与实施。为了更好地构建和完善知识产权保护体系,我国的知识产权保护政策应兼顾企业决策的微观层面与政府调控的宏观层面,基于"阶梯型"知识产权保护结构,从企业发展、产业升级、市场环境、国际局势等方面综合考量,建立全面、高效的政策体系促进创新成果的转化与创新收益的实现,进而形成新的产业竞争优势与贸易优势。

## 一、"阶梯型"知识产权保护的策略创新

《国家知识产权战略纲要》依据政策功能,将知识产权政策工具分为创造、运用、保护、管理四类,其中创造类政策工具关注于技术的引进吸收与自主创新;运用类政策工具主要涉及知识产权价值的实现,包括知识产权成果的转化与知识产权交易、质押融资等;保护类政策工具目的是保护知识产权的专有性,具体涵盖知识产权的立法、执法、监管等方面;管理类政策工具指对知识产权开发、使用、收益、处分等行为的管理。我国在知识产权保护体系建设中,应结合知识产权各层次的"阶梯"特征,围绕政策工具的组合以及政策工具的力度两个维度采取差异化的保护策略。

### (一) 重创造、强保护的"创新型"策略

"创新型"知识产权保护策略适用于行业技术接近或领先世界先进水平且知识产权敏感度较高的工业企业及技术特征明显的服务业企业,最大限度地激发企业的自主创新能力。一方面,要重点支持知识产权的自主研发与创造。要提高并细化现有的知识产权审查与评价标准,并基于评价标准运用财政补贴对知识产权的研发进行事后分级奖励,给予创新质量较高的企业更多的研发补贴,激励创新质量较差的企业提升创新水平,同时可以结合税收政策,提高研发支出所缴税款加计扣除的比例,削减企业的研发成本。

另一方面,要采取严格的阶梯保护政策。对这类技术更迭快、创新需求高

的企业,阶梯型保护体系的构建可以从保护范围与惩罚性赔偿制度入手,根据行业内企业间技术水平的逐层递进,采取较短的保护长度以及递进式的保护范围与侵权惩罚标准,即企业所处技术阶层越高,其知识产权便能获得更广泛的保护,侵权发生后其获得的赔偿也越高。这种保护策略的目的一是保证领先企业先进技术的市场收益权,提高其他企业的侵权成本,以短期高收益激发企业长期创新的动力;二是以递进式的保护力度激发行业内低技术水平企业的向上追赶,以寻求更高的创新收益与知识产权保护,提升行业整体的技术水平与自主创新水平。

### (二) 重溢出、弱保护的"发展型"策略

与"创新型"策略相反,"发展型"知识产权保护策略主要适用于行业技术水平较为落后的工业与服务业企业,这类政策组合的目的是提升行业整体的发展水平,以技术引进与模仿创新为驱动力实现行业技术水平的快速追赶。因此,创造类政策工具更倾向于加强知识产权的基础性建设,为产业政策的实施提供良好的知识产权环境。例如提高知识产权审查效率,提升企业的创新意识与知识产权意识;加强该领域创新型人才的培养,充分发挥高等学校、科研院所对技术创新的重要作用。而行业技术水平的提高主要依靠相关的产业政策来实现,如利用优惠政策吸引外资流入、加大对外投资促进国际技术吸收等。

同样地,保护类的政策工具也需要采取较为宽松的保护政策,并结合行业内企业间技术差距采取"平齐型"或适当的"阶梯型"保护政策。企业间知识产权保护阶层可以以保护长度为核心进行划分,对技术水平较高的企业实行较长的知识产权保护,一是由于模仿创新为主的创新模式难以明确划分知识产权保护边界,并且该行业中大部分企业均为中小企业,缺乏良好的知识产权保护意识,因此较高的惩罚性赔偿可能会遏制企业模仿创新的积极性;二是由于行业整体发展水平较低,技术更迭速度较慢,递进的知识产权保护长度能够

保证企业长期内生产经营的稳定性,降低企业加大研发力度所面临的市场风险,为行业长期的技术追赶提供政策保障。

### (三) 重转化、窄保护的"应用型"策略

对知识产权敏感度较低的劳动密集型行业来说,知识产权政策应采取适当的保护长度和宽度,适度缩短知识产权保护期限,缩窄保护范围,将落脚点放在知识产权创新成果的转化与运用中,扩大行业的市场规模。一是要鼓励企业将创新成果商品化、产业化,缩短技术产业化的周期,为企业技术的投入生产提供财政补贴或技术援助;二是要引导企业采取知识产权转让、许可、质押等方式实现知识产权价值,搭建知识产权交流、交易平台,提升企业知识产权的流动能力,激励企业以运用促创新、以流动拓市场;三是要发挥我国劳动密集型产业的优势,鼓励企业积极开展海外活动,以贸易或投资等方式提升我国传统优势产业的国际地位与海外市场竞争力。

同时,由于这类行业对知识产权保护的需求相对较低,更宜采取相对宽松的保护类政策工具,过于严格的知识产权保护不仅收效甚微,甚至可能会适得其反。因此在实施过程中,可以采取较技术密集型行业更弱的知识产权保护标准,适当缩减保护长度与保护宽度,促进企业多样化技术创新;在实行技术专利保护的同时,可以充分发挥商标在劳动密集型行业中的作用,推动企业注册、使用和推广商标,形成知名品牌与核心技术相互促进、相辅相成的"开拓型"发展模式。

### (四) 重规制、自保护的"自律型"策略

对技术特征不明显的服务业行业来说,企业创新可能更多体现在企业核心产销策略、商业方法、服务模式等方面的更新与改进,而这部分无形智力成果在现行的知识产权保护制度下缺乏相应的保护方式,因此更适合加强行业管理,通过市场规制、行业自律实现对企业创新成果的保护。首先,要加快完

善此类非技术创新的知识产权界定,拓展保护类政策覆盖范围或增添知识产权类别,为企业创新成果的保护提供法律基础;其次,要完善这类行业中企业的知识产权管理部门建设,提高企业对创新成果的保护意识,鼓励企业以合同、商业秘密等非知识产权保护方式维护企业核心竞争力;再次,要联合行业协会、行业内龙头企业建立创新成果的行业管理标准,实现服务业非技术创新的标准化管理;最后,要充分发挥反不正当竞争法在服务业"自律型"保护过程中的调节作用,维护服务业的市场竞争秩序,推动我国服务业健康、快速发展。

## 二、区域价值链下的知识产权规则设计

### (一) 强化海外知识产权保护

贸易竞争力的提升不仅要求国内知识产权政策进行适应性调整,海外知识产权保护政策的作用同样不容忽视,建立完善海外知识产权保护体系对促进我国知识产权的海外使用、推动我国与其他国家或国际组织的知识产权国际合作具有重要意义。目前,我国海外知识产权保护体系的建立应依托于国家海外知识产权纠纷应对指导中心(以下简称"国家指导中心"),逐步推进地方分中心的试点与推广工作,形成覆盖海外知识产权风险预警、信息搜集、业务咨询、纠纷应对的部门协作体系。

具体而言,一是要围绕国家指导中心的风险防控工作,打造知识产权海外风险预警与防控平台。通过国家指导中心、地方分中心以及各级知识产权保护部门之间的跨部门联动,监控海外知识产权保护政策、贸易政策、产业政策的变动,分析评估相关产业、行业内不同类型的知识产权潜在的海外风险,以平台预警通知、编制预警报告等方式及时将潜在风险传达至可能受到影响的企业,并协助企业及时调整海外知识产权活动策略,规避海外知识产权纠纷风险。二是要通过国家指导中心、地方分中心全面对接企业,搭建海外知识产权

信息服务平台。平台负责搜集企业在开展海外知识产权活动时遇到的问题与阻碍,结合对以往遭遇的海外知识产权纠纷案件的整理分析,将常见的海外知识产权问题及解决方案通过平台及时传达至企业,引导企业积极防控、解决海外知识产权纠纷,对部分特殊或具有重大影响的知识产权纠纷,组织各领域专家研究并给出相应的应对策略,协助企业海外知识产权活动的顺利进行。三是要以国家指导中心为主体,召集各领域法律专家或第三方法律服务机构,建立完善海外知识产权维权援助机制。其中一方面是要定期为开展海外知识产权活动的企业提供相应市场、相关领域的知识产权政策普及与侵权风险防控意识培训,尽可能地降低侵犯目标国家或地区知识产权的风险,从而降低企业海外知识产权活动的潜在成本;另一方面是要在海外知识产权侵权案件发生后,为企业提供维权援助,降低企业的维权成本。国家指导中心可以聘请各领域知识产权法律专家、动员第三方法律服务机构组建海外知识产权维权援助专家库和第三方知识产权服务机构名录,为企业提供海外知识产权维权咨询、指导与援助服务。

## (二) 主导区域知识产权治理

国际分工模式由全球价值链向区域价值链的转化为我国从知识产权全球治理"被动接受者"向"主动参与者"的角色转型提供了新的切入点。随着《区域全面经济伙伴关系协定》的正式签署,以中国、日本、韩国、澳大利亚等15国为核心的全球最大自由贸易区正式落地,我国应以此为契机,把握区域生产分工新模式,构建区域治理体系新格局。

一方面,我国要积极确立在区域价值链中的主导地位,建立完善区域知识产权治理体系。首先,我国应依靠区域对外投资的自由化与便利化,将中低端制造业更快地向区域内成本更低的国家转移,发挥周边新兴国家或地区的劳动密集型产业与我国资本、技术密集型产业的优势互补,率先占领区域生产分工中研发、设计等高端环节,实现我国从全球价值链"低端锁定"向区域价值链"高端主导"的发展模式升级。其次,我国应积极发挥主导地位的引领作用,与区域价值链上各国协商制定区域知识产权保护规则,将我国的知识产权治理思路与利益诉求融入区域治理体系中。这种利益诉求的融入并不同于以往发达国家通过发起国际争端胁迫发展中国家调整国内政策导向,迫使国际规则完全为其利益服务的倒逼式改革方式,相反地,是要从我国自身的知识产权制度改革出发,在结合国际规则与区域发展特点的基础上,以主动式的改革方式推动区域知识产权治理向平等、包容的方向发展。对此,我国可以充分利用自身在电子商务、大数据和人工智能等领域的发展优势,以数字经济产业知识产权治理体系为突破口,率先制定、实践数字经济知识产权区域合作制度,强化我国在区域治理规则制定中的话语权。

另一方面,我国要充分发挥在全球价值链与区域价值链中的枢纽作用,推进知识产权区域治理体系与全球治理体系的深度融合。其中,一是要积极利用现有的区域合作平台,在保证区域价值链内部治理体系独立完整运行的基础上,推进区域价值链向全球价值链的嵌入,从而带动知识产权区域治理体系与国际规则的接轨,不仅要吸收国际先进治理经验完善区域知识产权治理规则,更要将区域知识产权制度建立完善的成果、经验推广到国际规则中,推动知识产权全球治理体系的变革。对此,我国可以借助"一带一路"倡议,积极与沿线、沿岸参与国开展知识产权合作,制定具有约束力与国际影响力的知识产权合作协定,并以此为基础进一步拓展"一带一路"合作的领域与范围,将我国的知识产权治理思路经由区域贸易平台逐步推广到国际知识产权交流合作中。二是要对各类潜在的区域性贸易合作保持开放态度,继续深化与其他国家、地区以及国际组织之间知识产权的交流与合作。特别是在我国目前亟须发展但技术水平、资源条件又相对欠缺的领域,要积极促进中外企业之间的技术交流,积极开展有关自贸区的协商谈判,组织不同区域之间价值链的转移与对接,拓展区域合作平台的覆盖范围与国际影响力,在推动知识产权区域治理体系建立完善的同时提升我国在知识产权国际规则制定、改革中的话语权。

## 三、推进产业政策与知识产权政策协同

### （一）产业政策功能化转型

知识产权保护政策的改革需要产业政策的协同性调整，"自下而上"的保护体系要求以往以政府调控为主的选择性产业政策向以市场机制调控为主的功能性产业政策转型。在选择性产业政策下，政府通过强制性的行政干预措施对战略产业、新兴产业进行选择性扶持，以干预市场、扭曲价格等手段主导资源配置，试图以政府部门的判断来替代市场机制作出选择，导致资源配置偏向性过强、资源配置效率较低。而功能性产业政策则是将市场放在主导地位，政府通过基础设施建设、制度建设维护市场公平有序的竞争环境，发挥市场机制对资源配置的决定性作用。在功能性产业政策下，政府避免了挑选赢家的角色，取而代之，政府仅会扩展市场机制的作用范围，补充市场机制在部分公共领域的不足。同时，政府不参与资源的配置过程，因此不会导致资源错配与价格扭曲，资源配置效率取决于市场机制的完善程度。

产业政策的转型过程需要政府改变以往以产业为主导的政策制定模式，转向建设以市场制度为导向的功能性制度体系，为市场机制的发挥提供完善的制度基础。其中，一是要促进企业创新能力提升与创新成果转化，推动政府从有偏支持逐步向竞争中立转型，放弃对特定产业、优势产业的税收优惠、财政补贴等选择性支持，采取对创新活动、人力资本培育等方面的普适性支持措施，无差别地对待国有企业与私营企业，由市场竞争结果决定产业发展方向，激发企业自主创新的积极性。二是要完善市场竞争制度。新业态的发展会涌现出多种全新的商业模式与经济模式，此时需要政府深入探索各类新模式的供求机制、定价机制、收益机制等特点，扩展市场制度的覆盖范围，确保市场机制能够在各类新模式中发挥对资源配置的决定性作用。同时对市场机制失效的公共服务领域，政府应加大公共服务投入，强化基础设施建设，积极推进与

各类社会资本的合作,推动公共服务领域的政府调控与市场化相结合,在弥补市场机制不足的同时充分利用市场化在资源配置效率等方面的优势。三是要实现管制型政府向服务型政府的转变,以企业、社会为主体,逐步扩大公共服务供应的多样性与针对性。通过建立起"自下而上"的服务体系,明确各级政府部门的责任,完善政务公开化、公共权利透明化、舆论自由化建设,畅通社会公众申诉、评价与反馈渠道,及时搜集分析社会公众的服务需求,提高政府的服务质量与服务水平。同时要简化行政程序、规范行政行为,杜绝政府部门凭借行政垄断干扰市场秩序的现象,破除地方保护主义等权利滥用手段,积极发挥社会监督在行政监督机制中的重要作用,建立起一套完善的、集服务、评价、监督于一体的政府服务体系。

### (二)"双循环"格局下产业链政策协同

在国内大循环为主体、国内国际双循环相互促进的新发展格局下,我国要立足于产业链在"双循环"格局构建中的核心地位,统筹推进产业链国内循环与国际循环,发挥产业基础高级化、产业链现代化建设对知识产权保护体系建设的协同驱动作用,促进知识产权保护政策的效率提升。

首先,以产业链国内循环加速产业链结构升级。一是要促进产业链与创新链深度融合,加速产业链核心环节重构。巩固创新在产业链升级全局中的核心地位,促进创新要素向产业链高端环节集聚。围绕国家重大产业布局补链、强链,强化新能源、新材料等重点领域及战略性新兴产业技术研发支撑,加大薄弱领域基础研发投入力度,补齐产业链关键环节短板,引导产业链国内环节从生产、制造向研发、设计、销售、服务等上下游环节转型与延伸。二是要推动产业链链群建设,加强产业链供应链垂直整合。要充分发挥产业链链群化的成本优势与产业链垂直整合协同优势,优化区域产业链布局,驱动产业链结构调整与协同创新。我国可以围绕长三角、珠三角、粤港澳等城市群打造一批战略性新兴产业链链群,发挥区域经济先行优势、产业链规模优势,构建产业链上下游各环节大中小微企业协同发展的高质量发展生态体系,抢占未来产业发展先机。三是发挥国内供需循环对产业链升级的倒逼效应,以供需高水平动态平衡畅通产业国内循环。供给侧结构性改革持续深化促进产业链供应链全流程运行降本增速;需求侧持续的内需潜力释放与我国超大规模市场优势要求产业链供应链响应精准高效。对此,我国可以紧抓数字经济发展新机遇,推动产业链供应链全链路数字化转型,聚焦产业链各环节线上线下一体化协同发展,加速企业新技术、新产品的市场化速度,激发个性化、定制化需求满足潜能,提升产业链供应链市场竞争力,形成以创新体制机制为支撑、市场供需循环为导向、产业链全局高度协同的产业链国内循环体系。

其次,以产业链国际循环引导产业链优势重构。一是要以"引资补链"为出发点,补齐产业链环节空白与短板。产业链内部增值环节全球化配置成为国际产业转移新模式,产业链冗长化、零碎化特征明显,而疫情的暴发致使部分产业核心生产环节回流至投资东道国,我国产业链面临中断风险。对此,我国要以吸收技术溢出、掌控缺失技术、畅通产业链路为目标,积极引进国外技术与外商投资,保障产业链完整、稳定、安全。二是以"引资强链"为落脚点,培育产业链国际竞争新优势。单边主义、保护主义抬头加剧了产业去全球化趋势,全球产业链竞争日益激烈,我国要大力吸引国外先进技术与大型跨国企业的流入,引导产业链核心环节、关键技术留驻国内,以外资引进激发竞争创新效应,强化产业链竞争优势;同时鼓励我国产业链传统优势环节对外输出,参与产业链国际循环,推动全球产业链多元化调整,以引进外资与对外投资均衡发展推进产业链优势高效重构,打造内外相互促进、良性循环的产业链发展新格局,为我国知识产权制度改革保驾护航。

# 参考文献

[1][德]弗里德里希·李斯特:《政治经济学的国民体系》,陈万煦译,蔡受百校,商务印书馆 1961 年版。

[2][美]保罗·克鲁格曼:《国际经济学》(第六版),中国人民大学出版社 2006 年版。

[3][美]保罗·克鲁格曼:《战略性贸易政策与新国际经济学》,海闻译,中国人民大学出版社 2000 年版。

[4][美]大卫·李嘉图:《政治经济学及赋税原理》,劳英富译,华夏出版社 2005 年版。

[5][美]道格拉斯·C.诺斯:《经济史中的结构与变迁》,厉以宁译,商务印书馆社 1992 年版。

[6][美]道格拉斯·C.诺斯:《制度、制度变迁与经济绩效》,杭行译,格致出版社 2008 年版。

[7][美]凡勃仑:《有闲阶级论——关于制度的经济研究》,商务印书馆 1964 年版。

[8][韩]金麟洙:《从模仿到创新》,刘小梅、刘鸿基译,新华出版社 1998 年版。

[9][美]理查德·A.波斯纳:《正义/司法的经济学》,中国政法大学出版社 2002 年版。

[10][德]卡尔·马克思:《资本论》,人民出版社 1975 年版。

[11][美]迈克尔·波特:《国家竞争优势》,李明轩、邱如美译,华夏出版社 2002 年版。

[12][美]亚历山大·汉密尔顿:《关于制造业的报告》,崔学锋译,《演化与创新经

济学评论》2014年第1期。

[13][瑞典]伊·菲·赫克歇尔、[瑞典]戈特哈德·贝蒂·俄林:《赫克歇尔—俄林贸易理论》,陈颂译,商务印书馆2018年版。

[14][印]阿玛蒂亚·森:《身份与暴力》,中国人民大学出版社2009年版。

[15][英]亚当·斯密:《国民财富的性质和原因的研究》,唐日松等译,华夏出版社2014年版。

[16]白光裕、庄芮:《全球价值链与国际投资关系研究——中国的视角》,《国际贸易》2015年第6期。

[17]保永文:《知识产权保护、技术引进与中国制造业技术创新——基于面板数据的实证检验》,《国际贸易问题》2017年第6期。

[18]曹秋菊:《提升我国贸易竞争力的新思路》,《商业时代》2004年第17期。

[19]车文娇、田炜:《比较优势论的新发展与贸易竞争力的提升》,《沈阳师范大学学报(社会科学版)》2007年第1期。

[20]陈春宝:《中国高技术产业发展与贸易竞争力》,东北财经大学出版社1997年版。

[21]陈菲琼、虞旭丹:《企业对外直接投资对自主创新的反馈机制研究:以万向集团OFDI为例》,《财贸经济》2009年第3期。

[22]陈凤仙、王琛伟:《从模仿到创新——中国创新型国家建设中的最优知识产权保护》,《财贸经济》2015年第1期。

[23]陈俊聪、黄繁华:《对外直接投资与贸易结构优化》,《国际贸易问题》2014年第3期。

[24]陈立敏、周材荣、倪艳霞:《全球价值链嵌入、制度质量与产业国际竞争力——基于贸易增加值视角的跨国面板数据分析》,《中南财经政法大学学报》2016年第5期。

[25]陈丽静:《知识产权保护、技术创新与贸易结构优化》,浙江大学2012年硕士学位论文。

[26]陈良华、周政:《国际分工格局演变下的中国生产性服务业发展研究》,《学海》2011年第5期。

[27]陈明、魏作磊:《服务业开放打破中国制造业"低端锁定"了吗》,《经济学家》2018年第2期。

[28]陈强:《高级计量经济学及Stata应用》(第二版),高等教育出版社2014年版。

[29]陈晓东:《改革开放40年技术引进对产业升级创新的历史变迁》,《南京社会

科学》2019 年第 1 期。

[30]陈钰芬、陈劲:《开放度对企业技术创新绩效的影响》,《科学学研究》2008 年第 2 期。

[31]程春梅、刘洪顺《试论贸易竞争力评价指标体系》,《商业时代》2005 年第 8 期。

[32]程大中、郑乐凯、魏如青:《全球价值链视角下的中国服务贸易竞争力再评估》,《世界经济研究》2017 年第 5 期。

[33]程大中:《论服务业在国民经济中的"黏合剂"作用》,《财贸经济》2004 年第 2 期。

[34]程大中:《中国参与全球价值链分工的程度及演变趋势——基于跨国投入—产出分析》,《经济研究》2015 年第 9 期。

[35]程时雄、柳剑平、龚兆鋆:《中国工业行业节能减排经济增长效应的测度及影响因素分析》,《世界经济》2016 年第 3 期。

[36]代中强:《不均质知识产权保护对发展中国家的影响研究:基于实际保护的视角》,经济科学出版社 2016 年版。

[37]戴翔、张二震:《全球价值链分工演进与中国贸易失速之"谜"》,《经济学家》2016 年第 1 期。

[38]丁宋涛、刘厚俊:《垂直分工演变、价值链重构与"低端锁定"突破——基于全球价值链治理的视角》,《审计与经济研究》2013 年第 5 期。

[39]董琴:《"逆全球化"及其新发展对国际经贸的影响与中国策略研究》,《经济学家》2018 年第 12 期。

[40]董雪兵、史晋川:《累积创新框架下的知识产权保护研究》,《经济研究》2006 年第 5 期。

[41]杜大伟、莱斯、王直:《全球价值链发展报告(2017)》,社会科学文献出版社 2017 年版。

[42]杜宏巍:《我国知识产权战略面临的挑战与对策》,《宏观经济管理》2020 年第 3 期。

[43]樊纲:《"发展悖论"与发展经济学的"特征性问题"》,《管理世界》2020 年第 4 期。

[44]樊茂清、黄薇:《基于全球价值链分解的中国贸易产业结构演进研究》,《世界经济》2014 年第 2 期。

[45]范超:《知识产权保护全球化体制变革与我国的应对策略》,《国际贸易》2014

年第 1 期。

[46]冯立杰、杜靖宇、王金凤、岳俊举:《颠覆式创新视角下后发企业价值网络演变路径》,《科学学研究》2019 年第 1 期。

[47]冯晓青、刘淑华:《试论知识产权的私权属性及其公权化趋向》,《中国法学》2004 年第 3 期。

[48]傅瑜、隋广军、赵子乐:《单寡头竞争性垄断:新型市场结构理论构建——基于互联网平台企业的考察》,《中国工业经济》2014 年第 1 期。

[49]付玉秀、张洪石:《突破性创新:概念界定与比较》,《数量经济技术经济研究》2004 年第 3 期。

[50]葛琛、葛顺奇、陈江滢:《疫情事件:从跨国公司全球价值链效率转向国家供应链安全》,《国际经济评论》2020 年第 4 期。

[51]葛顺奇、罗伟:《跨国公司进入与中国制造业产业结构——基于全球价值链视角的研究》,《经济研究》2015 年第 11 期。

[52]韩玉雄、李怀祖《关于中国知识产权保护水平的定量分析》,《科学学研究》2005 年第 3 期。

[53]郝凤霞:《战略性新兴产业的发展模式与市场驱动效应》,《重庆社会科学》2011 年第 2 期。

[54]何正霞:《产业内贸易对提高我国贸易竞争力的作用》,《商业时代》2004 年第 21 期。

[55]贺贵才、于永达:《知识产权保护与技术创新关系的理论分析》,《科研管理》2011 年第 11 期。

[56]洪银兴:《创新驱动攀升全球价值链中高端》,《经济学家》2017 年第 12 期。

[57]侯欣裕、陈璐瑶、孙浦阳:《市场重合、侵蚀性竞争与出口质量》,《世界经济》2020 年第 3 期。

[58]胡昭玲:《产品内国际分工对中国工业生产率的影响分析》,《中国工业经济》2007 年第 6 期。

[59]黄建忠:《供应链安全与双循环战略》,《对外经贸实务》2020 年第 11 期。

[60]黄玖立、冼国明:《金融发展、FDI 与中国地区的制造业出口》,《管理世界》2010 年第 7 期。

[61]黄先海、胡馨月、陈航宇:《知识产权保护、创新模式选择与我国贸易扩展边际》,《国际贸易问题》2016 年第 9 期。

[62]黄先海、余骁:《"一带一路"建设如何提升中国全球价值链分工地位?——

基于 GTAP 模型的实证检验》,《社会科学战线》2018 年第 7 期。

[63]黄先海、宋学印:《准前沿经济体的技术进步路径及动力转换——从"追赶导向"到"竞争导向"》,《中国社会科学》2017 年第 7 期。

[64]黄先海、余骁:《以"一带一路"建设重塑全球价值链》,《经济学家》2017 年第 3 期。

[65]黄先海、张胜利:《中国战略性新兴产业的发展路径选择:大国市场诱致》,《中国工业经济》2019 年第 11 期。

[66]姬元婕、邵垚煜:《论中国与美国关系中的知识产权因素》,《河南工业大学学报(社会科学版)》2012 年第 1 期。

[67]贾继锋:《重构优势:入世后中国贸易的国际竞争力》,上海社会科学院出版社 2001 年版。

[68]江小涓:《中国出口增长与结构变化:外商投资企业的贡献》,《南开经济研究》2002 年第 2 期。

[69]江旭、高山行、周为:《最优专利长度与宽度设计研究》,《科学学研究》2003 年第 2 期。

[70]姜振煜、福鑫、李宜馨:《知识产权保护促进全球价值链参与了吗?——基于 40 个国家知识产权数据的实证研究》,《河南师范大学学报(哲学社会科学版)》2022 年第 3 期。

[71]金碚:《中国工业国际竞争力:理论、方法与实证研究》,经济管理出版社 1997 年版。

[72]靳巧花、严太华:《国际技术溢出与区域创新能力——基于知识产权保护视角的实证分析》,《国际贸易问题》2017 年第 3 期。

[73]李春顶:《中国出口企业是否存在"生产率悖论":基于中国制造业企业数据的检验》,《世界经济》2010 年第 7 期。

[74]李宏、陈圳:《制度约束与全球价值链地位提升:制度红利的门槛效应》,《现代财经(天津财经大学学报)》2018 年第 2 期。

[75]李平、臧树伟:《基于破坏性创新的后发企业竞争优势构建路径分析》,《科学学研究》2015 年第 2 期。

[76]李强、郑江淮:《产品内分工的我国制造业价值链攀升:理论假设与实证分析》,《财贸经济》2013 年第 9 期。

[77]刘洪钟、齐震:《中国参与全球生产链的技术溢出效应分析》,《中国工业经济》2012 年第 1 期。

[78]李胜旗、毛其淋：《制造业上游垄断与企业出口国内附加值——来自中国的经验证据》，《中国工业经济》2017 年第 3 期。

[79]连玉君、廖俊平：《如何检验分组回归后的组间系数差异?》，《郑州航空工业管理学院学报》2017 年第 6 期。

[80]连玉君、彭方平、苏治：《融资约束与流动性管理行为》，《金融研究》2010 年第 10 期。

[81]林毅夫、蔡昉、李周：《比较优势与发展战略——对"东亚奇迹"的再解释》，《中国社会科学》1999 年第 5 期。

[82]林毅夫、张鹏飞：《后发优势、技术引进和落后国家的经济增长》，《经济学（季刊）》2005 年第 4 期。

[83]刘斌、王杰、魏倩：《对外直接投资与价值链参与：分工地位与升级模式》，《数量经济技术经济研究》2015 年第 12 期。

[84]刘斌、魏倩、吕越、祝坤福：《制造业服务化与价值链升级》，《经济研究》2016 年第 3 期。

[85]刘琳：《全球价值链、制度质量与出口品技术含量——基于跨国层面的实证分析》，《国际贸易问题》2015 年第 10 期。

[86]刘民权：《世界生产体系的剧变与发展中国家的际遇》，《探索与争鸣》2018 年第 7 期。

[87]刘小鲁：《知识产权保护、自主研发比重与后发国家的技术进步》，《管理世界》2011 年第 10 期。

[88]刘志彪、张杰：《全球代工体系下发展中国家俘获型网络的形成、突破与对策——基于 GVC 与 NVC 的比较视角》，《中国工业经济》2007 年第 5 期。

[89]卢福财、胡平波：《全球价值网络下中国企业低端锁定的博弈分析》，《中国工业经济》2008 年第 10 期。

[90]龙小宁、王俊：《中国专利激增的动因及其质量效应》，《世界经济》2015 年第 6 期。

[91]卢锋：《产品内分工》，《经济学（季刊）》2004 年第 4 期。

[92]吕婕、林芸：《美贸易竞争力实证分析——基于显示性比较优势指数和产业内贸易指数的比较分析》，《生产力研究》2010 年第 9 期。

[93]吕越、陈帅、盛斌：《嵌入全球价值链会导致中国制造的"低端锁定"吗?》，《管理世界》2018 年第 8 期。

[94]吕越、黄艳希、陈勇兵：《全球价值链嵌入的生产率效应：影响与机制分析》，

《世界经济》2017 年第 7 期。

[95]吕越、罗伟、刘斌:《异质性企业与全球价值链嵌入:基于效率和融资的视角》,《世界经济》2015 年第 8 期。

[96]吕越、刘之洋、吕云龙:《中国企业参与全球价值链的持续时间及其决定因素》,《数量经济技术经济研究》2017 年第 6 期。

[97]马风涛:《中国制造业全球价值链长度统计指标研究》,经济管理出版社 2019 年版。

[98]马文甲、高良谋:《开放度与创新绩效的关系研究——动态能力的调节作用》,《科研管理》2016 年第 2 期。

[99]毛其淋、许家云:《政府补贴对企业新产品创新的影响——基于补贴强度"适度区间"的视角》,《中国工业经济》2015 年第 6 期。

[100]倪海青:《知识产权保护、吸引 FDI 与东道国创新》,南开大学 2009 年博士学位论文。

[101]牛志伟、邹昭晞、卫平东:《全球价值链的发展变化与中国产业国内国际双循环战略选择》,《改革》2020 年第 12 期。

[102]潘秋晨:《全球价值链嵌入对中国装备制造业转型升级的影响研究》,《世界经济研究》2019 年第 9 期。

[103]潘士远:《最优专利制度研究》,《经济研究》2005 年第 12 期。

[104]柴江艺、许和连:《行业异质性、适度知识产权保护与出口技术进步》,《中国工业经济》2012 年第 2 期。

[105]齐俊妍、吕建辉:《进口中间品对中国出口净技术复杂度的影响分析——基于不同技术水平中间品的视角》,《财贸经济》2016 年第 2 期。

[106]邱斌、唐保庆、孙少勤:《要素禀赋、制度红利与新型出口比较优势》,《经济研究》2014 年第 8 期。

[107]沈国兵、黄铄珺:《行业生产网络中知识产权保护与中国企业出口技术含量》,《世界经济》2019 年第 9 期。

[108]沈国兵:《与贸易有关知识产权协定下强化中国知识产权保护的经济分析》,中国财政经济出版社 2011 年版。

[109]史宇鹏、顾全林:《知识产权保护、异性性企业与创新:来自中国制造业的证据》,《金融研究》2013 年第 8 期。

[110]宋马林:《中国贸易竞争力与后危机时代的战略选择》,《国际贸易问题》2011 年第 2 期。

［111］宋学印：《国际准前沿经济体的技术进步机制：从追赶导向到竞争导向》，浙江大学 2016 年博士学位论文。

［112］隋月红：《"二元"对外直接投资与贸易结构：机理与来自我国的证据》，《国际商务（对外经济贸易大学学报）》2010 年第 6 期。

［113］孙迪：《知识产权：经济腾飞的"隐形翅膀"》，《中国知识产权报》2017 年第 1 期。

［114］孙浦阳、蒋为、陈惟：《外资自由化、技术距离与中国企业出口——基于上下游产业关联视角》，《管理世界》2015 年第 11 期。

［115］汤碧：《基于产品内分工视角的我国贸易转型升级路径研究》，《国际贸易问题》2012 年第 9 期。

［116］唐海燕、张会清：《产品内国际分工与发展中国家的价值链提升》，《经济研究》2009 年第 9 期。

［117］唐宜红、张鹏扬：《中国企业嵌入全球生产链的位置及变动机制研究》，《管理世界》2018 年第 5 期。

［118］田文、张亚青、佘珉：《全球价值链重构与中国出口贸易的结构调整》，《国际贸易问题》2015 年第 3 期。

［119］佟家栋、刘程：《"逆全球化"的政治经济学分析》，《经济学动态》2018 年第 7 期。

［120］佟家栋、谢丹阳、包群、黄群慧、李向阳、刘志彪、金碚、余淼杰、王孝松：《"逆全球化"与实体经济转型升级笔谈》，《中国工业经济》2017 年第 7 期。

［121］屠年松、曹宇芙：《全球价值链嵌入对中国服务贸易国际竞争力的影响研究》，《经济体制改革》2019 年第 4 期。

［122］王滨：《FDI 技术溢出、技术进步与技术效率——基于中国制造业 1999 —2007 年面板数据的经验研究》，《数量经济技术经济研究》2010 年第 2 期。

［123］王华：《更严厉的知识产权保护制度有利于技术创新吗》，《经济研究》2011 年第 2 期。

［124］王雎、曾涛：《开放式创新：基于价值创新的认知性框架》，《南开管理评论》2011 年第 2 期。

［125］王利政：《我国战略性新兴产业发展模式分析》，《中国科技论坛》2011 年第 1 期。

［126］王冉冉：《我国离贸易强国还有多远？——我国贸易国际竞争力现状分析》，《世界经济研究》2005 年第 10 期。

[127]王玉燕、林汉川、吕臣:《全球价值链嵌入的技术进步效应——来自中国工业面板数据的经验研究》,《中国工业经济》2014年第9期。

[128]王直、魏尚进、祝坤福:《总贸易核算法:官方贸易统计与全球价值链的度量》,《中国社会科学》2015年第9期。

[129]王子先:《研发全球化趋势下自主创新与对外开放关系的思考》,《国际贸易》2013年第9期。

[130]王子先:《中国参与全球价值链的新一轮开放战略》,经济管理出版社2014年版。

[131]魏浩、巫俊:《知识产权保护、进口贸易与创新型领军企业创新》,《金融研究》2018年第9期。

[132]魏浩:《知识产权保护强度与中国的高新技术产品进口》,《数量经济技术经济研究》2016年第12期。

[133]吴超鹏、唐菂:《知识产权保护执法力度、技术创新与企业绩效——来自中国上市公司的证据》,《经济研究》2016年第11期。

[134]吴佩、姚亚伟、陈继祥:《后发企业颠覆性创新最新研究进展与展望》,《软科学》2016年第9期。

[135]吴先明、高厚宾、邵福泽:《当后发企业接近技术创新的前沿:国际化的"跳板作用"》,《管理评论》2018年第6期。

[136]席艳乐、贺莉芳:《嵌入全球价值链是企业提高生产率的更好选择吗——基于倾向评分匹配的实证研究》,《国际贸易问题》2015年第12期。

[137]夏梁:《"以市场换技术"是如何提出的(1978—1988)》,《中国经济史研究》2015年第4期。

[138]谢富胜、黄蕾:《福特主义、新福特主义和后福特主义——兼论当代发达资本主义国家生产方式的演变》,《教学与研究》2005年第8期。

[139]徐坚:《逆全球化风潮与全球化的转型发展》,《国际问题研究》2017年第3期。

[140]徐元:《转型升级背景下我国应对知识产权壁垒存在的问题与对策》,《财政研究》2015年第5期。

[141]徐雨森、逯垚迪、徐娜娜:《快变市场环境下基于机会窗口的创新追赶研究——HTC公司案例分析》,《科学学研究》2014年第6期。

[142]许和连、成丽红、孙天阳:《制造业投入服务化对企业出口国内增加值的提升效应——基于中国制造业微观企业的经验研究》,《中国工业经济》2017年第10期。

[143]许培源、章燕宝:《行业技术特征、知识产权保护与技术创新》,《科学学研究》2014年第6期。

[144]杨传社:《中国新兴产业竞争优势的瓶颈制约与培育路径分析》,《知识经济》2012年第12期。

[145]杨高举、黄先海:《内部动力与后发国分工地位升级——来自中国高技术产业的证据》,《中国社会科学》2013年第2期。

[146]杨连星、罗玉辉:《中国对外直接投资与全球价值链升级》,《数量经济技术经济研究》2017年第6期。

[147]杨全发、韩樱:《知识产权保护与跨国公司对外直接投资策略》,《经济研究》2006年第4期。

[148]杨水利、易正广、李韬奋:《基于再集成的"低端锁定"突破路径研究》,《中国工业经济》2014年第6期。

[149]杨轶波:《增强知识产权保护总能促进创新吗?纳入"干中学"效应的南北框架分析》,《世界经济研究》2018年第12期。

[150]杨珍增:《知识产权保护、国际生产分割与全球价值链分工》,《南开经济研究》2014年第5期。

[151]杨珍增:《知识产权保护与跨国公司全球生产网络布局——基于垂直专业化比率的研究》,《世界经济文汇》2016年第5期。

[152]姚欢庆、郝学功:《中美知识产权保护的冲突和解决办法的探讨》,《知识产权》1998年第5期。

[153]尹响、易鑫、胡旭:《人类命运共同体理念下应对新冠疫情全球经济冲击的中国方案》,《经济学家》2020年第5期。

[154]尹志峰、叶静怡、黄阳华、秦雪征:《知识产权保护与企业创新:传导机制及其检验》,《世界经济》2013年第12期。

[155]尹志锋:《确定最优知识产权保护水平》,《中国社会科学报》2016年第4期。

[156]应瑛、刘洋、魏江:《开放式创新网络中的价值独占机制:打开"开放性"和"与狼共舞"悖论》,《管理世界》2018年第2期。

[157]余海燕、沈桂龙:《对外直接投资对母国全球价值链地位影响的实证研究》,《世界经济研究》2020年第3期。

[158]余骁、郭志芳:《知识产权保护对全球价值链分工收益的影响——基于跨国行业面板数据的经验分析》,《中南财经政法大学学报》2017年第6期。

[159]余长林:《知识产权保护与中国出口比较优势》,《管理世界》2016年第6期。

[160]喻志军、姜万军:《中国产业内贸易发展与贸易竞争力提升》,《管理世界》2009 年第 4 期。

[161]喻志军:《中国贸易竞争力评价:理论与方法探源——基于"产业内贸易指数"与"显示性比较优势指数"的比较分析》,《统计研究》2009 年第 5 期

[162]臧树伟、李平:《基于破坏性创新的后发企业市场进入时机选择》,《科学学研究》2016 年第 1 期。

[163]张春辉、陈继祥:《渐进性创新或颠覆性创新:创新模式选择研究综述》,《研究与发展管理》2011 年第 3 期。

[164]张建忠、刘志彪:《知识产权保护与"赶超陷阱"——基于 GVC 治理者控制的视角》,《中国工业经济》2011 年第 6 期。

[165]张杰、陈志远、刘元春:《中国出口国内附加值的测算与变化机制》,《经济研究》2013 年第 10 期。

[166]张杰、刘志彪、张少军:《制度扭曲与中国本土企业的出口扩张》,《世界经济》2008 年第 10 期。

[167]张枢盛、陈继祥:《颠覆性创新演进、机理及路径选择研究》,《商业经济与管理》2013 年第 5 期。

[168]张维迎:《博弈论与信息经济学》,上海人民出版社 2004 年版。

[169]张亚斌、易先忠、刘智勇:《后发国家知识产权保护与技术赶超》,《中国软科学》2006 年第 7 期。

[170]张咏华:《制造业全球价值链及其动态演变——基于国际产业关联的研究》,《世界经济研究》2015 年第 6 期。

[171]张幼文:《生产要素的国际流动与全球化经济的运行机制》,《国际经济评论》2013 年第 5 期。

[172]赵丽:《TRIPs 协定执法条款——由中美知识产权执法案谈起》,《对外经贸实务》2012 年第 3 期。

[173]朱延福、姚陈敏、谢靖:《全球价值链演进新动向与中国对策》,《当代经济管理》2022 年第 9 期。

[174]郑江淮、郑玉:《新兴经济大国中间产品创新驱动全球价值链攀升——基于中国经验的解释》,《中国工业经济》2020 年第 5 期。

[175]周凤珠:《水平型产业内贸易——中国贸易发展新取向》,《云南财贸学院学报》2003 年第 2 期。

[176]周密、刘秉镰、盛玉雪:《创新过程、创新环境及其跨层级交互作用对创新的

影响效应研究——基于知识生产函数的两阶层线性模型分析》,《财经研究》2013 年第 3 期。

[177]朱颖:《美国知识产权保护制度的发展——以自由贸易协定为拓展知识产权保护的手段》,《知识产权》2006 年第 5 期。

[178]诸竹君、黄先海、王毅:《外资进入与中国式创新双低困境破解》,《经济研究》2020 年第 5 期。

[179]诸竹君、黄先海、余骁:《进口中间品质量、自主创新与企业出口国内增加值率》,《中国工业经济》2018 年第 8 期。

[180]Abraham K.G.and Taylor S.K., "Firms' Use of Outside Contractors:Theory and Evidence", *Journal of Labor Economics*, Vol.14, No.3, July, 1996.

[181] Adams S., "Intellectual Property Rights, Investment Climate and FDI in Developing Countries", *International Business Research*, Vol.3, No.2, July, 2010.

[182] Adner R., "Match Your Innovation Strategy to Your Innovation Ecosystem", *Harvard Bussiness Review*, Vol.84, No.4, April, 2006.

[183] Aghion P.and Howitt P., "A Model of Growth Through Creative Destruction", *Econometrica*, Vol.60, No.2, February, 1992.

[184]Aghion P., Bergeaud A., Lequien M.and Melitz M., "The Heterogeneous Impact of Market Size on Innovation:Evidence from French Firm-Level Exports", NBER Working Paper No.w24600, 2018.

[185] Aghion P., Bloom N. and Blundell R., "Competition and Innovation: An Inverted-U Relationship", *The Quarterly Journal of Economics*, Vol.120, No.2, May, 2005.

[186] Aghion P., Blundell R. and Griffith R., "The Effects of Entry on Incumbent Innovation and Productivity", *The Review of Economics and Statistics*, Vol.91, No.1, May, 2009.

[187] Aghion P., Howitt P. and Prantl S., "Revisiting the Relationship between Competition, Patenting and Innovation", *Advances in Economics and Econometrics*, Vol.1, 2013.

[188] Ahn J., Khandelwal A. K., and Wei S. J., "The Role of Intermediaries in Facilitating Trade", *Journal of International Economics*, Vol.84, No.1, May, 2011.

[189]Antras P. and Helpman E., "Global Sourcing", *Journal of Political Economy*, Vol.112, No.3, May, 2004.

[190] Antras P., "Firms, Contracts, and Trade Structure", *The Quarterly Journal of*

*Economics*, Vol.118, No.4, February, 2003.

[191] Antras P., Chor D., Fally T. and Hillberry R., "Measuring the Upstreamness of Production and Trade Flows", *The American Economic Review*, Vol.102, No.3, May, 2012.

[192] Antras P. and Chor D., "Organizing the Global Value Chain", *Econometrica*, Vol.81, No.6, May, 2013.

[193] Arrow K. J., "The Organization of Economic Activity: Issues Pertinent to the Choice of Market versus Nonmarket Allocation", The Analysis and Evaluation of Public Expenditure: The PPB System, Vol.1, 1969.

[194] Atkeson A. and Burstein A., "Innovation, Firm Dynamics and International Trade", *Journal of Political Economy*, Vol.118, No.3, June, 2010.

[195] Awokuse T.O. and Yin H., "Intellectual Property Rights Protection and the Surge in FDI in China", *Journal of Comparative Economics*, Vol.38, No.2, May, 2010.

[196] Baker W.E., Grinstein A. and Harmancioglu N., "Whose Innovation Performance Benefits More from External Networks: Entrepreneurial or Conservative Firms?", *Journal of Product Innovation Management*, Vol.33, No.1, 2016.

[197] Baldwin J.R. and Yan B., "Global Value Chains and the Productivity of Canadian Manufacturing Firms", *Economic Analysis Research Paper Series*, 2014.

[198] Baldwin R. and Tomiura E., "Thinking Ahead About the Trade Impact of COVID-19", *Economics in the Time of COVID-19*, May, 2020.

[199] Baldwin R. and Venables A. J., "Spiders and Snakes: Offshoring and Agglomeration in the Global Economy", *Journal of International Economics*, Vol.90, No.2, May, 2013.

[200] Barro R.J. and Sala-I-Martin X., "Convergence", *Journal of Political Economy*, Vol.100, No.2, April, 1992.

[201] Bernard A.B. and Jensen J.B., "Exceptional Exporter Performance: Cause, Effect, or Both?", *Journal of International Economics*, Vol.47, No.1, May, 1999.

[202] Bernard A.B., Jensen J.B. and Lawrence R.Z., "Exporters, Jobs, and Wages in US Manufacturing: 1976 - 1987", *Brookings Papers on Economic Activity. Microeconomics*, Vol.1995.

[203] Bhagwati J., Panagariya A. and Srinivasan T. N., "The Muddles over Outsourcing", *Journal of Economic Perspectives*, Vol.18, No.4, May, 2004.

[204] Bianchi M., Orto S., Frattini F. and Vercesi P., "Enabling Open Innovation in

Small and Medium Sized Enterprises: How to Find Alternative Application for Your Technologies", *R and D Management*, Vol.404, No.3, May, 2010.

[205] Blind K., "An Economic Analysis of Standards Competition: The Example of the ISO ODF and OOXML Standards", *Telecommunications Policy*, Vol.35, No.4, February, 2011.

[206] Borota T., "Innovation and Imitation in a Model of North-South Trade", *Journal of International Economics*, Vol.87, No.2, May, 2012.

[207] Braga P.A. and Fink C., "International Transactions in Intellectual Property and Developing Countries", *International Journal of Technology Management*, Vol. 19, No. 1, January, 2000.

[208] Brandt L. and Morrow P.M., "Tariffs and the Organization of Trade in China", *Journal of International Economics*, Vol.104, No.2, May, 2017.

[209] Burk D.L. and Lemley M.A., "*The Patent Crisis and How the Courts Can Solve It*", University of Chicago Press, Chicago, 2009.

[210] Carluccio J., Fally T., "Global Sourcing under Imperfect Capital Markets", *Review of Economics and Statistics*, Vol.94, No.3, August, 2012.

[211] Ceglowski J., "Assessing Export Competitiveness Through the Lens of Value Added", *The World Economy*, Vol.40, No.2, February, 2017.

[212] Chen Y. and Puttitanun T., "Intellectual Property Rights and Innovation in Developing Countries", *Journal of Development Economics*, Vol.78, No.2, May, 2005.

[213] Chesbrough H. W., "*Open Innovation, the New Imperative for Creating and Profiting from Technology*", Harvard Business School Press, Boston, 2003.

[214] Chin J.C. and Grossman G.M., "Intellectual Property Rights and North-South Trade", NBER Working Paper, No.w2769, May, 1988.

[215] Chor D., Manova K. and Yu Z., "*The Global Production Line Position of Chinese Firms*", Paper Presented at Industrial Upgrading and Urbanization Conference, Stockholm, 2014.

[216] Christensen J.F. and Olesen M.H., "The Industrial Dynamics of Open Innovation—Evidence from the Transformation of Consumer Electronics", *Research Policy*, Vol.34, No.10, December, 2005.

[217] Christensen M., "*The Innovators Dilemma: When New Technologies Cause Great Firms to Fail*", Harvard Business School Press, Boston, 1997.

[218] Christopher M., Lowson R. and Peck H., "Creating Agile Supply Chains in the

Fashion Industry", *International Journal of Retail & Distribution Management*, Vol.32, No.8, August, 2004.

[219] Chu A. C., Cozzi G. and Galli S., "Stage – Dependent Intellectual Property Rights", *Journal of Development Economics*, Vol.106, No.2, May, 2014.

[220] Cohen W.M., Nelson R.R., and Walsh J.P., "*Protecting Their Intellectual Assets: Appropriability Conditions and Why U. S. Manufacturing Firms Patent (or Not)*", NBER Working Paper, No.w7552, 2000.

[221] Coe N.M., Hess M. and Yeung H.W.C., "Globalizing Regional Development: A Global Production Networks Perspective", *Transactions of the Institute of British Geographers*, Vol.29, No.4, May, 2004.

[222] Combes P.P., Duranton G., Gobillon L. Puga D. and Roux S., "The Productivity Advantages of Large Cities: Distinguishing Agglomeration From Firm Selection", *Econometrica*, Vol.80, No.6, November, 2012.

[223] Dahlander L. and Gann D.M., "How Open is Innovation?", *Research Policy*, Vol.39, No.6, July, 2010.

[224] Daudin G., Rifflart C. and Schweisguth D., "Who Produces for Whom in the World Economy?", *Canadian Journal of Economics*, Vol.44, No.4, May, 2011.

[225] Deardorff A.V., "Fragmentation in Simple Trade Models", *The North American Journal of Economics and Finance*, Vol.12, No.2, May, 2001.

[226] Debrock L. M., "Market Structure, Innovation, and Optimal Patent Life", *The Journal of Law and Economics*, Vol.28, No 1, April, 1985.

[227] Dedrick J., Kraemer K.L. and Linden G., "Who Profits from Innovation in Global Value Chains?: A Study of the IPod and Notebook PCs", *Industrial and Corporate Change*, Vol.19, No.1, May, 2010.

[228] Denicolo V., "Patent Races and Optimal Patent Breadth and Length", *The Journal of Industrial Economics*, Vol.44, No.3, May, 1996.

[229] Dixit A.K. and Grossman G.M., "Trade and Protection with Multistage Production", *The Review of Economic Studies*, Vol.49, No.4, May, 1982.

[230] Dutrenit G., "Building Technological Capabilities in Latecomer Firms: A Review Essay", *Science Technology and Society*, Vol.92, No.4, September, 2004.

[231] Eaton J. and Kortum S., "Technology, Geography, and Trade", *Econometrica*, Vol.70, No.5, September, 2002.

[232] Fally T., "*On the Fragmentation of Production in the US*", University of Colorado, Mimeo, 2011.

[233] Feenstra R.C. and Hanson G.H., "*Foreign Investment, Outsourcing and Relative Wages*", NBER Working Paper, No.w5121, May, 1995.

[234] Feenstra R.C. and Hanson G.H., "*Globalization, Outsourcing, and Wage Inequality*", NBER Working Paper, No.w5424, May, 1996.

[235] Fernandez A.S., Roy F.L. and Gnyawali D.R., "Sources and Management of Tension in Co-Opetition Case Evidence from Telecommunications Satellites Manufacturing in Europe", *Industrial Marketing Management*, Vol.43, No.2, February, 2014.

[236] Fink C. and Maskus K.E., "*Intellectual Property and Development: Lessons from Recent Economic Research*", World Bank and Oxford University Press, Oxford, 2005.

[237] Gallini N.T., "Patent Policy and Costly Imitation", *The RAND Journal of Economics*, Vol.23, No.1, May, 1992.

[238] Gereffi G. and M. Korzeniewicz., "*Commodity Chains and Global Capitalism*", Greenwood Publishing Group, Massachusetts, 1994.

[239] Gereffi G., "The International Competitiveness of Asian Economies in the Apparel Commodity Chain", ERD Working Paper, No.5, May, 2001.

[240] Gereffi G., Humphrey J. and Sturgeon T., "The Governance of Global Value Chains", *Review of International Political Economy*, Vol.12, No.1, August, 2005.

[241] Gerschenkron A., "Economic Backwardness in Historical Perspective: A Book of Essays", *The Economic Journal*, Vol.74, No.296, February, 1964.

[242] Giachetti C. and Marchi G., "Successive Changes in Leadership in the Worldwide Mobile Phone Industry: The Role of Windows of Opportunity and Firms' Competitive Action", *Research Policy*, Vol.46, No.2, May, 2017.

[243] Gilbert R. and Shapiro C., "Optimal Patent Length and Breadth", *The RAND Journal of Economics*, Vol.21, No.1, May, 1990.

[244] Ginarte J.C. and Park W.G., "Determinants of Patent Rights: A Cross-national Study", *Research Policy*, Vol.26, No.3, May, 1997.

[245] Girma S. and Görg H., "Outsourcing, Foreign Ownership, and Productivity: Evidence from UK Establishment-level Data", *Review of International Economics*, Vol.12, No.5, March, 2004.

[246] Giuliani E., Pietrobelli C., and Rabellotti R., "Upgrading in Global Value

Chains: Lessons from Latin American Clusters", *World Development*, Vol. 33, No. 4, April, 2005.

[247] Glass A. J. and Saggi K., "Intellectual Property Rights and Foreign Direct Investment", *Journal of International Economics*, Vol.56, No.2, May, 2002.

[248] Glass A.J. and Wu X., "Intellectual Property Rights and Quality Improvement", *Journal of Development Economics*, Vol.82, No.2, May, 2007.

[249] Govindarajan V. and Trimble C., "*Reverse Innovation: Create Far from Home, Win Everywhere*", Harvard Business School Press, Massachusetts, 2012.

[250] Greenberg A.S., "The Ancient Lineage of Trade-marks", *Journal of the Patent Office Society*, Vol.33, No.12, 1951.

[251] Grossman G.M. and Helpman E., "Trade, Innovation, and Growth", *The American Economic Review*, Vol.80, No.2, May, 1990.

[252] Grossman G. M. and Helpman E., "*Innovation and Growth in the Global Economy*", MIT Press, Cambridge, 1991.

[253] Grossman G. M. and Helpman E., "Integration Versus Outsourcing in Industry Equilibrium", *The Quarterly Journal of Economics*, Vol.117, No.1, May, 2002.

[254] Grossman G.M. and Helpman E., "Outsourcing in a Global Economy", *The Review of Economic Studies*, Vol.72, No.1, January, 2005.

[255] Grossman G. M. and Rossi-Hansberg E., "Task Trade between Similar Countries", *Econometrica*, Vol.80, No.2, May, 2012.

[256] Grossman G. M. and Rossi-Hansberg E., "Trading Tasks: A Simple Theory of Offshoring", *The American Economic Review*, Vol.98, No.5, May, 2008.

[257] Grossman S.J. and Hart O.D., "The Costs and Benefits of Ownership: A Theory of Vertical and Lateral Integration", *Journal of Political Economy*, Vol.94, No.4, May, 1986.

[258] Hall B.H. and Helmers C., "The Impact of International Patent Systems: Evidence from Accession to the European Patent Convention", *Research Policy*, Vol.48, No.9, January, 2019.

[259] Hart O. and Moore J., "Property Rights and the Nature of the Firm", *Journal of Political Economy*, Vol.98, No.6, May, 1990.

[260] Hastbacka M., "Open Innovation: Whats Mine is Minewhat if Yours Could be Mine, too?", *Technology Managgement Journal*, Vol.12, No.3, March, 2004.

[261] Helpman E. and Krugman P.R., "*Market Structure and Foreign Trade: Increasing*

*Returns, Imperfect Competition and International Economy"*, MIT Press, Cambridge, 1985.

[262] Helpman E., "Innovation, Imitation, and Intellectual Property Rights", *Econometrica*, Vol 61, No.6, June, 1993.

[263] Helpman E., Melitz M. J. and Yeaple S. R., "Export Versus FDI with Heterogeneous Firms", *The American Economic Review*, Vol.94, No.1, March, 2004.

[264] Henderson J., "Globalization on the Ground: Global Production Networks, Competition, Regulation and Economic Development", University of Manchester Working Paper, 2002.

[265] Hu A. G. and Png I., "Patent Rights and Economic Growth: Evidence from Cross-country Panels of Manufacturing Industries", *Oxford Economic Papers*, Vol.65, No.3, May, 2013.

[266] Hu M. C. and Mathews J. A., "National Innovative Capacity in East Asia", *Research Policy*, Vol.34, No.9, November, 2005.

[267] Hummels D., Ishii J. and Yi K. M., "The Nature and Growth of Vertical Specialization in World Trade", *Journal of International Economics*, Vol.54, No.1, May, 2001.

[268] Humphrey J. and Schmitz H., "Governance in Global Value Chains", *IDS Bulletin*, Vol.32, No.3, May, 2001.

[269] Humphrey J. and Schmitz H., "How does Insertion in Global Value Chains Affect Upgrading in Industrial Clusters", *Regional Studies*, Vol.36, No.9, May, 2002.

[270] Immelt J.R., "Govindarajan V, Trimble C. How GE Is Disrupting Itself", *Harvard Business Review*, Vol.87, No.10, May, 2009.

[271] Ivus O., "Do Stronger Patent Rights Raise High-tech Exports to the Developing World?", *Journal of International Economics*, Vol.81, No.1, May, 2010.

[272] Ivus O., "Does Stronger Patent Protection Increase Export Variety? Evidence from US Product-level Data", *Journal of International Business Studies*, Vol.46, No.6., May, 2015.

[273] Ivus O., "Traderelated Intellectual Property Rights: Industry Variation and Technology Diffusion", *Canadian Journal of Economics*, Vol.44, No.1, May, 2011.

[274] Johnson R.C. and Noguera G., "Accounting for Intermediates: Production Sharing and Trade in Value Added", *Journal of International Economics*, Vol.86, No.2, March, 2012.

[275] Kalande C.M., "Intellectual property, Foreign Direct Investment and the Least Developed Countries", *Journal of World Intellectual Property*, Vol.5, No.1, April, 2002.

[276] Kamien M. I. and Schwartz N. L., "Patent Life and R and D Rivalry", *The*

*American Economic Review*, Vol.64, No.1, May, 1974.

[277] Kanwar S. and Evenson R., " Does Intellectual Property Protection Spur Technological Change?", *Oxford Economic Papers*, Vol.55, No.2, April, 2003.

[278] Kaplinsky R. and Morris M., "A Handbook for Value Chain Research", Prepared for the IDRC, 2001.

[279] Kee H. L. and Tang H., " Domestic Value Added in Exports: Theory and Firm Evidence from China", *The American Economic Review*, Vol.106, No.6, June, 2016.

[280] Kierzkowski H. and Jones R. W., " A Framework for Fragmentation", *In Fragmentation and International Trade*, Oxford University Press, Oxford, 2001.

[281] Klein M. A., " Foreign Direct Investment and Collective Intellectual Property Protection in Developing Countries", *Journal of Economic Behavior and Organization*, Vol.14, No.9, May, 2018.

[282] Kleindorfer P. R. and Saad G. H., "Managing Disruption Risks in Supply Chains", Production and Operations Management, Vol.14, No.1, March, 2005.

[283] Klemperer P., " How Broad Should the Scope of Patent Protection Be?", *The RAND Journal of Economics*, Vol.21, No.1, Spring, 1990.

[284] Koopman R., Wang Z. and Wei S.J., "Estimating Domestic Content in Exports When Processing Trade is Pervasive", *Journal of Development Economics*, Vol.99, No.1, May, 2012.

[285] Koopman R., Wang Z. and Wei S.J., " Give Credit Where Credit is Due: Tracing Value Added in Global Production Chains", NBER Working Paper, No.w16426, May, 2010.

[286] Koopman R., Wang Z. and Wei S.J., "Tracing Value-added and Double Counting in Gross Exports", *The American Economic Review*, Vol.104, No.2, May, 2014.

[287] Kordalska A., Parteka A. and Wolszczak-Derlacz J., " Global Value Chains and Productivity Gains: A Cross-country Analysis", *Collegium of Economic Analysis Annals*, Vol.41, No.1, May, 2016.

[288] Kothandaraman P. and Wilson D.T., "The Future of Competition Value Creating Networks", *Industrial Marketing Management*, Vol.30, No.4, May, 2001.

[289] Kowalski P., Gonzalez J. L. and Ragoussis A., " Participation of Developing Countries in Global Value Chains", OECD Trade Policy Paper, No.179, May, 2015.

[290] Krugman P., " Increasing Returns, Monopolistic Competition, and International Trade", *Journal of International Economics*, Vol.9, No.4, May, 1979.

［291］Krugman P., "Scale Economies, Product Differentiation, and the Pattern of Trade", *The American Economic Review*, Vol.70, No.5, December, 1980

［292］Krugman P., "The Narrow Moving Band, the Dutch Disease, and the Competitive Consequences of Mrs. Thatcher: Notes on Trade in the Presence of Dynamic Scale Economies", *Journal of Development Economics*, Vol.27, No.1, February, 1987.

［293］Krugman P., "Increasing Returns and Economic Geography", *Journal of Political Economy*, Vol.99, No.3, June, 1991.

［294］Krugman P. and Venables A.J., "Globalization and the Inequality of Nations", *The Quarterly Journal of Economics*, Vol.110, No.4, November, 1995.

［295］Kumaraswamy A., Mudambi R. and Saranga H., "Catch – up Strategies in the Indian Auto Components Industry: Domestic Firms Responses to Market Liberalization", *Journal of International Business Studies*, Vol.43, No.3, May, 2012.

［296］Landes W.M. and Posner R.A., "*The Economic Structure of Intellectual Property Law*", Belknap Press of Harvard University Press, Massachusetts, 2003.

［297］Lee J.Y. and Mansfield E., "Intellectual Property Protection and U.S. Foreign Direct Investment", *Review of Economics and Statistics*, Vol.78, No.2, May, 1996.

［298］Lee K. and Lim C., "Technological Regimes, Catching – up and Leapfrogging: Findings from the Korean Industries", *Research policy*, Vol.30, No.3, March, 2001.

［299］Lee K. and Malerba F., "Catch–up Cycles and Changes in Industrial Leadership: Windows of Opportunity and Responses of Firms and Countries in the Evolution of Sectoral Systems", *Research Policy*, Vol.46, No.2, March, 2017.

［300］Leontief W., "Domestic Production and Foreign Trade: the American Capital Position Re–examined", *Proceedings of the American Philosophical Society*, Vol.97, No.4, February, 1953.

［301］Liu Q. and Qiu L.D., "Intermediate Input Imports and Innovations: Evidence from Chinese Firms' Patent Filings", *Journal of International Economics*, Vol.103, No.4, May, 2016.

［302］Liu R. and Rosell C., "Import Competition, Multi – product Firms, and Basic Innovation", *Journal of International Economics*, Vol.91, No.2, October, 2013.

［303］Lucas R.E., "On the Mechanics of Economic Development", *Journal of Monetary Economics*, Vol.22, No.1, February, 1988.

［304］Long V.N., Riezman R. and Soubeyran A., "Fragmentation and Services", *The*

*North American Journal of Economics and Finance*, Vol.16, No.1, May, 2005.

［305］Luo Y. and Tung R. L., "International Expansion of Emerging Market Enterprises: A Springboard Perspective", *Journal of International Business Studies*, Vol.38, No.1, April, 2007.

［306］Ma H., Wang Z. and Zhu K. F., "Domestic Content in Chinas Exports and its Distribution by Firm Ownership", *Journal of Comparative Economics*, Vol.43, No.1, May, 2015.

［307］Mankiw N. G., Romer D., and Weil D. N., "A Contribution to the Empirics of Economic Growth", *The Quarterly Journal of Economics*, Vol.107, No.2, May, 1992.

［308］Markusen J. R. "Productivity, Competitiveness, Trade Performance and Real Income: The Nexus among Four Concepts", *Economic Council of Canada*, 1992.

［309］Markusen J. R., "Contracts, Intellectual Property Rights, and Multinational Investment in Developing Countries", *Journal of International Economics*, Vol.53, No.1, May, 2001.

［310］Maskus K. E. and Penubarti M., "How Trade-related are Intellectual Property Rights? ", *Journal of International Economics*, Vol.39, No.3, May, 1995.

［311］Matutes C., Regibeau P. and Rockett K., "Optimal Patent Design and the Diffusion of Innovations", *The RAND Journal of Economics*, Vol.27, No.1, May, 1996.

［312］Maurer A. and Degain C., "Globalization and Trade Flows: What You See is Not What You Get!", *Journal of International Commerce, Economics and Policy*, Vol.3, No.3, May, 2012.

［313］Maurer S. M. and Scotchmer S., "The Independent Invention Defence in Intellectual Property", *Economica*, Vol.69, No.276, May, 2002.

［314］Mayer T., Melitz M. and Ottaviano G. I., "Market Size, Competition, and the Product Mix of Exporters", *The American Economic Review*, Vol.104, No.2, February, 2014.

［315］McCalman P., "International Diffusion and Intellectual Property Rights: An Empirical Analysis", *Journal of International Economics*, Vol.67, No.2, December, 2005.

［316］McLaren J., "Globalization and Vertical Structure", *The American Economic Review*, Vol.50, No.5, May, 2000.

［317］Melitz M. and Ottaviano G., "Market Size, Trade, and Productivity", *Review of Economic Studies*, Vol.75, No.1, January, 2008.

［318］Melitz M. J., "The Impact of Trade on Intra-Industry Reallocations and Aggregate

Industry Productivity", *Econometrica*, Vol.71, No.6., November, 2003.

[319] Miller R.E. and Temurshoev U., "Output Upstreamness and Input Downstreamness of Industries/Countries in World Production", *International Regional Science Review*, Vol.40, No.5, May, 2015.

[320] Mondal D. and Gupta M. R., "Innovation, Imitation and Intellectual Property Rights: A Note on Helpman's Model", *Journal of Economics*, Vol.87, No.1, May, 2006.

[321] Morrison A., Pietrobelli C., and Rabellotti R., "Global Value Chains and Technological Capabilities: A Framework to Study Learning and Innovation in Developing Countries", *Oxford Development Studies*, Vol.36, No.1, March, 2008.

[322] Morrow P.M., "East is East and West is West: A Ricardian–Heckscher–Ohlin Model of Comparative Advantage", *University of Toronto*, *Mimeo*, 2008

[323] Naghavi A. and Ottaviano G. I., "Outsourcing, Complementary Innovations, and Growth", *Industrial and Corporate Change*, Vol.19, No.4, May, 2010.

[324] Naghavi A., Peng S. K. and Tsai Y., "Relationship Specific Investments and Intellectual Property Rights Enforcement with Heterogeneous Suppliers", *Review of International Economics*, Vol.25, No.3, May, 2017.

[325] Nathan D., and Sarkar S., "Innovation and Upgrading in Global Production Networks", Capturing the Gains Working Paper, No.23, 2013.

[326] Nordhaus W.D., "An Economic Theory of Technological Change", *The American Economic Review*, Vol.59, No.2, May, 1969.

[327] OECD, "*Interconnected Economies Benefiting from Global Value Chains*", Organization for Economic Co-operation and Development, 2013.

[328] Ordover J.A., "A Patent System for Both Diffusion and Exclusion", *Journal of Economic Perspectives*, Vol.5, No.1, May, 1991.

[329] Ostergard R.L., "*The Development Dilemma: the Political Economy of Intellectual Property Rights in the International System*", LFB Scholarly Pub, 2003.

[330] Park W. G., "International Patent Protection: 1960–2005", *Research Policy*, Vol.37, No.4, May, 2008.

[331] Perez C., and Soete L., "21 *Catching Up in Technology: EntryBarriers and Windows of Opportunity*", Mimeo, 1988.

[332] Phillips W., Lamming R., Bessant J. and Noke H., "Discontinuous Innovation and Supply Relationships: Strategic Dalliances", *R and D Management*, Vol.36, No.4, September,

2006.

[333] Piller F., Schaller C.and Walcher D., "Customers as Codesigners: a Framework for Open Innovation", *German Ninistry of Research*, 2004.

[334] Powell W.W., Koput K.W., and Smithdoerr L., "Interorganizational Collaboration and the Locus of Innovation", *Administrative Science Quarterly*, Vol.41, No.1, March, 1996.

[335] Posner R.A., "The Economics of Privacy", *The American Economic Review*, Vol.71, No.2, May, 1981.

[336] Rapp R.T.and Rozek R.P., "Benefits and Costs of Intellectual Property Protection in Developing Countries", *World Trade*, Vol.24, No.4, May, 1990.

[337] Rivera – Batiz L.A. and Romer P.M., "International Trade with Endogenous Technological Change", *European Economic Review*, Vol.35, No.4, January, 1991.

[338] Romer P.M., "Endogenous Technological Change", *Journal of Political Economy*, Vol.98, No.5, May, 1990.

[339] Romer P.M., "Increasing Returns and Long–run Growth", *Journal of Political Economy*, Vol.94, No.5, May, 1986

[340] Rybczynski T. M., "Factor Endowment and Relative Commodity Prices", *Economica*, Vol.22, No.88, January, 1955.

[341] Scherer F. M., "Nordhaus' Theory of Optimal Patent Life: A Geometric Reinterpretation", *The American Economic Review*, Vol.62, No.3, May, 1972.

[342] Schumpeter J.A., "*Theory Economic Development*", Harvard University Press, Massachusetts, 1934.

[343] Segerstrom D.P., "Intellectual Property Rights, Multinational Firms and Economic Growth", *Journal of Development Economics*, Vol.92, No.1, May, 2010.

[344] Sherwood R.M., "Intellectual Property Systems and Investment Stimulation: The Rating of Systems in Eighteen Developing Countries", *The Journal of Law and Technology*, Vol.37, No.2, 1997.

[345] Sim N.C., "International Production Sharing and Economic Development: Moving up the Value–chain for a Small–open Economy", *Applied Economics Letters*, Vol.11, No.14, May, 2004.

[346] Simmie J.and Sennett J., "*Innovative Clusters and Competitive Cities in the UK and Europe*", London: Oxford Brookes School of Planning Working Paper, 1999.

[347] Stefan H., Hipp C.and Dowling M., "Analysing Disruptive Potential: The Case of

Wireless Local Area Network and Mobile Communications Network Companies", *R and D Management*, Vol.35, No.1, January, 2005.

[348] Stolper W. F., "Samuelson P A. Protection and Real Wages", *The Review of Economic Studies*, Vol.9, No.1, January, 2009.

[349] Suarez F., Grodal S. and Gotsopoulos A., "Perfect Timing? Dominant Category, Dominant Design and the Window of Opportunity for Firm Entry", *Strategic Management Journal*, Vol.36, No.3, March, 2015.

[350] Svensson G., "A conceptual Framework for the Analysis of Vulnerability in Supply Chains", International Journal of Physical Distribution & Logistics Management, Vol. 30, No.9, September, 2000.

[351] Tandon P., "Optimal Patents with Compulsory Licensing", *The Journal of Political Economy*, Vol.90, No.3, June, 1982.

[352] Tang H., Wang F.and Wang Z., "The Domestic Segment of Global Supply Chains in China under State Capitalism", *The World Bank Policy Research Working Paper*, May, 2015.

[353] Timmer M.P., Dietzenbacher E. and Los B., "An Illustrated User Guide to the World Input Output Database: The Case of Global Automotive Production", *Review of International Economics*, Vol.23, No.3, May, 2015.

[354] Tomlin B., "On the Value of Mitigation and Contingency Strategies for Managing Supply Chain Disruption Risks", *Management Science*, Vol.52, No.5, May, 2006.

[355] UNCTAD, "*World Investment Report* 2013 *Global Value Chains*: *Investment and Trade for Development*", United Nations Conference on Trade and Development, 2013.

[356] Upward R., Wang Z. and Zheng J., "Weighing Chinas Export Basket: The Domestic Content and Eechnology Intensity of Chinese Exports", *Journal of Comparative Economics*, Vol.41, No.2, May, 2013.

[357] Williams Z., Lueg J.E.and LeMay S.A., "Supply Chain Security: an Overview and Research Agenda", *The International Journal of Logistics Management*, Vol. 19, No. 2, February, 2008.

[358] Wang Z., Wei S.J.and Zhu K.F., "Quantifying International Production Sharing at the Bilateral and Sector Levels", NBER Working Paper, No.w19677, May, 2013.

[359] Wang Z., Wei S.J. and Yu X., "*Characterizing Global Value Chains*", Stanford Center for International Development Working Paper, May, 2016.

［360］Wang W.,Thangavelu S.and Findlay C.,"Global Value Chains,Firms,and Wage Inequality:Evidence from China",FREIT Working Paper,No.1443,2018.

［361］WTO,"*Global Value Chain Development Report* 2019:*Technological Innovation, Supply Chain Trade,and Workers in a Globalized World*",World Bank Publications,2019.

［362］Xing Y.and Detert N.,"*How the iPhone Widens the United States Trade Deficit with the People's Republic of China*",ADBI Working Paper,May,2010.

［363］Yang G.and Maskus K.E.,"Intellectual Property Rights Licensing and Innovation in an Endogenous Product-Cycle Model",*Journal of International Economics*,Vol.53,No.1, February,2001.

［364］Yasar M.and Paul C.J.M.,"Firm Performance and Knowledge Spillovers from Academic,Industrial and Foreign Linkages:the Case of China",*Journal of Productivity Analysis*,Vol.38,No.3,December,2012.

［365］Yeats A.J.,"*Just How Big is Global Production Sharing?*",The World Bank, 1999.

［366］Zhou K.Z.,"Innovation,Imitation,and New Product Performance:The Case of China",*Industrial Marketing Management*,Vol.35,No.3,May,2006.

# 后　记

改革开放40多年来，我国凭借劳动力、土地、资源等丰裕但低附加值的传统资源禀赋所形成的比较优势嵌入全球生产网络，这一"粗放型"外贸发展模式是我国增长奇迹的重要实现路径之一，对我国经济增长作出了巨大贡献，但同时也使我国在一定程度上固化为仅能获取低廉利润的"世界工厂"，显现出明显的"价值链地位低、分工话语权弱、技术创新力差"的严峻现实问题。随着我国经济由高速增长阶段转向高质量发展阶段，党的二十大报告明确提出"稳步扩大规则、规制、管理、标准等制度型开放""推动货物贸易优化升级，加快建设贸易强国"，通过切换以传统资源禀赋为推动力的粗放型外贸竞争力提升路径为以获得型要素禀赋为推动力的制度型外贸竞争力提升路径，促进产业迈向全球价值链中高端，增强价值创造能力和国际竞争力，对我国抓住全球新一轮科技革命和产业变革机遇、实现经济高质量发展具有重要意义。

自国际金融危机后，国外发达国家基于对产业空心化问题的忧虑而纷纷出台各类制造业回流政策，2018年以来随中美经贸摩擦不断升级，以美国为首的西方国家进一步针对我国出台的《中国制造2023》计划制定了重点领域的封锁和遏制政策，以力图在市场、资源、人才、技术、规则、标准等方面牢牢占据主导权与话语权。同时伴随我国劳动力成本比较优势的逐步消失，越来越多的低端劳动密集型产业开始逐步转移至东南亚及非洲国家，这使我国贸易竞争力的提升面临严峻的"高端回流与低端分流"风险。新冠疫情在全球的全面暴发暴露出全球供应链的脆弱性,可以预见疫情将显著改变全球产业链的建构理念,即由过去追求交易成本最低原则转变为追求社会成本最低原则,疫情后全球产业链大概率呈现内向化趋势发展,地区贸易保护主义不断抬头,国际贸易与投资的保护主义愈加明显,各种贸易投资壁垒层出不穷,我国在全球价值链中的"脱钩"风险剧增。

当然,我们也应该注意到,当前我国的制度环境,尤其是知识产权保护制度对我国对外贸易竞争力的提升存在较大阻碍。我国现行知识产权保护制度建立时间尚短,且基本以国外借鉴移植为主,同时我国所独有的"双轨制"执法体系亦存在诸多的冲突与矛盾,呈现现行知识产权保护制度"移植为主和执行不力"的不适宜性。而低端"俘获式"嵌入的全球生产网络参与方式则天然决定了发达国家跨国公司容易利用自身高质量核心知识产权来制约发展中国家企业的模仿与二次创新行为,从而使发展中国家陷入长期的"低端锁定"困境,表现为"模仿限制与低端锁定"的强外部知识产权保护挑战。与此同时,这一低端的嵌入模式虽在短期使企业通过快速扩张与薄利多销提升了利润收入,但也使企业越来越不重视自主创新这一核心竞争力的建设以及缺失对知识产权保护制度的重视,使市场上一旦出现新技术新产品,就极易被快速模仿和大量抄袭,导致过度的低端竞争以及降低学习转化效率,体现出"过度竞争和无效转化"的弱内部知识产权保护现实。

随着我国经济开始逐渐转向高质量发展阶段,全球生产网络下外贸竞争力的决定机制与支撑体系已发生重大变革。基于传统要素禀赋的禀赋型贸易竞争力理论认为,自然资源、劳动力和资本等要素禀赋的差异决定了各国贸易竞争力的强弱。但从长期看,这类资源在不断积累的进程中面临边际收益递减的铁律,使禀赋型贸易竞争力呈现"先天优势与动态劣势"的特征。与此对比,基于后天学习、积累的获得型要素正逐渐成为全球生产网络下支撑贸易竞争力提升的新动能与核心驱动力。获得型贸易竞争力强调资源在动态状态下是能够被生产的,甚至会突破传统自然资源禀赋所面临的边际收益递减规律而使其呈几何级递增,因此呈现"后天获得与动态优势"的特征。由于后者的增加值创造能力更强,使获得型要素禀赋较为丰裕的国家往往位于全球生产网络的中心环节,而相对匮乏的国家或地区则只能屈居边缘位置。进一步地,新冠疫情全球性暴发以及区域保护主义的抬头使全球产业链的建构理念由过去追求交易成本最低原则开始转变为追求社会成本最低原则,因此化解传统效率导向与疫情期间衍生的安全导向产业链布局思路间冲突的均衡解将是区域化的生产网络。在这一分工体系演化大趋势下,结合获得型要素禀赋所具有的非普惠性特征,更凸显出未来在国际竞争中自主培育积累获得型要素禀赋的重要性,而知识产权保护体系正是激发区域内企业自主创新以及获得型要素禀赋的关键驱动力和核心支撑体系。由此可见,以制度质量建设促进对外贸易竞争力提升已成为新时期国际竞争的核心抓手。

在上述理论逻辑分析的基础上,本书首先创新性地构建了一个引入知识产权保护的、创新内生化的全球生产网络下一国贸易竞争力提升的理论模型,从需求、供给、创新三个层面出发,将供给环节分解为最终品生产和中间品生产两大环节,并同时考虑最终品市场、中间品市场、要素市场三大均衡,推演得到技术引进、自主创新与资本流动是知识产权保护制度影响一国对外贸易竞争力的三大路径。为了论证上述提升路径的效应大小,本书原创性地提出一套反映集约边际同时兼顾宏微观层面的价值俘获能力指标,以及反映拓展边际同时兼顾宏微观层面的价值链物理位置指标,两者共同组成贸易竞争力综合指标体系测算框架。在此基础上,运用前沿计量经济分析方法对静态情形下三大提升路径的作用效应大小进行科学评估,并进一步通过构建动态随机一般均衡模型展开动态情形下的效应检验与冲击影响分析,为政策制定提供可供参考的理论依据。

在前文分析结论的基础上,本书从生产链、技术创新与知识产权保护三大维度系统地提出全球生产网络下知识产权保护提升我国外贸竞争力的战略举措。从生产链布局视角,提出促进贸易竞争力提升的"双循环"分工网络重构与产业链布局战略。后疫情时期,全球分工网络正出现"区域化""链群化"与"备份化"的重构趋势。在"双循环"新发展格局下,我国可在全球分工网络、国际区域性分工网络、国内大循环分工网络与国内区域性分工网络四大层次分工网络下布局产业链,同时形成以内带外、以外促内、内外良性循环战略抉择,构建产业链"链主",打造产业链"大脑",布局技术链"策源地",建设国际投资与贸易"避风港",建设"双循环"的核心战略枢纽,在支撑新发展格局中走在更前列。从技术创新视角,提出增进贸易竞争力提升的"蛙跳型"技术创新道路选择。具体地,在传统"蛙跳"理论基础上,本书通过理论分析推演并结合中国发展实际,创新性地提出后发大国增进贸易竞争力的技术创新路径分别是准技术前沿条件下竞争导向型"蛙跳"路径、大国市场条件下需求牵引型"蛙跳"路径以及技术同发条件下换道超车型"蛙跳"路径。从知识产权保护视角,提出推进贸易竞争力提升的"阶梯型"知识产权保护体系设计与策略组合。基于我国技术发展所处阶段,应系统构建知识产权保护的"产业阶梯""行业阶梯""企业阶梯"以及"国际阶梯"。与此相对应,完整提出增进贸易竞争力的知识产权保护策略创新,即重创造、强保护的"创新型"策略、重溢出、弱保护的"发展型"策略、重转化、窄保护的"应用型"策略以及重规制、自保护的"自律型"策略,同时兼顾区域价值链下的知识产权规则设计以及产业政策联动的知识产权保护体系。

　　本书是国家社科基金重大项目"全球生产网络、知识产权保护与中国外贸竞争力提升研究"(15ZDB156)的重要研究成果,本书所得到的一些观点与论断在一定程度上拓展了全球生产网络视角下分析知识产权保护重塑一国对外贸易竞争力的研究边界,也为从国际经济学、发展经济学等领域孕育出具有中国特色国际前沿的理论成果提供了研究支撑和有益尝试。本书是集体合作的研究成果,先由我提出总体思路、结构框架、写作重点,再分工执笔。参加各章节初稿撰写的有余骁、宋学印、王瀚迪、张胜利、陈航宇、王芳、刘堃、何秉卓、喻盼、戴岭、高亚兴、赵亚奇。各章节初稿完成后,由我和余骁博士进行了系统修改和完善。由于时间与水平所限,书中难免存在不足之处,敬请读者朋友不吝赐教。

**黄先海**

2023 年 9 月于浙江大学

策划编辑：郑海燕
封面设计：石笑梦
版式设计：胡欣欣
责任校对：周晓东

**图书在版编目（CIP）数据**

全球生产网络下的知识产权保护与贸易竞争力提升/黄先海等 著. —北京：
人民出版社,2023.12
ISBN 978－7－01－026243－7

Ⅰ.①全…　Ⅱ.①黄…　Ⅲ.①知识产权保护-关系-国际贸易-国际竞争力-
研究-中国　Ⅳ.①D923.404 ②F752

中国国家版本馆 CIP 数据核字（2023）第 249727 号

全球生产网络下的知识产权保护与贸易竞争力提升
QUANQIU SHENGCHAN WANGLUO XIA DE ZHISHI CHANQUAN
BAOHU YU MAOYI JINGZHENGLI TISHENG

黄先海　余　骁 等 著

人民出版社 出版发行
（100706　北京市东城区隆福寺街 99 号）

中煤（北京）印务有限公司印刷　新华书店经销

2023 年 12 月第 1 版　2023 年 12 月北京第 1 次印刷
开本：710 毫米×1000 毫米 1/16　印张：30
字数：420 千字

ISBN 978－7－01－026243－7　定价：150.00 元

邮购地址 100706　北京市东城区隆福寺街 99 号
人民东方图书销售中心　电话（010）65250042　65289539